Karte III Südamerika

Die Karte II
befindet sich am Schluß des Buches

Walther Haage **Kakteen und Sukkulenten**

Walther Haage

Kakteen und Sukkulenten

QM

Quelle & Meyer Verlag
Heidelberg · Wiesbaden

CIP – Kurztitelaufnahme der deutschen Bibliothek

Haage, Walther:
Kakteen und Sukkulenten : Walther Haage. –
15. Aufl. – Heidelberg ; Wiesbaden : Quelle
und Meyer, 1988.
Bis 14. Aufl. im Verl. Neumann-Neudamm,
Melsungen
Bis 14. Aufl. u.d.T.: Haage, Walther: Das
praktische Kakteenbuch in Farben
ISBN 3-494-01143-5

15. Auflage 1988

Lizenzausgabe für Quelle & Meyer Verlag, Heidelberg · Wiesbaden

Bis zur 14. Auflage erschienen unter dem Titel „Das praktische Kakteenbuch".

Frühere Auflagen der Lizenzausgabe erschienen im Verlag
J. Neumann-Neudamm, Melsungen.

Schutzumschlaggestaltung: Klaus Neumann, Wiesbaden

Printed in the German Democratic Republic

ISBN 3-494-01143-5

Inhaltsübersicht

Die große Auswahl

Mit der fortschreitenden Erforschung unserer Erde ist die Zahl der in den Gärtnereien kultivierten Pflanzenarten immer größer geworden. Vollends durch die planvolle Arbeit der Züchter werden immer mehr und schönere Sorten für den Pflanzenfreund erzeugt. Wie einfach hatten es unsere Vorfahren mit der viel kleineren Zahl der damals verbreiteten Zimmerpflanzen, deren Behandlung die Tochter von der Mutter und Großmutter erlernte! Wieviel schöner und abwechslungsreicher aber können unsere Blumenfenster gestaltet werden, wenn wir von der heutigen großen Auswahl Gebrauch machen! Viele Zimmerpflanzen kommen aus fernen Ländern und nicht immer eignen sie sich für unser Klima und unsere Wohnräume. Über ihre Eignung für diesen oder jenen Platz, ihre richtige Pflege und die besten Anzuchtmethoden sollten wir uns erst einmal durch die Erfahrungen anderer belehren lassen. Die Ratschläge, die wir aus Erfahrungsberichten erhalten, sollen keine starren, nur für den Einzelfall gültigen Rezepte sein, sondern folgerichtige Schilderungen der Bedürfnisse des Pflanzenwuchses. Erst wenn wir wissen, warum die Pflanze dieses oder jenes braucht, werden wir zur richtigen Zeit richtig handeln.

Weit mehr als früher suchen die Menschen unserer Zeit die Beschäftigung mit Pflanzen und Blumen. Sie bewundern ihre Schönheit in Formen und Farben; um ihre interessanten Wachstumsvorgänge täglich aus der Nähe beobachten zu können, holen sie die Pflanzen in ihre Wohnungen. Es macht ihnen Freude, sie täglich zu betreuen. Dieses Betreuen ist aber auch nötig, nachdem der Stand im Blumentopf und im Zimmer der Pflanze die natürliche Verbindung mit der aufsteigenden Bodenfeuchtigkeit genommen hat und das Dach Tau, Regen und Wind von ihr fernhält.

Das vorliegende Buch kann nicht alle Zimmerpflanzen besprechen, sondern wird sich auf die beschränken, die heute am weitesten verbreitet sind, weil sie sich am besten in der trockenen Luft unserer Wohnungen halten: *die sukkulenten Pflanzen.*

Im Volksmund heißen sie auch »Fettpflanzen«. Der Name ist nicht schön, aber trotzdem sehr gebräuchlich.

Was bei unseren Sukkulenten so »fett« aussieht, sind Wasserspeicher, vollsaftige Pflanzenzellen, die sich nach dem Motto: »Spare in der Zeit, so hast du in der Not!« in der Regenzeit mit wäßrigem, zähflüssigem Zellsaft füllen, von dem die Pflanze in langen Trockenzeiten zehren kann, ohne zu vertrocknen. Da gibt es solche, die ihre Stämme zu großen Wasserspeichern ausbilden und oft zusätzlich noch Blätter treiben, die während der Wachstumszeit für die Assimilation sehr wichtig und nützlich sind, aber in der Trockenzeit als unnötige Wasserverdunster wieder abgeworfen werden. Und es gibt andere, die nicht nur den Stamm, sondern auch die Blätter zu verdickten Reservoiren umgebildet haben. Die einen nennt man die Stammsukkulenten, die anderen die Blattsukkulenten. Die Sukkulenz (Wasserspeicherung) ist durchaus nicht auf bestimmte Pflanzenfamilien beschränkt, es gibt diese Eigenschaft vielmehr bei einer ganzen Reihe von Familien, die wir besser als nichtsukkulente, beblätterte Pflanzen kennen. Als Beispiel nenne ich die bekannte Pelargonie oder Geranie. Auch von dieser Gattung gibt es in Afrika wildwachsende Arten, die sich durch Sukkulenz dem Trockenklima ihrer Heimatgebiete angepaßt haben.

Für die Zimmerpflege bevorzugen wir Sukkulenten, denn die trockene Zimmerluft ist für solche Wüstenbewohner gerade richtig, daß sie sich bei uns »wie zu Hause« fühlen. Ein weiterer Vorzug ist, daß sie nach vielen Jahren noch nicht zu groß für unsere Wohnungen geworden sind, weil sich bei den meisten das Wachstum in mäßigen Grenzen hält. So können sie uns durch ein ganzes Leben begleiten, wenn wir sie richtig behandeln, denn meist sind sie zäh und robust im Wuchs. Eine Pflanze, die wir uns als winzigen Ableger vielleicht schon als Kind irgendwo »geschnorrt« haben, wird uns im Alter wertvoller erscheinen als eine große Seltenheit, die wir später erwerben konnten. Man hört oft, daß die Liebe zur Pflanze, in der Jugend entstanden, den Menschen das ganze Leben lang nicht wieder verlassen hat.

Die bekanntesten Sukkulenten sind die Kakteen, deren Tausende von verschiedenen Arten alle mehr oder weniger saftspeichernd sind. Beblätterte Formen gibt es nur ganz wenige. Diese schönen und interessanten Gewächse sind von der Natur verschwenderisch mit einer Vielgestaltigkeit beschenkt worden und einem Artenreichtum, den nur wenige Pflanzenfamilien besitzen. Es wird mir schwer werden, mich bei der Beschreibung besonders schöner, auch in Zimmerpflege gut wachsender und leicht blühender Arten auf eine kleine Anzahl zu beschränken.

Der Übergang von den Kakteen zu anderen Pflanzenfamilien ist beinahe verwischt durch kakteenähnliche Formen, die auch aus Trockengebieten stammen. Nehmen wir einmal die Wolfsmilchgewächse (Euphorbiaceen) als Beispiel, so können wir feststellen, daß bei einer großen Anzahl von Arten die gleiche durch Wassermangel verursachte Notlage ganz ähnliche Wachstumserscheinungen in bezug auf Form und Bewehrung hervorgebracht hat. Die Folge ist, daß die stark bedornten Wolfsmilcharten häufig für Kakteen gehalten werden. Für die Winterbehandlung ist es jedoch wichtig, daß wir wissen, was Kaktus ist und was Euphorbia. Wolfsmilchgewächse brauchen einen mäßig warmen Winterstand und Kakteen einen kühlen. Der giftige weiße Milchsaft, der schon bei der geringsten Verletzung aus einer Euphorbia hervorquillt, kann uns in Zweifelsfällen als Erkennungszeichen dienen.

In großen Grundzügen haben alle sukkulenten Pflanzen so viel Gemeinsames in ihren Anforderungen an die Pflege im Zimmer, daß wir sie im gleichen Fenster halten und auch in diesem Buch gemeinsam besprechen können. Erst bei den einzelnen Artbeschreibungen will ich alle Ausnahmen und Besonderheiten aufzählen.

Dieses Buch soll in erster Linie dem Pflanzenfreund ein Ratgeber für die richtige Unterbringung, Pflege und Benennung seiner Schützlinge sein. Ich habe nicht die Absicht, eine botanische Übersicht über das große Reich der Sukkulenten zu geben. Hierfür gibt es vorzügliche Nachschlagewerke, von denen zwei im Gustav-Fischer-Verlag, Jena, erschienen sind: Von Dr. h. c. Hermann Jacobsen, Kiel, »Das Sukkulentenlexikon« und von dem verstorbenen Curt Backeberg, Hamburg, »Das Kakteenlexikon«. In diesen Büchern sind die meisten der bis jetzt bekannten Kakteen und anderen Sukkulenten beschrieben, wie es in dieser Art und so umfassend bisher noch nirgends geschehen ist. In Nomenklaturfragen und Angaben über Pflanzenteile habe ich mich nach diesen Werken gerichtet.

Auf die in botanischen Werken übliche Angabe von Autoren hinter jedem Pflanzennamen habe ich absichtlich verzichtet, weil sich das Schriftbild des Namens dem Laien leichter einprägt, wenn es kurz ist. Wer die Autoren wissen will, findet sie in den genannten Werken oder in meinem weit verbreiteten Buch »Freude mit Kakteen«. Meine Verdeutschung der fremdsprachigen botanischen Namen, soweit sie nicht von Eigennamen oder Ortsbezeichnungen abgeleitet sind, soll auf bestimmte Eigenheiten der betreffenden Arten hinweisen und damit das Erkennen und Merken erleichtern. Vielleicht erreiche ich auch, daß manche zu wenig bekannte schöne Art durch ihren deutschen Namen volkstümlicher wird.

Da die Entwicklung auf allen Gebieten besonders in den letzten Jahrzehnten ungeheuer vorangegangen ist, wollen wir selbst auf einem so kleinen Teilgebiet wie dem der Zimmerpflanzenpflege nicht rückständig bleiben. Mit mancher altgewohnten Pflegemethode werden wir brechen müssen, wenn wir in Zukunft die neuzeitlichen Erkenntnisse vom Pflanzenleben auch in der Zimmerkultur der Sukkulenten anwenden wollen. Lassen wir es auf einen Versuch ankommen, der Erfolg wird uns recht geben!

Gesundes Wachstum

Licht

In der freien Natur beobachten wir häufig, wie unterschiedlich die gleiche Pflanzenart an verschiedenen Plätzen gedeiht. Diese Unterschiede können durch mehr oder weniger gute Ernährung der Pflanze entstehen, sie fallen aber besonders auf, wenn sie durch schwächere oder stärkere Belichtung hervorgerufen werden. Schon der Schatten eines Baumes kann die Ursache sein, daß eine Pflanze ihre Wuchsenergien nicht voll entfaltet; denn wenn die Belichtung unter die für die betreffende Pflanzenart notwendige Menge sinkt, wird die Pflanze bald kränkeln und schließlich ganz eingehen. Licht reguliert das Wachstum. Für die Pflanzenpfleger ist deshalb wichtig, den Lichtbedarf der einzelnen Pflanzen zu wissen oder ihn aus der Reaktion seiner Pfleglinge zu erkennen. Eine helle, blaßgrüne Färbung des Neutriebes verbunden mit unnatürlichem Längenwachstums z. B. kann die Reaktion auf zu dunklen und zu warmen Stand sein. Wir sagen dann: Die Pflanze vergeilt. Eine individuell bestimmte Menge Licht braucht jede grüne Pflanze für die Assimilation, jenen wichtigen Vorgang, der hauptsächlich darin besteht, daß die Sonnenenergie mit Hilfe des Blattgrüns, des Kohlendioxids der Luft, der Mineralien der Erde und des Wassers neuen Pflanzenwuchs erzeugt. Nur Pilze und Parasiten können dauernd im Dunkeln wachsen; unsere grünen Pflanzen brauchen das Licht als selbstverständliche Voraussetzung zum Gedeihen. Die meisten Kakteen, vielleicht außer Weihnachtskaktus, Blattkaktus und Korallenkaktus, wachsen in ihrer Heimat in voller Sonne, allenfalls in dem schwachen Schatten von Gräsern und Sträuchern. Das Licht unserer gemäßigten nördlichen Breiten ist also für viele von ihnen kaum ausreichend an Intensität, von September bis Mitte März entsteht ein Lichtdefizit. Geben wir ihnen unseren hellsten Platz am Fenster! Wir wissen zwar, daß wir damit der Pflanze infolge der nur einseitigen Belichtung kaum die Hälfte der Helligkeit geben, die sie im Freien hätte, aber das darf uns nicht entmutigen. Wie bei einem guten Photo-Film reicht bei der Pflanzenzelle schon ein Drittel des vollen Lichtes zum Wachstum aus, ohne daß wir der Pflanze irgendwelche Schäden anmerken. Darin liegt nur scheinbar ein Widerspruch zu dem, was ich am Anfang dieses Kapitels über den Lichtbedarf der Pflanzen sagte, denn der Lichtwert im Inneren eines Raumes beträgt am Fenster immer noch ungefähr die Hälfte des vollen Lichtes, also mehr als das erwähnte Drittel. Die Helligkeit reicht gut aus, besonders wenn es sich um ein Süd-, Südost- oder Südwestfenster

Volles Sonnenlicht – mitunter verstärkt durch die Rückstrahlung einer gegenüberliegenden Hauswand – ist das Beste für abgehärtete dem Kindesalter entwachsene Kakteen. Auch die Belichtung außen vor dem Fenster ist noch ziemlich stark, während wir im Raum am Fenster nur noch mit etwa 40 Prozent des vollen Lichtes rechnen können. Mit zunehmender Entfernung vom Fenster nimmt die Lichtintensität sehr stark ab.

handelt. Selbst ein Nordfenster kann bei Rückstrahlung des Lichtes durch eine gegenüberliegende Hauswand noch einen genügenden Grad von Helligkeit abbekommen. Um die Wirkung des Lichtes zu steigern, kann man die dem Fenster abgewendete Seite der Pflanzen durch eine Licht reflektierende Fläche aus Holz, Pappe, Plaste oder dergleichen beleuchten. Man gibt einen recht hellen, aber matten Anstrich, glänzende Flächen – wie etwa Metall oder Spiegelglas – haben sich weniger bewährt. Wer sich völlig sichern will, stellt mit einem elektrischen Photobelichtungsmesser an seinen verschiedenen Fensterplätzen viermal am Tage die Lichtwerte fest und addiert sie dann. So wird er genau wissen, welches der günstigste Platz für die Sonnenpflanze ist. In diesem Zusammenhang muß ich noch erwähnen, daß ein Ostfenster für die Pflanzenpflege günstiger ist als ein Westfenster. In den frühen Tagesstunden sonniger Sommertage trifft die Pflanze des Ostfensters ein mildes, sich nach und nach steigerndes Licht. Wenn die Sonnenstrahlen dagegen kurz nach Mittag das Westfenster erreichen, sind sie bereits sehr kräftig und erhitzen die Pflanze plötzlich stark, um erst gegen Abend an Intensität zu verlieren. Wer die Wahl hat, kann sich nach dieser Erkenntnis richten.

Das idealste für den Zimmerpfleger ist ein Ausbaufenster oder ein vor das Fenster gebauter einfacher Glaskasten, weil die Pflanzen darin zusätzlich Ober- und Seitenlicht erhalten. Ein solcher Glaskasten bietet uns manchen Vorteil, Schutz vor Verschmutzung durch unreine Luft der Großstadt, Schutz vor Regengüssen, Wärmehaltung und Stauung der Luftfeuchtigkeit.

All das ist nicht zu unterschätzen, aber leider bringt die Filterwirkung des Glases auch Nachteile. Ich konnte beobachten, daß bestimmte mexikanische Kakteenarten nur in den Jahren zu üppiger Blüte kamen, in denen ich sie ohne Glas oder wenigstens bei sonnigem Wetter ohne Glas im Freien kultivierte. Unser Fensterglas vermindert die Wirkung des Sonnenlichts, das die Voraussetzung für die Knospenbildung vieler Arten ist. Auch meine vor ungefähr 50 Jahren unternommenen Versuche mit dem sogenannten Uviolglas, das in frischem, sauberem Zustand eine erhöhte Durchlässigkeit für ultraviolette Strahlen hat, brachten keine befriedigenden Ergebnisse. Neuerdings wurde sogar festgestellt, daß ultraviolettes Licht mit einer Wellenlänge kleiner als 380 nm bei den Pflanzen zu Zwergwuchs führt. Immer wieder kommt man zu der Erkenntnis, daß das normale Sonnenlicht doch das natürlichste und beste für unsere lichthungrigen Pflanzen ist, es sollte nur immer ausreichend zur Verfügung stehen.

Ich sagte schon: Fehler in der Belichtung unserer Pflanzen zeigt ihr Aussehen. An der frischgrünen Färbung des Neutriebes und am gesunden und gedrungenen Wuchs der ganzen Pflanze erkennen wir, daß sie ausreichend Licht bekommt. Eine mangelhaft belichtete Pflanze dagegen »vergeilt«, der Neutrieb ist gelb- oder weißlich, die Pflanzenteile werden ungewöhnlich lang und sind mitunter nicht einmal fest genug, sich ohne stützende Stäbe selbst zu tragen. Was sieht man mitunter für bedauernswerte Krüppel von Feigenkakteen an dunklen Zimmerplätzen, bei denen allerdings noch die warme und feuchte Überwinterung den dünnen Mißwuchs gefördert hat!

Schäden durch zuviel Licht findet man kaum bei Sukkulenten. Sie können aber doch vorkommen, wenn man den Standort der Pflanzen verändert und

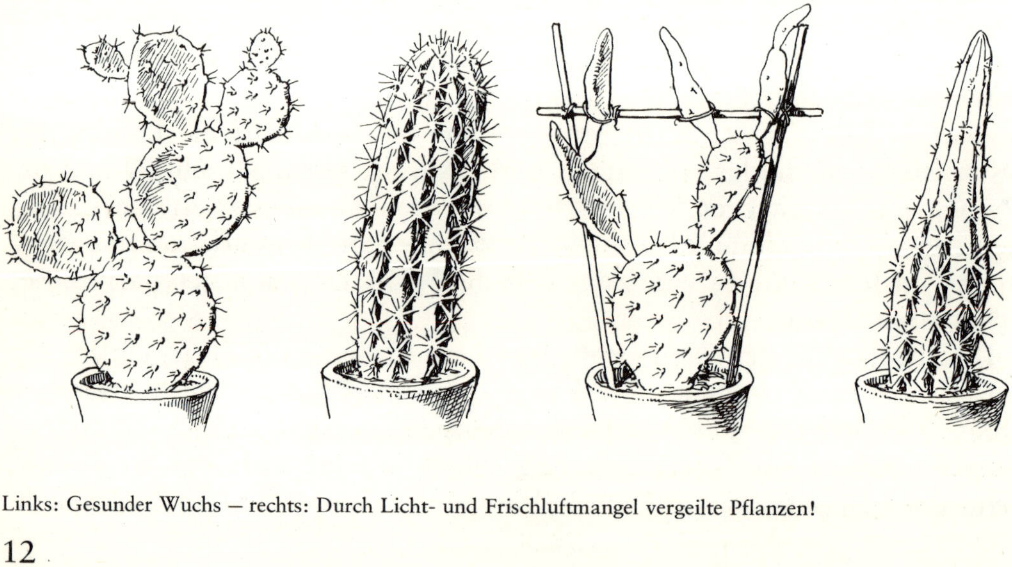

Links: Gesunder Wuchs – rechts: Durch Licht- und Frischluftmangel vergeilte Pflanzen!

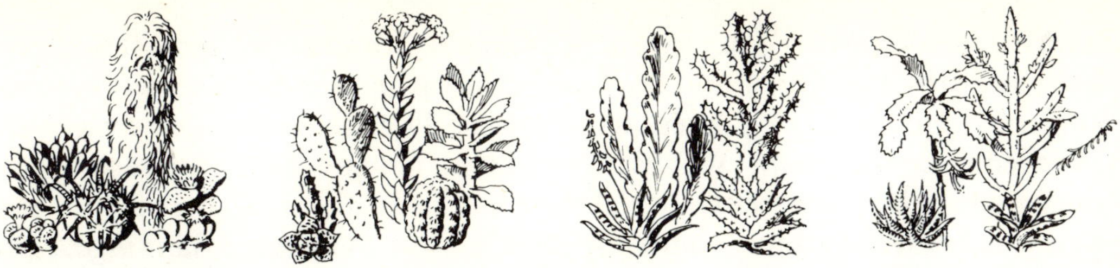

1 2 3 4

Lichtbedarf sukkulenter Pflanzen:

1. Volle Sonne für weißhaarige und stark bedornte Kakteen, bereifte Sukkulente und dickfleischige Mimikry-Mesembryanthemen (Gruppe III).
2. Gemäßigte Sonne für Echinopsen, Opuntien und andere grüne Gattungen, für Crassula, Kalanchoe, Stapelia usw.
3. Halbschatten für Blattkakteen, Euphorbien, Gasterien, Aloe und ähnliche Gattungen.
4. Schatten für Rhipsalis, Zygocactus (Weihnachtskaktus), Haworthia usw.

sie plötzlich aus gedämpftem Licht in grelle Sonne bringt. Dann verliert sich die schöne frischgrüne Färbung und die Oberhaut wird gelblich oder rötlich. Ebenso ungewohnt ist für Pflanzen sonniger Zonen der plötzliche Übergang vom trüben europäischen Winter zu den ersten sonnig-warmen Frühlingstagen. Nicht immer genügt der Ozongehalt der Luft zum Absorbieren der schädlichen Strahlen; am besten bindet mit Wasserdampf gesättigte Luft einen Teil jener Einflüsse. Auflegen von Zeitungs- oder Seidenpapier, Zerstäuben von Wasser, das erhöhte Luftfeuchtigkeit gibt, oder reichliches Lüften bewahrt die Pflanzen vor häßlichen gelben und braunen Brennflecken, die sich nicht wieder entfernen lassen und bestenfalls nach Jahren allmählich verwachsen.

Starke Besonnung kann im Gewächshaus einen Wärmestau hervorrufen, der bei über 40 °C leicht Schädigungen der Pflanzen verursacht. Vorzüglich hilft in solchem Fall die Propeller-Lüftung. Die Ventilatoren sollen möglichst etwa 25 cm über den Heizrohren sitzen, wo sie die nach oben steigende Warmluft durcheinanderwirbeln, ehe sie noch weiter nach oben steigt, wo sie den Pflanzen wenig nützen kann. Erfolgt die Einschaltung durch einen Thermostat, so sollte dieser in Höhe der Pflanzen angebracht werden, denn im Luftraum darüber können die Temperaturen schon wesentlich andere sein. In der Wachstumszeit soll nachts die Temperatur nicht unter +5 °C fallen. Im Gewächshaus wirkt sich zwar jede Veränderung der Außentemperatur sehr schnell auf die Innentemperatur aus, während sich die Temperatur der Pflanzenkörper selbst nicht so schnell anpassen kann; dadurch leiden die Pflanzen zeitweise durch starke Überhitzung. Wenn die Luft im geschlossenen Raum gleichzeitig sehr trocken ist, kann es leicht zu Verbrennungen kommen. »Nebeln« oder feines Versprühen im Winter von etwas angewärmtem Wasser schafft schnelle Abhilfe. 60 bis 70% Luftfeuchte dürften genügen und auch am günstigsten für die Nährstoffverteilung im Inneren der Pflanzen sein. Unsere Pflanzen vertragen zwar viel Trockenheit, aber zum Wachsen ist ihnen feuchte Luft zeitweise doch zuträglicher. Das kurzzeitige »Nebeln« hat zwar auf erwachsene Pflanzen wenig sichtbare Wirkung, um so mehr aber auf die jungen Sämlinge.

Wollen wir unseren Pflanzen für längere Zeit (vielleicht während einer Sommerreise) vorbeugend Schatten geben, so können wir Gewebe von roter oder orangeroter Farbe auflegen. Man hat herausgefunden, daß diese Farben besser als andere die für die Assimilation günstigen Strahlen durchlassen.

Für schattenliebende Gattungen ist Schattieren in den heißen Sommermonaten erwünscht, aber sonst sollte man die Dauerschattierung nur im Notfall (längere Abwesenheit) anwenden. Wir müssen immer berücksichtigen, daß mit der Schattierung auch die Wärmewirkung der Sonnenstrahlen erheblich vermindert wird. Licht und Wärme brauchen aber die meisten sukkulenten Pflanzen nötiger als andere Pflanzen.

Eine bewegliche Innenschattierung eines Gewächshauses (reißfest und witterungsbeständig!), die an festgespannten Drähten durch Zusammenschieben oder Aufrollen nach Bedarf benutzt werden kann, läßt sich auch in kalten Winternächten zur Wärmehaltung benutzen. Es entsteht zwischen Gewebe und Gewächshausdach ein nicht zu unterschätzendes »Wärmepolster«.

Rotfärbung der Pflanze oder einzelner Pflanzenteile ist häufig eine Reaktion auf allzu starke Belichtung. Die Pflanze lagert in die oberen Zellen Farbstoffe ein, um Verbrennungen zu verhüten. Sind die Wurzeln gesund und ist die Wasserversorgung in Ordnung, wird sie an schattiger Stelle schnell wieder grün. Eine andere Ursache der Rotfärbung kann aber auch eine zu kühle Unterbringung der Pflanze sein. Sie zwingt sich in diesem Falle durch Einlagerung roter Farbstoffe zur besseren Ausnutzung der zu geringen Wärmestrahlen.

Es gibt eine ganze Anzahl Sukkulenten, die niemals frischgrün aussehen, sondern ein grau oder bräunlich überdecktes Grün haben, nicht als vorübergehende Erscheinung, sondern als Arteigentümlichkeit. Wir wissen, daß sie ihr Chlorophyll vor der grellen Sonne ihrer Heimat verstecken wie unter einem Schutzüberzug, der manchmal nur eine abwischbare weiße oder bläuliche Wachsschicht ist. Das mildere Licht unserer Sommermonate ist solchen Arten gerade recht, ihnen brauchen wir nicht zusätzlich noch Schatten zu geben.

Hartnäckig hält sich die These von der Einwirkung des Mondlichtes auf die Pflanzen. Bereits der griechische Schriftsteller Plutarch, der im ersten Jahrhundert n. Chr. lebte, behauptete, »das weiche Licht des Mondes« habe

Uhrzeit	1 2 3 4 5 6 7 8	9 10 11 12 13 14 15 16	17 18 19 20 21 22 23 24
In der Kakteenheimat	Dunkelheit ■ ■ ■ ■ ■ ■	Sehr helles Licht	Dunkelheit ■ ■ ■ ■ ■
In unserem Sommer	Dunkelheit ■ ■ ■	Helligkeit	künstl. Verdunkelung ✦ ✦ ✦ ✦ ✦ Nacht ■ ■
In unserem Winter	Dunkelheit ■ ■ ■ ■ ■ ■ ■	Licht	Zusätzliche Belichtung ✧ ✧ ✧ ✧ Dunkelheit ■ ■ ■ ■

Belichtungsdauer = 12 Stunden

einen günstigen Einfluß auf den Pflanzenwuchs. Wissenschaftlich bestätigt ist diese Vermutung aber nicht.

Wie lange brauchen die Sukkulenten täglich Licht? Tropische Pflanzen erhalten in ihrer Heimat nur eine kürzere Zeit Sonnenlicht als an einem Sommertag bei uns. 12 Stunden in den Tropen stehen etwa 17 Stunden bei uns gegenüber. Wenn aber das Dunkel der Nacht bestimmte Lebensvorgänge bei den Pflanzen begünstigt, so werden den tropischen Pflanzen bei uns allnächtlich einige Stunden fehlen. Im Gartenbau wird deshalb heute schon viel mit Verdunklung und als Ausgleich im Winter mit künstlicher Zusatzbelichtung gearbeitet. Auch der Pflanzenfreund wird gern zusätzlich belichten. Für das Wachstum junger Pflanzen ist unser kurzer, sonnenarmer Herbst- und Wintertag nicht ausreichend. Manche südafrikanischen Sukkulenten und chilenische Kakteen wollen bei uns im Winter wachsen, wenn in ihrer Heimat die Hauptvegetationszeit ist. Sie gewöhnen sich nicht an unseren entgegengesetzten Rhythmus der Jahreszeiten. Ihnen hilft künstliche Zusatzbelichtung, etwa täglich einige Stunden gegen Abend. Diese Verzögerung des Beginns der Dunkelheit wirkt günstiger als Verfrühung des Belichtungsbeginnes am Morgen. Ein beleuchtetes Pflanzenfenster kann außerdem entzückend aussehen. Man kann hier das Schöne mit dem Nützlichen verbinden. Leider strahlen Glühlampen bei mehreren Stunden täglicher Brenndauer eine starke Wärme aus, die meist unerwünscht ist und sogar geilen Wintertrieb verursachen kann. Deshalb sind die sogenannten Leuchtstoffröhren weit mehr zu empfehlen, da sie ihre Umgebung kaum merkbar erwärmen und bei einem wesentlich geringeren Stromverbrauch einen gut verteilten Lichteffekt geben. Während eine normale Glühlampe nur etwa 5 % der ihr zugeführten elektrischen Energie in Licht und 95 % in Wärme verwandelt, erreicht die Leuchtstoffröhre etwa 20 % Lichtausbeute.

Versuche haben gezeigt, daß das gesunde Wachstum der Pflanze hauptsächlich vom Anteil des blauen und roten Lichtes abhängt. Der rote Lichtanteil fördert die Streckung der Zellen und damit das Längenwachstum, der blaue Lichtanteil die Zellteilung und das Dickenwachstum. Dem Rechnung tragend wurde ein spezieller Lampentyp entwickelt, die Lumoflor-Leuchtstofflampe. Ihre Hauptstrahlung verteilt sich auf die Spektralbereiche 400 bis 500 nm (blau) und 600 bis 700 nm (rot), also die Bereiche, die für Assimilation und Wachstum benötigt werden. Soll ein wirklich guter Effekt erzielt werden, muß die vom Hersteller empfohlene Installationshöhe von 20 bis 50 cm über den Pflanzen unbedingt eingehalten werden. Bei größerer Entfernung zwischen Leuchte und Pflanze wird besonders die kurzwellige blaue Strahlung wirkungslos, was zu einem unerwünschten Streckungswachstum durch den starken Rotanteil des Lichtes führt.

Für die Beleuchtung größerer Flächen sind die Quecksilberhochdrucklampen (HQL) zu empfehlen, da sie neben der Strahlung im Blau- und Rotbereich eine UV-Strahlung aussenden, die speziell für Hochgebirgsarten der Kakteen vorteilhaft ist. Die neuerdings in Großanlagen verwendeten Halogenmetalldampflampen und Natriumhochdrucklampen weisen diese Strahlung weniger auf. Zur Erhöhung der Lichtwirkung werden die Lichtquellen mit einem weiß mattierten Reflektor versehen. Außerdem sind Leuchtstoffröhren und HQL-Lampen mit Innenreflektor recht vorteilhaft anzuwenden. Edelgasgefüllte Hochspannungsröhren sind für die Belichtung von Pflanzen ungeeignet.

Die Abhängigkeit der Blütenentwicklung – sowohl mengenmäßig als auch zeitlich – von dem täglichen Wechsel zwischen Helligkeit und Dunkelheit wird Photoperiodismus genannt. Durch ihn läßt sich der Blühbeginn einer Pflanze vorverlegen oder verzögern. Während Langtagpflanzen 12 oder mehr Stunden tägliche Belichtung für eine normale Blütenentwicklung brauchen, fördert bei Kurztagpflanzen eine nur 8- bis 10stündige tägliche Belichtung den Blühbeginn. Um den Weihnachtskaktus *(Schlumbergera truncata)* zum Christfest in reicher Blüte zu haben, wenden viele Gärtner im September/Oktober für etwa 6 Wochen Kurztagsbelichtung an, sie lassen also den Pflanzen täglich nur 8 bis 10 Stunden Licht zukommen und verfrühen damit den Blühbeginn.

Luft und Temperatur

Wenn wir von der Ernährung unserer Pflanzen sprechen, dann denken wir meist nur an die Nährstoffe, die sie mit den Wurzeln aus der Erde ziehen. Aber woher erhält die Pflanze den für sie so wichtigen Kohlenstoff? Sie entnimmt ihn nicht den Mineralien der Erde, sondern dem Kohlendioxid der Luft, um ihn mit Hilfe des Blattgrüns, des Wassers und des Lichtes zu lebender Substanz zu verarbeiten. Diesen Vorgang kann der Mensch trotz seiner hochentwickelten Technik noch nicht nachahmen. Auch das beweist, wie wichtig das Pflanzenleben für unsere Erde ist. Für den Menschen ist eine sauerstoffreiche Luft, der das Kohlendioxid durch die Assimilation der Pflanzen zum Teil entzogen wurde, besonders gesund.

Künstliche Kohlensäurezufuhr durch Begasung von Gewächshäusern wirkt sich auf den Pflanzenwuchs günstig aus, weil Kohlensäure die Assimilation steigert. Der normale Kohlensäuregehalt unserer Luft beträgt nur 0,03 %. Eine Steigerung auf das zehn- und mehrfache hat sich als durchaus zweckmäßig erwiesen. Wie können die Pflanzenfreunde ihren Zimmerpflanzen in dieser Hinsicht helfen? Kohlendioxid ist immer in der Luft vorhanden, aber im Frühling brauchen die Pflanzen besonders viel, weil sie stärker als zuvor assimilieren. Deshalb ist um diese Jahreszeit die Lüftung, die Zufuhr frischer Luft von außen, die man das ganze Jahr über nicht vergessen sollte, so wichtig. Auch bei den im Keller überwinternden Pflanzen sollte von Zeit zu Zeit gelüftet werden, denn muffige Kellerluft fördert die Verbreitung allerlei schädlicher Bakterien. Die Pflanzen dürfen nicht unmittelbar der durch die Luken einfallenden Kaltluft ausgesetzt werden, wenn draußen Kältegrade herrschen. Nötigenfalls werden sie mit Zeitungspapier abgedeckt. Zugluft ist überhaupt für viele Pflanzen schädlich, deshalb soll man bei Winteranfang die Ritzen der Blumenfenster gut abdichten und bei scharfem Wind zeitweise Papier vorlegen.

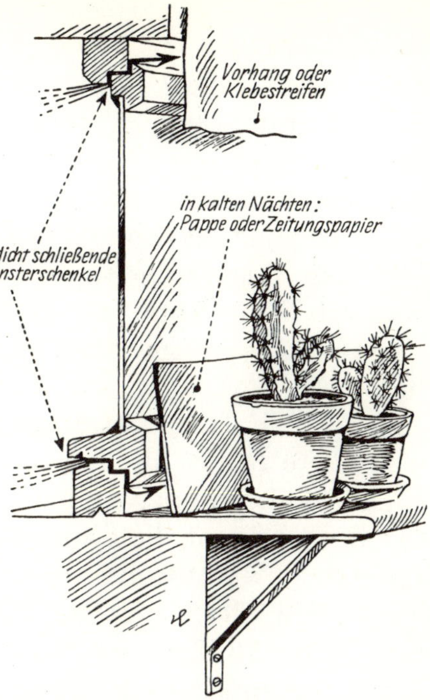

So sehr die Kakteen frische Luft lieben, so wenig behagt ihnen Zugluft. Wir sollten im Winter das Kakteenfenster gut gegen Zugluft schützen.

Bezüglich der Luftwärme sind unsere Sukkulenten anspruchslos. In der lichtarmen Zeit des Winters sollen sie sowieso nicht weiterwachsen, denn Wintertriebe sind unschön, dünn und nicht fest genug im Aufbau der Zellen. Um Wintertriebe zu verhüten, ist es zweckmäßig, die Pflanzen bei nur 6 bis 12 °C zu überwintern. Viele aus Hochgebirgen stammende Kakteen können in trockenem Zustand ohne Schädigung sogar starke Fröste überstehen. In unseren Blumentöpfen stehen sie aber meist nicht so trocken wie in ihrer Heimat, außerdem ist die Luftfeuchtigkeit bei uns im Freien zu hoch.

Deshalb müssen wir ihnen trotz ihrer Kältebeständigkeit einen frostfreien Platz geben. Auch eine dunkle Überwinterung vertragen viele Arten bei kühlem Stand ohne Schäden. Kommen dann die ersten warmen Frühlingstage, so geben wir fleißig Frischluft, damit die Temperatur im Überwinterungsraum nicht gleich zu stark ansteigt, denn das würde die Erde der Pflanzen austrocknen und uns zum Gießen verleiten. Zu frühes Gießen regt aber den Trieb vorzeitig an und verhindert die Knospenbildung. Die notwendige Winterruhe hat dann nicht lange genug gedauert. Das ist häufig die Ursache, wenn allzu warm überwinterte Sukkulenten selten blühen.

Die kühle Temperatur spielt bei sukkulenten Pflanzen überhaupt eine wichtigere Rolle, als man allgemein annimmt. Zum Beispiel fördern besonders bei den hochandinen Arten starke Unterschiede zwischen Tag- und Nachttemperatur die Blühwilligkeit ganz erheblich. Wissenschaftler haben festgestellt, daß für ein optimales Wachstum ein Wechsel zwischen heißen Tagen und kühlen Nächten sehr wichtig ist, also etwa 20 bis 30 °C am Tage und 12 bis 18 °C in der Nacht.

Bei älteren Pflanzen liegt die optimale Nachttemperatur schon um etwa 10 °C. Der häufig beobachtete sommerliche Stillstand des Wachstums mag in allzu warmen Nächten seine Ursache haben. Nachttemperaturen über 25 °C kann man schon als wachstumshemmend bezeichnen. Dabei sind aber Temperaturen und Belichtungsdauer gekoppelt: Um bei manchen sukkulenten Pflanzen die Knospenbildung zu fördern, sind

bei etwa 30 °C 25 bis 30 Kurztage
(mit je 8 bis 10 Stunden Belichtung),
bei etwa 25 °C 37 bis 43 Kurztage,
bei etwa 20 °C 55 bis 60 Kurztage und
bei etwa 15 °C über 120 Kurztage erforderlich.

Je niedriger die Temperatur, desto mehr Kurztage müssen gegeben werden, um einen reichen Knospenansatz zu erzielen, während für das vegetative Wachstum der Langtag mit mehr als 12 Stunden Belichtung bei

Das Gießen ersetzt den Pflanzen den Regen.

Spaltöffnungen der Pflanzenhaut (stark vergrößert) links bei Blattpflanzen, rechts bei Kakteen und anderen Sukkulenten.

Starke Verdunstung

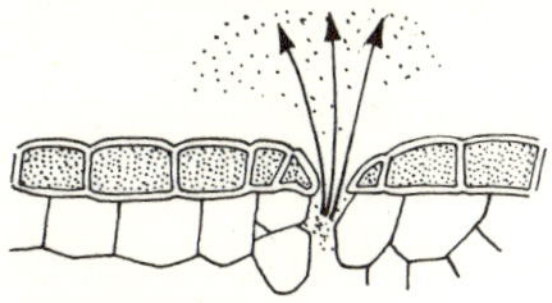

Spaltöffnung einer Blattpflanze

Schwache Verdunstung

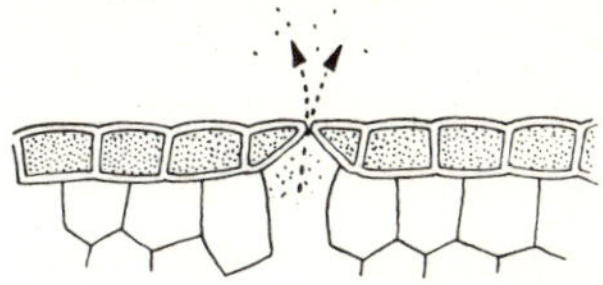

Spaltöffnung einer Sukkulentenpflanze (Die Schließzellen sind außerdem noch quellfähig.)

20 bis 30 °C am günstigsten ist. Es steigert sich – als Gewichtszunahme am besten meßbar – auch hier wieder am meisten bei niedrigen Nachttemperaturen.

Warme Luft wird von den Pflanzen besser ausgenutzt, wenn sie sich nicht im First des Glashauses staut, sondern durch Ventilatoren im Raume verteilt wird. Im Winter schafft das mit Folie über- oder unterspannte Gewächshausdach ein gutes Wärmepolster und bietet 20 bis 25 % Heizkostenersparnis. Beim Unterspannen sind leider meist die Heizrohre im Wege, während – wie schon erwähnt – die innere Schattiereinrichtung in kalten Nächten zur Wärmehaltung beitragen kann. Doppelverglasung ist kostenaufwendig und im Sommer störend, außerdem bei Schneefall eine Belastungsprobe für die Dachkonstruktion, weil der Schnee nicht so leicht wegtaut wie auf einfachem Glas.

Sehr oft wird gefragt, wie Sukkulenten auf Gasgeruch, Gasöfen usw. in den Zimmern reagieren. Ich kann nur sagen, von allen Zimmerpflanzen schadet Gas den Sukkulenten am wenigsten. Betrachten wir die Oberhaut einer Blattpflanze durch das Mikroskop, so sehen wir darin Spaltöffnungen, die sich nach außen trichterartig erweitern. Bei den Sukkulenten sind dagegen die Spaltöffnungen seltener und winzig klein, die trichterartigen Öffnungen gehen nach innen, der Gasaustausch mit der Außenluft ist viel schwächer, die Feuchtigkeitsabgabe nach außen viel geringer und die in das Innere der Pflanze eindringende, mit Gas angereicherte Luft ist mengenmäßig unbedeutend. Manche Arten können ihre Spaltöffnungen bei Trokkenheit sogar verengen oder schließen. Mit Nitrofarbe gestrichene Pflanzbehälter haben oft zu Totalverlusten der Pflanzen geführt. In diesen Fällen scheint aber weniger der Geruch die Ursache der Schäden gewesen zu sein als vielmehr die direkte Berührung der Wurzeln mit diesen Farben. Tabakrauch, der im Zimmer zeitweise die Pflanzen trifft, kann bei Kakteen und Sukkulenten kaum schädlich wirken.

Bei trockener Zimmerluft brauchen wir nicht ängstlich zu sein, daß sie unseren Sukkulenten schaden könne. Sie vertragen Trockenheit weit besser als andere Pflanzen, sogar in zentralgeheizten Räumen wachsen sie zuverlässig.

Wasser und Ernährung

Die Wichtigkeit des Wassers für die Pflanze ist hinreichend bekannt. Es löst und zerlegt Nährstoffe und Mineralien, so daß sie mit den Wurzeln aufgenommen werden können. Innerhalb der Pflanze befördert es als Zellsaft die Nährstoffe von Zelle zu Zelle.

In der freien Natur verfügt die Pflanze über Wasser von oben in Form von Tau und Regen, und Wasser von unten als ständig aufsteigende Grundfeuchtigkeit. Selbst in den scheinbar sehr trockenen Gebieten, wo Kakteen und andere Sukkulenten wachsen, gibt es Tau und Grundwasser, denn ganz ohne Feuchtigkeit kann auf die Dauer keine Pflanze gedeihen. Sogar aus der Luft kondensieren Kakteen mit Hilfe ihrer Dornen, die wie elektrische Kollektoren wirken, ganz minimale, aber doch fühlbare Feuchtigkeitsteilchen. Unseren Zimmerpflanzen fehlen diese Möglichkeiten, deshalb müssen wir gründlich und regelmäßig von oben und zeitweise auch von unten bewässern. Auch die für die Nahrungsaufnahme der Pflanzen so wichtigen Bodenbakterien können bei Trockenheit nicht arbeiten. In den eigentlich ganz naturwidrigen Verhältnissen des Blumentopfes fehlt der Pflanze besonders die Stetigkeit des aufsteigenden Grundwasserstromes, und die feinen Faserwurzeln finden meist gerade in der Tiefe keine Feuchtigkeit. Selbst wenn die oberste Erdschicht ab und zu einen Wasserguß bekommt, benetzt er oft nur das obere Drittel der Topferde, und tiefer unten trocknen die zarten Faserwurzeln häufig ganz ein. Am natürlichen Standort ist die Pflanze fest mit dem sie umgebenden Erdreich verbunden, während unsere Topferde meist locker und wasserdurchlässiger ist. Sie trocknet viel schneller aus, wodurch die Wurzel die enge Verbindung mit der Erde verliert, aus der sie doch ihre Nahrung ziehen muß. Das alles sind Gründe dafür, daß wir unsere

Gießwassermengen und Tageszeit des Gießens im Laufe des Jahres

Monat	Tageszeit des Gießens	Vergleichende Gießwassermenge
Januar	gegen Mittag	1/4 Liter
Februar und Dezember	gegen Mittag	1/4 Liter
März und November	vormittags oder mittags	1/2 Liter
April und Oktober	vormittags	2 Liter
Mai und September	vormittags	5 Liter
Juni und August	am frühen Morgen oder abends	8 Liter
Juli	abends	8 Liter

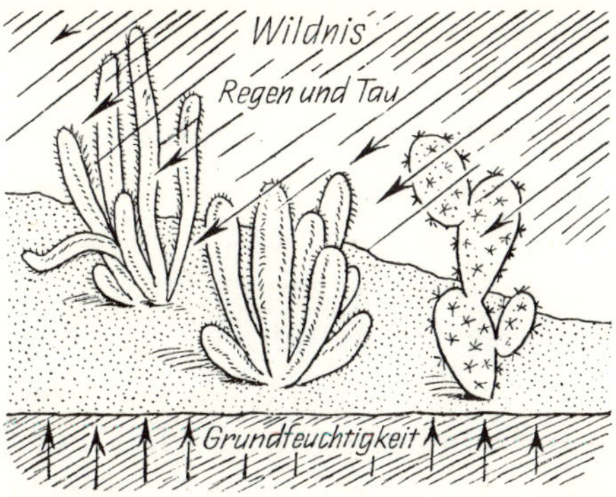

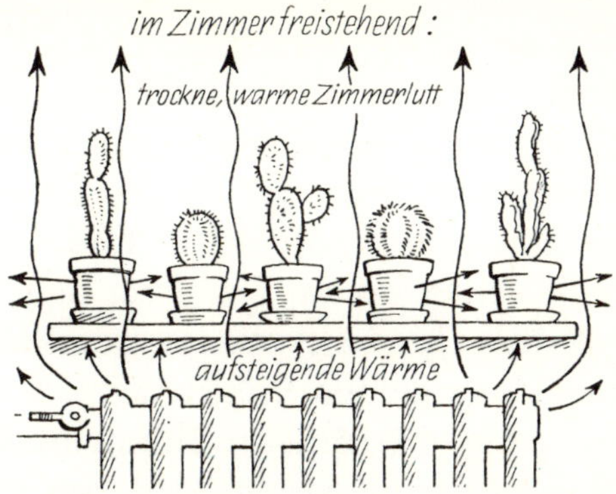

Vergleiche die Wasserversorgung unserer Kakteen im Zimmer mit ihren natürlichen Lebensbedingungen in der Wildnis! Beachte die starke Verdunstung durch die Wandungen frei in warmer Zimmerluft stehender Tontöpfe!

Topfpflanzen während des Wachstums bei weitem nicht so trocken halten dürfen, wie sie in ihrer Heimat – oberflächlich gesehen – aufwachsen. Wir gießen mit einer gewissen Regelmäßigkeit, sobald wir der Erde an ihrer hellen Färbung die Trockenheit ansehen. Wie oft und wie viel hängt immer von der Temperatur, dem Standort, der Jahreszeit, dem Alter und dem ganzen Wachstumszustand der Pflanze ab. Es wäre falsch, dafür ein bestimmtes Rezept geben zu wollen. Diese Erfahrung muß der Pflanzenfreund schon selbst gewinnen. Sukkulente Pflanzen haben vielerlei Einrichtungen, die das einmal aufgenommene Wasser zurückhalten sollen. Umgekehrt bewirken aber diese Einrichtungen, daß sukkulente Pflanzen gegen ein Zuviel an Wasser beinahe machtlos sind. Man sieht zuweilen, wie mit Feuchtigkeit überlastete Zellen sogar platzen können, und außer der Verunstaltung der Pflanze sind Wunden die besten Angriffspunkte für Bakterien und pilzliche Erkrankungen. Man muß eine solche Pflanze sofort trockener halten und die Wunde durch Wärme, am besten direkte Sonnenbestrahlung ausheilen.

Der Wasserbedarf unserer Sukkulenten ist also wesentlich geringer als der von Pflanzen mit großen Blättern. Es ist deshalb praktisch, sich für solche Pflanzen ein Gießkännchen mit langem, engem Gießrohr anzuschaffen, denn manche jungen Pflanzen sind so klein, daß sie durch den Wasserstrahl einer normalen Gießkanne leicht aus ihren Töpfen gespült würden. Mit dünnem Gießrohr läßt sich die auszuteilende Wassermenge besser regulieren.

Je größer die Blätter und ihre Spaltöffnungen, desto höher ist der Bedarf an Gießwasser. Links Blattpflanzen, rechts Sukkulenten.

Zum Gießen bevorzugen wir warme Tage und warten bei kühlem Wetter lieber auf eine Wetteränderung oder im Winter auf die Mittagsstunde, wenn Licht und Zimmerwärme am günstigsten sind. Eignen sich im Frühling und Herbst die warmen Vormittags- und Mittagsstunden am besten zum Befeuchten der Pflanzen, so sind es an heißen Tagen im Sommer die Abende, weil besonders im Frühbeet tagsüber die heißen Sonnenstrahlen zu schnell alle Feuchtigkeit wieder aufsaugen würden, ehe sie richtig in die Blumentöpfe eingedrungen wäre. Es kommt aber darauf an, daß das Wasser bis auf den Grund des Blumentopfes gelangt und nicht nur die Pflanze und die obersten Erdschichten befeuchtet. Deshalb ist es auch besser, einmal durchdringend zu gießen als dreimal nur ganz oberflächlich.

Wir wundern uns zuweilen, wie schnell das Gießwasser unten aus dem Abzugsloch des Topfes wieder herausfließt und den Untersatz füllt. Gewiß, an der Tonwand des Topfes entsteht durch das Trockenwerden der Erde meist ringsum ein winziger Spalt, durch den das Wasser sehr schnell nach unten sickern kann. Aber man sollte doch meinen, zuerst verteile sich die Feuchtigkeit überall im Topf, ehe sie zum Abzugsloch herauskäme. Das ist aber leider nicht immer der Fall. Wenn die Erde in der Topfmitte, im sogenannten Wurzelballen, einmal ganz trocken geworden ist, nimmt sie nur zögernd wieder Feuchtigkeit auf. Besonders Torfmull verliert dann seine sonst ziemlich bedeutende Saugfähigkeit und läßt das Wasser nach unten rinnen. Der erfahrene Pflanzenpfleger merkt schon beim Klopfen an den Topf am hellen Klang, daß die Pflanze ballentrocken ist. Da hilft dann am besten das »Tauchen«. Wir stellen die Pflanze 10 bis 20 Minuten bis zu $^{2}/_{3}$ der Topfhöhe in ein Gefäß mit Wasser und lassen die Feuchtigkeit von unten her im Topfballen hochsteigen. Man sollte überhaupt diese Art von Bewässerung nicht zu selten anwenden, denn sie ersetzt einigermaßen die natürliche aufsteigende Bodenfeuchtigkeit. Gerade unten im Blumentopf befinden sich die saugfähigen, feinsten Würzelchen, die immer weiter dem Grundwasser entgegenwachsen, um es aufzunehmen, ehe es an der Erdoberfläche verdunstet. Der Sog einer großen Kakteenpflanze, die Kraft, mit der sie die Feuchtigkeit der Tiefe durch ihre Wurzeln nach oben zieht, kommt einem Druck von 140 Atmosphären gleich. In dieser Hinsicht

10 bis 20 Minuten »Tauchen« (Einstellen in ein Gefäß mit Wasser oder Nährlösung) als Ersatz für aufsteigende Bodenfeuchtigkeit.

Das Nebeln – haarfeine Zerstäubung – gibt den Pflanzen Ersatz für Tau und Luftfeuchtigkeit.

werden die Kakteen nur von den Pilzen übertroffen, bei denen eine Saugfähigkeit von 150 bis 175 Atmosphären festgestellt wurde.

Zeigt sich mit steigender Sonne der Neutrieb am Scheitel der Pflanzen und werden die ersten Knospen vieler Frühjahrsblüher sichtbar, dann geben wir nach und nach mehr Wärme und Feuchtigkeit. Entgegen allen anders lautenden Behauptungen brauchen sukkulente Pflanzen um diese Zeit wirklich reichlich Wasser, um die geschrumpften Zellen wieder zu füllen und neue Zellen zu bilden. Wenn sie auch von Natur dafür eingerichtet sind, größte Trockenheit und sogar trockene Luft weit besser zu vertragen als andere Pflanzen, so läßt sich doch nicht leugnen, daß ausreichend Bodenfeuchtigkeit und warme, feuchte Luft das Wachstum besser voranbringen als trockene Hitze. Schließlich muß die Pflanze wieder Reserven für Trokkenzeiten sammeln. Es ist auch zu bedenken, daß der starke allmorgendliche Tau der Sukkulenten-Heimatgebiete den im Zimmer untergebrachten Pflanzen fehlt und durch das »Nebeln« ersetzt werden muß. Wir müssen unterscheiden zwischen dem Übersprühen oder »Nebeln«, dem Anfeuchten der Luft, und dem Gießen, dem Anfeuchten der Erde. Beides ist nötig und befriedigt durchaus verschiedene Anforderungen der Pflanze. Wir verwenden möglichst kalkfreies, angewärmtes Wasser und eine fein sprühende Zerstäuberspritze. Der Luftraum darf nicht kalt sein, wir wählen daher die Morgenstunden oder noch besser Abendstunden warmer Tage. Stehen die Pflanzen in einem Gewächshaus oder Glasbeet, so warten wir nach dem »Nebeln« noch eine halbe oder ganze Stunde mit dem eventuell nötigen Lüften, um die künstlich erzeugte Luftfeuchtigkeit nicht so schnell wieder zu zerstreuen. Sie soll erst wirken, ehe sie sich im großen Luftraum wieder verteilt. An kühlen, sonnenlosen Tagen unterbleibt das Nebeln, denn eine ganze Anzahl sukkulenter Pflanzen sind bei Kühle empfindlich gegen Feuchtigkeit.

Wir sprachen bisher vom Wasser schlechthin, aber es ist auch wichtig zu wissen, was für ein Wasser unsere Pflanzen lieben. Das zum Gießen verwendete Wasser darf nicht mehr als 100 mg gelöste Salze pro Liter enthalten. Meist enthält es zuviel gelöstes Kalzium- und Magnesiumbikarbonat, dann

Die Wachstumsbedingungen im Frühbeet eingesenkter Pflanzen sind weit günstiger und naturgemäßer als die in freistehenden Tontöpfen.

ist es für unsere Zwecke zu »hart«. Die Karbonathärte verschwindet beim Kochen des Wassers, wobei sich die Bikarbonate in Karbonate umsetzen und als Kesselstein ausfällen. Die Härtegrade unseres Leitungswassers können wir beim Wasserwerk erfahren, die Härtebezeichnung nennt die Anzahl Grade Deutscher Härte (° D. H.). Sollte die Härte mehr als 5 Grad betragen, müssen wir unser Gießwasser auf eine möglichst einfache Methode enthärten. Für die Minderung der Wasserhärte um je 1 Grad D. H. brauchen wir 22,5 mg (Milligramm!) Oxalsäure je Liter Wasser. Die Trübung des Wassers nach der durch Umrühren beschleunigten Auflösung der Oxalsäure verschwindet nach 10 bis 15 Stunden und im Gefäß entsteht ein weißlicher Bodensatz. Vorsichtig wird die darüber befindliche Wasserschicht mit einem Schlauch abgezogen oder abgegossen und der Bodensatz fortgeschüttet.

Zum Enthärten gibt es auch noch andere Methoden, z. B. den Wofatitfilter. Am einfachsten kann man durch Beigabe von Torfmull enthärten, wobei die Humussäure des Torfs den Kalk des Wassers bindet.

Eine andere wichtige Voraussetzung für den gesunden Pflanzenwuchs ist der richtige pH-Wert des Wassers (und der Erde). Es erwies sich als nötig, daß die Wissenschaft für den Grad der Säure bzw. des Kalkgehaltes von Wasser und Erde bestimmte Werte – in Zahlen ausgedrückt – festlegen mußte. Man nennt sie die pH-Werte (lateinisch: potentia hydrogenii = Macht des Wasserstoffs) und benutzt für ihre Einteilung die Zahlen 1 bis 14. Mit pH 1 bis 6 werden Säuregrade bezeichnet, z. B. ist pH 2 die Säure des Essigs, während ein guter Wein wenigstens pH 4 haben soll; pH 7 nennt man neutral, während über 7 bis 14 angibt, in welchem Grade Erde oder Wasser alkalisch ist.

Wenn man 40 g Ätznatron in einem Liter Wasser auflöst, so bekommt man pH 14. Pflanzliches Leben hört aber schon bei pH 9 auf, die Möglichkeiten für ein Gedeihen der meisten Pflanzen liegen also überwiegend auf der leicht sauren Seite zwischen pH 4 und pH 7. Für unsere sukkulenten Pflanzen ist der günstigste Säuregrad ungefähr 5,6 bis 6,5.

Es wäre das Einfachste, wenn wir unsere Zimmerpflanzen nur mit dem weichen und leicht sauren Regenwasser gießen würden. Aber wo hat man dieses in einer Großstadtwohnung gleich zur Hand? Wir müssen das Leitungswasser also künstlich auf den gewünschten Säuregrad von pH 5 bis 7 bringen. Von umständlichen chemischen Experimenten etwa mit der giftigen Schwefel- oder Salpetersäure, die auch den Kalk der Tontöpfe nach und nach zersetzt, möchte ich abraten. Einfacher ist es, eine Handvoll Torfmull in einen Eimer Wasser zu streuen, das wir vor der Verwendung 24 Stunden ziehen lassen. Ein guter Torfmull besitzt eine Säure von pH 4, so daß wir die Alkalität des Leitungswassers damit wesentlich wandeln können. Auch mit 5 g Zitronensäure auf 10 l Wasser kann man die Alkalität um zwei Werte senken. Aber ein Nachprüfen des erreichten Säuregrades ist unerläßlich, diese kleine Mühe darf der Pflanzenfreund nicht scheuen. pH-Meßgeräte gibt es in den verschiedensten Ausführungen und Empfindlichkeitsgraden.

Für uns genügt schon das einfache Indikator-Papier, das außerdem billig in der Verwendung ist. Man taucht einen schmalen Streifen dieses Papiers in die zu prüfende Flüssigkeit oder feuchte Erdmischung, und schon nach wenigen Sekunden verfärbt sich das Streifchen bis zu einem bestimmten Grade. Die Farbe vergleichen wir mit einer beigegebenen Tabelle, auf der wir die jeweilige pH-Zahl bequem ablesen können.

Früher wurde oft das schlechte Wachstum der Topfpflanzen und das plötzliche Sterben von Kakteensämlingen einem »Versauern« der Erde zugeschrieben. Mit der Bildung von schwarzen und blaugrünen Algen und Moosen fing es an. An den weißlichen Ausblühungen an der Außenseite des

Pflanzenwachstum in Abhängigkeit vom pH-Wert des Bodens

pH-Wert	Bodenreaktion	Vegetationsbereich
1	stark sauer	ungeeignet
2	stark sauer	ungeeignet
3	stark sauer	noch für manche Arten geeignet
4	**sauer**	**geeignet**
5	**sauer**	**sehr günstig**
6	**leicht sauer**	**sehr günstig**
7	**neutral**	**noch günstig**
8	leicht basisch	Wachstum möglich
9	basisch	Pflanzen beginnen zu sterben
10	basisch	Pflanzen beginnen zu sterben
11	basisch	kein Pflanzenwuchs
12	basisch	kein Pflanzennachwuchs
13	stark basisch	kein Pflanzennachwuchs
14	stark basisch	kein Pflanzennachwuchs

Blumentopfes hätte man eigentlich die Kalkansammlung erkennen müssen. Die oberste Erdschicht hatte meist einen pH-Wert von 8,5 bis 9, der zum Absterben der feinen Faserwurzeln und schließlich zum Tod der ganzen Pflanze führen mußte. Meines Wissens war Professor Dr. Fr. Buxbaum, Judenburg (Österreich), der erste, der seit 1946 in seinen Artikeln den Kreis der Pflanzenfreunde auf diese Vorgänge aufmerksam machte und bewies, daß es sich keineswegs um eine »Versauerung«, sondern vielmehr um eine »Verkalkung« der Topferde handelte. Wie war es nur möglich, daß man dieses »Ei des Kolumbus« so lange nicht gefunden hatte? Sicher haben die Pflanzenfreunde in früheren Jahrzehnten weniger mit Leitungswasser gegossen, mehr saure Erdmischungen verwendet oder häufiger umgepflanzt. Die Gärtner waren nicht so sehr von diesem Übel betroffen, denn in der feuchten Luft der Gewächshäuser braucht nicht so viel gegossen zu werden wie im Zimmer, sonst hätten auch sie die starke Kalkanreicherung in der obersten Schicht der Blumentöpfe merken müssen.

Selbst wenn wir mit reinem Regenwasser gießen, haben wir noch immer mit dem Kalk der Erde zu kämpfen. In den meisten Erden ist sehr reichlich Kalk vorhanden, der sich langsam löst und nach und nach von dem aufsteigenden Grundwasser mit nach oben gebracht wird. Durch das meist notwendige häufige Gießen der Blumentöpfe geht diese Lösung des Kalkes schneller als in der Natur vor sich, so daß sich erhebliche Mengen in der obersten Erdschicht ansammeln. In der freien Natur schwemmen Regengüsse den aus der Tiefe heraufgeholten Kalk meist wieder fort. So kommt es, daß unsere landwirtschaftlich genutzten Böden von Zeit zu Zeit wieder einmal gekalkt werden müssen, weil durch das Ausschwemmen sogar eine gewisse Kalkarmut eintreten kann. Das ist im Blumentopf aber nicht der Fall, hier müssen wir uns vor der »Verkalkung« der Topferde schützen.

Ein Radikalmittel ist das Umtopfen der Pflanzen in frische Erde, deren pH-Wert richtig ist. Aber nicht immer läßt sich dieses Mittel anwenden, abgesehen davon, daß es allerlei Störungen des Pflanzenwuchses mit sich bringt. Es ist schon besser, wenn wir die Verkalkung der Erde auf eine andere Weise verhüten.

Bei Bewässerung von oben sammeln sich die Nährstoffe vermehrt in der Unterschicht; sie ist in der Handhabung einfacher und spült außerdem den Staub von den Pflanzen. Die Bewässerung von unten bewirkt eine bessere Wurzelbildung, aber die Nährstoffe sammeln sich mehr in der Oberschicht. Wechselnde Bewässerung ist demnach am günstigsten und sollte häufiger angewandt werden.

Auch die in der Blumenzucht gebräuchliche Tröpfchen- oder Kapillarbewässerung läßt sich in der Kakteenpflege mit gutem Erfolg anwenden. Von einem Zuleitungsschlauch aus einem Hochbehälter gehen aufgesteckte

Das Tauchen der Töpfe in Nährlösung kann uns mitunter ein Jahr lang das Umtopfen ersparen.

millimeterdünne Verteilerschläuche zu den Pflanzen, bzw. in eine Sandschicht, auf der die Töpfe stehen. Man kann die Zuleitung auch direkt mit einem Wasserhahn verbinden, den man nur schwach aufdreht, oder man reguliert den Wasserlauf durch ein Ventil. Bei hohem Eisengehalt des Wassers muß mit einem Verstopfen der kleinsten Schläuche gerechnet werden. Bewährt haben sich auch an Stelle der Schläuche dicke Wollfäden, die das Gießwasser in feinster Dosierung vom Hochbehälter zu den einzelnen Pflanzen bringen. So kann man bei monatelanger Abwesenheit seinen Pflanzen das nötige Wasser zuführen. Man sollte dieses Verfahren aber schon Wochen vor der Abreise ausprobieren.

Daß das Wasser einwandfrei sauber sein muß und keinerlei schädliche Beimischungen haben darf, ist selbstverständlich. Bei der heutigen chemischen Verseuchung der Flußläufe muß man auch mit Flußwasser vorsichtig sein. Wenn Flüsse und Bäche reichlich mit Fischen und Pflanzen besetzt sind, können wir das als gutes Zeichen nehmen und das Wasser verwenden. Gegen Algenbildung hilft das Mittel Dinamin oder auch Kupfervitriol. Chlor im Gießwasser schadet wider Erwarten den Pflanzen nicht.

Welche Temperatur soll das Gießwasser haben? Hier sind die Meinungen sehr verschieden. Während im allgemeinen zu einem abgestandenen, mäßig warmen Wasser geraten wird, gibt es auch fanatische Verfechter der These, daß eiskaltes Quell- oder Leitungswasser den Pflanzen durchaus nicht schade. Ich möchte das aber nicht für alle Pflanzen und zu jeder Jahreszeit unterschreiben. Mit Rücksicht auf einzelne empfindliche Arten ist es im Winter ratsam, lauwarmes Wasser von etwa 15 bis 18 °C zu verwenden, höhere Wärmegrade des Gießwassers jedoch zu vermeiden. Allzu warmes Wasser auf die Dauer würde im Winter die Pflanze zum Trieb reizen, zu einem Zeitpunkt, wo er ganz unerwünscht ist. Außerdem könnte die Pflanze verweichlichen.

Ein wesentlicher Faktor für die Wirkung kalten oder lauwarmen Wassers ist der jeweilige Zustand der Topferde. Ist die Erde ziemlich trocken und

Bei kühlem Wetter befeuchten wir die Topferde nur wenig mit dem dünnen »Strahl« einer kleinen Gießkanne, wenn wir nicht zeitweise eine Bewässerung von unten vorziehen.

durch und durch mit warmer Luft gesättigt, so macht ihr ein kalter Guß – und sei es auch ein plötzlicher Gewitterregen – gar nichts aus; im Gegenteil beobachten wir gerade nach einer solchen Dusche ein erholtes, frisches Aussehen der Pflanzen. Das in die Töpfe einziehende kalte Wasser mischt sich meist sofort mit der warmen Luft. Bei ständig feuchter Erde dagegen fehlt dieser Ausgleich: Alle Zwischenräume sind voll Wasser, warme Luft kann nicht eindringen. Ein weiteres Gießen wirkt allzu abkühlend auf Erde und Pflanzen.

Überhaupt vertragen fast alle Sukkulenten niedrige Temperaturen von Wasser und Luft gut, wenn die Erde trocken ist. Kälte wird ihnen nur gefährlich bei nasser Erde; dann verursacht sie meist Fäulnis am Wurzelhals. Deshalb vermeiden wir bei einer Temperatur unter 12 °C alles Befeuchten, sei es von oben oder von unten. So günstig die Bewässerung von unten ist, so läßt sie sich doch nicht immer durchführen; man kann aber auch ruhig von oben befeuchten. Sogar ein Überbrausen halte ich bei warmem Wetter für durchaus nützlich, weil es wie ein richtiger Regenguß den Staub abspült und die Poren für die Atmung frei macht.

Die Menge des Gießwassers müssen wir für jede Pflanze nach der Aufnahmefähigkeit ihrer Wurzeln bemessen. Wenn eine Pflanze durch längere Trockenheit ihre feinen Saugwurzeln eingebüßt hat, können wir das Versäumte nicht schnell nachholen, indem wir ständig stark gießen und feucht halten, denn die Pflanze würde dann an Wurzelfäulnis zugrunde gehen. In einem solchen Falle dürfen wir die Wassergaben nur langsam und vorsichtig steigern, bis genügend neue Saugwurzeln entstanden sind.

Erde und Ernährung

Wenn man bei zehn verschiedenen Kakteenfreunden in ganz verschiedenen Gegenden die Kakteenerde untersucht, findet man bestimmt zehn unterschiedliche Erdzusammensetzungen. Trotzdem sind bei diesen zehn erfahrenen Pflegern die Pflanzen frisch und gesund und blühen reich. Demnach läßt sich auf vielerlei Weise der gleiche gute Erfolg erzielen. Gewiß, eine einheitliche Linie in der Zusammenstellung dieser zehn Erden läßt sich feststellen, aber schon beim Sand fängt es an: Bei dem einen ist es fast reiner Quarzsand, beim anderen ein stark mineralhaltiger Sand. Bereits an der verschiedenen Färbung läßt sich das deutlich erkennen. Noch größere Unterschiede gibt es bei der verwendeten Gartenerde. Aber darauf kommt es nicht an. Nach dem, was ich eingangs über die Wichtigkeit des Säuregrades der verwendeten Erden darlegte, werden wir gut tun, mehr auf ihn als auf die Prozentzahlen der Erdzusammensetzungen zu achten. Das beste Erdrezept kann trotz allem einen falschen pH-Wert ergeben, da die Bestandteile für die Erdmischung nicht genormt sind.

Die Land- und Gartenerde ist für die Sukkulentenpflege meist zu schwer und zu wenig wasserhaltend. Deshalb mischen wir sie mit saugfähigem und säurehaltendem Torfmull und fügen $^{1}/_{4}$ bis $^{1}/_{3}$ guten körnigen Flußsand bei. Der Grubensand ist meist zu tonig und wird dann durch das häufige Gießen hart wie Beton.

Alle Sukkulenten-Erdmischungen sollten nicht zu fein gesiebt sein, da sie sonst leicht zu fest werden. Eine etwas gröbere Zusammensetzung, die auch kleine Steinchen enthält, ist dem Wurzelwachstum zuträglicher.

Die für den allgemeinen Pflanzenwuchs günstigste Krümelstruktur des Bodens ist ungefähr folgende:

50% feste Bestandteile (Erde)
25% Feuchtigkeit
25% Hohlräume bzw. Luft

Manche Kakteen sind am Wurzelansatz empfindlich gegen Feuchtigkeit. Es empfiehlt sich daher, die Erde in den Töpfen oben mit Kies zu bedekken, der das Gießwasser schnell durchläßt, während das Wasser in der untersten Schicht zwischen den feinen Faserwurzeln gespeichert werden soll.

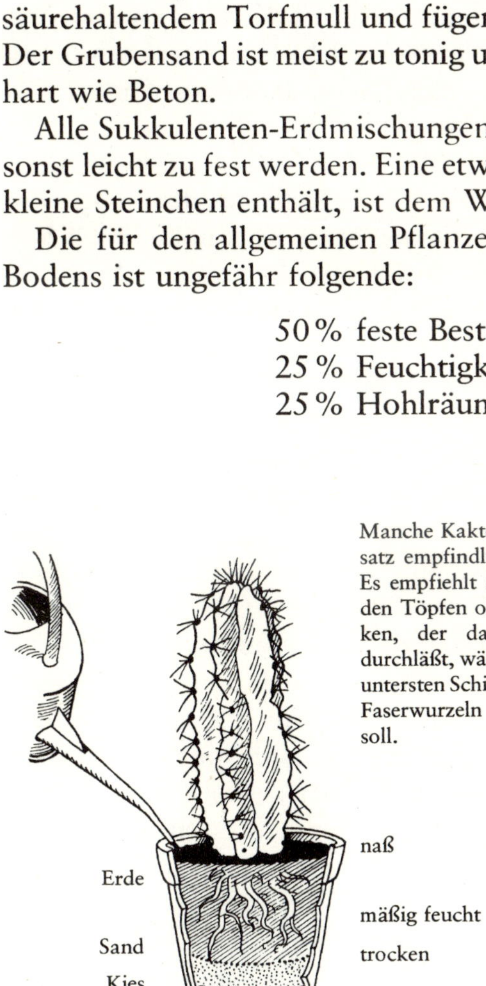

falsch

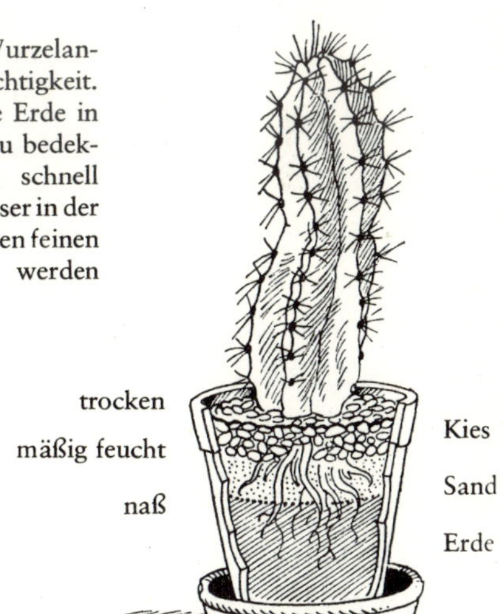

richtig

Viele Kakteen aus trocknen, steinigen Gebieten wie auch sehr dickfleischige Sukkulenten aus afrikanischen Wüsten sind empfindlich gegen eine humusreiche Erde. Ihre Wurzeln vertragen die durch die Bodenbakterien erzeugten Säuren nicht. Die Erden ihrer Heimat sind fast humusfrei, denn verwesende Pflanzenteile, aus denen sich Humus bilden könnte, gibt es in diesen Trockengebieten kaum. Solchen Pflanzen, die wir schon an der dicken Rübenwurzel und den wenigen Faserwurzeln erkennen können, geben wir nur eine Mischung aus reichlich Lehm, Sand und Kies bis Erbsengröße. Auch kleinste Ziegelbrocken und etwas zerstoßene Holzkohle, die die Wurzeln gesund erhält, sollten wir beifügen. Das andere Extrem sind die im Humus der Astgabeln und auf Bäumen epiphytisch wachsenden Arten, von denen unsere Blatt-, Weihnachts- und Korallenkakteen abstammen. Wenn ihre Nachkommen auch bei uns ganz normale und solide Topfpflanzen geworden sind, lieben ihre Wurzeln doch immer noch den Humus und eine leichte Säure und Feuchtigkeit, wie sie der Torfmull ihnen bietet. Lehm und Gartenerde sind für sie meist zu schwer.

Eine fertige Erdmischung soll ständig eine milde Feuchtigkeit behalten, was im Zimmer meist nicht möglich ist. Auch viele Keller sind zur Lagerung von Erdmischungen ungeeignet. Am günstigsten lagert man noch im Garten, wo man aber darauf achten muß, daß die Erde nicht vom Regenwasser ausgelaugt oder von der Sonne ausgetrocknet wird. Bei geringem Bedarf wird es am einfachsten sein, eine Universalerde aus einer Gärtnerei zu beziehen und sie durch Beimischungen für die jeweilige Art passend zu machen.

Die genormte Einheitserde hat den Vorzug gleichbleibender Qualität und enthält schon die notwendigen Düngemittel und Spurenelemente sowie Material für die Erdelockerung.

Für Aussaaten und kleine Pflanzen ist ein Dämpfen der Erde ungefähr 14 Tage vor der Verwendung sehr zu empfehlen. Wir vernichten damit alle pilzlichen und tierischen Schädlinge und ihre Nachkommen, die unseren jungen Pflanzen gefährlich werden könnten. In einem genügend großen Behälter wird die Erde, die leicht feucht sein muß, auf 100 °C erhitzt und mit heißem Wasserdampf mindestens 15 Minuten durchspült. Es ist auch praktisch, die Erde in einen Beutel zu füllen, dessen Gewebe den Wasserdampf gut durchläßt. Nach dem Dämpfen wird die Erde ausgeschüttet, zugedeckt und langsam abgekühlt. Brauchbar für die Pflanzen wird sie erst wieder, wenn sich Bodenbakterien in ihr gebildet haben, was ungefähr 14 Tage dauert. Schwerlösliche Düngerbeigaben werden durch das Dämpfen schneller erschlossen als durch Lagerung. Der Säuregehalt wird jetzt mit Indikatorpapier geprüft und soll nicht über pH 6 betragen.

Früher war es üblich, alle Topfpflanzen im Frühjahr – vielleicht sogar

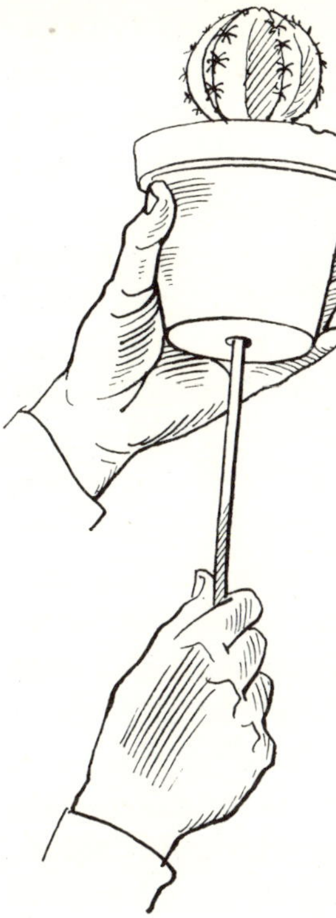
b

a

Umtopfen von Kakteen mit verfilzten Topfballen:
a) Durch Aufstoßen des Topfes auf die Tischkante löst sich der Wurzelballen von der inneren Topfwand.
b) Wenn der Topfboden mit einer nicht zu kleinen Scherbe bedeckt ist, kann man zum Umtopfen die Pflanzen mit der Rückseite eines Bleistiftes leicht aus dem Topf heben.

kurz vor der Blüte – rigoros umzutopfen, wobei die Erde gründlich vom Ballen gelöst wurde. Bei der damals häufigen Verkalkung der Topferde war das bestimmt auch nötig. Bei unserer neuzeitlichen gesünderen Pflanzenpflege brauchen wir die Pflanzen nicht jedes Jahr umzutopfen, und wenn es wirklich nötig wird, dann ist es nicht ein derart störender Eingriff in das Pflanzenleben, der an eine bestimmte Jahreszeit gebunden wäre. Wenn wir merken, daß der Topf zu klein wird, die Wurzeln vielleicht schon zum Wasserabzugsloch herauskommen und wir auch mit Dunggüssen die ausgelaugte Erde nicht mehr verbessern können, dann topfen wir die betreffende Pflanze um. Der Topfballen soll dazu weder ganz trocken noch gerade angegossen sein. Haben wir eine große Tonscherbe auf dem Boden des Topfes, so stecken wir das Ende eines kurzen Bleistiftes durch das Bodenloch und drücken damit den ganzen Topfballen nach oben aus dem Topf heraus. Wenn das nicht geht, müssen wir die Pflanze am Wurzelhals anfassen und die Oberkante des umgedrehten Topfes auf die Tischkante aufstoßen, damit sich der Ballen aus dem Topfe löst. Bei richtig behandelten Pflanzen wird das Wurzelwerk einen Ballen gebildet haben, der nun das Bestreben hat, sich auszudehnen und neue Erde mit seinen jungen Wurzeln zu durchziehen. In solchen Fällen genügt es, in den etwas größeren Topf unten und rings herum neue Erde einzufüllen, worauf die Pflanze ohne jede Störung kräftig weiterwachsen wird. Zeigt der alte Wurzelballen viele vertrocknete oder faulende Wurzeln, so müssen sie ohne Beschädigung der gesunden Wurzeln vorsichtig beseitigt werden. Dann topft man die Pflanze in frische Erde ein. Ist jedoch der ganze Wurzelstock angefault oder die Pflanze ganz wurzellos, so wird sie zur Neubewurzelung wie ein Steckling gesondert behandelt.

Jede frisch umgetopfte Pflanze wird einige Tage lang vor Prallsonne und damit vor starker Verdunstung geschützt. Man stellt sie möglichst etwas wärmer als sonst. Es ist üblich, zwei Tage nach dem Umtopfen nicht zu gießen, damit an eventuell vorhandenen Bruchstellen der Wurzeln keine Fäulnis entsteht. Bei gesunder Erde ist ein Umtopfen größerer Pflanzen nur alle drei bis vier Jahre nötig und dann vor allem, weil das ungestörte schnellere Wachstum nach diesem Zeitraum einen größeren Topf erfordert. Gegen Verkrustung und Austrocknen der Erdoberfläche hat sich ein Aufstreuen kleiner Kiesel gut bewährt. Die richtige Kakteenerde soll alle für ein gesundes Wachstum erforderlichen Nährstoffe in ausreichender Menge enthalten. Sukkulente Pflanzen brauchen außer den Spurenelementen, die die Erde enthält, als Düngung nur 5,6 % Stickstoff, 16 % Phosphorsäure und 38 % Kalium, während die richtige Blumenerde meist wesentlich mehr Stickstoff besitzt, wie das für schnellwachsende, blättrige Pflanzen nötig ist. Die Nährstoffe werden durch das Wasser und die Bodenbakterien für die Wurzeln der Pflanzen aufnahmefähig gemacht. Die in der Erde eines Blumentopfes vorhandenen Nährstoffmengen reichen für unsere verhältnismäßig langsam wachsenden Sukkulenten meist mehrere Jahre aus. Wenn wir aber nicht warten wollen, bis die Nahrung ganz aufgebraucht ist, weil die Pflanze vielleicht schon Not leiden könnte, ehe wir es ihr ansehen, können wir gutbewurzelte Pflanzen in der Wachstumszeit mit einem Vollnährsalz düngen, das ihnen alle Stoffe gibt, die sie brauchen. Wäre das Düngen noch nicht nötig gewesen, so gehen die Nährstoffe doch nicht verloren, sondern werden in der Erde aufgespeichert. Der Pflanzenfreund wird sich seinen kleinen Bedarf an Blumendünger nicht selbst zusammenmischen. Es ist billiger, sich einen fertigen Spezialdünger zu kaufen. Wir geben den Dünger in schwacher Konzentration ein- bis zweimal monatlich dem Gießwasser bei. Man braucht jedesmal nur soviel Nährsalz im Wasser aufzulösen, wie zu einer einmaligen Düngung aller Pflanzen nötig ist. Außerdem empfehle ich, die Pflanzen in Töpfen von Zeit zu Zeit in eine mit Düngerlösung gefüllte Schale zu stellen, damit sie sich wieder einmal richtig von unten vollsaugen können. Die Wirkung einer kräftigen Düngung macht sich meist bald durch frisches und gesundes Aussehen der Pflanzen und später durch reichen Knospenansatz bemerkbar. Nahrungsmangel in unserer Topferde dagegen erkennt man an matter, hellgrüner, fast gelblicher Färbung der Pflanze, mitunter auch an der schwächeren Entwicklung

Sammlung junger Zwergkakteen

1 Rebutia marsoneri
2 Rebutia kariusiana
3 Aylostera kupperiana
4 Aylostera flavistyla
5 Aylostera robusta

1 Mediolobivia fuauxiana

2 Sulcorebutia lepida

3 Sulcorebutia alba

4 Sulcorebutia kruegeri

5 Sulcorebutia menesesii

Kammformen
(forma cristata)

1 Pelecyphora aselliformis
2 Pseudoespostoa melanostele
3 Rebutia marsoneri
4 Echinocereus fitchii
5 Pilosocereus chrysacanthus
6 Lobivia mistiensis

Aurea- und Rubra-Formen

1 Mammillaria gilensis

2 Mammilaria pyrocephala

3 Mammilaria compressa

4 Gymnocalydium mihanovichii

5 Turbinicarpus species

6 Neochilenia malleolata

7 Astrophytum myriostigma hybridum

Früchte von Kakteen

1 Pilosocereus palmeri

2 Gymnocalycium mihanovichii

3 Mammillaria magallanii

4 Astrophytum myriostigma

5 Melocactus species

Großblumige Blattkaktus-Züchtungen

1 Agaven in Mexiko

2 Geerntete Opuntienfrüchte

einzelner Pflanzenteile. Wir können der Pflanze die Nahrung in zweierlei Form bieten: als organischen Dünger oder als fertige Vollnährsalzlösung. Der organische Dünger besteht aus verwesten, ehemals pflanzlichen oder tierischen Stoffen mit sehr großen Molekülen und wird erst durch die unzähligen Bodenbakterien in chemisch viel einfachere Stoffe umgewandelt, gewissermaßen »vorgekaut«, damit die grüne Pflanze sie mit ihren Wurzeln aufnehmen kann. Merkwürdigerweise sind es fast immer die gleichen Stoffe, wenn auch mengenmäßig verschieden zusammengesetzt, die alle Pflanzen zu ihrer Ernährung brauchen. Bei ihrer Aufnahme aus der Erde wirkt das Gesetz vom Minimum. Das bedeutet ungefähr: Es hat keinen Zweck, eine Düngerart besonders reichlich zu geben, wenn es prozentuell an einem anderen Dünger fehlt, denn die Pflanze nimmt die gesamte Düngermenge nur in dem Prozentsatz in Anspruch, in dem der jeweils knappste Düngerbestand (das »Minimum«) darin enthalten ist. Am wichtigsten für den Aufbau des pflanzlichen Gewebes und für ein gesundes Wachstum ist das Kalium. Fast ebenso wichtig für Wurzelwachstum, Knospenansatz sowie Blüten- und Samenentwicklung ist der Phosphor. Unentbehrlich in Verbindung mit den anderen Stoffen ist auch eine gewisse Menge Stickstoff. Allzu reichlich verwendet, fördert er jedoch die Bildung eines lockeren, nicht sehr widerstandsfähigen Gewebes. Eisen, wenn auch in kleinster Menge, ist nötig zur Entwicklung eines gesunden Blattgrüns. Enthält die Erde zuviel Kalzium, so ist das Eisen durch die Wurzeln nicht mehr aufnehmbar. Mangel an Eisen oder ein Zuviel an Kalzium (zu hoher pH-Wert) macht sich durch Gelbfärbung der Blätter oder anderer Pflanzenteile bemerkbar. Neben Schwefel und Magnesium sind noch weitere Elemente (die sogenannten »Spurenelemente«) für den Pflanzenwuchs nötig, wenn auch nur in winzigen Mengen. Im tierischen Dung finden wir die wichtigsten Stoffe, die die Pflanzen brauchen, vereint, wenn auch nicht in dem für sukkulente Pflanzen richtigen Mengenverhältnis. Der Stickstoffgehalt ist viel zu hoch, und außerdem ist der Dünger zu kalkhaltig, so daß er erst längere Zeit – mindestens ein Jahr bei entsprechender Behandlung – ablagern muß, ehe er der Erde beigemengt zur Verwendung kommen kann. In Wasser gelöst – etwa 10 Liter Wasser auf ein halbes Kilogramm Dung – wird er allmählich in Gärung übergehen und ist dann schon nach einigen Wochen verwendungsfähig. Rinderdung enthält alle für die Pflanzen notwendigen Nährstoffe in milder, gebrauchsfähiger Zusammensetzung, er ist bei weitem der beste. Hühner- oder Taubendung ist zu scharf und läßt sich nur stark verdünnt verwenden. Bis zu einem gewissen Grade trifft das auch für frischen Pferdedung zu, obgleich er nach einjähriger Verrottung und Ablagerung sehr brauchbar werden kann, wenn er auch nie die Qualität des Rinderdungs erreicht. Diese Dünger sind aber für fast alle Sukkulenten zu gehaltvoll, denn wir wollen keine Mastkulturpflanzen ziehen, sondern gesunde blühwillige Prachtstücke, die im Aussehen den robusten Wildnisbewohnern nahekommen. Wir werden uns deshalb mit den Nährstoffen begnügen, die eine gute Kakteenerde enthält, oder den sicheren und bequemeren Weg wählen: die Vollnährsalzlösung. Die Nährlösung sollte enthalten: 38% Kalium, 16% Phosphor und nur 5,6% Stickstoff bei gleichzeitiger Beigabe von Calzium, Eisen, Schwefel, Magnesium und Spurenelementen. Es genügt, wenn wir in der Vegetationszeit ein- bis zweimal wöchentlich unsere getopften Sukkulenten in ein Gefäß mit solcher Nährlösung stellen, so daß sie von unten in die Töpfe einziehen kann. Voraussetzung ist natürlich eine gesunde Bewurzelung. Kranke Pflanzen müssen erst geheilt werden, und dann können sie wieder Dünger aufnehmen. Kurz vor und nach dem Umtopfen wird nicht gedüngt, da mitunter Wurzeln beschädigt sein können und leicht Fäulnis entstehen würde. Man soll nicht in voller Sonne düngen und auch solche Pflanzen nicht, die gerade ihre Ruhezeit haben. Wo eine Düngung von unten nicht möglich ist, soll der nicht zu trockene Erdballen rings um die Pflanze mit Nährlösung begossen werden. Düngerlösungen sollte man nicht zu hochkonzentriert geben, lieber etwas häufiger in nur kleinen Dosen. Ein Gramm Dünger auf den Liter Wasser dürfte meist richtig sein und keine Überdüngung herbeiführen. Wenn wir uns die Nährlösung für einige Wochen gebrauchsfertig ansetzen wollen, um jeweils die nötige Menge entnehmen zu können, müssen wir sie dunkel stellen oder in einem farbigen Glasgefäß aufbewahren, damit sie nicht verdirbt.

Für einen gesunden Pflanzenwuchs sind außer der Ernährung auch andere Faktoren entscheidend: die Bodenreaktion und die lockere, luftdurchlässige Struktur der Topferde. Die Luft aus der Wurzelsphäre des Bodens muß sich ständig mit der atmosphärischen Außenluft austauschen können, wenn der Boden nicht durch die Tätigkeit der Wurzeln und der Bodenmikroben versauern soll. Die Wurzeln atmen Tag und Nacht, geben also auch ständig größere Mengen Kohlensäure neben anderen Stoffwechselprodukten an den sie umgebenden Raum ab und müssen Sauerstoff aufnehmen. Die Versauerung durch diese Kohlensäure kann schädlich werden, wenn der Gasaustausch durch zu festen oder zu nassen Boden nicht mehr möglich ist.

Unsere Hilfsmittel zur Pflege

Standorte im Sommer und Winter

Wir wurden in den vorstehenden Abschnitten daran erinnert, wie wichtig viel Licht, frische Luft und gesundes Wasser für die sukkulenten Pflanzen sind, und werden dies berücksichtigen, wenn wir den richtigen Platz für unsere kleine Sammlung suchen. Gewiß, ästhetische Momente stehen bei der Wahl des Standortes weitgehend im Vordergrund. Der Schmuckwert der Pflanzen soll gut zur Geltung kommen, wir wollen uns am Arbeits- oder Ruheplatz täglich an unseren Pflanzen erfreuen, wollen sie recht oft vor Augen haben. Wenn sie aber ihre Schönheit behalten und mehren sollen, muß der gewählte Platz auch den Wünschen der Pflanze entsprechen. Wir wählen das hellste Fenster und stellen unsere Pfleglinge recht dicht ans Glas, nicht etwa innen in den Raum hinter die Gardinen. Es soll ein Fenster sein, das nicht oder nur ganz selten gelüftet zu werden braucht, vielleicht hat der Raum noch ein zweites Fenster, durch das wir frische Luft hereinlassen können. Das häufige Platzwechseln ist unseren Pflanzen unzuträglich, in der Natur gibt es das auch nicht. Ich möchte deshalb gleich auf eine wichtige Maßnahme aufmerksam machen: die Markierung der Sonnenseite. Jede mehrjährige Pflanze läßt uns erkennen, welche Seite der Lichtquelle zugekehrt gewachsen ist. Der Scheitel der Pflanze hat eine leichte Neigung nach dieser Seite, bei einigen brasilianischen Kakteen ist diese Neigung sogar sehr stark ausgeprägt. Um ganz sicher zu gehen und nicht immer wieder prüfen zu müssen, markieren wir diese Seite durch ein Zeichen am Blumentopf, das auch beim Gießen nicht so leicht wieder verschwindet. Das häufig übliche Drehen des Topfes, das einen nach allen Seiten gleichmäßigen Wuchs bewirken soll, unterlassen wir, denn es ist eine starke Zumutung für die Pflanze, wenn wir von ihr verlangen, daß sie immer wieder von neuem ihre Blätter dem Licht zudreht. Eine wüchsige Blattpflanze ist dazu noch in der Lage, anders unsere Dickblätter und Stacheligel. Sie wollen nicht gestört werden, sie sind behäbig und bequem und müssen ihr Licht immer von derselben Seite bekommen. Es ist deshalb praktisch, wenn wir z. B. beim Fensterputzen nicht jeden einzelnen Topf aus dem Fenster nehmen müssen, sondern uns einen der Größe des Fensters (oder halben Fensters) entsprechenden Kasten bauen, in den eine große Anzahl kleine und mittlere Töpfe hineinpassen. Er kann aus Holz oder sonstigem einfachen Material bestehen. Auch Bauplatten, die sich gut sägen oder schneiden lassen, sind verwendbar. Der Boden wird möglichst mit Blech ausgeschlagen und das

Ganze mit einem wasserbeständigen Anstrich innen und außen versehen. Dann füllt man ihn mit Torfmull oder einer feuchtigkeitshaltenden Erdmischung und senkt die Töpfe bis zum oberen Rand in zwei bis drei Reihen hintereinander ein. Dieses Verfahren hat den großen Vorteil, daß die Erde in den Töpfen nicht schnell austrocknet. Werden kleine Tontöpfe direkt von den Sonnenstrahlen getroffen, so erhitzt sich ihre Außenwand so stark, daß auch die feinen Faserwurzeln an der Innenwand zu heiß werden und vertrocknen. Man müßte sie sehr oft gießen, und das ist wegen der Kalkanreicherung unerwünscht. In den Kästen dagegen braucht man im Winter nur den die Töpfe umgebenden Torfmull leicht anzufeuchten, um die Wurzeln für einige Wochen vor gänzlichem Austrocknen zu schützen.

Bringt man mehrere solcher Kästen übereinander im Fenster an, so kann man damit den Platz vervielfachen und den wärmebedürftigsten Pflanzen den wärmsten Standort in der obersten Reihe geben. Im Winter ist diese Art der Unterbringung günstig, aber im Sommer, wenn die Sonne hoch steht, dürfen die oberen Kästen keinen Schatten auf die unteren werfen.

Es hat sich sehr bewährt, sukkulente Pflanzen zwischen den Fenstern zu kultivieren, weil wir dadurch unabhängig von der Zimmertemperatur werden. Wie bereits erwähnt, trocknen die Töpfe in einem geheizten Wohnzimmer meist zu schnell aus; wir müssen sie zu oft gießen und regen damit immer von neuem den Trieb an, anstatt den Pflanzen richtige Winterruhe zu geben, während der sich die Knospen im Innern der Pflanze entwickeln können. Das ist eine der häufigsten Ursachen, wenn Sukkulente im Zimmer nicht oder nur spärlich blühen. Leider ist der Raum zwischen Doppelfenstern – falls sie überhaupt vorhanden sind – meist zu klein zum Aufstellen der Pflanzen, aber mit etwas Geschick oder durch die Hilfe eines Fachmannes können wir das innere oder das äußere Fenster etwas versetzen, so daß die Glasscheiben 25 oder mehr Zentimeter Abstand voneinander gewinnen. Am günstigsten ist ein solcher Umbau natürlich, wenn wir nach außen erweitern können, um so den Pflanzen etwas Oberlicht zu verschaffen. Eine Schräge der oberen Abdeckung ist u. a. wegen des Regenwasser-Ablaufes notwendig. Die Lüftung wird so eingerichtet, daß die Zimmerluft unter dem Einsatzkasten hervor an der Innenseite der äußeren Fensterscheibe entlangstreicht und am Rückfenster oben wieder in das Zimmer entweichen kann. Wir gewinnen so ein richtiges Ausbau-Fenster, wie es eigentlich in jeder modernen Wohnung schon vom Architekten mit vorgesehen sein sollte. Diese Forderung an den Wohnungsbau wird leider viel zu selten beachtet. Bei direkter Sonne erwärmt sich solch ein kleines Glashaus sehr schnell. Deshalb müssen wir für den Sommer auch eine Entlüftung nach außen vorsehen. Die rückwärtigen Fenster nach dem Zimmer sollen sich weit öffnen lassen, damit wir bequem an den Pflanzen

Umbau eines Fensters zum Blumenfenster

Fensterbretter sind zur Aufstellung von Pflanzen meist zu schmal, außerdem verdunsten die frei darin aufgestellten Töpfe zu viel Feuchtigkeit und erfordern unerwünschtes häufiges Gießen.
Ein wannenähnlicher Behälter von möglichst 30 cm Tiefe wird unten mit einer Schicht Scherben oder Schotter und darüber mit Torfmull gefüllt und nimmt die Pflanzen unmittelbar oder die eingesenkten Töpfe auf, die an ihren Wandungen sowieso bald unansehnlich werden und auf diese Weise den Blicken des Betrachters entzogen sind (Abb. 2).

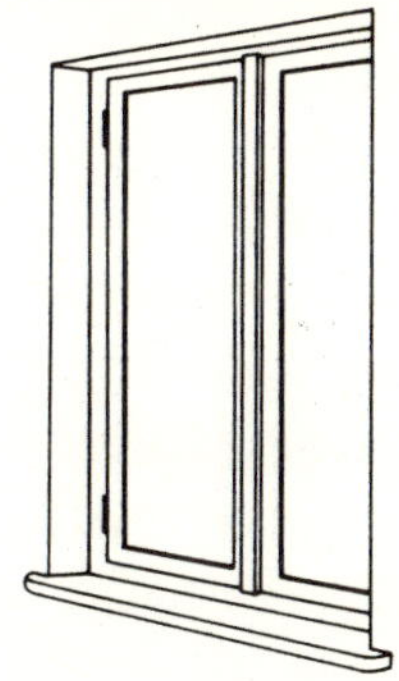
1

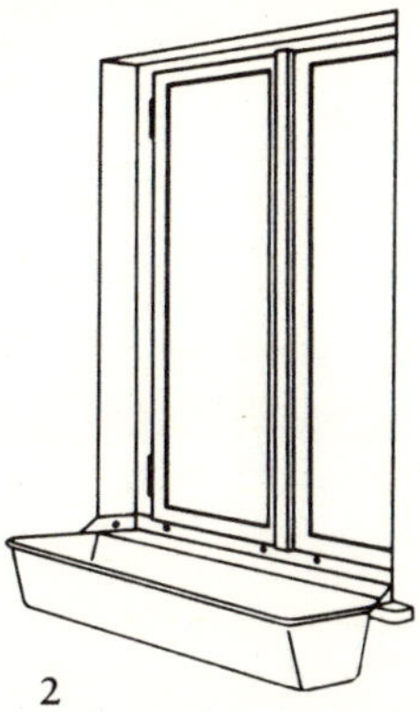
2

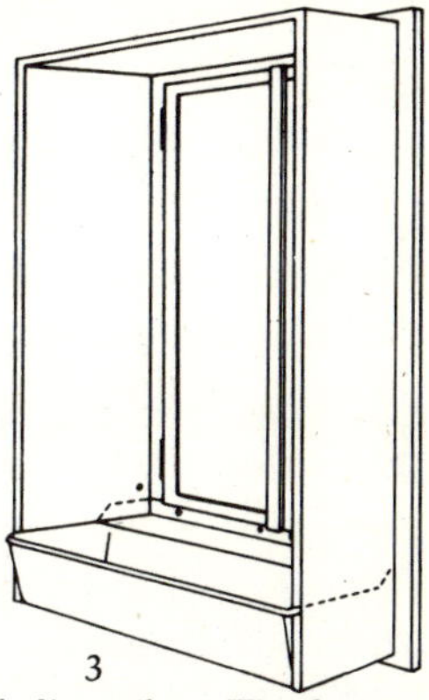
3

Um durch Spritzen entstehende Schäden an Tapete und Mauer zu vermeiden, empfiehlt sich eine seitliche Abdeckung in Breite der Pflanzenwanne (Abb. 3), die auch geschickt durch Anbau an vorhandene Möbel zu einem Ganzen gestaltet werden kann (Abb. 4). Eine weitere Glasscheibe nach der Zimmerseite vollendet das kleine »Treibhaus«, in dem sich Temperatur und Luftfeuchtigkeit leichter regulieren lassen. Heizkörper unter dem Fenster sind für die Überwinterung schädlich, besonders für Kakteen und andere sukkulente Pflanzen, die unbedingt kühle Überwinterung brauchen. Für sehr kalte Winternächte genügt eine Abdeckung des Fensters mit Papier oder Tüchern, vielleicht ein elektrisches Heizkabel im Fensterbrett oder eine anderweitige regulierbare Warmluftzufuhr zwischen Pflanzenwanne und Fenster mit entsprechender Luftableitung an der oberen Abdeckplatte (Abb. 6). An dieser Platte kann sich übrigens auch die nach dem Zimmer zu abgedeckte Beleuchtung befinden (Abb. 5). Die Pflanzenwanne wird man mit Stützen versehen müssen, da sie doch ein ziemlich großes Gewicht an Erde und Pflanzen zu tragen hat. Ein schrankähnlicher Unterbau sieht noch gefälliger aus und ist zum Aufbewahren von Geräten sehr praktisch.

4

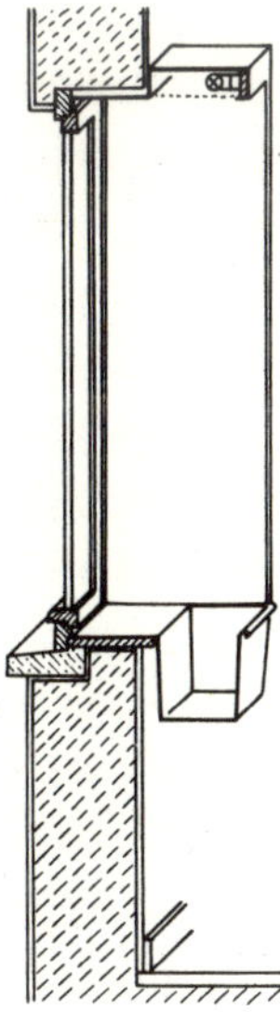
5

Die Zeichnungen entnahmen wir mit freundlicher Genehmigung der BLV Verlagsgesellschaft, München, dem Buch von Margot Schubert, Das vollkommene Blumenfenster.

6

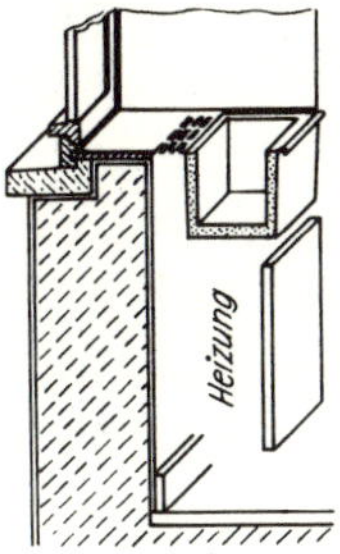

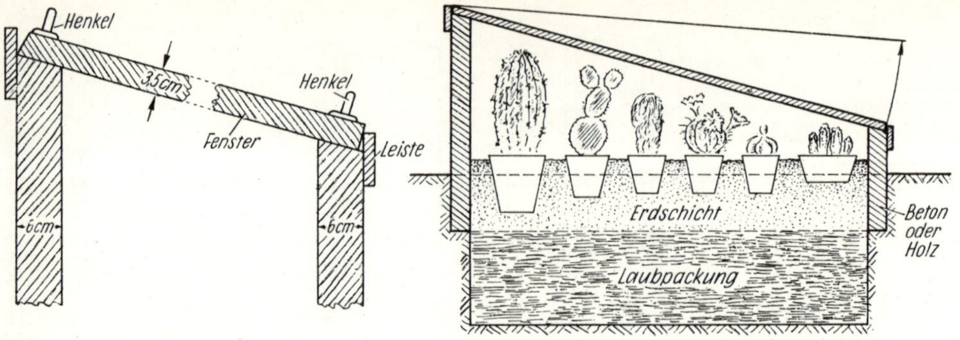

Der kleine Luftraum eines Frühbeetes erwärmt sich sehr schnell, ein großer Vorteil für wärmeliebende Pflanzen wie Kakteen. Dicht unter Glas sind die Wachstumsbedingungen sehr günstig. Im Hochsommer und Herbst können wir unseren Pflanzen im Frühbeet durch zeitweises Abnehmen der Fenster direktes, volles Sonnenlicht, erwünschte nächtliche Abkühlung und den wertvollen morgendlichen Tau verschaffen.

hantieren können. In besonders kalten Winternächten läßt man die Fensterflügel weit offen, damit die Zimmerwärme den Pflanzen zugute kommt und die Temperatur im Glashaus über 0 °C bleibt. Bei geringerer Kälte genügt uns schon ein kleines Heizkabel, wie wir es als Wärmequelle für Aquarien kennen. Eine Schattiereinrichtung für den Sommer brauchen wir nur in seltenen Fällen, und selbst dann genügt ein leichter Lehmanstrich der Glasscheiben, den man bei Eintritt trüben Wetters entfernt oder durch den ersten Regenguß abwaschen läßt. Man kann auch zeitweise Seidenpapier über die Scheitel empfindlicher Pflanzen legen.

Im Sommer fördert die gespannte Luft in solch kleinem Raum mit hoher Luftfeuchtigkeit die Wurzelbildung und das Wachstum außerordentlich. Man denke nur an das über einen Steckling oder eine kranke Pflanze gestülpte Konservenglas. Auch hier wird in der abgeschlossenen Luft die Verdunstung stark vermindert, was bei schwacher oder fehlender Bewurzelung wichtig ist. Vor direkter, starker Sonnenbestrahlung von längerer Dauer muß ein solches Glas geschützt werden, weil sich die Luft in seinem Innern sehr schnell erhitzen kann. Allerdings bindet der Wasserdampf einen Teil der schädlichen Strahlen und schützt vor Verbrennungen.

Nicht jeder wird sich ein Kakteenfenster ausbauen können, aber auch ohne ein solches ist eine erfolgreiche Pflanzenpflege möglich. Es genügt schon, wenn wir unseren Pflanzen durch Öffnen der Fenster direkte Sonnenbestrahlung geben oder sie in den Sommermonaten mit dem Schutzkasten vors Fenster stellen. Ein Brett läßt sich außen mit zwei festen Haken am Fenstersims befestigen, und der Kasten bewahrt die Töpfe bei Wind vorm Herabfallen. Einige Arten, denen die robuste Frischluftkultur nicht zuträglich ist, bleiben immer innen hinter den Fenstern. Das betrifft alle noch sehr jungen Pflanzen und von den Kakteen vor allem die weißbehaarten

Das vom Keller aus zugängliche und im Winter mäßig beheizte Kakteen-Glashaus an der Südwand des Hauses ist die Ideal-Lösung für den fortgeschrittenen Kakteenfreund!

Auf kleiner Fläche läßt sich hier – nach Lichtbedarf übereinander angeordnet – eine ansehnliche Menge Pflanzen vorzüglich überwintern.

Arten. Der Platz vor dem Fenster wird meist keinen Schutz vor starken Regengüssen bieten, und da die Luft unserer Städte nicht immer sauber ist, würden die weißbehaarten Pflanzen ihre Schönheit durch Verschmutzung einbüßen. Für solche Arten ist es schon besser, wenn wir ihnen eine »Sommerfrische« im Garten in Form eines mit Glas überdeckten Frühbeetes geben können. Die Pflanzenpflege im Glasbeet hat viel für sich, und viele sehr passionierte Sukkulentenfreunde möchten diese praktische Einrichtung nicht mehr missen. Es braucht nur ein kaltes Beet zu sein, allenfalls halbwarm mit festgetretenem, angefeuchtetem Laub gepackt, aber es bietet unseren Pfleglingen vom April bis Oktober eine gesunde Unterkunft, die sie gut im Wachstum voranbringt und ihre volle Schönheit entfalten läßt. Das Geheimnis liegt in dem verhältnismäßig kleinen Luftraum, der sich schon bei dem geringsten Sonnenstrahl leicht erwärmt, und in der intensiven Belichtung der Pflanzen, die ganz nahe am Glas stehen. Für die Wirkung der Sonnenstrahlen auf die Pflanzen spielt die Entfernung vom Glas eine große Rolle. Die Strahlenwirkung verringert sich mit dem größer werdenden Abstand im Quadrat der Entfernung. Das Gefälle des aufgelegten Glasfensters ermöglicht uns, Pflanzen von verschiedener Höhe so zu verteilen, daß alle mit ihrem Scheitel den gleichen geringen Abstand vom Glas haben, wobei man allerdings das Wachstum einiger Monate gleich mit einkalkulieren soll. In kalten Nächten muß man die gut schließenden Fenster noch mit Tüchern oder Strohmatten bedecken. Tagsüber kann die Sonne sehr schnell den kleinen Luftraum des Kastens erhitzen, man muß zur rechten Zeit lüften, damit die Pflanzen nicht die häßlichen, braunen Sonnenbrandflecke bekommen. Wir können die Töpfe eng nebeneinander in das Beet stellen, aber noch besser wachsen die Pflanzen, direkt in das Beet ausgepflanzt. Ungefähr im August kommen sie dann wieder in Töpfe oder Kästen, damit sie vor dem Winter noch fest einwurzeln. Um diese Zeit, wenn die Pflanzen gut im Trieb sind, geben wir reichlich Luft und nehmen die Glasfenster hauptsächlich nachtsüber bei trockenem Wetter ganz ab, damit die Pflanzen den für ihre Gesundheit so wichtigen Tau bekommen. Die Fenster dienen zu dieser Zeit hauptsächlich als Regenschutz. Überrascht den aufgedeckten Kasten doch einmal ein nächtliches Gewitter mit starkem Regen, so werden wir uns wundern, wie gut er den Pflanzen bekommt und wie herrlich frisch und sauber sie am nächsten Tag aussehen. Das Frühbeet hat den großen Vorzug, daß es sich gut lüften läßt, daß man nach Abnehmen der Fenster alle Pflanzen gut erreichen und sie von ihrer schönsten Seite, von oben, betrachten kann. Bei längere Zeit anhaltendem kühlem und regnerischem Wetter müssen allerdings die Glasfenster auf dem Beet bleiben. Liegt vollends das Beet nicht in der Nähe der Wohnung, wird der Pflanzenfreund selten zur eingehenden Betrachtung seiner Pfleglinge kommen. Da hat es der Besitzer eines kleinen Gewächshauses schon besser, wenn er unabhängig vom Wetter seine Lieblinge im Glashaus betreuen kann. Am schönsten ist es, wenn ein solches Gewächshaus an die Südseite eines Wohnhauses angebaut vom Keller her zugänglich ist. Das nach Süden im Winkel von 30 bis 40° geneigte Dach vervielfacht die Wirkung eines jeden Sonnenstrahles. Ein sonniger Platz ohne Baumschatten, möglichst vor kalten Nord- und Ostwinden geschützt, ist ideal für ein Sukkulentenhaus. Aber auch das von Nord nach Süd verlaufende Haus mit Satteldach hat seine besonderen Vorzüge, es erwärmt sich nicht ganz so stark und schnell, und wenn man nicht sofort zum Lüften kommt, sind nicht gleich Verbrennungen zu befürchten. Für Blattkakteen, Weihnachtskakteen und ähnliche Arten ist ein solches von Nord nach Süd verlaufendes Haus besonders geeignet.

Wegen der besseren Wärmehaltung ist es sparsam und praktisch, den Gang des Hauses unter die Erdoberfläche zu legen, so daß nur die Dachschräge herausragt. Wenn aber noch ein Teil der Seitenwände über den Erdboden kommt, so sollten diese Stehwände auch aus Glas sein, damit die Pflanzen noch Seitenlicht erhalten. Die Flächen im Inneren können als Erdbeete (aber mit guter Drainage!) oder als Tische zum Aufstellen von Töpfen hergerichtet werden. Auf Holz stehen die Töpfe wärmer als auf

Beton, der aber den großen Vorzug hat, länger haltbar zu bleiben, auch wenn er häufig naß wird. Es empfiehlt sich, eine 1 bis 3 cm dicke Schicht Kohlegrus oder Asche auf die Tischfläche zu bringen. Darauf stehen die Töpfe nicht zu kalt und auch nicht gar zu trocken. Alle Holzteile werden schon vor der Verarbeitung mit Firnis gestrichen und dann mit einer wasserbeständigen Farbe, die den Pflanzen nicht schadet, behandelt. Ausreichende Lüftungsanlagen sollen alle 2 bis 3 m am Dach und an den Stehwänden angebracht sein. Man bekommt die Lüftungsklappen fertig im Handel; die nach außen ausstoßbaren sind für Regenwetter günstiger als die verschiebbaren. Die Lüftung in der Stehwand soll so eingerichtet sein, daß sie kalte Außenluft im Innern des Hauses nach oben leitet, wo sie sich mit Warmluft mischt. Die Klappen werden seitlich abgeschirmt, damit die Pflanzen nicht von Zugluft getroffen werden.

Bei ausreichender Höhe können beiderseits vom Mittelgang noch Hängebretter angebracht werden, auf denen Schalen und Töpfe mit kleinen Pflanzen besonders nahe am Glas überwintert werden. Viele Warzenkakteen und manche winterblühenden Pflanzen kommen hier am besten zur Blüte. Einen ausreichend großen Platz für Geräte, Kannen, Erde und dgl. sollte man auch mit einplanen. Die Verglasung des Gewächshauses erfolgt am besten mit Blankglas, von $^{6}/_{4}$ oder $^{4}/_{8}$ Stärke in einem genormten Maß, wie z. B. 48×60 cm. In die Falze der Sprossen wird reichlich guter Kitt gedrückt, unten beginnend werden die Glasscheiben mit etwas Spielraum aufgelegt und festgedrückt. Eine obere Scheibe greift jedesmal etwa 3 cm über die untere und wird beiderseits mit kleinen Nägeln vor dem Abrutschen nach unten bewahrt. Ist die Reihe zwischen zwei Sprossen fertig, so werden die Falze auch noch von oben mit Kitt überdeckt. Einige Tage danach erfolgt bei trockenem Wetter der Außenanstrich. Vor Winterbeginn werden alle Fugen und Ritzen mit Filzstreifen und Kitt abgedichtet. Wenn der Abstand der beiden Hausgiebel mehr als 3 m beträgt, ist es ratsam, in jeweils einigen Metern Entfernung den First bzw. die ihn haltenden Sprossen beiderseits des Ganges abzustützen, damit im Winter der Schnee das Dach nicht eindrücken kann.

In einem solchen unbeheizten Glashaus kann man von März bis November in mitteldeutschem Klima sukkulente Pflanzen vorzüglich kultivieren. Will man sie den ganzen Winter darin lassen, wird man nicht ohne Heizung auskommen. Wenn ein Anschluß an eine Zentralheizung des Wohnhauses möglich ist, kann man diese Frage ohne viel zusätzliche Arbeit und Kosten lösen. Als besondere Beheizung von langandauernder Wirkung bei geringer Wartung wird der Sägespäneofen empfohlen, der kostenmäßig im Betrieb günstig ist. Es gibt aber auch eine Menge anderer Möglichkeiten, durch die wir die geringe notwendige Erwärmung auf 5 bis 10 °C erzielen können. In neuerer Zeit werden beste und kostensparende Ergebnisse mit der sogenannten Luft-Umwälz-Heizung gemeldet, wobei ein kleiner Motor die Warmluft in den Raum bläst. Ein Thermostat stellt ihn nach Bedarf an oder ab. Das nächtliche Bedecken des Gewächshauses mit Matten aus Stroh und Rohr als zusätzliche Wärmehaltung kann in besonders kalten Nächten zusätzlich helfen. Wenn wir außerdem die Innenseiten der Fenster- bzw. Dachflächen mit dünner Folie bespannen, können wir sehr sparsam heizen.

Und was geschieht mit unseren Pflanzen im Winter, wenn wir kein Gewächshaus haben oder von November bis März nicht heizen wollen? Sicher finden sich im Haus schwach erwärmte Räume, Korridore, Treppenhäuser und dergleichen, die auch in kalten Nächten noch frostfrei sind und den Pflanzen einen kühlen, trockenen – wenn auch dunklen – Ausruheplatz für ein paar Monate geben. Selbst trockene Kellerräume können den meisten Sukkulenten eine brauchbare Überwinterung bieten, nur müssen wir hier besonders darauf achten, zeitweise zu lüften.

Pflanzgefäße

In den üblichen Pflanzgefäßen geben wir den von Muttererde und aufsteigendem Grundwasser getrennten Pflanzen nur einen kümmerlichen Ersatz für ihr Leben in der freien Natur. Schauen wir doch unsere Blumentöpfe einmal etwas kritisch an: Entstammt ihre Form nicht uralten Zeiten? Die Töpferscheibe gibt es schon auf ägyptischen Darstellungen um 2300 v. u. Z. Ihr Rotieren – früher mit den Füßen betrieben – bedingt die runde Form aller Gefäße. Die Blumentopfform, die sich verjüngt, sollte bei der Herstellung und beim Transport Platz sparen helfen. Der Wurzelballen einer gesunden Pflanze ist gerade umgekehrt geformt: oben an der Erdoberfläche eng und nach unten verbreitert. Allerdings hat die Verjün-

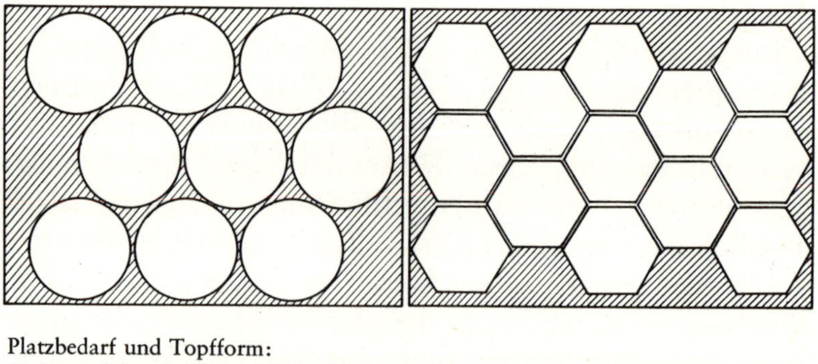

Platzbedarf und Topfform:
Links: auf beschränkter Fläche höchstens 9 Töpfe (etwa 70 Prozent Raumausnutzung), rechts: auf gleicher Fläche 13 eckige Töpfe.

gung des Topfes nach unten für uns den Vorteil, daß wir die Pflanze beim Umtopfen leichter aus dem alten Topf lösen können als bei senkrechten Wänden oder gar oben verengten Gefäßen.

Stehen runde Töpfe dicht nebeneinander, so wird der vorhandene Platz dennoch nur zu etwa $^3/_4$ seiner Gesamtfläche genutzt. Eine erheblich bessere Raumausnützung bieten viereckige oder in Wabenform aneinandergereihte sechseckige Töpfe. Die neuen Materialarten, Kunststoffe, die wir besitzen, konnten hierin eine Wandlung schaffen. Mich haben damals meine Versuche mit Kunststofftöpfen von deren Vorzügen und Überlegenheit überzeugt.

Wenn ich von neuem Material spreche, muß ich vorher erst ein altes Vorurteil beseitigen: Es ist eine weitverbreitete Ansicht, daß man Pflanzen überhaupt nur in Tontöpfen richtig kultivieren könne. Wenn man aber in überseeische Länder kommt, wo Tontöpfe nicht immer leicht zu beschaffen sind, sieht man häufig sehr gesundes, üppiges Wachstum in Koservenbüchsen! Heute weiß man längst, daß die Tontöpfe nicht das allein Richtige für Pflanzen sind, daß sie vielmehr die schnelle Abgabe des Gießwassers allzusehr fördern. Warum wäre es sonst nötig, die Tontöpfe in Kästen mit Erde einzusenken? Der in Zimmerluft schnell austrocknende Ton zieht aus der Erde im Innern dauernd Feuchtigkeit an sich, die an seiner Außenseite verdunstet, wodurch die Erde unerwünscht abkühlt. Durch das Wasserabzugsloch im Boden des Topfes fließt sowieso ein Teil des Gießwassers gleich wieder ab, das der kleine Erdballen nicht so schnell aufsaugen kann. Dabei nimmt es viel Nährstoffe aus der Erde mit sich und laugt sie zum Nachteil für die Pflanze förmlich aus. Nach dem, was wir vorher über die schädliche Kalkanreicherung hörten, wollen wir zu häufiges Gießen vermeiden. Wenn ich auch durchaus nicht die Blechbüchse für Zimmerpflanzen empfehlen will, so ist doch die »Alleinherrschaft« des Tontopfes gebrochen und unsere Auswahl an Pflanzgefäßen weit größer geworden. Der früher verpönte und allenfalls als Hülle geduldete glasierte Topf kann unmittelbar bepflanzt werden. Künstlerisch schön geformte Behälter aus Majolika, Porzellan, Kunststoff, Glas oder sogar Holz erfreuen den Ästheten. Wenn wir nur etwas aufpassen und nicht übermäßig gießen, werden die Gewächse darin bald besser gedeihen als im freistehenden kleinen Tontopf. Wir wollen aber unsere Pflanzen keineswegs nur als Dekoration unserer Zimmer betrachten, die wir durch buntverzierte Töpfe betonen. Wir werten die Pflanze immer als Hauptsache, und deshalb muß ihr Gefäß bescheiden zurücktreten. Ein Ziertopf darf nicht in grellen Farben die Pflanze überschreien, er soll – wenn überhaupt – nur zarte Pastellfarben tragen, auch keine Blüten- und Tierornamente. Meist ist der unbemalte, glatte Topf am schönsten. Gerade Kakteen wirken am besten in den Farben ihrer heimatlichen Umgebung, sie vertragen mit ihrer zarten Eigenfärbung einen grellbunten Topf am wenigsten. Natürlich wählen wir aus Gründen der Platzersparnis nicht zu große Töpfe. Die allzu schnelle Verdunstung des Wassers bei viel unbedeckter Oberfläche in großen Töpfen hat zu der Vermutung geführt, sukkulente Pflanzen dürften nicht zuviel Erde haben, sie könnten nur in kleinen Töpfen gedeihen, weil ihr geringes Wurzelwerk nur kleine Töpfe richtig ausfülle. Das kann aber nicht stimmen, denn weshalb würden sonst die Kakteen in einen Kasten oder ein Frühbeet ausgepflanzt so üppig gedeihen? Und wie erginge es den Kakteen in der Wildnis, wo oft neben ihnen weit und breit keine andere Vegetation vorhanden ist? Nein, an zuviel Erde stirbt keine Pflanze, nicht einmal ein genügsamer Kaktus. Richtig ist, daß kleine Sämlinge und Jungpflanzen am besten in enger Gemeinschaft gedeihen, wo sie die Erdoberfläche so dicht bedecken, daß ein schnelles Austrocknen nicht möglich ist. Auch für den Versand werden praktisch kleine Töpfe gewählt.

Die üblichen Wasserabzugslöcher im Boden unserer Pflanzgefäße behalten wir bei. Sie sind uns eine Versicherung gegen versehentlich zu reichliches oder zu häufiges Gießen, wie es vielleicht in unserer Abwesenheit durch einen Vertreter geschehen könnte. Auch brauchen wir das Loch im Topfboden für die schon erwähnte »Bewässerung von unten«. Gerade unten suchen die feinen Faserwurzeln Feuchtigkeit und Nahrung, nach unten spült das Gießwasser die Mineralien der Topferde. Wir füllen deshalb bei Kakteen und anderen Sukkulenten auf die Topfscherbe die nahrhafte Erde und oben an den Wurzelhals Sand und kleine Kiesel, damit sich keine Fäulnisherde durch stehende Nässe bilden. Wir wählen die flache Scherbe, die das Wasserabzugsloch bedeckt, nicht zu klein, das hat auch seinen Grund für das spätere Umtopfen. Auf alle Fälle muß ein Verlust von Erde oder Nährstoffen durch das Bodenloch verhindert werden. Läßt sich in dem verwendeten Pflanzgefäß kein Wasserabzugsloch anbringen, so füllen wir auf seinen Boden eine Schicht von $^1/_2$ bis $1^1/_2$ cm feine Kiesel, Topfscherben oder groben Sand und gießen besonders vorsichtig. Diese Vorsorge treffen wir aber nur bei Töpfen ohne Wasserabzugsloch, bei anderen ist sie überflüssig, ja sogar schädlich.

Hydrokultur – Wasserkultur

Wenn wir den Torfmull, in dem die Pflanzen in Töpfen eingebettet stehen, mit Wasser oder Nährlösung anreichern, so sind wir nicht weit entfernt vom Verfahren der Hydrokultur. Während bei Hydroponik die Wurzeln der über der Nährlösung gehaltenen Pflanze unmittelbar in die Flüssigkeit hineinhängen, stehen bei Hydrokultur die Pflanzen in einem Haltesubstrat. Die Erde, die bisher die Speicherung der Nährstoffe übernahm, wird bei der

Ernährung durch Nährsalzlösung überflüssig. Ihre Aufgabe war es aber auch, der Pflanze durch ihre Wurzeln Halt und Verankerung zu geben. Diese Aufgabe kann ein keimfreies Substrat gefahrloser erfüllen als Erde, deren Bakterien enthaltende Bestandteile für den jungen Pflanzenkörper eine ständige Gefahr bilden. Weiche Pflanzenteile und Wurzeln vertragen die in Humuserde erzeugte Säure nicht. Deshalb empfehle ich auch an anderer Stelle, den obersten Teil des Topfes nicht mit Erde, sondern mit Kies zu füllen.

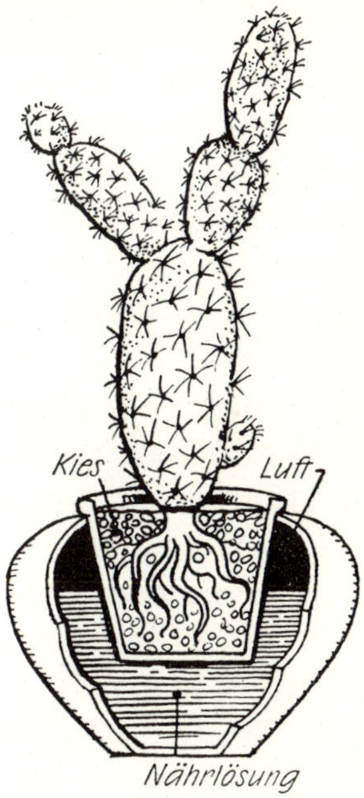

Hydrokultur: Die Pflanzen sitzen mit ihren Wurzeln im Kies und bekommen durch das Bodenloch Feuchtigkeit und Nahrung.

Als Haltesubstrat läßt sich sehr verschiedenes Material verwenden, zum Beispiel Quarzkies, Ziegelbrocken, Holzkohle, Schlacken, Torfmull, wobei wir die Körnung der Pflanzengröße bzw. ihren Wurzeln anpassen müssen. Eine Struktur von $^1/_2$ festen Teilen und $^1/_2$ Hohlräumen oder Flüssigkeit wird ungefähr die günstigste sein, um eine gute Sauerstoffversorgung der Wurzeln zu gewährleisten. Das Substrat darf natürlich keine pflanzenschädigenden Bestandteile enthalten, wie es bei Schlacken leicht vorkommen kann (Schwefelverbindungen!). Braunkohlenschlacke ist überhaupt ungeeignet, Koks- oder Steinkohlenschlacken sollen gut ausgeglüht sein und die Kalk- und Schwefelverbindungen müssen entfernt werden, denn auf die Dauer kann die Nährlösung durch den Kalk des Substrates verdorben werden. Hier ist eine Vorbehandlung nötig. Wir übergießen das Substrat mit einer Lösung von einem Teil konzentrierter Schwefelsäure in 10 Teilen Wasser und warten bis keine Gasbläschen mehr aufsteigen. Dann füllen wir das Substrat in einen Behälter mit sauberem Wasser und spülen es vorsichtshalber nochmals unter fließendem Wasser ab. Leider ist Schlacke selbst in zerkleinertem Zustand, wenn wir durch Sieben die gewünschte Körnung erzielt haben, wegen ihrer scharfen Kanten kein sehr gutes Haltesubstrat. Allenfalls läßt sie sich als Beimischung verwenden. Ziegelbrocken haben den Nachteil, daß sie leicht ihre Struktur verändern und zur Schlammbildung neigen. Außerdem zeigen sie dann allerlei Fremdbestandteile, die vorher schwer festzustellen waren und den Pflanzen schaden können.

Neuerdings wird Torfkultursubstrat, Styro- oder Hygromull, Grodan, Agrosil, auch Vermiculit und Otavi-Perlit als Substrat oder Beimischung zur Erde empfohlen.

Die Vorzüge des säurehaltigen, echten Torfmulls und des Sphagnums sind bekannt. Es ist erwiesen, daß sich Torfmull und Sphagnum auch als Beigabe zum Haltesubstrat durchaus bewährt haben, denn sie regulieren nicht nur den Säuregrad, sondern machen auch Mineralstoffe besser löslich und erleichtern den Wurzeln die Aufnahme anorganischer Nährstoffe. Besonders die von Natur aus epiphytisch wachsenden Pflanzen reagieren sehr positiv auf Torfmull- oder Sphagnum-Beigabe.

Alle Haltesubstrate werden vor der Verwendung durch Erhitzen auf 100 °C keimfrei gemacht und können dann sofort benutzt werden, weil wir hier nicht wie bei gedämpfter Erde auf die Entwicklung von Bodenbakterien warten müssen. Nährlösung ist bereits in der für die Wurzeln aufnahmefähigen Form, wir brauchen keine Bodenbakterien, die die organischen Stoffe erst aufbereiten müssen. Das Substrat selbst hat mit der Pflanzenernährung nichts zu tun.

Als Behälter für die Nährlösung werden wasserdichte Gefäße oder Becken mit Isolieranstrich verwendet, der verhindert, daß die Gefäßwand irgendwelche Stoffe absondert, die die Struktur der Lösung verändern könnten, oder andererseits Stoffe der Nährlösung bindet. Man kann auch Gefäße oder Gewächshausflächen mit Folie ausschlagen, muß aber darauf achten, daß nur phenolfreie Gartenbaufolie zur Verwendung kommt. Es gibt auch Folien, die bei Befeuchtung mit Nährlösung für die Pflanzen schädliche Gifte ausscheiden.

In den Behälter oder auf die Folie wird das Haltesubstrat gefüllt und nimmt die Pflanzen oder die eingesenkten Töpfe auf. Dann wird die Nährlösung eingelassen und meist genügt ein Stau in mehrtägigen Abständen. Das Becken wird bis einen Zentimeter unter den Wurzelansatz der Pflanzen gefüllt, das Haltesubstrat saugt sich voll, und nach einem halben oder ganzen Tag wird die überschüssige Nährlösung durch ein Ventil wieder abgelassen. Man bewahrt sie im Dunkeln zur Wiederverwendung auf. Bei größeren Anlagen muß der Boden des Behälters entsprechendes Gefälle haben, das einen leichten Abfluß der Nährlösung ermöglicht. Die Häufigkeit des Nährlösungsstaues richtet sich ganz nach Jahreszeit, Temperatur und Pflanzenart. Man kann auch mit Dauerstau arbeiten, muß aber die Nährlösung dann wesentlich mehr verdünnen. Die Höhe und die Dauer des Staues müssen wir von Fall zu Fall selbst erproben. Dabei gilt es zu beobachten, ob die Struktur unseres Substrates ein schnelles Aufsteigen der Feuchtigkeit zu den Wurzeln zuläßt, oder ob die Wurzeln schon so lang sind, daß sie mit ihren Spitzen in die Flüssigkeit tauchen. Wir können auch in mehr oder weniger großen Abständen je nach Witterung und Jahreszeit unsere Behälter abwechselnd mit Wasser und mit Nährlösung beschicken. Wenn die Flüssigkeit nach einigen Stunden wieder abgelassen wird, zieht die Luft in die

Pillnitzer Hydroziertopf

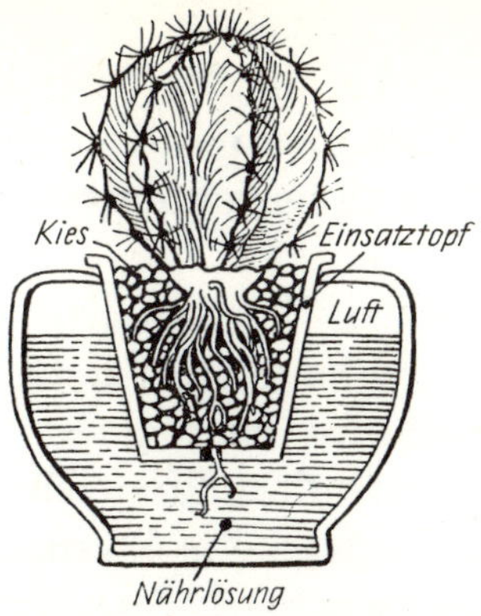

Hydroponik

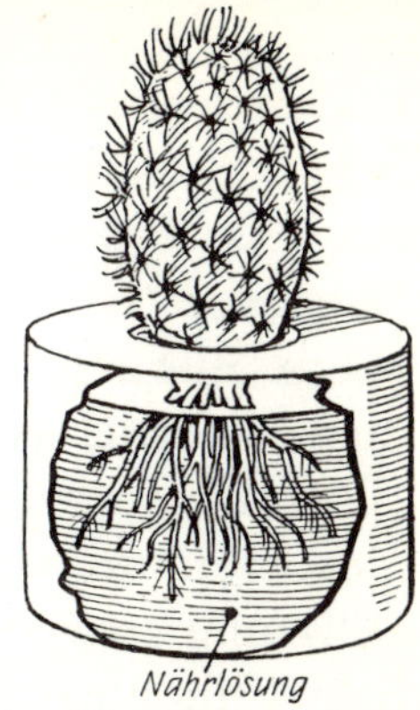

Bei der Hydrokultur steht die Pflanze im porösen Einsatztopf mit ihren Wurzeln zwischen Kies oder in anderem Halte-Substrat. Bei der Hydroponik hängen die Wurzeln direkt in der Nährlösung.

Hohlräume zwischen den Wurzeln, ein Vorgang, der für die Gesundheit der Pflanzen und ihr Wachstum außerordentlich günstig ist.

Für kleinere Sammlungen und Einzelpflanzen kommen wasserdichte Töpfe in Betracht, die mit Substrat gefüllt, bepflanzt und dann bis zu einer bestimmten Höhe mit Nährlösung versehen werden. Wesentlich praktischer sind aber die sogenannten Hydrotöpfe, die aus einem Teil zum Bepflanzen und einem unteren Gefäß für die Nährlösung bestehen. Im oberen Teil, dem Einsatztopf, steht die Pflanze in sandiger Erde oder in einem der erwähnten Substrate, bei Epiphyten auch in Torfmull. Der Einsatz hat unten und seitlich eine Anzahl Löcher, in die die Flüssigkeit eindringt und aus denen später meist die Saugwurzeln herauswachsen. Das untere Gefäß enthält bis zu $^2/_3$ oder $^1/_2$ seiner Höhe die Nährlösung. Der darüber befindliche Luftraum ist wichtig. Nach 2 bis 3 Wochen muß die verbrauchte Nährlösung ergänzt werden und nach 6 bis 8 Wochen ist sie meist erschöpft und durch die Ausscheidung der Wurzeln in ihrer Struktur so verändert, daß sie vollständig erneuert werden muß.

Im Winter wird man tunlichst die Nährlösung entfernen und nur $^1/_3$ der Gefäßhöhe mit Wasser füllen, das man durch Abkochen kalkarm gemacht hat.

Zur Herstellung der Nährlösung verwenden wir nur chemisch reines, einwandfreies Wasser, das keinerlei schädliche Beimischung enthält. Leitungswasser, das wir nötigenfalls vorher enthärten oder auch sauberes Regenwasser wird das zweckmäßigste sein. Für unseren Privatbedarf werden wir die Chemikalien kaum selbst mischen, sondern uns eine fertige Nährlösung für Hydrokultur kaufen. Wir müssen berücksichtigen, daß wir es mit sukkulenten Pflanzen zu tun haben, für die ein stark stickstoffhaltiger gewöhnlicher Blumendünger nicht geeignet ist.

Über die einzelnen Dünger-Bestandteile finden Sie Näheres in dem Kapitel »Erde und Ernährung«. Das Mischungsverhältnis ist im allgemeinen der

Packung aufgedruckt, meist sind es 3 g auf den Liter Wasser. Da Pflanzen in Hydrokultur nicht so oft durch Umsetzen gestört werden sollen, berechne man den Zuwachs und wähle das Gefäß beziehungsweise den Abstand groß genug.

Die Bildung von Grünalgen an den Wurzeln von Epiphyten ist nicht unerwünscht, weil diese den Wurzeln Sauerstoff liefern.

Jahrelange Versuche mit Hydrokultur bei Kakteen haben ergeben, daß hierbei keineswegs verzärtelte Mastkultur-Pflanzen entstehen, sondern vollkommen normale und gesund entwickelte Pflanzen, die dann auch in Erdkultur ohne Schwierigkeit weiterwachsen. Das Umgewöhnen soll man möglichst in die Frühjahrsmonate verlegen. Die Hydrokultur hat erstaunlich schnell viel Freunde gewonnen. Ihre Theorie und Methoden sind nicht neu und heute gibt es auf der ganzen Welt viele Gartenbaubetriebe, die ohne Erde mit Hydrokultur arbeiten. Sie ist für den Laien tatsächlich unkomplizierter und bequemer als die bisherige Erdkultur. Einer ihrer Hauptvorzüge ist, daß keine Erreger pilzlicher Krankheiten, die meist in der Erde vorhanden sind, an die Pflanzen herankommen, wenn sie nur in einem keimfrei gemachten Substrat stehen. Gerade bei den wertvollen weißhaarigen Kakteen ist es vorteilhaft, wenn die Bewässerung nur von unten erfolgt und kein Schmutz auf die Scheitel der Pflanzen kommen kann, was beim Gießen von oben kaum zu vermeiden ist. Für den Gärtner liegt ein weiterer Vorteil darin, daß er Arbeitszeit einspart, weil das zeitraubende Gießen wegfällt. Da es immer schwieriger wird, organischen Dünger zu beschaffen, wird er mehr und mehr zur Nährlösung und auch zur Hydrokultur übergehen. Es muß allerdings darauf geachtet werden, daß sich nicht im Laufe der Jahre an den inneren Gefäßwänden unerwünschte Ablagerungen bilden, deren Beseitigung umständlich und arbeitsaufwendig ist.

Dem Kakteenfreund bereitet die Beschaffung und richtige Aufbewahrung der Kakteenerde besonders in den Großstädten viel Mühe, die er bei der Hydrokultur nicht hat. Trotzdem gibt es so manchen, der alles Neue zuerst einmal ablehnt. So hörte ich kürzlich, daß jemand den Fortfall des Gießens bemängelte, weil ihm dadurch der Anlaß zum häufigen Betrachten seiner Pflanzen genommen würde. Wie kurzsichtig! Die ersparte Zeit könnte er doch zum eingehenderen Betrachten und Beobachten seiner Pflanzen verwenden. Wenn es auch nur scherzhaft gemeint ist, so hat es doch einen tieferen Sinn, wenn der Volksmund sagt: »Der liebevolle Blick ihres Pflegers läßt die Pflanze gedeihen!« Auch das genaue Beobachten und Überprüfen der Pflanzen ist wichtig und läßt manchen Schaden noch rechtzeitig erkennen. Nicht der Besitz wertvoller Pflanzen, sondern die Beschäftigung mit ihnen ist die Hauptsache!

So sehr die Kakteen frische Luft lieben, so wenig behagt ihnen Zugluft. Wir sollten im Winter das Kakteenfenster gut gegen Zugluft schützen.

als durchaus zweckmäßig erwiesen. Wie können die Pflanzenfreunde ihren Zimmerpflanzen in dieser Hinsicht helfen? Kohlendioxid ist immer in der Luft vorhanden, aber im Frühling brauchen die Pflanzen besonders viel, weil sie stärker als zuvor assimilieren. Deshalb ist um diese Jahreszeit die Lüftung, die Zufuhr frischer Luft von außen, die man das ganze Jahr über nicht vergessen sollte, so wichtig. Auch bei den im Keller überwinternden Pflanzen sollte von Zeit zu Zeit gelüftet werden, denn muffige Kellerluft fördert die Verbreitung allerlei schädlicher Bakterien. Die Pflanzen dürfen nicht unmittelbar der durch die Luken einfallenden Kaltluft ausgesetzt werden, wenn draußen Kältegrade herrschen. Nötigenfalls werden sie mit Zeitungspapier abgedeckt. Zugluft ist überhaupt für viele Pflanzen schädlich, deshalb soll man bei Winteranfang die Ritzen der Blumenfenster gut abdichten und bei scharfem Wind zeitweise Papier vorlegen.

Bezüglich der Luftwärme sind unsere Sukkulenten anspruchslos. In der lichtarmen Zeit des Winters sollen sie sowieso nicht weiterwachsen, denn Wintertriebe sind unschön, dünn und nicht fest genug im Aufbau der Zellen. Um Wintertriebe zu verhüten, ist es zweckmäßig, die Pflanzen bei nur 6 bis 12 °C zu überwintern. Viele aus Hochgebirgen stammende Kakteen können in trockenem Zustand ohne Schädigung sogar starke Fröste überstehen. In unseren Blumentöpfen stehen sie aber meist nicht so trocken wie in ihrer Heimat, außerdem ist die Luftfeuchtigkeit bei uns im Freien zu hoch.

Deshalb müssen wir ihnen trotz ihrer Kältebeständigkeit einen frostfreien Platz geben. Auch eine dunkle Überwinterung vertragen viele Arten bei kühlem Stand ohne Schäden. Kommen dann die ersten warmen Frühlingstage, so geben wir fleißig Frischluft, damit die Temperatur im Überwinterungsraum nicht gleich zu stark ansteigt, denn das würde die Erde der Pflanzen austrocknen und uns zum Gießen verleiten. Zu frühes Gießen regt aber den Trieb vorzeitig an und verhindert die Knospenbildung. Die notwendige Winterruhe hat dann nicht lange genug gedauert. Das ist häufig die Ursache, wenn allzu warm überwinterte Sukkulenten selten blühen.

Die kühle Temperatur spielt bei sukkulenten Pflanzen überhaupt eine wichtigere Rolle, als man allgemein annimmt. Zum Beispiel fördern besonders bei den hochandinen Arten starke Unterschiede zwischen Tag- und Nachttemperatur die Blühwilligkeit ganz erheblich. Wissenschaftler haben festgestellt, daß für ein optimales Wachstum ein Wechsel zwischen heißen Tagen und kühlen Nächten sehr wichtig ist, also etwa 20 bis 30 °C am Tage und 12 bis 18 °C in der Nacht.

Bei älteren Pflanzen liegt die optimale Nachttemperatur schon um etwa 10 °C. Der häufig beobachtete sommerliche Stillstand des Wachstums mag in allzu warmen Nächten seine Ursache haben. Nachttemperaturen über 25 °C kann man schon als wachstumshemmend bezeichnen. Dabei sind aber Temperaturen und Belichtungsdauer gekoppelt: Um bei manchen sukkulenten Pflanzen die Knospenbildung zu fördern, sind

bei etwa 30 °C 25 bis 30 Kurztage
(mit je 8 bis 10 Stunden Belichtung),
bei etwa 25 °C 37 bis 43 Kurztage,
bei etwa 20 °C 55 bis 60 Kurztage und
bei etwa 15 °C über 120 Kurztage erforderlich.

Je niedriger die Temperatur, desto mehr Kurztage müssen gegeben werden, um einen reichen Knospenansatz zu erzielen, während für das vegetative Wachstum der Langtag mit mehr als 12 Stunden Belichtung bei

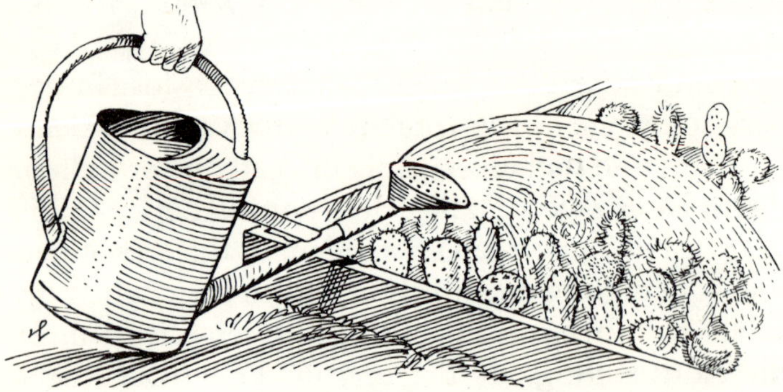

Das Gießen ersetzt den Pflanzen den Regen.

Spaltöffnungen der Pflanzenhaut (stark vergrößert) links bei Blattpflanzen, rechts bei Kakteen und anderen Sukkulenten.

Starke Verdunstung

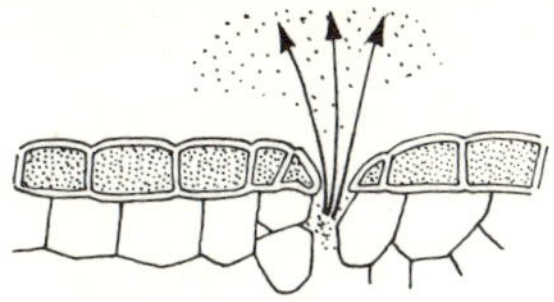

Spaltöffnung einer Blattpflanze

Schwache Verdunstung

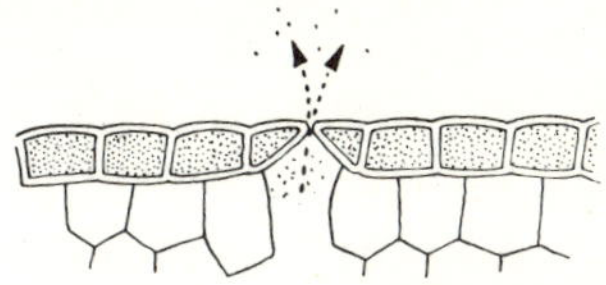

Spaltöffnung einer Sukkulentenpflanze (Die Schließzellen sind außerdem noch quellfähig.)

20 bis 30 °C am günstigsten ist. Es steigert sich – als Gewichtszunahme am besten meßbar – auch hier wieder am meisten bei niedrigen Nachttemperaturen.

Warme Luft wird von den Pflanzen besser ausgenutzt, wenn sie sich nicht im First des Glashauses staut, sondern durch Ventilatoren im Raume verteilt wird. Im Winter schafft das mit Folie über- oder unterspannte Gewächshausdach ein gutes Wärmepolster und bietet 20 bis 25 % Heizkostenersparnis. Beim Unterspannen sind leider meist die Heizrohre im Wege, während – wie schon erwähnt – die innere Schattiereinrichtung in kalten Nächten zur Wärmehaltung beitragen kann. Doppelverglasung ist kostenaufwendig und im Sommer störend, außerdem bei Schneefall eine Belastungsprobe für die Dachkonstruktion, weil der Schnee nicht so leicht wegtaut wie auf einfachem Glas.

Sehr oft wird gefragt, wie Sukkulenten auf Gasgeruch, Gasöfen usw. in den Zimmern reagieren. Ich kann nur sagen, von allen Zimmerpflanzen schadet Gas den Sukkulenten am wenigsten. Betrachten wir die Oberhaut einer Blattpflanze durch das Mikroskop, so sehen wir darin Spaltöffnungen, die sich nach außen trichterartig erweitern. Bei den Sukkulenten sind dagegen die Spaltöffnungen seltener und winzig klein, die trichterartigen Öffnungen gehen nach innen, der Gasaustausch mit der Außenluft ist viel schwächer, die Feuchtigkeitsabgabe nach außen viel geringer und die in das Innere der Pflanze eindringende, mit Gas angereicherte Luft ist mengenmäßig unbedeutend. Manche Arten können ihre Spaltöffnungen bei Trokkenheit sogar verengen oder schließen. Mit Nitrofarbe gestrichene Pflanzbehälter haben oft zu Totalverlusten der Pflanzen geführt. In diesen Fällen scheint aber weniger der Geruch die Ursache der Schäden gewesen zu sein als vielmehr die direkte Berührung der Wurzeln mit diesen Farben. Tabakrauch, der im Zimmer zeitweise die Pflanzen trifft, kann bei Kakteen und Sukkulenten kaum schädlich wirken.

Bei trockener Zimmerluft brauchen wir nicht ängstlich zu sein, daß sie unseren Sukkulenten schaden könne. Sie vertragen Trockenheit weit besser als andere Pflanzen, sogar in zentralgeheizten Räumen wachsen sie zuverlässig.

Wasser und Ernährung

Die Wichtigkeit des Wassers für die Pflanze ist hinreichend bekannt. Es löst und zerlegt Nährstoffe und Mineralien, so daß sie mit den Wurzeln aufgenommen werden können. Innerhalb der Pflanze befördert es als Zellsaft die Nährstoffe von Zelle zu Zelle.

In der freien Natur verfügt die Pflanze über Wasser von oben in Form von Tau und Regen, und Wasser von unten als ständig aufsteigende Grundfeuchtigkeit. Selbst in den scheinbar sehr trockenen Gebieten, wo Kakteen und andere Sukkulenten wachsen, gibt es Tau und Grundwasser, denn ganz ohne Feuchtigkeit kann auf die Dauer keine Pflanze gedeihen. Sogar aus der Luft kondensieren Kakteen mit Hilfe ihrer Dornen, die wie elektrische Kollektoren wirken, ganz minimale, aber doch fühlbare Feuchtigkeitsteilchen. Unseren Zimmerpflanzen fehlen diese Möglichkeiten, deshalb müssen wir gründlich und regelmäßig von oben und zeitweise auch von unten bewässern. Auch die für die Nahrungsaufnahme der Pflanzen so wichtigen Bodenbakterien können bei Trockenheit nicht arbeiten. In den eigentlich ganz naturwidrigen Verhältnissen des Blumentopfes fehlt der Pflanze besonders die Stetigkeit des aufsteigenden Grundwasserstromes, und die feinen Faserwurzeln finden meist gerade in der Tiefe keine Feuchtigkeit. Selbst wenn die oberste Erdschicht ab und zu einen Wasserguß bekommt, benetzt er oft nur das obere Drittel der Topferde, und tiefer unten trocknen die zarten Faserwurzeln häufig ganz ein. Am natürlichen Standort ist die Pflanze fest mit dem sie umgebenden Erdreich verbunden, während unsere Topferde meist locker und wasserdurchlässiger ist. Sie trocknet viel schneller aus, wodurch die Wurzel die enge Verbindung mit der Erde verliert, aus der sie doch ihre Nahrung ziehen muß. Das alles sind Gründe dafür, daß wir unsere

Gießwassermengen und Tageszeit des Gießens im Laufe des Jahres

Monat	Tageszeit des Gießens	Vergleichende Gießwassermenge
Januar	gegen Mittag	$^1/_4$ Liter
Februar und Dezember	gegen Mittag	$^1/_4$ Liter
März und November	vormittags oder mittags	$^1/_2$ Liter
April und Oktober	vormittags	2 Liter
Mai und September	vormittags	5 Liter
Juni und August	am frühen Morgen oder abends	8 Liter
Juli	abends	8 Liter

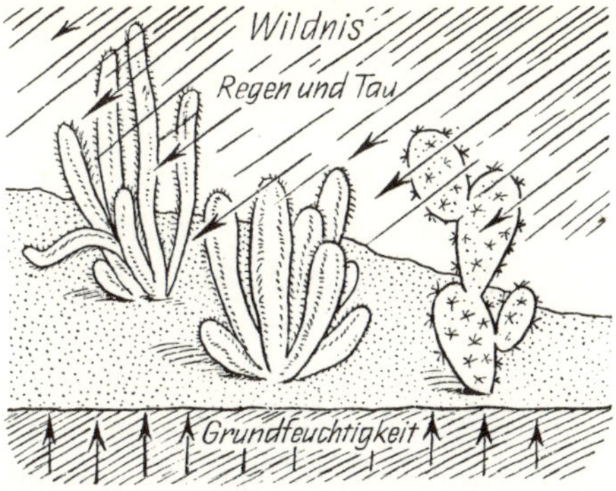

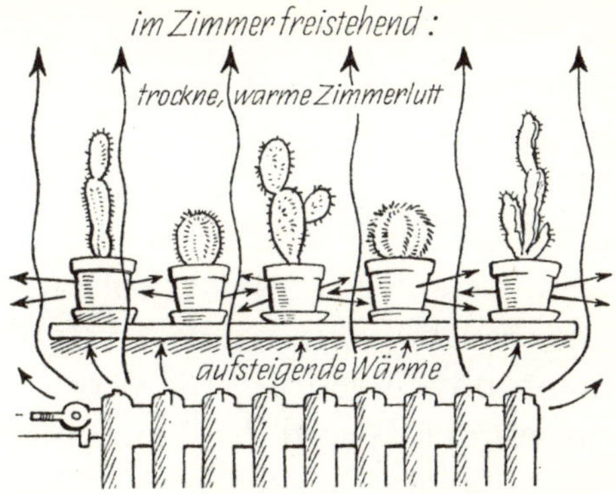

Vergleiche die Wasserversorgung unserer Kakteen im Zimmer mit ihren natürlichen Lebensbedingungen in der Wildnis! Beachte die starke Verdunstung durch die Wandungen frei in warmer Zimmerluft stehender Tontöpfe!

Topfpflanzen während des Wachstums bei weitem nicht so trocken halten dürfen, wie sie in ihrer Heimat – oberflächlich gesehen – aufwachsen. Wir gießen mit einer gewissen Regelmäßigkeit, sobald wir der Erde an ihrer hellen Färbung die Trockenheit ansehen. Wie oft und wie viel hängt immer von der Temperatur, dem Standort, der Jahreszeit, dem Alter und dem ganzen Wachstumszustand der Pflanze ab. Es wäre falsch, dafür ein bestimmtes Rezept geben zu wollen. Diese Erfahrung muß der Pflanzenfreund schon selbst gewinnen. Sukkulente Pflanzen haben vielerlei Einrichtungen, die das einmal aufgenommene Wasser zurückhalten sollen. Umgekehrt bewirken aber diese Einrichtungen, daß sukkulente Pflanzen gegen ein Zuviel an Wasser beinahe machtlos sind. Man sieht zuweilen, wie mit Feuchtigkeit überlastete Zellen sogar platzen können, und außer der Verunstaltung der Pflanze sind Wunden die besten Angriffspunkte für Bakterien und pilzliche Erkrankungen. Man muß eine solche Pflanze sofort trockener halten und die Wunde durch Wärme, am besten direkte Sonnenbestrahlung ausheilen.

Der Wasserbedarf unserer Sukkulenten ist also wesentlich geringer als der von Pflanzen mit großen Blättern. Es ist deshalb praktisch, sich für solche Pflanzen ein Gießkännchen mit langem, engem Gießrohr anzuschaffen, denn manche jungen Pflanzen sind so klein, daß sie durch den Wasserstrahl einer normalen Gießkanne leicht aus ihren Töpfen gespült würden. Mit dünnem Gießrohr läßt sich die auszuteilende Wassermenge besser regulieren.

Je größer die Blätter und ihre Spaltöffnungen, desto höher ist der Bedarf an Gießwasser. Links Blattpflanzen, rechts Sukkulenten.

Zum Gießen bevorzugen wir warme Tage und warten bei kühlem Wetter lieber auf eine Wetteränderung oder im Winter auf die Mittagsstunde, wenn Licht und Zimmerwärme am günstigsten sind. Eignen sich im Frühling und Herbst die warmen Vormittags- und Mittagsstunden am besten zum Befeuchten der Pflanzen, so sind es an heißen Tagen im Sommer die Abende, weil besonders im Frühbeet tagsüber die heißen Sonnenstrahlen zu schnell alle Feuchtigkeit wieder aufsaugen würden, ehe sie richtig in die Blumentöpfe eingedrungen wäre. Es kommt aber darauf an, daß das Wasser bis auf den Grund des Blumentopfes gelangt und nicht nur die Pflanze und die obersten Erdschichten befeuchtet. Deshalb ist es auch besser, einmal durchdringend zu gießen als dreimal nur ganz oberflächlich.

Wir wundern uns zuweilen, wie schnell das Gießwasser unten aus dem Abzugsloch des Topfes wieder herausfließt und den Untersatz füllt. Gewiß, an der Tonwand des Topfes entsteht durch das Trockenwerden der Erde meist ringsum ein winziger Spalt, durch den das Wasser sehr schnell nach unten sickern kann. Aber man sollte doch meinen, zuerst verteile sich die Feuchtigkeit überall im Topf, ehe sie zum Abzugsloch herauskäme. Das ist aber leider nicht immer der Fall. Wenn die Erde in der Topfmitte, im sogenannten Wurzelballen, einmal ganz trocken geworden ist, nimmt sie nur zögernd wieder Feuchtigkeit auf. Besonders Torfmull verliert dann seine sonst ziemlich bedeutende Saugfähigkeit und läßt das Wasser nach unten rinnen. Der erfahrene Pflanzenpfleger merkt schon beim Klopfen an den Topf am hellen Klang, daß die Pflanze ballentrocken ist. Da hilft dann am besten das »Tauchen«. Wir stellen die Pflanze 10 bis 20 Minuten bis zu $^2/_3$ der Topfhöhe in ein Gefäß mit Wasser und lassen die Feuchtigkeit von unten her im Topfballen hochsteigen. Man sollte überhaupt diese Art von Bewässerung nicht zu selten anwenden, denn sie ersetzt einigermaßen die natürliche aufsteigende Bodenfeuchtigkeit. Gerade unten im Blumentopf befinden sich die saugfähigen, feinsten Würzelchen, die immer weiter dem Grundwasser entgegenwachsen, um es aufzunehmen, ehe es an der Erdoberfläche verdunstet. Der Sog einer großen Kakteenpflanze, die Kraft, mit der sie die Feuchtigkeit der Tiefe durch ihre Wurzeln nach oben zieht, kommt einem Druck von 140 Atmosphären gleich. In dieser Hinsicht

10 bis 20 Minuten »Tauchen« (Einstellen in ein Gefäß mit Wasser oder Nährlösung) als Ersatz für aufsteigende Bodenfeuchtigkeit.

Das Nebeln – haarfeine Zerstäubung – gibt den Pflanzen Ersatz für Tau und Luftfeuchtigkeit.

werden die Kakteen nur von den Pilzen übertroffen, bei denen eine Saugfähigkeit von 150 bis 175 Atmosphären festgestellt wurde.

Zeigt sich mit steigender Sonne der Neutrieb am Scheitel der Pflanzen und werden die ersten Knospen vieler Frühjahrsblüher sichtbar, dann geben wir nach und nach mehr Wärme und Feuchtigkeit. Entgegen allen anders lautenden Behauptungen brauchen sukkulente Pflanzen um diese Zeit wirklich reichlich Wasser, um die geschrumpften Zellen wieder zu füllen und neue Zellen zu bilden. Wenn sie auch von Natur dafür eingerichtet sind, größte Trockenheit und sogar trockene Luft weit besser zu vertragen als andere Pflanzen, so läßt sich doch nicht leugnen, daß ausreichend Bodenfeuchtigkeit und warme, feuchte Luft das Wachstum besser voranbringen als trockene Hitze. Schließlich muß die Pflanze wieder Reserven für Trokkenzeiten sammeln. Es ist auch zu bedenken, daß der starke allmorgendliche Tau der Sukkulenten-Heimatgebiete den im Zimmer untergebrachten Pflanzen fehlt und durch das »Nebeln« ersetzt werden muß. Wir müssen unterscheiden zwischen dem Übersprühen oder »Nebeln«, dem Anfeuchten der Luft, und dem Gießen, dem Anfeuchten der Erde. Beides ist nötig und befriedigt durchaus verschiedene Anforderungen der Pflanze. Wir verwenden möglichst kalkfreies, angewärmtes Wasser und eine fein sprühende Zerstäuberspritze. Der Luftraum darf nicht kalt sein, wir wählen daher die Morgenstunden oder noch besser Abendstunden warmer Tage. Stehen die Pflanzen in einem Gewächshaus oder Glasbeet, so warten wir nach dem »Nebeln« noch eine halbe oder ganze Stunde mit dem eventuell nötigen Lüften, um die künstlich erzeugte Luftfeuchtigkeit nicht so schnell wieder zu zerstreuen. Sie soll erst wirken, ehe sie sich im großen Luftraum wieder verteilt. An kühlen, sonnenlosen Tagen unterbleibt das Nebeln, denn eine ganze Anzahl sukkulenter Pflanzen sind bei Kühle empfindlich gegen Feuchtigkeit.

Wir sprachen bisher vom Wasser schlechthin, aber es ist auch wichtig zu wissen, was für ein Wasser unsere Pflanzen lieben. Das zum Gießen verwendete Wasser darf nicht mehr als 100 mg gelöste Salze pro Liter enthalten. Meist enthält es zuviel gelöstes Kalzium- und Magnesiumbikarbonat, dann

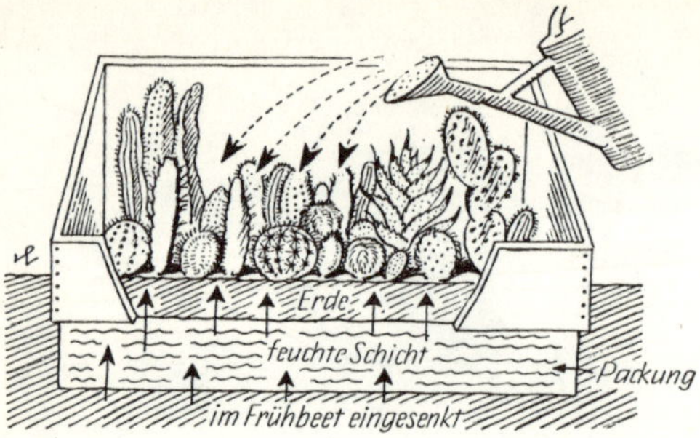

Die Wachstumsbedingungen im Frühbeet eingesenkter Pflanzen sind weit günstiger und naturgemäßer als die in freistehenden Tontöpfen.

ist es für unsere Zwecke zu »hart«. Die Karbonathärte verschwindet beim Kochen des Wassers, wobei sich die Bikarbonate in Karbonate umsetzen und als Kesselstein ausfällen. Die Härtegrade unseres Leitungswassers können wir beim Wasserwerk erfahren, die Härtebezeichnung nennt die Anzahl Grade Deutscher Härte (° D. H.). Sollte die Härte mehr als 5 Grad betragen, müssen wir unser Gießwasser auf eine möglichst einfache Methode enthärten. Für die Minderung der Wasserhärte um je 1 Grad D. H. brauchen wir 22,5 mg (Milligramm!) Oxalsäure je Liter Wasser. Die Trübung des Wassers nach der durch Umrühren beschleunigten Auflösung der Oxalsäure verschwindet nach 10 bis 15 Stunden und im Gefäß entsteht ein weißlicher Bodensatz. Vorsichtig wird die darüber befindliche Wasserschicht mit einem Schlauch abgezogen oder abgegossen und der Bodensatz fortgeschüttet.

Zum Enthärten gibt es auch noch andere Methoden, z. B. den Wofatitfilter. Am einfachsten kann man durch Beigabe von Torfmull enthärten, wobei die Humussäure des Torfs den Kalk des Wassers bindet.

Eine andere wichtige Voraussetzung für den gesunden Pflanzenwuchs ist der richtige pH-Wert des Wassers (und der Erde). Es erwies sich als nötig, daß die Wissenschaft für den Grad der Säure bzw. des Kalkgehaltes von Wasser und Erde bestimmte Werte – in Zahlen ausgedrückt – festlegen mußte. Man nennt sie die pH-Werte (lateinisch: potentia hydrogenii = Macht des Wasserstoffs) und benutzt für ihre Einteilung die Zahlen 1 bis 14. Mit pH 1 bis 6 werden Säuregrade bezeichnet, z. B. ist pH 2 die Säure des Essigs, während ein guter Wein wenigstens pH 4 haben soll; pH 7 nennt man neutral, während über 7 bis 14 angibt, in welchem Grade Erde oder Wasser alkalisch ist.

Wenn man 40 g Ätznatron in einem Liter Wasser auflöst, so bekommt man pH 14. Pflanzliches Leben hört aber schon bei pH 9 auf, die Möglichkeiten für ein Gedeihen der meisten Pflanzen liegen also überwiegend auf der leicht sauren Seite zwischen pH 4 und pH 7. Für unsere sukkulenten Pflanzen ist der günstigste Säuregrad ungefähr 5,6 bis 6,5.

Es wäre das Einfachste, wenn wir unsere Zimmerpflanzen nur mit dem weichen und leicht sauren Regenwasser gießen würden. Aber wo hat man dieses in einer Großstadtwohnung gleich zur Hand? Wir müssen das Leitungswasser also künstlich auf den gewünschten Säuregrad von pH 5 bis 7 bringen. Von umständlichen chemischen Experimenten etwa mit der giftigen Schwefel- oder Salpetersäure, die auch den Kalk der Tontöpfe nach und nach zersetzt, möchte ich abraten. Einfacher ist es, eine Handvoll Torfmull in einen Eimer Wasser zu streuen, das wir vor der Verwendung 24 Stunden ziehen lassen. Ein guter Torfmull besitzt eine Säure von pH 4, so daß wir die Alkalität des Leitungswassers damit wesentlich wandeln können. Auch mit 5 g Zitronensäure auf 10 l Wasser kann man die Alkalität um zwei Werte senken. Aber ein Nachprüfen des erreichten Säuregrades ist unerläßlich, diese kleine Mühe darf der Pflanzenfreund nicht scheuen. pH-Meßgeräte gibt es in den verschiedensten Ausführungen und Empfindlichkeitsgraden.

Für uns genügt schon das einfache Indikator-Papier, das außerdem billig in der Verwendung ist. Man taucht einen schmalen Streifen dieses Papiers in die zu prüfende Flüssigkeit oder feuchte Erdmischung, und schon nach wenigen Sekunden verfärbt sich das Streifchen bis zu einem bestimmten Grade. Die Farbe vergleichen wir mit einer beigegebenen Tabelle, auf der wir die jeweilige pH-Zahl bequem ablesen können.

Früher wurde oft das schlechte Wachstum der Topfpflanzen und das plötzliche Sterben von Kakteensämlingen einem »Versauern« der Erde zugeschrieben. Mit der Bildung von schwarzen und blaugrünen Algen und Moosen fing es an. An den weißlichen Ausblühungen an der Außenseite des

Pflanzenwachstum in Abhängigkeit vom pH-Wert des Bodens

pH-Wert	Bodenreaktion	Vegetationsbereich
1	stark sauer	ungeeignet
2	stark sauer	ungeeignet
3	stark sauer	noch für manche Arten geeignet
4	**sauer**	**geeignet**
5	**sauer**	**sehr günstig**
6	**leicht sauer**	**sehr günstig**
7	**neutral**	**noch günstig**
8	leicht basisch	Wachstum möglich
9	basisch	Pflanzen beginnen zu sterben
10	basisch	Pflanzen beginnen zu sterben
11	basisch	kein Pflanzenwuchs
12	basisch	kein Pflanzennachwuchs
13	stark basisch	kein Pflanzennachwuchs
14	stark basisch	kein Pflanzennachwuchs

Blumentopfes hätte man eigentlich die Kalkansammlung erkennen müssen. Die oberste Erdschicht hatte meist einen pH-Wert von 8,5 bis 9, der zum Absterben der feinen Faserwurzeln und schließlich zum Tod der ganzen Pflanze führen mußte. Meines Wissens war Professor Dr. Fr. Buxbaum, Judenburg (Österreich), der erste, der seit 1946 in seinen Artikeln den Kreis der Pflanzenfreunde auf diese Vorgänge aufmerksam machte und bewies, daß es sich keineswegs um eine »Versauerung«, sondern vielmehr um eine »Verkalkung« der Topferde handelte. Wie war es nur möglich, daß man dieses »Ei des Kolumbus« so lange nicht gefunden hatte? Sicher haben die Pflanzenfreunde in früheren Jahrzehnten weniger mit Leitungswasser gegossen, mehr saure Erdmischungen verwendet oder häufiger umgepflanzt. Die Gärtner waren nicht so sehr von diesem Übel betroffen, denn in der feuchten Luft der Gewächshäuser braucht nicht so viel gegossen zu werden wie im Zimmer, sonst hätten auch sie die starke Kalkanreicherung in der obersten Schicht der Blumentöpfe merken müssen.

Selbst wenn wir mit reinem Regenwasser gießen, haben wir noch immer mit dem Kalk der Erde zu kämpfen. In den meisten Erden ist sehr reichlich Kalk vorhanden, der sich langsam löst und nach und nach von dem aufsteigenden Grundwasser mit nach oben gebracht wird. Durch das meist notwendige häufige Gießen der Blumentöpfe geht diese Lösung des Kalkes schneller als in der Natur vor sich, so daß sich erhebliche Mengen in der obersten Erdschicht ansammeln. In der freien Natur schwemmen Regengüsse den aus der Tiefe heraufgeholten Kalk meist wieder fort. So kommt es, daß unsere landwirtschaftlich genutzten Böden von Zeit zu Zeit wieder einmal gekalkt werden müssen, weil durch das Ausschwemmen sogar eine gewisse Kalkarmut eintreten kann. Das ist im Blumentopf aber nicht der Fall, hier müssen wir uns vor der »Verkalkung« der Topferde schützen.

Ein Radikalmittel ist das Umtopfen der Pflanzen in frische Erde, deren pH-Wert richtig ist. Aber nicht immer läßt sich dieses Mittel anwenden, abgesehen davon, daß es allerlei Störungen des Pflanzenwuchses mit sich bringt. Es ist schon besser, wenn wir die Verkalkung der Erde auf eine andere Weise verhüten.

Bei Bewässerung von oben sammeln sich die Nährstoffe vermehrt in der Unterschicht; sie ist in der Handhabung einfacher und spült außerdem den Staub von den Pflanzen. Die Bewässerung von unten bewirkt eine bessere Wurzelbildung, aber die Nährstoffe sammeln sich mehr in der Oberschicht. Wechselnde Bewässerung ist demnach am günstigsten und sollte häufiger angewandt werden.

Auch die in der Blumenzucht gebräuchliche Tröpfchen- oder Kapillarbewässerung läßt sich in der Kakteenpflege mit gutem Erfolg anwenden. Von einem Zuleitungsschlauch aus einem Hochbehälter gehen aufgesteckte

Das Tauchen der Töpfe in Nährlösung kann uns mitunter ein Jahr lang das Umtopfen ersparen.

millimeterdünne Verteilerschläuche zu den Pflanzen, bzw. in eine Sandschicht, auf der die Töpfe stehen. Man kann die Zuleitung auch direkt mit einem Wasserhahn verbinden, den man nur schwach aufdreht, oder man reguliert den Wasserlauf durch ein Ventil. Bei hohem Eisengehalt des Wassers muß mit einem Verstopfen der kleinsten Schläuche gerechnet werden. Bewährt haben sich auch an Stelle der Schläuche dicke Wollfäden, die das Gießwasser in feinster Dosierung vom Hochbehälter zu den einzelnen Pflanzen bringen. So kann man bei monatelanger Abwesenheit seinen Pflanzen das nötige Wasser zuführen. Man sollte dieses Verfahren aber schon Wochen vor der Abreise ausprobieren.

Daß das Wasser einwandfrei sauber sein muß und keinerlei schädliche Beimischungen haben darf, ist selbstverständlich. Bei der heutigen chemischen Verseuchung der Flußläufe muß man auch mit Flußwasser vorsichtig sein. Wenn Flüsse und Bäche reichlich mit Fischen und Pflanzen besetzt sind, können wir das als gutes Zeichen nehmen und das Wasser verwenden. Gegen Algenbildung hilft das Mittel Dinamin oder auch Kupfervitriol. Chlor im Gießwasser schadet wider Erwarten den Pflanzen nicht.

Welche Temperatur soll das Gießwasser haben? Hier sind die Meinungen sehr verschieden. Während im allgemeinen zu einem abgestandenen, mäßig warmen Wasser geraten wird, gibt es auch fanatische Verfechter der These, daß eiskaltes Quell- oder Leitungswasser den Pflanzen durchaus nicht schade. Ich möchte das aber nicht für alle Pflanzen und zu jeder Jahreszeit unterschreiben. Mit Rücksicht auf einzelne empfindliche Arten ist es im Winter ratsam, lauwarmes Wasser von etwa 15 bis 18 °C zu verwenden, höhere Wärmegrade des Gießwassers jedoch zu vermeiden. Allzu warmes Wasser auf die Dauer würde im Winter die Pflanze zum Trieb reizen, zu einem Zeitpunkt, wo er ganz unerwünscht ist. Außerdem könnte die Pflanze verweichlichen.

Ein wesentlicher Faktor für die Wirkung kalten oder lauwarmen Wassers ist der jeweilige Zustand der Topferde. Ist die Erde ziemlich trocken und

Bei kühlem Wetter befeuchten wir die Topferde nur wenig mit dem dünnen »Strahl« einer kleinen Gießkanne, wenn wir nicht zeitweise eine Bewässerung von unten vorziehen.

durch und durch mit warmer Luft gesättigt, so macht ihr ein kalter Guß – und sei es auch ein plötzlicher Gewitterregen – gar nichts aus; im Gegenteil beobachten wir gerade nach einer solchen Dusche ein erholtes, frisches Aussehen der Pflanzen. Das in die Töpfe einziehende kalte Wasser mischt sich meist sofort mit der warmen Luft. Bei ständig feuchter Erde dagegen fehlt dieser Ausgleich: Alle Zwischenräume sind voll Wasser, warme Luft kann nicht eindringen. Ein weiteres Gießen wirkt allzu abkühlend auf Erde und Pflanzen.

Überhaupt vertragen fast alle Sukkulenten niedrige Temperaturen von Wasser und Luft gut, wenn die Erde trocken ist. Kälte wird ihnen nur gefährlich bei nasser Erde; dann verursacht sie meist Fäulnis am Wurzelhals. Deshalb vermeiden wir bei einer Temperatur unter 12 °C alles Befeuchten, sei es von oben oder von unten. So günstig die Bewässerung von unten ist, so läßt sie sich doch nicht immer durchführen; man kann aber auch ruhig von oben befeuchten. Sogar ein Überbrausen halte ich bei warmem Wetter für durchaus nützlich, weil es wie ein richtiger Regenguß den Staub abspült und die Poren für die Atmung frei macht.

Die Menge des Gießwassers müssen wir für jede Pflanze nach der Aufnahmefähigkeit ihrer Wurzeln bemessen. Wenn eine Pflanze durch längere Trockenheit ihre feinen Saugwurzeln eingebüßt hat, können wir das Versäumte nicht schnell nachholen, indem wir ständig stark gießen und feucht halten, denn die Pflanze würde dann an Wurzelfäulnis zugrunde gehen. In einem solchen Falle dürfen wir die Wassergaben nur langsam und vorsichtig steigern, bis genügend neue Saugwurzeln entstanden sind.

Erde und Ernährung

Wenn man bei zehn verschiedenen Kakteenfreunden in ganz verschiedenen Gegenden die Kakteenerde untersucht, findet man bestimmt zehn unterschiedliche Erdzusammensetzungen. Trotzdem sind bei diesen zehn erfahrenen Pflegern die Pflanzen frisch und gesund und blühen reich. Demnach läßt sich auf vielerlei Weise der gleiche gute Erfolg erzielen. Gewiß, eine einheitliche Linie in der Zusammenstellung dieser zehn Erden läßt sich feststellen, aber schon beim Sand fängt es an: Bei dem einen ist es fast reiner Quarzsand, beim anderen ein stark mineralhaltiger Sand. Bereits an der verschiedenen Färbung läßt sich das deutlich erkennen. Noch größere Unterschiede gibt es bei der verwendeten Gartenerde. Aber darauf kommt es nicht an. Nach dem, was ich eingangs über die Wichtigkeit des Säuregrades der verwendeten Erden darlegte, werden wir gut tun, mehr auf ihn als auf die Prozentzahlen der Erdzusammensetzungen zu achten. Das beste Erdrezept kann trotz allem einen falschen pH-Wert ergeben, da die Bestandteile für die Erdmischung nicht genormt sind.

Die Land- und Gartenerde ist für die Sukkulentenpflege meist zu schwer und zu wenig wasserhaltend. Deshalb mischen wir sie mit saugfähigem und säurehaltendem Torfmull und fügen $^1/_4$ bis $^1/_3$ guten körnigen Flußsand bei. Der Grubensand ist meist zu tonig und wird dann durch das häufige Gießen hart wie Beton.

Alle Sukkulenten-Erdmischungen sollten nicht zu fein gesiebt sein, da sie sonst leicht zu fest werden. Eine etwas gröbere Zusammensetzung, die auch kleine Steinchen enthält, ist dem Wurzelwachstum zuträglicher.

Die für den allgemeinen Pflanzenwuchs günstigste Krümelstruktur des Bodens ist ungefähr folgende:

50 % feste Bestandteile (Erde)
25 % Feuchtigkeit
25 % Hohlräume bzw. Luft

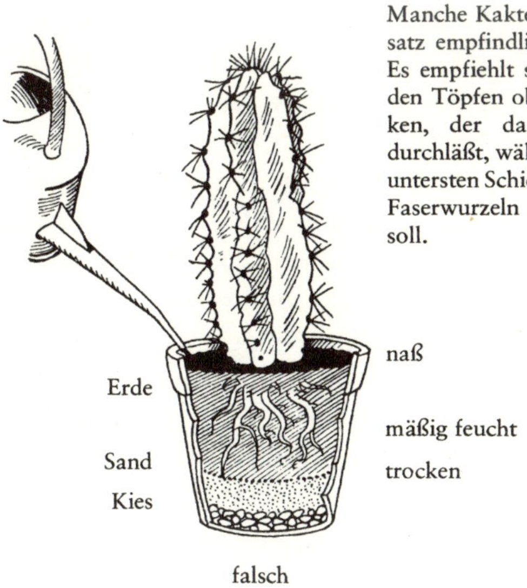

Manche Kakteen sind am Wurzelansatz empfindlich gegen Feuchtigkeit. Es empfiehlt sich daher, die Erde in den Töpfen oben mit Kies zu bedekken, der das Gießwasser schnell durchläßt, während das Wasser in der untersten Schicht zwischen den feinen Faserwurzeln gespeichert werden soll.

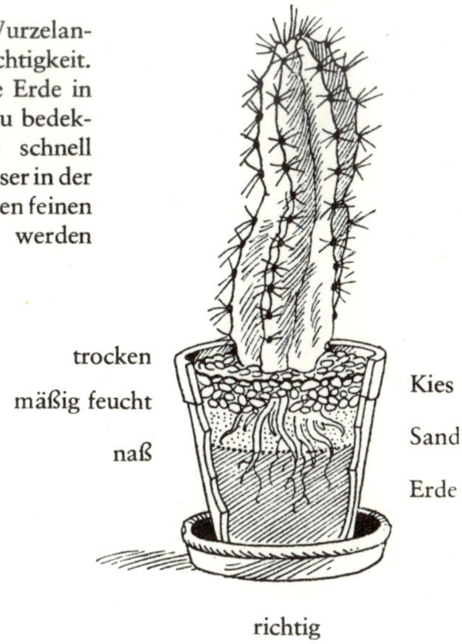

Viele Kakteen aus trocknen, steinigen Gebieten wie auch sehr dickfleischige Sukkulenten aus afrikanischen Wüsten sind empfindlich gegen eine humusreiche Erde. Ihre Wurzeln vertragen die durch die Bodenbakterien erzeugten Säuren nicht. Die Erden ihrer Heimat sind fast humusfrei, denn verwesende Pflanzenteile, aus denen sich Humus bilden könnte, gibt es in diesen Trockengebieten kaum. Solchen Pflanzen, die wir schon an der dicken Rübenwurzel und den wenigen Faserwurzeln erkennen können, geben wir nur eine Mischung aus reichlich Lehm, Sand und Kies bis Erbsengröße. Auch kleinste Ziegelbrocken und etwas zerstoßene Holzkohle, die die Wurzeln gesund erhält, sollten wir beifügen. Das andere Extrem sind die im Humus der Astgabeln und auf Bäumen epiphytisch wachsenden Arten, von denen unsere Blatt-, Weihnachts- und Korallenkakteen abstammen. Wenn ihre Nachkommen auch bei uns ganz normale und solide Topfpflanzen geworden sind, lieben ihre Wurzeln doch immer noch den Humus und eine leichte Säure und Feuchtigkeit, wie sie der Torfmull ihnen bietet. Lehm und Gartenerde sind für sie meist zu schwer.

Eine fertige Erdmischung soll ständig eine milde Feuchtigkeit behalten, was im Zimmer meist nicht möglich ist. Auch viele Keller sind zur Lagerung von Erdmischungen ungeeignet. Am günstigsten lagert man noch im Garten, wo man aber darauf achten muß, daß die Erde nicht vom Regenwasser ausgelaugt oder von der Sonne ausgetrocknet wird. Bei geringem Bedarf wird es am einfachsten sein, eine Universalerde aus einer Gärtnerei zu beziehen und sie durch Beimischungen für die jeweilige Art passend zu machen.

Die genormte Einheitserde hat den Vorzug gleichbleibender Qualität und enthält schon die notwendigen Düngemittel und Spurenelemente sowie Material für die Erdelockerung.

Für Aussaaten und kleine Pflanzen ist ein Dämpfen der Erde ungefähr 14 Tage vor der Verwendung sehr zu empfehlen. Wir vernichten damit alle pilzlichen und tierischen Schädlinge und ihre Nachkommen, die unseren jungen Pflanzen gefährlich werden könnten. In einem genügend großen Behälter wird die Erde, die leicht feucht sein muß, auf 100 °C erhitzt und mit heißem Wasserdampf mindestens 15 Minuten durchspült. Es ist auch praktisch, die Erde in einen Beutel zu füllen, dessen Gewebe den Wasserdampf gut durchläßt. Nach dem Dämpfen wird die Erde ausgeschüttet, zugedeckt und langsam abgekühlt. Brauchbar für die Pflanzen wird sie erst wieder, wenn sich Bodenbakterien in ihr gebildet haben, was ungefähr 14 Tage dauert. Schwerlösliche Düngerbeigaben werden durch das Dämpfen schneller erschlossen als durch Lagerung. Der Säuregehalt wird jetzt mit Indikatorpapier geprüft und soll nicht über pH 6 betragen.

Früher war es üblich, alle Topfpflanzen im Frühjahr – vielleicht sogar

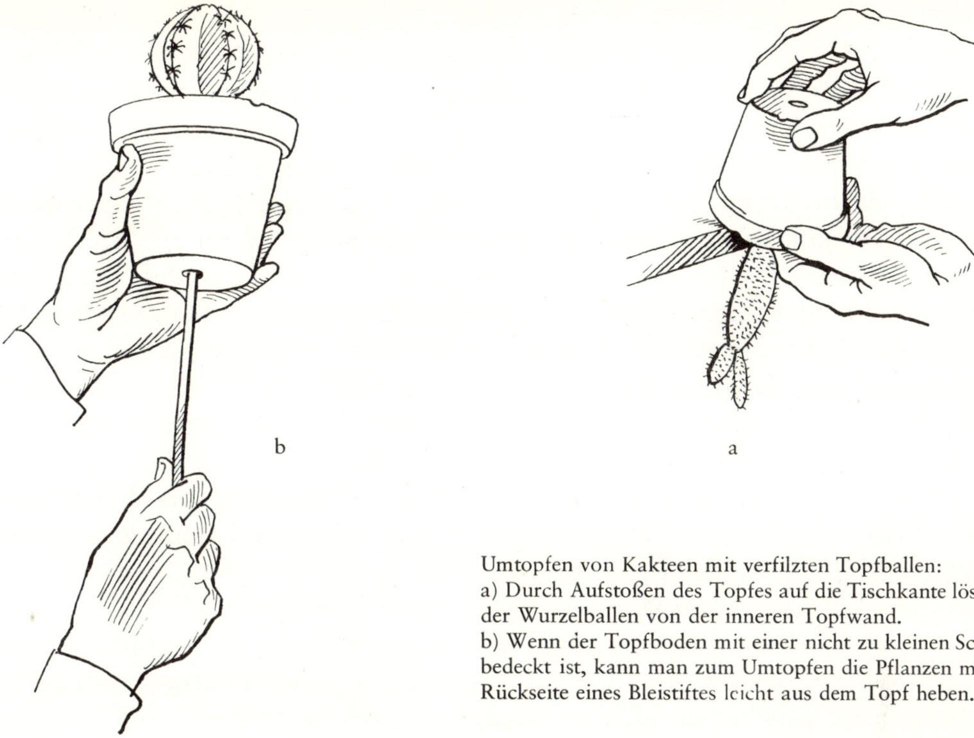
b a

Umtopfen von Kakteen mit verfilzten Topfballen:
a) Durch Aufstoßen des Topfes auf die Tischkante löst sich der Wurzelballen von der inneren Topfwand.
b) Wenn der Topfboden mit einer nicht zu kleinen Scherbe bedeckt ist, kann man zum Umtopfen die Pflanzen mit der Rückseite eines Bleistiftes leicht aus dem Topf heben.

kurz vor der Blüte – rigoros umzutopfen, wobei die Erde gründlich vom Ballen gelöst wurde. Bei der damals häufigen Verkalkung der Topferde war das bestimmt auch nötig. Bei unserer neuzeitlichen gesünderen Pflanzenpflege brauchen wir die Pflanzen nicht jedes Jahr umzutopfen, und wenn es wirklich nötig wird, dann ist es nicht ein derart störender Eingriff in das Pflanzenleben, der an eine bestimmte Jahreszeit gebunden wäre. Wenn wir merken, daß der Topf zu klein wird, die Wurzeln vielleicht schon zum Wasserabzugsloch herauskommen und wir auch mit Dunggüssen die ausgelaugte Erde nicht mehr verbessern können, dann topfen wir die betreffende Pflanze um. Der Topfballen soll dazu weder ganz trocken noch gerade angegossen sein. Haben wir eine große Tonscherbe auf dem Boden des Topfes, so stecken wir das Ende eines kurzen Bleistiftes durch das Bodenloch und drücken damit den ganzen Topfballen nach oben aus dem Topf heraus. Wenn das nicht geht, müssen wir die Pflanze am Wurzelhals anfassen und die Oberkante des umgedrehten Topfes auf die Tischkante aufstoßen, damit sich der Ballen aus dem Topfe löst. Bei richtig behandelten Pflanzen wird das Wurzelwerk einen Ballen gebildet haben, der nun das Bestreben hat, sich auszudehnen und neue Erde mit seinen jungen Wurzeln zu durchziehen. In solchen Fällen genügt es, in den etwas größeren Topf unten und rings herum neue Erde einzufüllen, worauf die Pflanze ohne jede Störung kräftig weiterwachsen wird. Zeigt der alte Wurzelballen viele vertrocknete oder faulende Wurzeln, so müssen sie ohne Beschädigung der gesunden Wurzeln vorsichtig beseitigt werden. Dann topft man die Pflanze in frische Erde ein. Ist jedoch der ganze Wurzelstock angefault oder die Pflanze ganz wurzellos, so wird sie zur Neubewurzelung wie ein Steckling gesondert behandelt.

Jede frisch umgetopfte Pflanze wird einige Tage lang vor Prallsonne und damit vor starker Verdunstung geschützt. Man stellt sie möglichst etwas wärmer als sonst. Es ist üblich, zwei Tage nach dem Umtopfen nicht zu gießen, damit an eventuell vorhandenen Bruchstellen der Wurzeln keine Fäulnis entsteht. Bei gesunder Erde ist ein Umtopfen größerer Pflanzen nur alle drei bis vier Jahre nötig und dann vor allem, weil das ungestörte schnellere Wachstum nach diesem Zeitraum einen größeren Topf erfordert. Gegen Verkrustung und Austrocknen der Erdoberfläche hat sich ein Aufstreuen kleiner Kiesel gut bewährt. Die richtige Kakteenerde soll alle für ein gesundes Wachstum erforderlichen Nährstoffe in ausreichender Menge enthalten. Sukkulente Pflanzen brauchen außer den Spurenelementen, die die Erde enthält, als Düngung nur 5,6 % Stickstoff, 16 % Phosphorsäure und 38 % Kalium, während die richtige Blumenerde meist wesentlich mehr Stickstoff besitzt, wie das für schnellwachsende, blättrige Pflanzen nötig ist. Die Nährstoffe werden durch das Wasser und die Bodenbakterien für die Wurzeln der Pflanzen aufnahmefähig gemacht. Die in der Erde eines Blumentopfes vorhandenen Nährstoffmengen reichen für unsere verhältnismäßig langsam wachsenden Sukkulenten meist mehrere Jahre aus. Wenn wir aber nicht warten wollen, bis die Nahrung ganz aufgebraucht ist, weil die Pflanze vielleicht schon Not leiden könnte, ehe wir es ihr ansehen, können wir gutbewurzelte Pflanzen in der Wachstumszeit mit einem Vollnährsalz düngen, das ihnen alle Stoffe gibt, die sie brauchen. Wäre das Düngen noch nicht nötig gewesen, so gehen die Nährstoffe doch nicht verloren, sondern werden in der Erde aufgespeichert. Der Pflanzenfreund wird sich seinen kleinen Bedarf an Blumendünger nicht selbst zusammenmischen. Es ist billiger, sich einen fertigen Spezialdünger zu kaufen. Wir geben den Dünger in schwacher Konzentration ein- bis zweimal monatlich dem Gießwasser bei. Man braucht jedesmal nur soviel Nährsalz im Wasser aufzulösen, wie zu einer einmaligen Düngung aller Pflanzen nötig ist. Außerdem empfehle ich, die Pflanzen in Töpfen von Zeit zu Zeit in eine mit Düngerlösung gefüllte Schale zu stellen, damit sie sich wieder einmal richtig von unten vollsaugen können. Die Wirkung einer kräftigen Düngung macht sich meist bald durch frisches und gesundes Aussehen der Pflanzen und später durch reichen Knospenansatz bemerkbar. Nahrungsmangel in unserer Topferde dagegen erkennt man an matter, hellgrüner, fast gelblicher Färbung der Pflanze, mitunter auch an der schwächeren Entwicklung

1 Opuntia elata

2 Lobivia hertrichiana

1 Melocactus borhidii
2 Melocactus evae
3 Melocactus radoczii
4 Melocactus guitardii
5 Melocactus matanzanus

1 Gymnocalycium gibbosum
var. caespitosum
2 Gymnocalydium horridispinum
3 Gymnocalycium baldianum
4 Gymnocalycium andreae
5 Gymnocalycium valnicekianum

1 Discocactus carasolensis
2 Discocactus silichromus
3 Uebelmannia pectinifera
4 Uebelmannia buiningii
5 Uebelmannia pseudopectinifera

1 Neoporteria gerocephala

2 Copiapoa hypogaea

3 Matucana yanganucensis

4 Eomatucana oreodoxa

1 Neochilenia simulans
2 Neochilenia krausei
3 Neochilenia glabrescens
4 Pyrrhocactus vallenarensis
5 Neoporteria senilis

1 Parodia maassii
2 Parodia tuberculata
3 Parodia microsperma
4 Parodia schuetzeana
5 Weingartia chiquichuquensis

1 Mexikanische Cereen

2 Glandulicactus uncinatus var. wrightii mit Früchten

sen (Malve!) zuwandert. Wenn im Herbst die Blätter lange an den Bäumen bleiben, muß im kommenden Frühjahr mit einem starken Auftreten der Spinnmilben gerechnet werden. Ebenso begünstigt ein warmer, trockener Monat Mai die Sommervermehrung dieser Schädlinge. Unter der Lupe können wir die sich langsam bewegenden Milben erkennen. Häufiges Spritzen in der heißen Zeit verhütet einen Befall. Durch gründliches Nebeln und Abspritzen mit Schwefel- und Phosphorpräparaten (Temik und Dimethoat), die aber auch in alle Ritzen und Schlupfwinkel eindringen müssen, können wir die Milben und bald danach ihre Brut vernichten. Ein Wechsel der verwendeten Präparate ist wünschenswert, damit sich keine resistenten Stämme Roter Spinnmilben ausbilden.

Wir dürfen die Rote Spinnmilbe nicht mit den nützlichen roten Spinnen verwechseln, die an ihrer Größe und ihren schnelleren Bewegungen leicht zu erkennen sind. Diese 1 bis 2 mm großen Spinnen machen Jagd auf kleine schädliche Insekten und helfen uns die Sammlung von Schädlingen frei zu halten. Leider werden sie oft durch Spritzmittel mit vernichtet.

Blattläuse treten an sukkulenten Pflanzen selten auf. Man findet sie aber manchmal an Knospen von Kakteen. Mit Feuchtigkeit oder Nikotin-Spritzmitteln sind sie leicht zu vertreiben.

Ameisen sind meist die Begleiter der Blattläuse. Sie entstellen die Blüten durch Abbeißen der Staubfäden und verschleppen die Samen mit dem süßen Fruchtfleisch. Wir streuen »Ameisenpulver« oder fangen die Tiere in einem mit Zuckerwasser oder Bierresten getränkten Schwamm, der dann in heißes Wasser geworfen wird. Auch den Geruch von frischen Tomatenblättern mögen sie nicht und lassen sich zeitweise dadurch vertreiben.

Schnecken schädigen besonders im Garten häufig unsere Pflanzen. Ihre nächtlichen Raubzüge verraten uns die Schleimspuren und die Fraßstellen im Pflanzenscheitel. Man kann sie nachts bei Taschenlampenschein absammeln. Einfacher ist aber das vorzügliche Mittel »Schneckentod«, das sie anlockt und zugleich vernichtet. Man legt es trocken in teelöffelgroßen Prisen aus und kann am nächsten Morgen alle Schnecken der näheren Umgebung gelähmt oder schon tot auflesen.

Kellerasseln bekämpfen wir durch chemische Mittel wie »Zelio-Körner«, oder wir fangen sie mit ausgehöhlten halben Kartoffeln, in die sie sich bei Hellwerden gern verkriechen. Täglich sehen wir nach und lassen die getöteten Asseln neben den Kartoffeln liegen, da ihr Geruch weitere Asseln anlockt.

Thrips oder Gewächshausblasenfuß tritt meist im Scheitel der Pflanzen auf und entstellt sie besonders durch seine Exkremente. Das Insekt ist über 1 mm groß, zuerst gelblichgrün und später schwarz. Wir bekämpfen es durch feuchte Luft oder Spritzmittel.

Trauermücke, auch *Sciara-Fliege* (Lykoria caprophila) genannt, ist 2 mm groß und legt ihre Eier in lockere, feuchte Erde. Daraus entwickeln sich 4 mm große, glashelle Larven mit schwarzem Kopf, die an Pflanzen und Wurzeln Fraß- und Fäulnisstellen verursachen. Die Larven schlüpfen 25 Tage nach der Eiablage, ihre Fraßstellen geben Angriffspunkte für andere Schädlinge, Pilze und Nematoden. Gegen die Mücken sollte man wiederholt mit Nikotinmitteln sprühen, auch aufgespannte Klebe-Fliegenfänger bringen Teilerfolge. Ein Bedecken der Pflanzerde mit einer dünnen Schicht trockenen Sandes verhindert die Eiablage solange die Bewässerung nur von unten erfolgt und der Sand relativ trocken bleibt. Die schlanke schwarze Mücke hat 3 Beinpaare, 2 Fühler und einen Saugrüssel. Sie lebt meist von organischer Substanz.

Regenwürmer. Diese in der Natur so nützlichen Tiere sind in Blumentöpfen unerwünscht, obgleich sie den Pflanzen selbst nicht schaden. Durch Warmstellen der Töpfe (20 bis 25 °C) oder einen warmen Aufguß aus Walnußschalen oder Kastanien kann man sie aus der Erde vertreiben. Wenn wir die Topfscherbe nicht hohl, sondern flach auf das Wasserabzugsloch legen, erschweren wir den Regenwürmern das Eindringen. Das Wasser findet auch noch durch den schmalen Spalt seinen Weg.

Mäuse dringen zum Glück nur selten in Kakteensammlungen ein, können aber Samen zerschroten und sogar junge Sämlinge annagen. Wir bekämpfen sie mit Fallen oder Gift.

Außer all diesen tierischen Schädlingen drohen unseren Pflanzen zuweilen auch pilzliche Erkrankungen:

Vermehrungspilz: Er gefährdet am meisten junge, zarte Pflanzen und frisch aufgelaufene Aussaaten. Er entsteht durch die Zersetzung von Blättern oder sonstigen Pflanzenteilen in noch nicht genügend verrotteter Erde, bildet ein Gewebe von dichten grauen Fäden, die alle befallenen Erdteilchen zu einer schwammigen Masse verbinden, und vermehrt sich bei gleichmäßiger Wärme und viel Feuchtigkeit sehr schnell. Dabei infiziert er alle benachbarten Pflanzen. Der Befall beginnt am Wurzelhals, die Pflanzen werden wäßrig und fallen schließlich ganz zusammen. Bei dem schnellen Umsichgreifen dieser Krankheit ist es wichtig, daß wir sie rechtzeitig erkennen und die erkrankten Pflanzen isolieren. Die Erde und die befallenen Pflanzen werden entfernt und verbrannt, die Finger oder Werkzeuge, die mit dem Pilz in Berührung gekommen sind, müssen gewaschen und desinfiziert werden, um zu verhüten, daß sich andere Pflanzen anstecken. Die noch nicht befallenen Pflanzen im gleichen Gefäß werden am besten in einwandfreie Erde umgepflanzt und mit Olpisan oder ähnlichen Desinfektionsmitteln behandelt. Unsere besten Helfer gegen pilzliche Erkrankungen der Pflanzen sind Sonne und frische Luft.

Naßfäule, Weichfäule, Fusariumfäule und die Schorfkrankheit äußern sich ähnlich wie der Vermehrungspilz. Ihre Sporen bilden ein Myzel, das die Epidermis durchdringt und Wurzeln und besonders Schadstellen befällt. Gegenmittel sind die organischen Fungizide, die hauptsächlich vorbeugend anzuwenden sind. Bekannt wurde besonders Captan, auch Maneb und Zineb. Am besten bewährte sich leicht angesäuertes Benomyl bei frühzeitig einsetzender Behandlung. Später wurden die systemischen Fungizide bekannt, die meist über die Wurzeln aufgenommen sich im ganzen Pflanzenkörper verteilen.

Gegen *Rostkrankheiten* helfen Sulfonamide. Die kommenden, noch besseren Mittel sind wohl die Antibiotika.

Trockenfäule ist eine weitere bakterielle Erkrankung. Sie tritt an weichfleischigen Kakteen besonders im Winter auf. Es sind zuerst kleine rötliche Flecken, die in das Innere der Pflanze vordringen, eine Schrumpfung des Gewebes einschließlich der Zentralachse herbeiführen und die ganze Pflanze eingehen lassen. Wenn wir am fahlen Aussehen und am Stillstand des Wachstums merken, daß eine Pflanze nicht in Ordnung ist, wird es meist schon zu spät sein, wenigstens noch Teile zu retten. Wir müssen die befallene Pflanze sofort aus der Sammlung entfernen, damit die Krankheitserreger nicht noch andere Pflanzen ergreifen.

Als Beizmittel für die Aussaaten wird mit Erfolg das altbekannte Chinosol oder Sulfachin verwendet. Neuerdings wurden Captan, Maneb und vor allem Dexon benutzt, ein schwer wasserlösliches gelbes Pulver, das ausgestreut oder auch flüssig im Abstand von 3 Wochen gegeben werden kann, um die Pflanze mindestens ein Vierteljahr vor Befall zu schützen. Wegen seiner Giftigkeit ist Vorsicht geboten!

Ein sonniger Winterstand verhütet die Ausbreitung der bakteriellen Schädlinge.

Die Vielzahl der aufgeführten Schädlinge und Krankheiten darf nicht überängstlich machen. Nur hier und da kommt die eine oder die andere einmal in einer Sammlung vor. Aber dann ist es gut, wenn wir sie rechtzeitig erkennen und sofort etwas dagegen unternehmen können oder wenigstens wissen, was wir falsch gemacht haben. Zum schnelleren Zurechtfinden gebe ich nachfolgend nochmals in kurzen Stichworten eine Zusammenstellung.

Erkennungsmerkmal	Ursache der Krankheit	Vorbeugung oder Abhilfe
	Fäulnis	
Fäulnis der Wurzeln, fehlender Neutrieb	Übermäßige Nässe, verhärtete Erde, Wurzelbeschädigung	Umtopfen in einwandfreie Erde mit richtigem pH-Wert, trockener halten, vorübergehend wärmer stellen, um Wurzelneubildungen anzuregen
Wäßriges Weichwerden des Pflanzenkörpers von der Erde ausgehend. Erde hängt von graubraunen Fäden durchzogen zusammen	Vermehrungspilz, entstanden aus ungedämpfter, nicht genügend verrotteter Lauberde	Sofortiges Entfernen aller befallenen Pflanzen und aller Erde. Desinfizieren und Isolieren der benachbarten Pflanzen, der Hände und Werkzeuge. (Benomyl, Captan, Maneb, Zineb, Benlate). Dabei stets Vorschriften beachten.
	Flecke	
Gelbliche Flecke und gelblich verfärbte Flächen im Scheitel und an der Lichtseite der Pflanze	Sonnenbrand durch Überhitzung meist bei Luftabschluß und Trokkenheit	Vorbeugend schattieren, spritzen, lüften
Glasige Flecke, durchsichtiges Gewebe, später auch rostartig gefärbt (häufig bei Blatt- und Feigenkakteen)	Zu hohe Luftfeuchtigkeit, auch Zugluft, schneller Temperaturwechsel, Spritzen mit zu kaltem Wasser auf warme Pflanze	Abhärten durch mehr Frischluft, vor Zugluft schützen. (Ist nicht ansteckend)
Kreisrunde oder ovale rötlich-braune Flecke mit gelblichem Rand, die eintrocknen und in der Mitte ausfallen	Fusarium-Blattfleckenkrankheit (Erreger: Fusarium moniliforme)	Befall ausschneiden und verbrennen, Messer und Hände desinfizieren! Spritzen mit 1%igem Cupral oder ähnlichen Kupfer-Spritzmitteln in 14tägigem Abstand, auch Benlate
Kreisrunde kleine Punkte, 1 bis 2 mm groß, leicht zu entfernen	Schildläuse	Abkratzen mit einem Stift oder besser mehrmaliges Abspritzen mit Kontaktgiften
Korkflecke oder -flächen an Kugelkakteen, von unten her aufsteigend	Verkorkung durch unregelmäßiges Gießen, oft Alterserscheinung oder Arteigentümlichkeit	Jungen Pflanzen mehr Frischluft geben und regelmäßiger gießen
Eintrocknende, gelbe vertiefte Flecke, meist bei Blattkakteen	Kalimangel, Erde zu stark humushaltig	Erde wechseln oder mit Kali nachdüngen
Vertiefungen, helles Gewebe sichtbar, Fraßstellen	Schnecken, Kellerasseln, Mäuse	Schneckentod, Fangen in halben Kartoffeln, Mäusegift, Mäusefallen

Erkennungsmerkmal	Ursache der Krankheit	Vorbeugung oder Abhilfe
	Belag	
Ovale weiße Schädlinge, weißer, watteähnlicher Belag, besonders an den vor Nässe geschützten Pflanzenteilen	Wolläuse, bis 3 mm groß, sich langsam bewegend, Form wie eine Assel, Brut oder Wollaus	Wiederholtes Abspritzen mit Kontaktgiften, notfalls mit Tabaklauge. Mit Wasser nachspritzen und nebeln
Weißer Belag auf trockenen Wurzeln	Wurzelläuse, bis 2 mm groß, weißlich	Abspritzen mit scharfem Wasserstrahl, dann Wurzeln mit Kontaktgiften einpudern oder waschen
Weißer, kreideähnlicher Belag	Kalkablagerung auf Dornen und unteren Pflanzenteilen	Regenwasser oder kalkfreies Gießwasser verwenden. Leitungswasser mit 1 Handvoll Torfmull auf 25 l ansäuern oder mit 1 bis 2 Tropfen konzentrierter Salpetersäure
Gelbliche Stich- und Saugwunden, schwarze Exkremente	Thrips, Gewächshausblasenfuß, 1 mm groß, jung gelblichgrün, später schwarz	Nikotinpräparate oder Kontaktgifte
Grünliche Insekten, hauptsächlich an Knospen	Blattläuse, bis 2 mm groß	Abspritzen mit Wasserstrahl oder Schädlingsbekämpfungsmitteln
Fraßstellen und *Schleimspuren* auf Erde und Pflanzen	Schnecken verschiedener Arten, Nacktschnecken und solche mit Haus	Absuchen der Unterseite von Kästen und Töpfen beim Einwintern. Nachts ablesen, Auslegen von »Schneckentod«
Exkremente auf der Erde des Topfes	Regenwürmer	Erwärmen des Topfes auf 20 °C oder Begießen mit einem warmen Absud von grünen Walnußschalen oder Kastanien. Würmer beim Herauskommen wegfangen
	Verfärbungen	
Gelbfärbung kann verschiedene Ursachen haben	Nahrungsmangel, häufig Fehlen von Eisen, auch zu reichliches Gießen, Wurzelerkrankung	pH-Wert der Erde prüfen, Eisen nachdüngen, nötigenfalls umtopfen, bei Wurzelschäden neu bewurzeln
Bleichwerden, Vergilben, fehlender Neutrieb	Wurzelschäden, vielleicht Wurzelläuse	Vorsichtig gießen, neu bewurzeln. Bei Wurzelläusen mit scharfem Wasserstrahl abspritzen, dann einpudern oder waschen mit Kontaktgiften

Erkennungsmerkmal	Ursache der Krankheit	Vorbeugung oder Abhilfe
Gelbliche bis graubraune Verfärbung, am Scheitel beginnend kaum sichtbares Gespinst	Rote Spinnmilbe, $^{1}/_{2}$ mm lange, achtfüßige, sich langsam bewegende Insekten, männliche grünlichbraun, weibliche z. T. rötlich	Mehr Luftfeuchtigkeit, Abspritzen und Abpinseln des Befalls mit Kontaktgiften, Wiederholung nach acht Tagen
Rotfärbung einzelner Teile oder ganzer Pflanzen	Zu sonniger oder zu kalter Stand, Einlagerung von rotem Farbstoff zum Schutz der Gewebe	Schattiger und wärmer aufstellen, nachsehen, ob Wurzeln noch gesund
Glasigwerden der ganzen Pflanze	Frostschaden	Für den kalten Stand war die Pflanze zu feucht gehalten. Langsam an kühlem Ort auftauen lassen, nicht mit warmer Hand berühren

Wuchsveränderungen

Wachstumsstockung, kein Neutrieb	Zu trockener Stand, Wurzelerkrankungen, Nahrungsmangel	Anhaltend gießen, von unten bewässern, Wurzelbeschaffenheit prüfen, Erde erneuern oder düngen
Unnatürliches Längenwachstum	Lichtmangel	Vorsichtig an neuen, helleren Platz gewöhnen
Schrumpfung, Runzelbildung (häufig bei Opuntien)	Ernährungsfehler, allzu starke Feuchtigkeitsabgabe durch die Oberhaut infolge Stickstoffüberdüngung	Vorsichtig gießen, Wurzelbildung fördern, hellen Stand und frische Luft geben
Verkrüppelung	Insektenfraßstellen	Insekten bekämpfen, betroffene Pflanzenteile abschneiden
Wucherungen, blumenkohlartig, meist bei Mammillarien	Massenteilung der Zellen, Ursache unbekannt	Abschneiden, da unschön aussehend und Nistplatz für Schädlinge
Abwerfen von Pflanzenteilen	Ernährungsstörungen, oft Wurzelkrankheit, auch Nahrungsmangel	Nachdüngen mit Kali, Wurzelbildung fördern, frische Erde vorsichtig auffüllen
Abwerfen von Knospen	Standortsveränderung, durch Trockenheit verursachte Wurzelschäden, zu kühler Stand	Dem Licht zugekehrte Seite am Topf markieren, regelmäßiger gießen, auf die jeweils notwendigen Wärmegrade achten
Nichtöffnen der Blüten	Lichtmangel, zu kühler Stand. (Bei kleistogamen Arten Arteigentümlichkeit!)	Heller und wärmer stellen

Erkennungsmerkmal	Ursache der Krankheit	Vorbeugung oder Abhilfe
Nichtblühen erwachsener Pflanzen	Häufig Überdüngung mit Stickstoff, Fehlen von Phosphordünger. Mangelnde Winterruhe durch zu warmen Stand	Richtige Erdmischung geben, auch Phosphor in Nährlösung. Im Winter durch kühlen Stand Wachstum unterbrechen
Übermäßige *»Kindel«-(Ableger-) bildung*, Nichtblühen bei Echinopsen	Falsche Ernährung, zuviel Stickstoff bei fehlendem Phosphor, zu gleichmäßig feuchte und zu warme Überwinterung	Überwintern bei 6 bis 12 °C und nur schwachem Gießen, richtige Zusammensetzung der Nährstoffe in der Erde, keine Stickstoffdüngung

Bei den im Handel erhältlichen Schädlings-Bekämpfungsmitteln ist darauf zu achten, daß die Herstellerfirma die absolute Unschädlichkeit des Mittels für die damit behandelten Pflanzen garantiert. Kontaktgiften ist der Vorzug zu geben, doch sollen es solche sein, die stark mit Wasser verdünnt werden und keinen öligen Überzug auf den Pflanzen hinterlassen, der die Spaltöffnungen verstopfen würde. Derartige alkalische ölhaltige Mittel würden auch die schönen Wachsüberzüge mancher Pflanzen auflösen, während pflanzliche Öle sich verflüchtigen. Unverdünnte in Alkohol gelöste Mittel wie auch Brennspiritus schädigen die Neutriebe und Knospen der Pflanzen. Chemische Mittel sollen nicht bei Sonnenschein, sondern möglichst bei trübem Wetter angewendet werden.

Links: Unerwünschte Kindelbildung an einem Kindelsteckling von Echinopsis. Solche Pflanzen blühen selten.
Rechts: Aus Samen gezogene, richtig ernährte Echinopsis, wird keine Kindel, sondern Blüten bringen.

Die auf den Seiten 88 und 89 folgende kurzgefaßte Tabelle ordnet die wichtigsten hier beschriebenen Maßnahmen in 6 Pflegezeiten ein. Je nach Breitengrad, Höhenlage, Jahreswetter und Unterbringung (Zimmer, Frühbeet oder Gewächshaus) verfrühen oder verzögern sich die angegebenen Zeiten. Sie sollen daher nur als ungefährer Anhalt dienen.

Kakteen- und Sukkulenten-Pflege-Kalender

Zeitpunkt	Licht	Luft
1. Pflegezeit (Februar, März)	Soviel Licht wie möglich geben, nur an außergewöhnlich heißen Tagen über Mittag Papierschatten auflegen!	Die Pflanzen brauchen Frischluft! Wenn Frostgrade im Freien, Pflanzen durch Überdecken vor einfallender Kaltluft schützen. Wärme nicht über 18 °C ansteigen lassen
2. Pflegezeit (April, Mai)	Viel Licht geben, jedoch bei Prallsonne über Mittag und bei frisch verpflanzten Stücken Schatten auflegen. Zygocactus, Epiphyllum und Rhipsalis brauchen ständig Halbschatten	Frisch verpflanzte und solche, die noch nicht treiben, nur bei Sonne lüften
3. Pflegezeit (Juni, Juli)	Kakteen und die meisten anderen Sukkulenten an volles Licht gewöhnen. Zygocactus, Epiphyllum, Rhipsalis, Gasteria und Haworthia halbschattig halten	Eingewurzelten und im Trieb befindlichen Pflanzen reichlich Frischluft geber
4. Pflegezeit (August, September)	Volles Licht geben, außer den oben genannten Gattungen und noch unbewurzelten Stecklingen	Viel lüften, Frühbeete nachts offenhalten, damit die Pflanzen den Tau abbekommen und für den Winter abgehärtet werden
5. Pflegezeit (Oktober, November)	Volles Licht geben, außer den oben genannten Gattungen. Zusatzbelichtung täglich 2 bis 3 Stunden jetzt erwünscht	Wegen eventuell eintretender Nachtfröste nur am Tage lüften zur weiteren Abhärtung. Einräumen aus dem Frühbeet. Zygocactus und Rhipsalis sowie andere Winterblüher jetzt wärmer stellen
6. Pflegezeit (Dezember, Januar)	Das fehlende Licht erfordert kühle und trockene Überwinterung. Täglich 4 Stunden Zusatzbelichtung erwünscht	Frischluft auch im Winter schützt vor Fäulnis und Ausbreitung von Schädlingen. Bei Frost Pflanzen vor einfallender Kaltluft schützen

Nährstoffe	Wasser	Vermehrung
Umtopfen der noch nicht im Trieb befindlichen Pflanzen in frische Erde. Auf richtigen pH-Wert achten Hydrokultur: Nur stark verdünnte Nährlösung oder reines Wasser geben	Noch sehr sparsam und vorsichtig gießen, bei Wärme leicht nebeln Wasserverbrauchsnorm: im Februar $^{1}/_{4}$ l im März $^{1}/_{2}$ l	Aussaaten mit künstlicher Unterwärme Erste Stecklinge von Sukkulenten schneiden Etiketten erneuern
Verpflanzen bei zu kleinen Töpfen und ausgelaugter Erde Vollnährsalzdüngung	Reichlicher gießen, durch Überbrausen Winterstaub abspülen, mittags nebeln Wasserverbrauchsnorm: im April 2 l im Mai 5 l	Aussäen mit Unterwärme, verpflanzen, Stecklinge von gut ausgereiften Trieben schneiden, Unterlagen antreiben und erste Pfropfungen vornehmen
Verpflanzen fortsetzen, Vollnährsalzdüngung geben	Frühmorgens oder abends bei warmem Wetter reichlich gießen und spritzen, auch von unten bewässern Wasserverbrauchsnorm: 8 l	Aussaaten ohne Unterwärme noch gut möglich, Stecklingsschnitt und Pfropfungen soweit nötig
Düngung allmählich einschränken zwecks Abhärtung (außer bei Epiphyllum und Rhipsalis)	Gießen verringern, bei Wärme nebeln. Auch Zygocactus braucht jetzt Ruhezeit. Pflanzen im Freien vor allzuviel Regen schützen Wasserverbrauchsnorm: im August 8 l im September 5 l	Aussaaten, Stecklingsschnitt, Pfropfen
Düngung beenden, Umtopfen vermeiden, außer bei Epiphyllen	Gießen stark einschränken, auch bei Epiphyllen. Pflanzen im Freien vor jedem Regen schützen Hydrokultur: Wasserstand senken Wasserverbrauchsnorm: im Oktober 2 l im November $^{1}/_{2}$ l	Aussaatzeit für Mesembryanthemen und andere afrikanische Sukkulenten jetzt noch günstig
Nur Zygocactus können jetzt noch Düngung gebrauchen	Pflanzen bei kühlem Stand sehr trokken halten, nur Zygocactus und Rhipsalis wärmer stellen und regelmäßig gießen Wasserverbrauchsnorm: $^{1}/_{4}$ l	Pläne für Neuanschaffungen. Pflanzenkartei einrichten oder nachtragen

Die besten Arten für den Pflanzenfreund

Fettpflanzen-Sukkulenten

Aus der großen Menge der dauerhaften Zimmerpflanzen beschreibe ich von jeder Gattung nur einzelne besonders schöne, deren Beschaffung und Pflege nicht allzu schwierig ist. Dadurch bleibt dies Buch übersichtlich, behält ein handliches Format und kann trotzdem für nahezu alle sukkulenten Pflanzen als Kulturanleitung dienen, weil man von einer hier genannten Art auf eine nicht genannte der gleichen Gattung schließen kann. Auf Ausnahmen weise ich besonders hin. Die Aufzählung erfolgt in alphabetischer Reihenfolge innerhalb einzelner Gruppen, nicht nach der botanisch-systematischen Ordnung, sondern scheinbar wahllos nach äußerlich erkennbaren Merkmalen, etwa wie ein Gang durch eine schöne Sammlung. Um eine Pflanzenart im botanischen System zu finden, muß man von ihren Blüten- und Samenmerkmalen ausgehen. Das mag bei vielen Pflanzen unserer heimischen Flora ein gangbarer Weg sein und für den Botaniker der genaueste, aber bei Kakteen und anderen Sukkulenten müßte der Laie oft sehr lange auf die Möglichkeit zur Bestimmung warten. Man denke nur an die zehn und mehr Meter hohen Säulenkakteen, die wir im Zimmer gar nicht zur Blüte bekommen. Meine Einteilung nach markanten äußeren Formen soll das Finden ohne Blüten erleichtern. Man muß aber bei jeder Gattung erst die einleitenden Zeilen durchlesen, um zu wissen, wonach unterteilt ist. Ich wählte bei den

kleinen Sukkulenten-Gattungen die alphabetische Reihenfolge der Artnamen, weil sich die wenigen Arten gut durch Bilder unterscheiden. Bei *Euphorbien* wurden deutsche Bezeichnungen der Gruppen in Klammern beigefügt, die *Mesembryanthemen* nach der sehr verschiedenen Wuchsform in 3 Gruppen geteilt, wobei es allerdings Übergänge von einer Gruppe zur anderen gibt. (Gibbaeum siehe Gruppen II und III!)

Opuntien sind nach Form und Größe ihrer Glieder,

Cereen nach Durchmesser und Rippenzahl,

Echinocereen nach Durchmesser und Bedornung,

Echinocacteen (im Sinne Prof. K. Schumanns) nach alphabetischer Folge der Gattungsnamen,

Mammillarien (Warzenkakteen) jedoch nur nach Artnamen geordnet.

Bei *Lobivien* habe ich eine botanische Einteilung durch in Klammern beigesetzte Nummern von 15 Gruppen ergänzt.

Wer bereits den botanischen Namen weiß, wird sich am schnellsten zurechtfinden, wenn er im Sachregister die Seitenzahl nachschlägt.

Agavengewächse – Agavaceae

In den Sammlungen der botanischen Gärten fallen uns zuerst die großen dekorativen Pflanzen auf, darunter sind besonders schöne Stücke der Gattung Agave.

Agaven sind in über 300 botanisch beschriebenen Arten bekannt und bilden heute eine eigene Familie, während man sie vor nicht allzu langer Zeit noch zu den Amaryllis-Gewächsen rechnete. Ihre Heimat ist Amerika; die in den Mittelmeergebieten und anderen Ländern vorkommenden Arten wurden erst durch Menschen dort eingeführt und sind verwildert. In Mexiko ist die Agave eine wichtige Nutzpflanze zur Fasergewinnung und wird in kilometerweiten Flächen auf sonst nicht nutzbarem Boden auch zur Pulquebereitung angebaut. Pulque ist das starke mexikanische Bier, das aus vergorenem Zellsaft der Agaven bereitet wird. Dieser Zellsaft hat bis 15 % Zuckergehalt.

Man sagt der Agave nach, sie blühe erst im Alter von 100 Jahren und müsse dann sterben (»Century plant« der Engländer). Das mag für einzelne Arten und für Topfkultur ungefähr zutreffen. Viele Agaven blühen aber wesentlich früher, oft schon mit 10 bis 30 Jahren. Tatsache ist, daß die kegelige Rosette erst ausreichend erstarken muß, um in zwei bis drei Monaten die riesigen, bis elf Meter hohen, mit Hochblättern besetzten Blütenschäfte und die rispigen oder zylindrischen, sehr dekorativen Blütenkronen aufbauen zu können, die dann in weiteren ein bis zwei Monaten nach und nach abblühen. Die alte Rosette, deren Mitte ja nun der Blütenschaft bildet, stirbt nach der Fruchtreife langsam ab, zusätzlich zur Samenbildung ist aber für vegetativen Nachwuchs durch Wurzelschößlinge oder bei einzelnen Arten durch seitliche Sprossung gesorgt.

Aus dieser Schilderung geht schon hervor, daß Agaven infolge ihrer Größe wenig für die Zimmersammlung in Frage kommen. Wer aber über genügend Platz verfügt und diese dekorative Pflanze nicht missen will, kann sich viele Jahre an jungen Pflanzen in magerer Topfkultur erfreuen, wenn sie nicht durch sehr reichliche Wassergaben und gute Ernährung zu unerwünscht flottem Wuchs gebracht werden.

Agaven wachsen am besten in sandiger Lehmerde und lieben im Sommer frische Luft, Sonne und reichlich Wasser, im Winter aber einen trockenen, nicht zu warmen Platz. Es kann sogar ein trockener Keller sein, wobei eine Überwinterungstemperatur von 3 bis 8 °C am günstigsten ist.

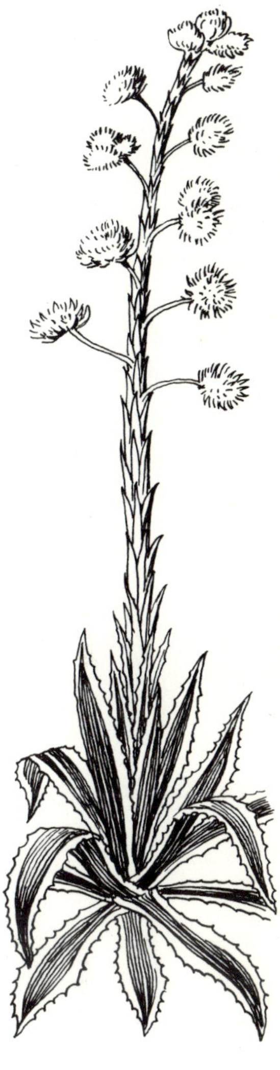

Agave americana var. marginata

ist wohl die verbreitetste Art, die durch ihre buchtig gezähnten goldgelben Blattränder und spitz bedornten Blattenden besonders beliebt ist. Es gibt die Abart *alba* mit weiß oder cremefarbenen Blatträndern, die Abart *aurea* hellgelb bis grünlichgelb, die Abart *palida* mit blaßgrünen Rändern und die Varietät *medio-picta*, deren Blätter in der Mitte gelblich gestreift sind, mitunter mit grünen Streifen dazwischen. Ganz ähnlich ist auch die Varietät *striata* mit gelben Streifen in der Mitte der Blätter. (Heimat: Mexiko, Karte II.)

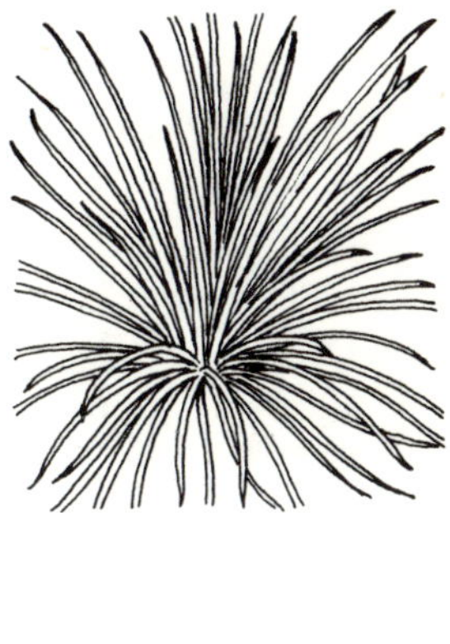

Agave stricta,

die »steife A.«, hat kugelige, sehr dicht- und vielblättrige Rosetten mit geraden, ganz schmalen grünen Blättern (35 cm lang und nur 8 mm breit), mitunter etwas einwärts gekrümmt, am Ende kurz zugespitzt und mit einem spitzen Endstachel versehen. Die Blüten stehen auf über 2 m langem Stiel in einer 70 cm langen dichten Traube. Diese Art stirbt nicht nach der Blüte ab, sondern bildet im Alter vielköpfige Gruppen, (Heimat: Mexiko, Karte II.) Ähnliche Arten: *Agave echinoides* mit flacheren Blättern von nur 12 bis 15 cm Länge, eine schöne, kleinbleibende Art. *Agave falcata* mit 40 bis 50 cm langen, hellgrauen Blättern von 12 bis 15 mm Breite und fein knorpelig gezähnten Rändern. *Agave striata* mit 40 bis 45 cm langen, steifen, nur 7 mm breiten Blättern, graugrün, dunkler gestreift, ganzrandig.

Agave victoriae-reginae,

die Agave der »Queen« Viktoria aus Mexiko, bildet breitkugelige, wesentlich kleinere Rosetten, die keine Ausläufer entwickeln. Ihre sehr harten Blätter sind nur 10 bis 15 cm lang, matt dunkelgrün und mit schrägen, weißen Linien geschmückt. Die Blattspitzen tragen kurze, dunkle Enddornen. Die Blütenschäfte werden bis 4 m hoch mit in Ährenform stehenden interessanten Einzelblüten. Im Winter soll diese schönste aller Agaven möglichst über 10 °C Wärme haben . (Heimat: Mexiko, Nuevo Leon, Karte II, G–H 11.)

Ähnlichkeit in der Zeichnung mit weißen Linien hat *Agave fernandi-regis*, deren Blätter jedoch nicht so dicht stehen und eine noch stärker ausgeprägte schwarze Dornenspitze haben.

Agave filifera,

die »fadentragende Agave«, eine kugelige Rosette mit aufwärts gebogenen, 20 bis 25 cm langen, 5 cm breiten grünen Blättern, die je 2 bis 3 weiße Linien und einen hellen Hornrand haben, von dem einige lange Fäden absplittern. Blütenstiele werden bis $2^1/_2$ m hoch und tragen eine 17,5 cm lange, sehr dichte Blütenähre. (Heimat: Mexiko, Pachuca, Karte II, M 12.)

Ähnlich sind *Agave angustissima* mit geraden, bis 45 cm langen Blättern von 8 bis 10 cm Breite und absplitternden Fasern, *Agave geminiflora* mit binsenartigen Blättern von nur 5 mm Breite mit feiner weißer Hornlinie und lockigen Fäden. Ihr steht die Hybride *Agave taylori* nahe. *Agave parviflora* hat nur 10 cm lange, 12 mm breite Blätter, dunkelgrün mit weißer Strichzeichnung und weißfädigen Rändern am oberen Teil.

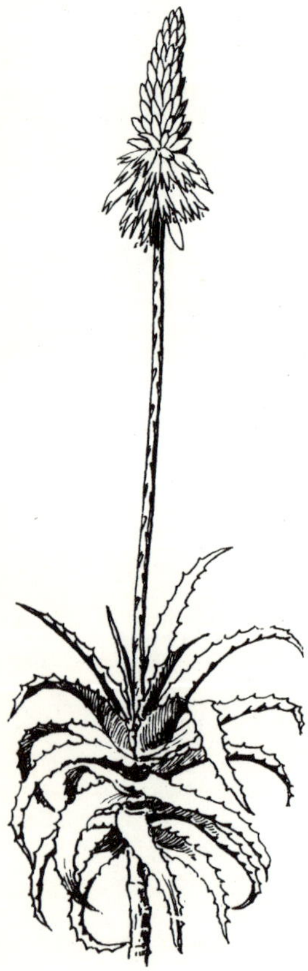

Liliengewächse – Liliaceae

Aloe

Aloe werden häufig vom Laien mit Agaven verwechselt, und oberflächlich betrachtet, sind sie ihnen auch ähnlich. Aber die Aloe stammen aus Afrika und gehören zu den Liliengewächsen, haben also eine ganz andere Blütenbildung. Die Blütenstengel kommen seitlich zwischen den Blättern hervor und bilden Trauben von orangerot und gelb gefärbten glockenförmigen Einzelblütchen, mitunter zu dekorativen Kronen verzweigt.

Seit dem Altertum ist die vielseitige Heilwirkung des zähflüssigen Aloesaftes bekannt, äußerlich angewandt gegen Brandwunden und verschiedene andere Unbilden. Die innerliche Anwendung gegen Krankheiten sollte nur auf ärztliche Verordnung in kleinsten Mengen erfolgen.

Aloepflanzen sind wesentlich wüchsiger als Agaven und brauchen eine kräftige, sandige Erde und ausreichend Wasser von September bis November. Man kann sie im Winter auch im geheizten Raum halten und gießt dann etwas mehr als bei kalter Überwinterung. Größere Pflanzen werden dann schon im Januar ihre schönen leuchtenden Blütenähren entwickeln, die uns viele Wochen lang erfreuen. Im Sommer ist der beste Platz für Aloe im Freien, bei starker Sonne leicht schattiert.

Aloe arborescens,

die »baumartige A.«, ist als »Heilaloe« oder »Wundaloe« am weitesten verbreitet. In ihrer Heimat wird sie mehrere Meter hoch, wächst aber auch im Zimmer sehr gut und vermehrt sich durch Sprosse (Ableger) am unteren Stammteil. Die schmalen Blätter sind graugrün, abwärts gebogen, an den Rändern buchtig gezähnt. (Heimat: Kapprovinz, Natal bis Transvaal, Karte I, M–O 8–10.)

Auch *Aloe pluridens* wächst baumartig, ihre Blätter sind glänzend grün mit Längsstreifen und horniger, kleingezähnter Kante.

Aloe aristata,

die »begrannte Aloe«, auch als *Aloe longiaristata* bekannt, bleibt klein, stammlos und bildet später vielköpfige Gruppen. Einzelrosetten dieser eleganten schönen Art haben bis 15 cm Durchmesser. Die Blattränder sind mit hornigen, weißen Kanten und ebensolchen 1 bis 2 mm langen Zähnchen versehen. Die verhältnismäßig kleine Pflanze bringt schöne, kurzstengelige Blüten. (Heimat: Kapprovinz, Natal, Karte I, N 9–10, O 7–9.)

Aloe brevifolia,

die »kurzblättrige Aloe« genannt nach den kurzen, fleischigen, dreieckigen, blaugrünen Blättern, die an den Rändern mit derben, hornigen Zähnchen von 2 bis 3 mm Länge besetzt sind. Die Pflanze bleibt niedrig, kurzstämmig und bildet durch Sprossung runde Rasen. Die Rosette hat 10 bis 12 cm Durchmesser. (Heimat: Südafrika, Kapprovinz, Riversdale, Karte I, O 8).

Auch *Aloe distans* hat kurze, fleischige, blaugrüne Blätter, deren Ränder und Kiel mit hellen Zähnchen bewehrt sind, aber ihr Wuchs ist viel lockerer, sie bildet oft meterlange Stämmchen.

Aloe concinna,

die »reizende Aloe«, ist schön gefleckt, ihre Blätter stehen in lockerer Rosette und sind meist unter 10 cm lang, oberseits hohl, unterseits gewölbt, an den Rändern buchtig gezähnt und spitz auslaufend. Sie sind gelblich-hellgrün, beiderseits mit länglichen weißen Flecken geziert, Randzähne groß und hornig. (Heimat: Insel Sansibar, Mittelafrika, Karte I, J 11.) Etwas Ähnlichkeit hat *A. squarrosa. A. bakeri* hat längere und schmalere, weiß gefleckte und gezähnte Blätter.

Aloe ferox

sieht wirklich »wild« aus, wie ihr Name sagt. Die blaugrünen Blätter sind fast überall dicht mit Zähnen besetzt, sogar an der Unterseite. In dieser Hinsicht wird sie nur von der seltenen *Aloe marlothii* übertroffen, die auch noch an der Oberseite der Blätter dicht gezähnt ist. (Heimat: Südafrika, Kapprovinz, Natal, Karte I, N–O, 8–10.)

Auch die ihr nahestehende, baumartige *Aloe candelabrum* ist an der Unterseite der Blätter – hauptsächlich in einer Mittellinie – mit 3 mm langen rötlichen Zähnchen bewehrt.

Aloe fosteri

erkennen wir an den langen schmalen Blättern, die meist nur zweizeilig stehen und in ihrer ganzen Länge hell geadert sind. Die Blattränder sind buchtig gezähnt, die Zähnchen stehen in 1 cm Abstand. (Heimat: Südafrika, Transvaal, Karte I, N/M 9.)

Nicht stammlos, gedrungen wie *Aloe fosteri*, sondern oft meterlang rankend, aber von gleichem, schmalblättrigem Wuchs sind folgende: *Aloe ciliaris*, eine sehr schmalblättrige, grüne, an den Rändern weiß gezähnte Art, die schon als kleine Pflanze sehr schön scharlachrot blüht. Die weißgefleckte *Aloe cooperi* hat auch zweizeiligen Wuchs wie *Aloe fosteri. Aloe tenuior* hat weißrandige, 10 bis 15 cm lange Blätter mit winzigen Zähnchen.

Aloe humilis,

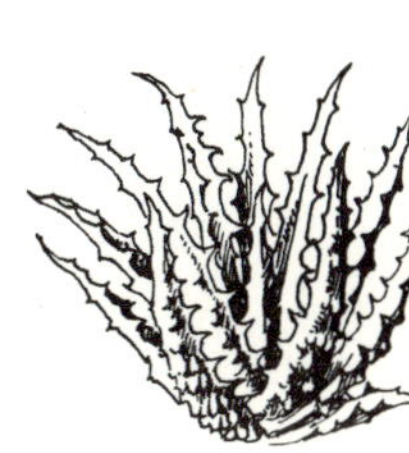

die »niedrige Aloe«, bringt reizende, kleinbleibende Rosetten mit dicht und wild gezähnten Blättern, die nur 5 bis 10 cm lang und 1 bis $1^1/_2$ cm breit werden. Sie haben an der Oberseite warzige, weiße, 2 bis 3 mm lange Zähnchen, an der Unterseite und an den Querbändern angeordnete weißgrüne Warzen. Im Verhältnis zu anderen Aloearten bleibt *Aloe humilis* klein und niedrig. (Heimat: Südafrika, Kapprovinz, Karte I, O g.)

Die ähnliche *Aloe echinata* gilt heute nur als Varietät der vorstehenden. *Aloe longistyla* bildet etwas größere Rosetten und blüht lachsrot. *Aloe spinosissima* hat bis 30 cm lange, lanzettliche Blätter.

Aloe mitriformis

bekam ihren Namen nach der Form der dreieckigen, anfangs spitz nach oben gerichteten, frischgrünen Blätter, die an eine Mitra erinnern. Sie bildet im Alter dichte Gruppen von vielen Rosetten. Die Unterseite der Blätter ist gewölbt, und die Blattränder sind mit kurzen weißlichen oder gelblichen Zähnen versehen. (Heimat: Südafrika, Kapprovinz, Karte I, O 7–8.)

Von den zu dieser Serie gestellten Arten ist *Aloe sororia* nur als Abart von *Aloe mitriformis* anzusehen.

Ähnlich sind die etwas kleinere *Aloe nobilis* sowie die größeren, aber kürzer bedornten *Aloe brownii* und *Aloe comptonii.*

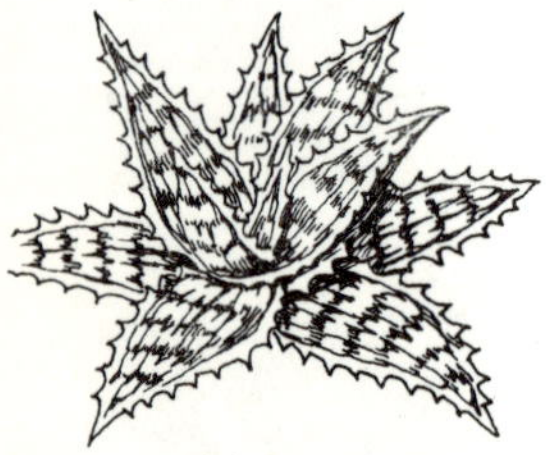

Aloe saponaria,

die »seifenartige Aloe«, auch als *Aloe umbellata* bekannt, fällt uns durch ihre schöne weiße, in lockeren Reihen stehende, längliche Fleckenzeichnung auf. Die Blätter sind am Grunde sehr breit, stehen fast horizontal und tragen an den Rändern dreieckige, bräunliche Zähne. (Heimat: Östliches Südafrika, Natal, Karte I, N/O 9–10.)

Ähnliche, schön gefleckte Arten sind: Mit über 30 cm langen Blättern *Aloe greenii* (hellgrün), *Aloe microstigma* (lichtgrün mit rosa Schein), *Aloe parvibracteata* (bräunlichgrün), *Aloe eru* (schmalblättr.). Mit kürzeren Blättern: *Aloe zebrina* (Blätter lineal-lanzettlich), *Aloe bakeri* (noch kleiner, Zähne weiß).

Aloe striata,

die »gestreifte A.« ist leicht an den weißen Randstreifen zu erkennen. Die dichten graugrünen Rosetten haben am Blattrand einen 2 mm breiten, weißen Knorpelstreifen und sind ungezähnt. Die Blattflächen sind leicht gestreift und kaum sichtbar gefleckt. (Heimat: Südafrika, Karte I, N 7–8.) Von weiteren Arten mit Längsstreifen auf den Blättern nenne ich die hellgrüne, bräunlich gezähnte *Aloe lineata* und die blaue, etwas undeutlich liniierte *Aloe hereroensis*, die mitunter auch noch gefleckt ist. Die baumartig wachsende und sehr hoch werdende *Aloe pluridens* hat deutlich gestreifte, bis 80 cm lange, nur 7 cm breite Blätter mit horniger Kante und kleinen Zähnchen. Im Wuchs gleicht sie *Aloe arborescens*.

Aloe succotrina

wächst nicht nur auf der Insel Socotra, nach der sie benannt ist, sondern auch in der Nähe des Tafelberges in Kapland. Die fast stammlose Pflanze bildet Rosetten bis zu 80 cm im Durchmesser. Sie hat lange, schmale blaugrüne Blätter, aufwärts gebogen, etwas gestreift, beiderseits wenig gefleckt und an den weißhornigen Rändern dicht mit winzigen weißlichen Zähnchen versehen. (Heimat: Südafrika, Kapland, Karte I, O 7–8.)

Etwas Ähnlichkeit in der eigenartigen aufrechten Blattstellung hat die allerdings viel kurzblättrigere *Aloe melanacantha*, die am unteren Blatteil weiß, am oberen und am Kiel des Blattes schwarz bedornt ist.

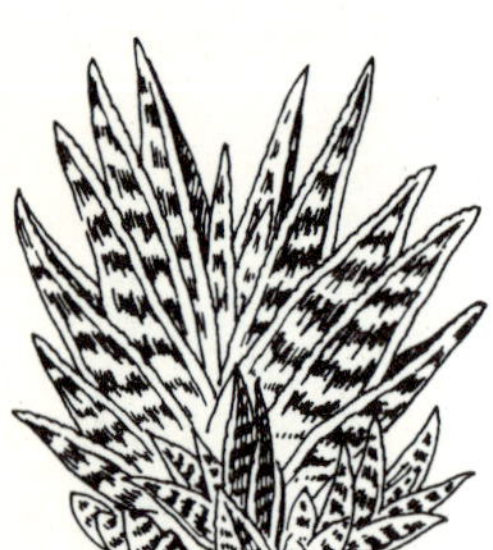

Aloe variegata,

die »scheckige Aloe«, auch »Tigeraloe« oder »Papageialoe« genannt, ist wohl die bekannteste von allen. Sie fällt sofort durch die weißen Querbänder auf den grünen, dreikantigen, rinnenförmig gebogenen Blättern auf. In sandiger Erde vermehrt sich diese Art reichlich durch Stolonen (Wurzelausläufer), die man mit etwa 2 cm Größe, wenn sie bereits eigene Wurzeln gebildet haben, von der Mutterpflanze abtrennen kann. Sehr ähnlich ist ihr die neuerdings verbreitete *Aloe ausana*. Man darf bei diesen Aloearten kein Wasser zwischen die Blätter gießen, da sie sonst leicht faulen. Sie vertragen keinen Kalk, besonders kein kalkhaltiges Gießwasser. (Heimat: Südafrika, Kapprovinz, Karte I, N/O 7–8.)

Nahe verwandt mit Aloe und auch zu den Liliaceen gehörend, sind die Gasterien.

Gasteria

bekam ihren Namen nach der bauchförmigen Erweiterung in der Mitte der Blütenglöckchen, die an langen Stengeln aufgereiht sitzen (gaster – lateinisch – der Bauch). Ihre Blätter stehen zweireihig angeordnet, nur selten wachsen sie im Alter rosettenförmig.

Von alters her sind Gasterien als gute Zimmerpflanzen bekannt, und da sie nicht allzu groß werden, sind sie auch für kleine Zimmersammlungen geeignet. Wir pflegen sie in sandig-lehmiger Humuserde und gießen nur vorsichtig, nicht übermäßig viel. In voller Sonne bekommen sie leicht Verbrennungen und färben sich rötlich, wir geben ihnen deshalb besser einen halbschattigen Platz. Für Nordfenster sind sie vorzüglich geeignet. Im Winter hält man sie am besten kühl bei ungefähr 12 °C, obwohl sie jetzt ihre heimatliche Wachstumszeit haben. Wir müssen aber auf unseren winterlichen Sonnenmangel Rücksicht nehmen. Vermehrung erfolgt meist durch die zahlreichen Seitensprosse, die sich leicht abtrennen lassen, oder durch Blattstecklinge, die aber nicht zu flach gesteckt werden dürfen. Von den vielen, häufig auch durch Kreuzung miteinander vermischten Arten finden wir folgende in vielen Sammlungen:

Gasteria maculata,

die »gefleckte G.«, hat bis 20 cm lange Blätter von etwa 4 cm Breite, oberseits flach, unterseits gewölbt, dunkelgrün, glänzend, am Blattansatz leicht rosa, Blattränder hell gerandet, Blätter in kurze Spitzen auslaufend und beiderseits mit weißen, oft zusammenfließenden Flecken dicht gemustert. (Heimat: Südafrika, Kapprovinz, Karte I, O 8–9.)

Gasteria liliputana,

die »zwerghafte G.«, ist die kleinste dieser Gattung und wirkt wie eine verkleinerte *G. maculata*, hat aber spitzere, kaum 1 cm breite Blätter, dunkelgrün, unterseits gekielt und oberseits etwas gewölbt. Die hellen Flecken der Blätter sind rundlich. (Heimat: Südafrika, Kapprovinz, 20 Meilen von Grahamstown, Karte I, O 9.)

Gasteria pulchra,

die »schöne G.«, ist wie *G. maculata* geformt, doch werden ihre Blätter 20 bis 30 cm lang bei nur $2^1/_2$ cm Breite. Sie sind ungleichseitig dreikantig, oft gekielt und haben spitzere Enden. Auch wirken ihre weißen, zusammenlaufenden Flecken noch heller, weil sie dichter stehen. Die Blattränder sind weißhornig. (Heimat: Südafrika, Kapprovinz, Karte I, O 8–9.)

Gasteria verrucosa,

die »warzige G.«, auch unter dem Namen »Hirschzunge« bekannt. Die langen, spitz auslaufenden Blätter sind fast schwarzgrün, in trockenem Zustande der Pflanze oberseits tief wie eine Rinne eingesenkt und beiderseits über und über mit weißen, perlenartig millimetergroßen Wärzchen bedeckt. Zwischen den Fingern fühlt sich ein solches Blatt rauh wie eine Zunge an. (Heimat: Südafrika, Kapprovinz, Karte I, O 9.)

Gasteria armstrongii

gehört zu den seltenen, langsam wachsenden Arten und ist von den übrigen Gasterien durch die breiten, warzigen, dunkelgrünen Blätter leicht zu unterscheiden. Sie ist nahezu stammlos, so daß die etwa 5 cm langen, zungenförmigen Blätter fast dem Boden aufliegen. Die Blattenden sind gerundet mit kurzen Dornenspitzen, die Blätter besonders an der Oberseite dicht rauhwarzig. Im Alter bildet *G. armstrongii* dann eine spiralige Rosette. (Heimat: Südafrika, Kapprovinz, Karte I, O 8.) Die viel größer werdende, nicht gewarzte *G. obtusifolia* hat durch die kurzen, sehr breiten Blätter ein wenig Ähnlichkeit mit der vorstehenden Art.

Haworthia

steht verwandtschaftlich der Gasteria nahe und sieht mit ihren Rosetten wie eine kleine Aloe aus. In dem großen Werk des Fürsten Salm-Dyck, das 1863, kurz nach dem Tode des Fürsten herauskam, sind noch alle Haworthien und Gasterien als Aloe geführt. Ihren jetzigen Namen bekamen sie dann zu Ehren des berühmten Sukkulentensammlers und Autors vieler Arten Adrian Hardy Haworth aus Chelsea in England.

Die Rosetten sind mitunter fast stammlos oder die Blätter stehen spiralig an einem kurzen Stamm. Bei einer großen Anzahl von Arten sind die Blattflächen dicht beperlt oder geschwielt, bei anderen sind sie rein grün oder dunkelgrün. Wieder andere haben glasklare Fensterflecken, die das für das Wachstum notwendige Licht in das Innere der Blätter einfallen lassen. In ihrer Heimat ragen die Blätter oft nur mit ihren Spitzen aus dem Sande heraus. Allzu starkes Sonnenlicht lieben die Haworthien aber nicht, auch ihnen müssen wir im Sommer Schatten geben, sonst zeigen sich rötliche Farbstoffablagerungen in den Zellen, und die Pflanze wird erst wieder frischgrün, wenn sie einige Zeit im Schatten gepflegt wurde. Die Blüten der Haworthien sind klein, weißlichgrüne Glöckchen in lockerer Traube am Stengel stehend. Die Vermehrung erfolgt aus Sprossen (Ableger), seltener aus Samen. Bezüglich der Behandlung in der Zimmersammlung ist zu beachten, daß die Haworthien im Winter trotz ihrer Wachstumszeit kühl stehen müssen, da sie sonst leicht vergeilen. Im Sommer werden sie in sandiger Lehmerde ziemlich trocken gehalten. Das Umpflanzen soll im Herbst geschehen und ist zwecks Wurzelerneuerung alljährlich nötig.

Im Sommer halten wir sie trocken, von September bis November geben wir reichlich Wasser. Aus der Fülle der Arten sind am meisten verbreitet:

Haworthia fasciata,

die »gebänderte H.«, hat lanzettlich zugespitzte Blätter, deren Oberseite glatt dunkelgrün, die Unterseite aber mit großen weißen, fast völlig in Querbändern zusammenlaufenden Warzen besetzt ist. Derartige Querbänder finden wir etwas weniger dicht und durchlaufend nur noch bei *H. subfasciata* und Varietäten von *H. attenuata*, während viele schöne Arten mehr oder weniger dicht beperlt sind, wie *H. attenuata var. clariperla*, *H. glabrata*, *H. semiglabrata*, *H. rugosa* und *H. tuberculata*. Besonders dick und ausgeprägt sind die Perlen bei *H. margaritifera* und *H. papillosa*. Meist unbeperlt ist *H. tortuosa*. Die Arten dieser und der nächsten Gruppe mit sehr dicker Epidermis brauchen nicht unbedingt Schatten. (Heimat: Südafrika, Kapprovinz, Karte I, O 8–9.)

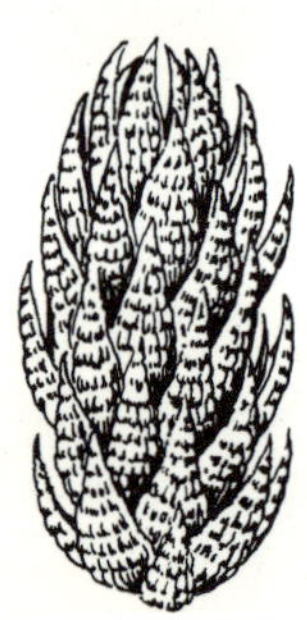

Haworthia reinwardtii

ist eine der schönsten säulenförmig wachsenden Arten mit kurzen, kralligen, dicht beperlten Blättern. Die Perlen stehen in mehrfach unterbrochenen Bändern. Den gleichen säulenförmigen Wuchs bei etwas schwächerer Beperlung haben *H. greenii* und die fast unbeperlten *H. coarctata* und *H. armstrongii*, letztere mit sehr kantigen, dicht spiralig stehenden Blättern. Eine schöne, seltene Abart ist *H. reinwardtii var. chalwinii* mit schön beperlten kurzen Blättern von 2 cm Breite bei nur 2,5 cm Länge. (Heimat: Südafrika, Kapprovinz, Karte I, O 8–9.)

Haworthia cymbiformis,

die »zimbelförmige H.«, ist infolge ihres guten Wachstums weit verbreitet. Sie vertritt hier die Klasse mit den glasklaren Fensterflecken und ist dadurch ökologisch besonders interessant. Ihr Wuchs ist flach, die Blätter sind hellgrün. Ihr ähneln *H. cuspidata* (kurze, breite Blätter), *H. obtusa* (Blattspitzen verdickt, abgestumpft), *H. planifolia* (breitblättrig), *H. reticulata* (Blattränder knorpelig gezähnt) und *H. turgida* (Blattenden angeschwollen, mit steifer Spitze). Spitzere Blätter haben: *H. caespitosa*, *H. lepida*, *H. mucronata*, *H. pearsonii*, *H. sessiliflora* und *H. translucens*. Blattränder und -spitzen sind gezähnt bei *H. cooperi* und *H. ferox*, stark begrannt bei *H. bolusii*, *H. tenera* und *H. vitata*. Alle Arten mit Lichteinfallschächten in den Blattspitzen brauchen viel Licht, aber Schutz vor Prallsonne. In ihrer Ruhezeit von Juni bis September sind sie (außer *H. cymbiformis*) empfindlich gegen Feuchtigkeit und verlieren leicht die Wurzeln. (Heimat: Südafrika, Kapprovinz, Karte I, O 8–9.)

Haworthia limifolia,

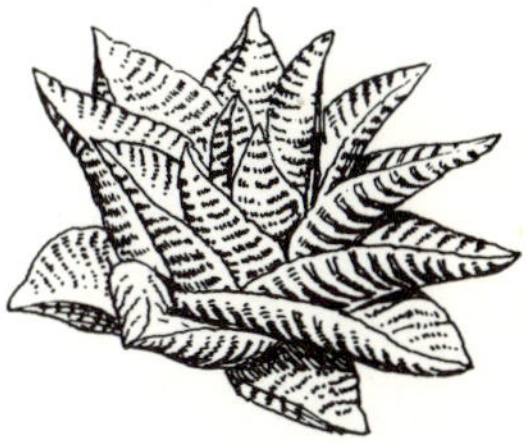

die »schwielenblättrige H.«, benannt nach den »wallartigen« Querbändern (limes – der Wall) oder Schwielen auf den breitdreieckigen, dicken, dunkelgrünen Blättern. Besonders schön, aber langsam wachsend und selten! (Heimat: Südafrika. Kapprovinz, Karte I, N/O 9–10.)

Eine andere, ganz abnorme Art ist *H. maughanii.* Ihre rosettig stehenden Blätter wirken wie gestutzt, die Endflächen sind durchscheinend gefenstert, in ihrer Heimat sitzt die seltene Pflanze oft bis zu den Blattenden im Sand. Sie braucht einen hellen, warmen Stand, ebenso wie die ihr ähnelnde, aber zweizeilig wachsende *H. truncata*, deren Blattenden auch wie abgeschnitten aussehen und Lichteinfall-Schächte haben. Sie gehört zu den seltensten Haworthien.

Haworthia tesselata,

die »Schachbrett-H.«, bildet niedrige, stammlose Rosetten wie *H. cymbiformis*. Ihre nach unten gebogenen Blätter sind dunkelgrün, etwa 4 cm lang und 2 cm breit und enden in eine kurze Spitze. Die etwas gewölbte Oberfläche ist mit durchscheinenden, hellen Längslinien und Querverbindungen netzartig (Schachbrett!) aufgeteilt, die Längslinien laufen an den Blattspitzen zusammen. Die Rückseite der Blätter ist klein gewarzt, die in der Trockenzeit nach oben gerollten Ränder haben 1 mm große, weiße Zähnchen. Eine ansprechende und gut wachsende Art. (Heimat: Südafrika, Kapprovinz bis Groß-Namaland, Karte I, O 8–9.)

Bei der ähnlichen *H. recurva* sind nur die Längslinien auf der Blattoberseite schwach sichtbar. Die Pflanze ist durch gelblich-olivgrüne Färbung leicht zu erkennen. *H. paradoxa* wie auch *H. retusa* haben Blätter mit gestutzten Endflächen, bei ersterer sind die Längslinien deutlich sichtbar, auch ist die Spitze lang auslaufend, während *H. retusa* nur ein kleines Spitzchen und blasse Linien hat.

Haworthia tortuosa,

die »gewundene H.«, deutet schon mit ihrem Namen auf die interessante Wuchsform der oft über 10 cm hoch werdenden, schlanken Art. Die Blätter sind dreizeilig-spiralig angeordnet, liegen dachziegelartig übereinander, schräg nach oben gerichtet, nach der Spitze zu leicht gebogen, so daß diese waagerecht steht. Sie sind kräftig dunkelgrün, Warzen oft fehlend oder wenig hervortretend. Die Oberfläche der Blätter ist meist hohl, die Unterseite gewölbt. Die Blattlänge beträgt 3 bis 4 cm. Die Art vermehrt sich gut durch Sprossung am Grunde der Stämmchen. (Heimat unbekannt, vielleicht in Afrika wildwachsend nicht mehr vorhanden. In Europa ist sie schon sehr lange in den Sammlungen verbreitet.) Es gibt mehrere in Wuchs und Größe unterschiedliche Abarten. Eine entfernte Ähnlichkeit besteht mit *H. nigra*, deren anders geformte Blätter jedoch in 5 Reihen angeordnet sind.

Haworthia viscosa,

die »klebrige H.«, hat eine besonders gefällige Form: Ihre in der Aufsicht dreieckig wirkenden Blätter stehen nach drei Richtungen jeweils übereinander, bilden also keine spiralige Rosette wie die anderen Arten. Da sie einen säulenartigen Wuchs und nur 2 bis $3^1/_2$ cm Durchmesser hat, wirkt ein solches Pflänzchen wie eine chinesische Pagode. Die Oberseite der Blätter ist eingesenkt, die Pflanze ist dunkelgrün, fein rauh und mitunter etwas klebrig. (Heimat: Südafrika, südwestliche Kapprovinz, Karte I, O 7–8.)

H. cordifolia ist der *H. viscosa* sehr ähnlich und wohl nur eine Abart von ihr. *H. asperiuscula* ist kleiner und leicht gedreht. Bei 4 bis 5 cm Höhe hat sie nur 2 cm Durchmesser. Ihre dunkelgrünen Blätter sind an der Unterseite gekielt, oberseits hohl und die Spitzen leicht nach unten übergebogen. Diese drei Arten gehören zu den seltensten Haworthien.

Sansevieria

oder »Bogenhanf« gehört nach botanischer Verwandtschaft auch in diese Gruppe. Auf kurzen, dicken, kriechenden Erdstämmen ragen lange lanzettförmige Blätter kerzengerade in die Höhe. Sie stammt aus Ostindien und dem tropischen Afrika und wird auch zur Fasergewinnung angebaut.

Sansevieria trifasciata

ist dunkelgrün und unregelmäßig mit weißlichgrauen Querbinden und einem dunkelgrünen Randsaum gezeichnet.

Blüten erscheinen seitenständig in ähriger Rispe, sind 4 cm lang, grünlichweiß, aber unscheinbar. Die Art wird oft fälschlich als *S. zeylanica* bezeichnet. Es gibt auch eine *var. craigii,* heller gelb, fast weiß mit grünen Streifen. Zuweilen sieht man *S. cylindrica,* eine botanisch interessierende Art mit fast stielrunden, langen Blättern.

Sansevieria trifasciata var. laurentii

ist mit breiten, gelbweißen Randstreifen versehen und ist die schönste der etwa 15 bisher bekannten Sansevieria-Arten. Die weißen Blüten erscheinen am Grunde in kurz gestielter ähriger Rispe, die Schmuckwirkung der Pflanzen liegt aber in ihren schönen, schwertförmigen Blättern.

Beide Arten lieben eine schwere, lehmige Erde mit etwas Sand und mäßige Feuchtigkeit. Auch im Winter sollen sie warm und hell stehen, denn Kälte, vollends bei feuchter Erde, können sie nicht vertragen. Vermehrung kann bei beiden Arten durch Teilung der Erdstämme erfolgen, bei der grünen trifasciata auch durch Blattschnittlinge, die mit 5 cm Länge in Sand gesteckt leicht bewurzeln. Die gelbrandige Sansevieria läßt sich nicht durch Schnittlinge vermehren, da nur der grüne Blatt-Teil wieder Sprosse austreibt und Wurzeln bildet. Um gelbrandige Arten zu vermehren, muß man sie teilen.

Sansevieria hahnii

weicht durch ihre kurze, gedrungene Form wesentlich von den vorgenannten Arten ab. Auch sie hat hellgrüne Querzeichnung, bildet aber breite Rosetten von gefälligem Aussehen. Sie kam aus Nordamerika zu uns, und es ist nicht geklärt, ob es sich um die Abart einer Wildform oder um eine Kulturform handelt. Neuerdings wird *S. hahnii* als Kultivar von *S. trifasciata* bezeichnet.

Wenn Sansevierien im Winter zu faulen beginnen, so ist meist Feuchtigkeit bei zu kühlem Stand die Ursache. Es ist aber auch möglich, daß die Erdmischung nicht richtig ist, Torfmull oder Fäulnis erregende Stoffe enthält oder Überdüngung vorliegt. Ein Lehmzusatz zu der sandig-kiesigen Erde ist zu empfehlen.

Yucca

Diese aus Amerika stammende Gattung, bekannt als »Palmlilie«, ist xerophytisch und in vielen Arten auch bei uns winterhart. Für

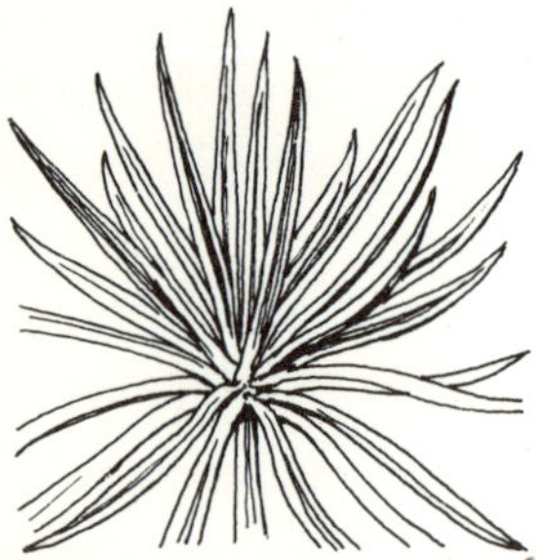

Yucca aloifolia quadricolor,

die »Aloeblättrige vierfarbige«, trifft dies nicht zu, sie braucht frostfreie Überwinterung. Ihre schmalen, gelbrandigen Blätter sind bei vollsonnigem Sommerstand im Freien wirklich vierfarbig, wie ihr Name sagt. Wir pflanzen sie in sandigen Lehm und gießen bei kühlem Wetter nur mäßig. Im Winter halten wir sie kühl und trocken.

Sie bildet im Laufe der Jahre einen baumartigen, holzigen Stamm und vermehrt sich durch dicke, fleischige Wurzelausläufer, die man aber nicht zu früh abtrennen sollte.

Seidenpflanzengewächse
Asclepiadaceae

Kokardenblumen

Ganz anders als die Liliengewächse im Aufbau des Pflanzenkörpers, aber vor allem in der Form ihrer prächtigen Blüten sind die Seidenpflanzengewächse. Die bekanntesten von ihnen sind die *Stapelien.* Weiter kommen hinzu: *Caralluma, Ceropegia, Duvalia, Echidnopsis, Huernia, Huerniopsis, Hoodia, Hoya, Piaranthus, Tavaresia* und *Trichocaulon.* Im allgemeinen sind sie wüchsig, etwas schwierig zu halten sind nur *Hoodia* und *Trichocaulon.* Ihre Heimat ist Afrika und das südliche Asien, wo sie Trockengebiete besiedeln.

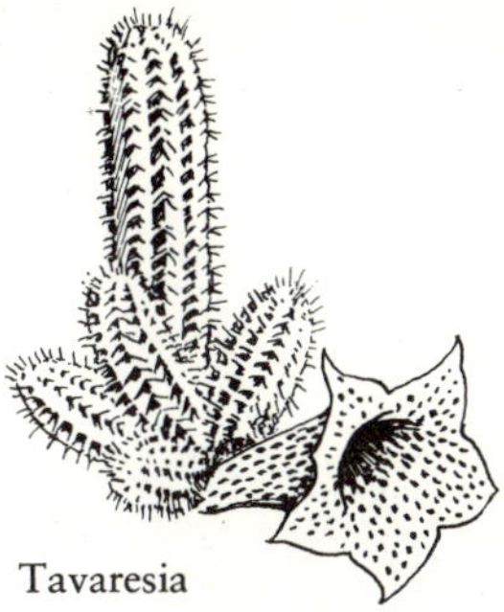
Tavaresia

Stapelia, auch »Ordensstern« nach ihren einzigartigen Blüten genannt, erhielt ihren botanischen Namen von Linné im Jahre 1737 nach dem holländischen Arzt Johann Bodaeus van Stapel. Die etwa hundert verschiedenen Arten sind meist handhohe, rasenbildende Gewächse, bestehend aus stark verzweigten, vierkantigen, grobgezähnten Stengeln, die an Schnittflächen einen wäßrigen, klebrigen Saft ausfließen lassen. Durch seitliche Sprossung aus den noch jungen Gliedern vermehren sie sich stark, so daß mitunter Gruppen mit Hunderten von Köpfen entstehen können. Im Herbst entwickeln sie an den jungen Trieben einzeln oder zu mehreren ihre kugeligen Knospen, die schließlich mit leichtem, aber hörbarem Knall aufspringen und die seltsam gebauten, flachen, fünfzipfeligen Blüten dem staunenden Beschauer darbieten. Mitunter sind sie tiefpurpurfarben mit gelben Querbinden oder Flecken, zuweilen gelb mit roter Zeichnung, an den Rändern mit dichten Flimmerhaaren gesäumt. Bizarr ist auch der innere Bau der Blüte: Unter den förmlich aufeinandergesetzten Teilen der verwachsenblättrigen, radförmigen Blumenkrone fällt besonders der wallartige große Ring auf. Bei vielen Arten werden durch einen starken Aasgeruch Fliegen zu der etwas komplizierten Bestäubung angelockt. Irregeleitet legen sie ihre Eier in das vermutete Aas ab.

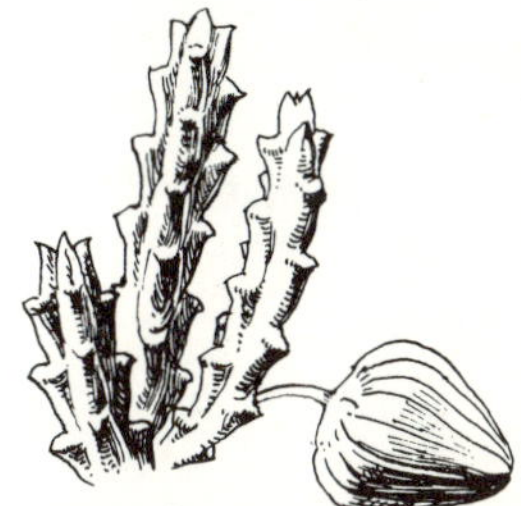
Stapelia, knospig

Ein wahrer Pflanzenfreund läßt sich durch den üblen Geruch nicht die Freude an den schönen Blüten verderben. Ist die Bestäubung durch die Insekten geglückt, erscheinen einige Wochen später zwei schräg abspreizende, lange Schoten an den Pflanzen, die die flachen, gelben oder braunen Samenkörner enthalten. Sorgsam eingebettet liegen sie in ihren Behältern, und sobald die Sonne die Schoten zum Platzen bringt, verbreitet der Wind die Körner, die an seidigem, weißem Pappus hängen.

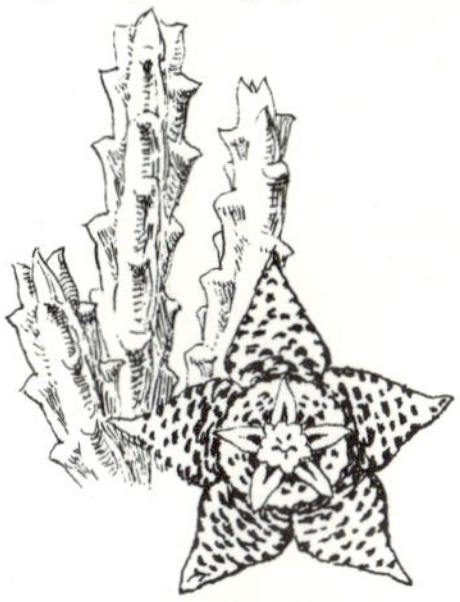
Stapelia, blühend

Stapelien wurzeln flach, man pflanzt sie gern in Schalen, die ihre seitliche Ausbreitung ermöglichen; man verwendet sandige Komposterde mit etwas Lehm. Sie lieben viel Wärme und sind gegen zuviel Nässe empfindlich, wir halten sie deshalb auch im Sommer unter Glas. Im Winter brauchen sie nur 5 bis 8 °C Wärme, möglichst nicht über 12 °C. Bei kühlem Stand brauchen sie wenig Wasser, sollen aber nie ganz trocken werden, weil sie – einmal welk geworden – sich schwer wieder erholen. Gegen allzustarke Sonnenbestrahlung sind sie empfindlich und bekommen leicht Verbrennungen. Sie schätzen Phosphordüngung, die auch den Knospenansatz fördert. Vermehrung erfolgt durch abgetrennte Triebe sehr leicht. Der Schnitt soll an der dünnen Triebansatzstelle geschehen, da bei größeren Schnittflächen sonst zuviel Saft aus der Wunde ausfließt. Auch durch Aussaat lassen sich Stapelien leicht vermehren, die Samen keimen schnell, sollen aber fast nicht bedeckt werden.

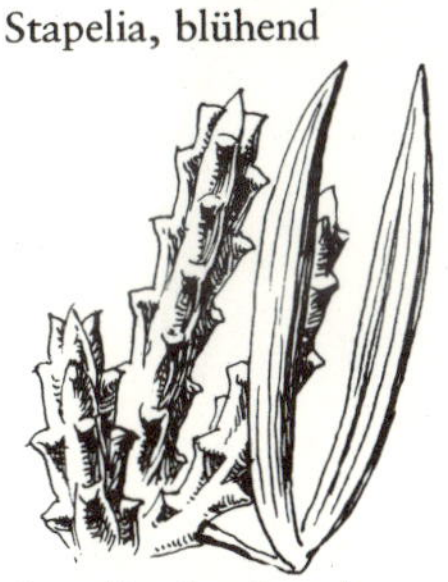
Stapelia, fruchtend

Stapelia variegata

ist die verbreitetste Art der Stapelien. Ihre graugrünen Stämmchen sind 5 bis 10 cm hoch, bei sonnigem Stand etwas rötlich angehaucht, mit stumpfen Kanten und spitzen Zähnchen versehen. Ihre Blüten haben 5 bis 8 cm im Durchmesser und sind gelb mit rotbraunen Flecken und Zeichnungen. Sie ist oft mit anderen Stapelien hybridisiert. Ihr ähneln von den bekannten Arten folgende: *Stapelia bicolor, comparabilis, discolor, incomparabilis, maculosa, mutabilis, pulchella* und *trifida.* (Heimat: Südafrika, Kapprovinz, Karte I, O 8.)

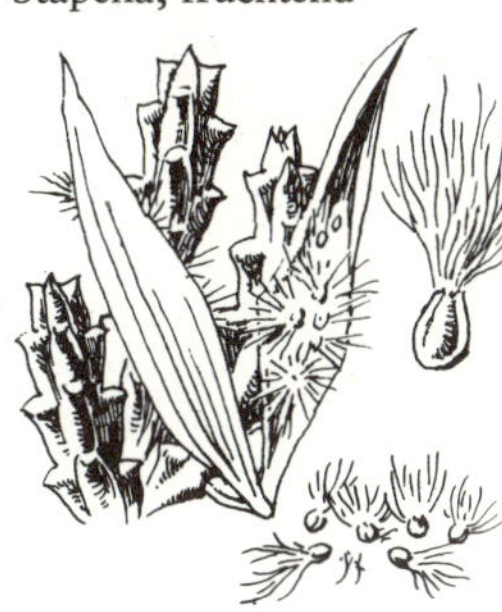

Stapelia grandiflora

unterscheidet sich von den Arten der *Variegata*-Gruppe schon durch die dickeren, samtig behaarten Stämmchen mit flügelartig zusammengedrückten Kanten. Sie hat schon erheblich größere Blüten von etwa 15 cm Durchmesser, braunrot mit spitzen Zipfeln und grauen Zottelhaaren. Die meist vierkantigen Stämmchen werden 25 cm hoch und 3 cm dick. (Heimat: Südafrika, Kapprovinz bis Transvaal, Karte I, M–O, 7–9.)

Ihr ähneln in Form und Blütengröße die dunkelrot blühende *S. sororia*, die weißhaarig blühende *S. senilis*, die langzipfelige, rot blühende *S. pillansii*, mit langen roten Haaren bewimpert *S. pulvinata* und mit gelber Mitte *S. flavirostris*. Die seltene *S. margarita* wird nur etwa 5 cm hoch. Ihre cremefarben und roten Blüten sind mit weißen Wimperhaaren geschmückt. Die rötlichgelb blühende *S. hirsuta* ist am meisten verbreitet.

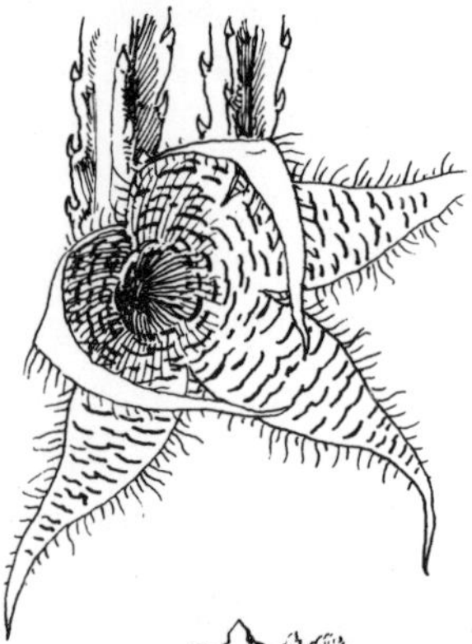

Stapelia gigantea

hat nun wirklich gigantische Blüten! Mit ihren langen Zipfeln erreichen sie einen Durchmesser bis zu 35 cm. Sie sind hellgelb mit vielen dünnen, roten Querschwielen dicht bedeckt, die Ränder mit weißen Haaren versehen. Die Stämmchen sind etwa 20 cm hoch und 3 cm dick, vierkantig und mit kleinen hellen Zähnen versehen. (Heimat: Südafrika, Natal bis Südrhodesia. Karte I, L–N, 9–11.)

Dieser riesenblumigen Art ähnelt *S. nobilis* mit nur 10 bis 15 cm Triebhöhe und ockergelben, rot geschwielten und behaarten Blüten sowie die nur 8 cm hoch werdende, schwarzbraun, purpur behaart blühende *S. schinzii*. Mit 20 bis 25 cm Blütendurchmesser erreichen diese Arten aber die echte *S. gigantea* nicht.

Die schon erwähnten Verwandten der Stapelien sind ganz allerliebste und sehr interessante Gewächse. Für den aufmerksamen Beobachter und Freund kleinster Feinheiten sind sie eine wahre Fundgrube immer neuer Überraschungen. Nachfolgend eine Auslese:

Caralluma burchardii

bildet bis 20 cm hohe, vierkantige Stämmchen, die olivgrün gefärbt sind und an den Kanten nach unten gerichtete Zähnchen haben. Die kleinen Blüten von nur 13 mm Durchmesser stehen in Büscheln am Triebende und sind außen und an der Innenseite der kurz-dreieckigen Zipfel rotbraun und innen gelb, dicht mit feinen, weißen Wimperhaaren besetzt. Da Caralluma unterirdische Ausläufer treibt, pflanze man sie in breite Gefäße. Pflanzenpflege wie bei Stapelia. (Heimat: Kanarische Inseln, Karte I, B 1.)

Ihr ähnelt die auf Mittelmeerinseln und an der afrikanischen Küste bis Südspanien vorkommende *C. europaea*, deren Blüten jedoch kaum bewimpert, aber mit dichten gelben Querbändern auf rotem Grunde versehen sind. Caralluma brauchen etwas mehr Luftfeuchtigkeit als andere sukkulente Pflanzen.

Schön gezeichnet sind *C. nebrownii* und *C. vaga*, beide stark gezähnt.

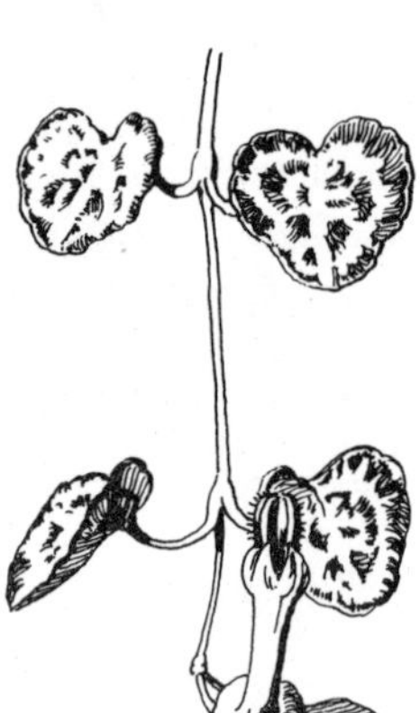

Ceropegia woodii (C. *linearis subsp. woodii*)

ist eine bekannte und sehr beliebte Ampelpflanze, die größte Lufttrockenheit gut verträgt. Die Stengel mit den schön marmorierten, herzförmigen Blättern hängen oft meterlang herab. Am Wurzelansatz und an den Knoten bildet sie kleine, kugelrunde Brutknöllchen als Wasserspeicher, die sich leicht bewurzeln und auch als Veredlungsunterlagen für die schwer wachsenden *Hoodia*, *Tavaresia* und *Trichocaulon* dienen können. Ihre Blüten erscheinen willig, sind etwa 6 mm lang und wie kleine Pfeifenköpfe geformt. (Heimat: Südafrika, Natal, Karte I, N–O 9.)

Der *Ceropegia woodii* am ähnlichsten ist *C. barkleyi* mit eilanzettlichen, zugespitzten Blättern, während die gleichfalls hängende *C. debilis (C. linearis subsp. debilis)* 3 mm schmale, lanzettliche Blätter von 3 cm Länge besitzt. Die grünblättrige *C. africana* wächst leicht und willig.

Ceropegia radicans,

die »Ausläufer treibende C.«, ist ein besonderes Kleinod unter diesen Leuchterblumen. Ihre Zweige sind locker mit dickfleischigen, fast kreisrunden, mattgrünen Blättern besetzt. Die 7,5 cm großen, eigenartig geformten Blüten sind smaragdgrün, weiß und braunrot gefärbt und mit langen Wimperhaaren versehen. Ihre Pflege ist einfach, nur vor Nässe muß man sie schützen. (Heimat: Südafrika, Kapprovinz, Karte I, O 9.)

Abnorm geformte, weiße, rot gefleckte Blüten haben auch *C. crassifolia (C. thorncroftii)* und C. stapeliiformis, letztere mit gespreizten, an der Spitze nicht verwachsenen Zipfeln. *C. distincta subsp. haygarthii (C. haygarthii)* bringt blaßrosa, purpurn gefleckte Blüten. Diese schöne Art braucht etwas mehr Wärme als die anderen.

Ceropegia sandersonii

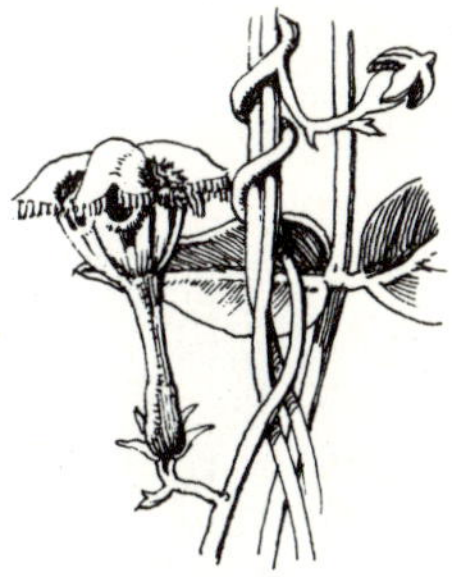

ist eine stark wachsende Schlingpflanze mit 4 bis 6 mm dicken, grünen Stengeln und 4 bis 5 cm langen, herzeiförmigen Blättern, die kurz gestielt an den Knoten der Stengel sitzen. Die eigenartigen Blüten erinnern in ihrer Form an einen Fallschirm. Auf kurzen Stielen ein bauchiger Kelch, der sich trichterartig erweitert und in 5 Zipfel ausläuft. Mit den Zipfeln verwachsen liegt darüber die »Fallschirmhaut« mit buchtig behaarten Rändern, grün mit dunkleren Flecken. (Heimat: Südafrika, Natal, Karte I, N–O, 9–10.) *Ceropegia ballyana*, die gleichfalls schlingend wächst, hat außergewöhnlich große, etwa 10 cm lange Blüten. Aus der am Grunde verdickten, gefleckten Röhre steigen die 5 Zipfel korkenzieherartig gewunden und verflochten zu einer langen Spitze auf. Die seltene Art stammt aus Kenya.

Ceropegia dichotoma,

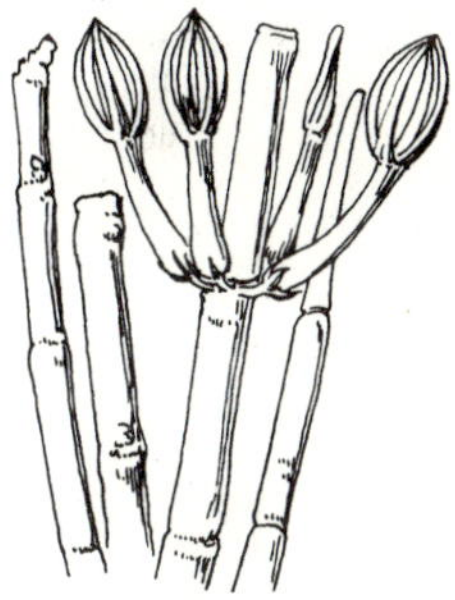

die »gabelästige C.«, hat einen ganz anderen Wuchs als die vorstehenden. Die aufrecht wachsenden, grauen bis weißlichen Stämme sind gabelig verzweigt, stielrund bis fingerdick und in 5 bis 10 cm Abständen gliedartig eingeschnürt. Während der Vegetationszeit bildet die Pflanze waagerecht seitlich abstehende schmallineale Blattpaare von 4 cm Länge und nur 3 bis 4 mm Breite, die in der Trockenzeit abfallen. An den Knoten der etwas verjüngten oberen Glieder erscheinen die zitronengelben, 2 cm langen, eigenartigen Blüten. Diese Art muß im Winter etwas wärmer gehalten werden. (Heimat: Kanarische Inseln, Karte I, B 1.)

Nicht ganz so groß wird die fast schwarztriebige C. *fusca* mit braunen, innen gelben Blüten. Auch sie muß im Winter ziemlich trocken und nicht zu kalt stehen. Zwischen diesen beiden Arten steht die neue, ähnliche C. *krainzii.*

Duvalia polita,

die »glatte Duvalia«, sieht wie eine sehr kurze Stapelia aus. »Glatt« oder auch »glänzend« bezieht sich nur auf die dunkelbraunroten, außen grünlichen Blüten mit ausgeprägtem Ring. Die sechskantigen Stämme dagegen sind stark gehöckert und gezähnt. Sie werden nur 6 bis 8 cm hoch und wachsen kriechend und sehr verzweigend. Die Blüten der Duvalien sind kleiner als die der Stapelien. (Heimat: tropisches Afrika, Betchuanaland, Transvaal, Natal, Moçambique, Karte I, L–N, 9–11.)
Ähnliche Arten, aber aus ganz anderen Gebieten sind *D. elegans, maculata, modesta, pillansii, radiata.*

Echidnopsis cereiformis

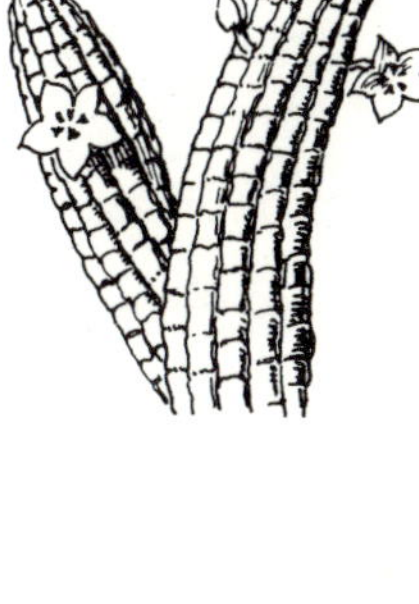

bildet 15 bis 30 cm hohe, verzweigte, mattgrüne Stämmchen mit sehr flachen Rippen, die durch Querrinnen in 4- bis 6kantige Felder zerlegt sind. Die kleinen, hellgelblichen Blüten stehen zu mehreren am Triebende und sind außen bräunlich gelb. (Heimat: Abessinien, Eritrea, Somaliland, Südarabien, Karte I, E–G, 11–13.)

Ähnliche Arten sind die braunblühende *E. dammanniana* und *E. somaliensis* mit glockiger, dunkelbrauner, gelbschlundiger Blüte. Alle Arten wachsen gut im Zimmer und sind wie Stapelien zu behandeln.

Huernia primulina

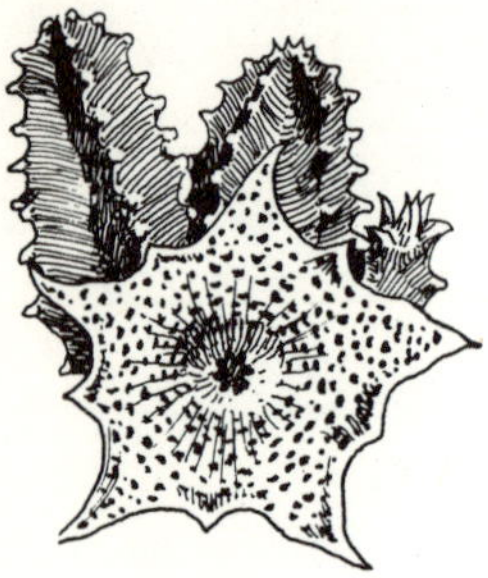

bringt an 4- bis 5kantigen, nur 3 bis 8 cm hohen, buchtig gezähnten Stämmchen willig ihre glockigen, blaßrötlichen Blüten. Die leicht zurückgebogenen, dreieckigen Blütenzipfel sind gelblichweiß. Bei einfacher Pflege ist sie wie Stapelia ein dankbarer Blüher. (Heimat: Südafrika, Kapprovinz, Karte I, O 8.) Ähnlich glockig blühen: *H. oculata* (dunkelrot mit weißem Schlund) *H. schneideriana* (samtigschwarz mit fleischfarbenen Rändern) *H. loeseneriana, longituba, nonhuysii, brevirostris, hystrix und kirkii* (rot gefleckt) *H. barbata* und *campanulata* (bräunlichgelb mit roten Flecken und roten Wimperhaaren).

Anders geformte, etwas größere, gelbe, rot gezeichnete Blüten mit einem auffallenden gewölbten roten Ring in der Blütenmitte haben *H. confusa* (grünlichweiß gefleckt), *insigniflora* (blaßrosa) und *transvaalensis* (gelb und rot gefleckt). Sehr niedrig, immer vierkantig und bei Sonne prächtig blaugrün ist *H. vogtsii*. Eigenartig und ganz abweichend im Wuchs ist *H. pendula* mit dünnen, z. T. abwärts gebogenen Stämmchen. Mit glockiger Röhre blüht auch die Gattung *Huerniopsis*, die wie *Huernia* zu pflegen ist.

Piaranthus foetidus

ähnelt einer Duvalia. Die graugrünen, kurzen, fast eiförmigen Glieder werden nur 4 cm lang, sind 4- bis 5kantig und kurz gezähnt. Die spitzen Knospen öffnen sich zu 5 langzipfeligen Blütenblättern. Die kaum 2 cm großen Blüten sind außen grünlich-rötlich, innen gelb mit roten Querlinien, weichhaarig und übelriechend, wie schon der Name sagt. (Heimat: Südafrika, Karte I, O 7–9.) Schön gefleckte Blüten haben die seltenen Arten: *P. punctatus, comptus* (weiß mit roten Flecken), *decorus, pulcher* (gelb mit schwarzroten Flecken). P. blüht schon im Sommer.

Hoya – Wachsblume – Porzellanblume

Diese beliebten Zimmerpflanzen gehören wie die vorstehenden Gattungen zu den Asclepiadaceen, wie man leicht an der Blüte erkennen kann. Hoya sind Schlingpflanzen aus Südchina und Australien mit immergrünen, lederartigen, gegenständigen Blättern, die man im Zimmer an Stäbchen oder kleinen Spalieren aufgebunden jahrzehntelang als alljährlich sichere Blüher pflegen kann. Im Winter brauchen sie eine mittlere Zimmertemperatur.

Hoya carnosa,

die »wachsartige H.«, ist am widerstandsfähigsten und am meisten verbreitet. Sie hat ovale, kurz gestielte Blätter und bildet Blütendolden aus weißen, in der Mitte rosa Einzelblüten, die angenehm duften und sich viele Wochen lang halten. Die Blütenstände darf man nach dem Verblühen nicht entfernen, da sich hier im nächsten Jahre wieder Blüten entwickeln. Die Einzelblüte ist fünfzipfelig wie eine Stapelienblüte. Sehr beliebt ist auch die weißbuntblättrige *H. carnosa variegata*.

Hoya bella,

die »schöne H.«, ist als Ampelpflanze geeignet. Ihre Blätter stehen dichter und haben etwas spitzere Form. Auch sie hat schöne weiße Blüten mit roter Krone und ist nicht anspruchsvoll in der Pflege. (Heimat: Djawa)

Hoya wächst gut in sandiger Komposterde, liebt im Sommer Wärme, etwas Halbschatten und frische, nicht zu trockene Luft, während sie im Winter kühl und trocken stehen soll. Man kann sie leicht aus Stecklingen ziehen, wobei man unter dem Blattpaar noch einen cm Stengel stehen läßt. Ähnliche Blüten wie Hoya, jedoch reinweiß, hat die starkwachsende *Stephanotis floribunda*, die auch stark duftet.

Dickblattgewächse – Crassulaceae

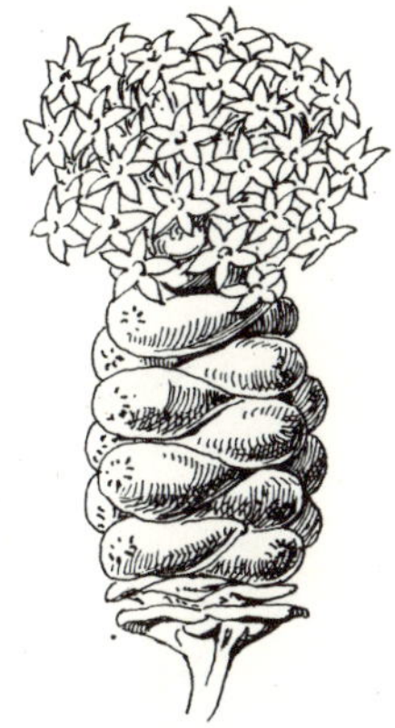

Crassula columnaris

Einen weiten Raum unter den sukkulenten Pflanzen nehmen die vielgestaltigen Crassula-Arten ein. Zur Familie der Crassulaceen gehören außer diesen noch eine Anzahl weiterer Gattungen, von denen folgende am bekanntesten sind: *Adromischus, Aeonium, Bryophyllum, Cotyledon, Echeveria, Kalanchoe, Monanthes, Pachyphytum, Rochea, Sedum, Sempervivum* und *Sinocrassula.* Die meisten stammen aus Afrika, einige Gattungen sind über die ganze Erde verbreitet. Ihre Blätter sind meist gegenständig, oft rosettenartig gehäuft, oder am Grunde verwachsen. Sie haben alle gemeinsame Körper- und Blütenmerkmale.

In der Pflege machen sie uns keine Schwierigkeiten, lieben allerdings im Sommer viel frische Luft und im Winter einen kühlen und hellen Stand (möglichst nicht über 15 °C). Wir pflanzen sie in eine kräftige, lehmhaltige Erde, die wir mit ungefähr $^1/_3$ Sand mischen. Eine Ausnahme in der Pflege machen einige sehr kleinbleibende, besonders dickfleischige Arten, die trockener, sandiger und etwas wärmer stehen müssen, weil sie Winterwachser sind und im Sommer Ruhezeit haben. Es sind dies: *Crassula alstonii, arta, barbata, columnaris, deceptrix, marnieriana* und *pyramidalis,* die im Winter über 15°C brauchen.

Aus der Menge der übrigen nenne ich nachfolgend die beliebtesten einfach zu pflegenden Arten:

Crassula anomala,

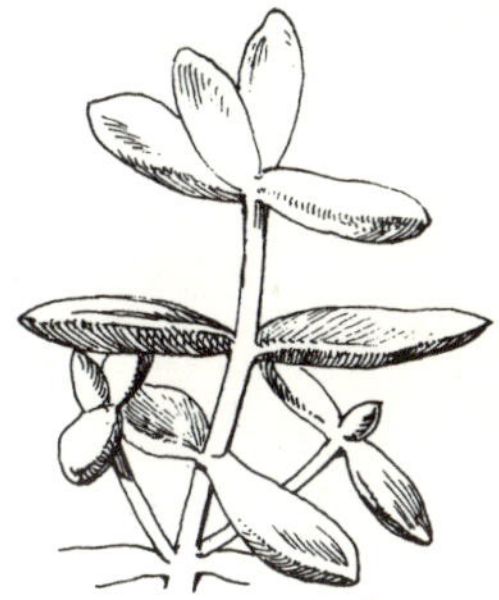

die »unregelmäßige Crassula«, ist ein verzweigter, bis 30 cm hoher Halbstrauch. Stamm und Äste verholzen bei älteren Pflanzen. An den Zweigen sitzen gegenständig rundliche, etwas flachgedrückte, hellgrüne Blätter von etwa 2 cm Länge, die abgestumpfte Enden und kahle Ränder haben. Die Blüten sind unscheinbar. (Heimat: Südafrika, Kapprovinz, Karte I, O 7–8.)

Gleichfalls länglich-spatelige, stumpfe Blätter hat C. *clavifolia.* Die gelbblühende C. *draconis* wird bis 40 cm hoch und auch ihre gelbgrünen Blätter, die im oberen Teil ein wenig hohl sind, werden $1^1/_2$mal so lang wie die der C. *anomala.*

Crassula arborescens,

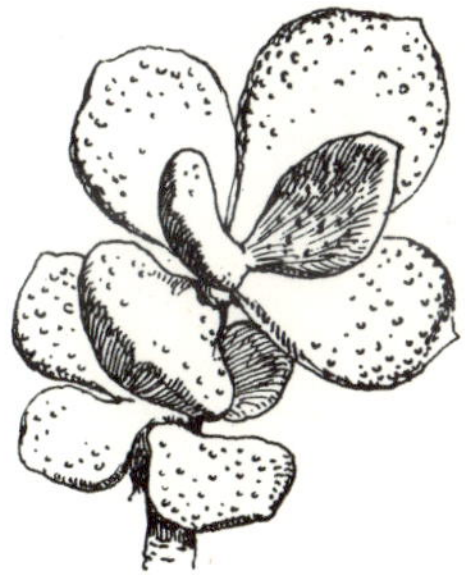

die »baumartige Crassula«, bildet in ihrer Heimat bis 4 m hohe Sträucher. Die graugrünen, verkehrt-eirunden, dickfleischigen Blätter haben etwa 5 cm Durchmesser, sind meist rot gerandet und auf der Oberseite rötlich punktiert. Weißlichrosa Blüten, in Zimmerkultur schwer zu erzielen, nur bei kühler und trockener Überwinterung an hellem Platz. Die Pflanze ist aber sehr haltbar. (Heimat: Südafrika, Kapprovinz, Kl. Namaland bis Natal, Karte I, N–O, 7–9.)

Cotyledon orbiculata wird zuweilen mit dieser Art verwechselt, ist aber weißgrau bereift und nicht punktiert. Ähnliche große, aber grüne Blätter haben *Crassula lactea* und die rot gerandete C. *cultrata.* Viel verbreiteter, aber kleinblättriger sind C. *portulacea* (Blätter abgerundet, dunkelgrün) und C. *obliqua* (hellere Blätter mit Spitze.)

Crassula brevifolia,

die »kurzblättrige Crassula«, ist ein zierliches Pflänzchen mit aufrechten Ästchen und stengelumfassenden, kurzrundlichen Blättchen von 6 bis 10 mm Länge, hellgrün, oberseits rot punktiert und rot geändert. (Heimat: Südafrika, Kapprovinz, Kl. Namaland, Karte I, N–O, 7–8.)

Ähnlich stengelumfassende, aber größere Blätter haben C. *perforata,* C. *rupestris* und C. *conjuncta.* Verwachsene, fast rhombische Blätter hat C. *deltoidea.* Ganz dicht übereinander liegend und das Stämmchen vollkommen verdeckend sind die runden, breit herzförmigen Blättchen der seltenen, nur 5 cm hohen C. *marnieriana.*

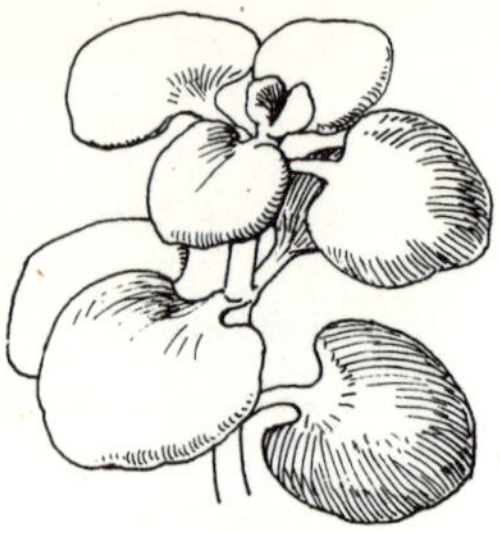

Crassula cordata,

die »herzförmige Crassula«, ein dichtverzweigter, zierlicher Halbstrauch mit bis 2 cm großen, dicht weiß bereiften und rötlich gerandeten, herzförmigen Blättchen, bringt im Sommer weiße Blütenstände, zweilen mit Brutpflänzchen. (Heimat: Südafrika bis Natal, Karte I, N–O, 9–10.)

Ähnlich im Wuchs ist C. *glauca* mit flachen, fast kreisrunden Blättern. Auch C. *multicava* hat weichlappige, fast herzförmige Blätter, allerdings sind bei ihr die Internodien länger und die Blätter fein grubig punktiert. Dieser Art wiederum ähnelt C. *retropilosa* mit hellgrünen, verwachsenen Blattpaaren, die Blätter eidreieckig, 12 mm lang, 8 mm breit, punktiert und weißhaarig gerandet.

Crassula justi-corderoyi,

eine kleinbleibende, rasenbildende, dickfleischige Art mit schmalen, bis 2 cm langen, dunkelgrünen, rot gefleckten Blättchen, deren Oberseite flach und deren Unterseite gewölbt ist. Die Oberseite ist mit winzigen weißen Härchen besetzt. Die Blüten sind rosa. (Heimat: Süd- und Südwestafrika, Karte I, N–O, 7–8.)

Ähnlich, aber kleiner beblättert, ist C. *schmidtii*, die mit schönen roten Trugdolden blüht, sowie die zierliche, kaum über 10 mm lang beblätterte C. *cooperi* mit grubig punktierter Blattoberseite und zartrosa Blütendolden. Auch schön punktierte Blätter von gleicher Form hat C. *picturata*.

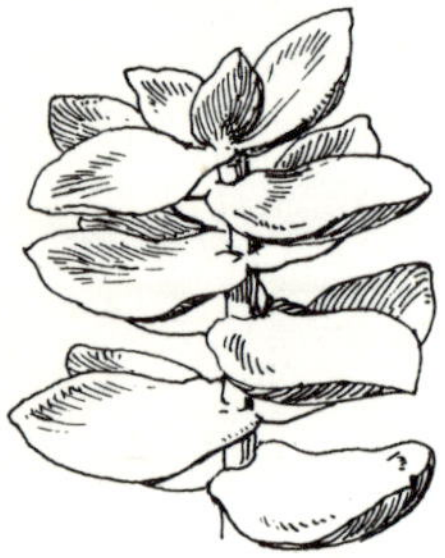

Crassula lactea,

die »milchweiße Crassula«, blüht im Winter in dichten weißen, angenehm duftenden Blütendolden. Die am Grunde verwachsenen derben Blätter sind verkehrteirund mit Spitze und weißpunktierten Rändern. Die Art soll im Sommer im Freien stehen, damit sie ihren natürlichen gedrungenen Wuchs behält und im Winter reich blüht. (Heimat: Östliches Südafrika, Natal, Transvaal. Karte I, N–O, 9–10.)

Ihr ähnelt C. *cultrata* mit festeren, grünen Blättern, die am Rand eine dünne rote Linie aufweisen, aber nicht stengelumfassend am Stamm sitzen.

Crassula lycopodioides,

die »bärlappähnliche Crassula« (Lycopodium = Bärlapp), ist eine leichtwachsende, für Zimmerkultur gut geeignete Pflanze, deren bizarre Form man sich einmal unter der Lupe ansehen sollte. Sie wächst in Südafrika als Halbstrauch, der bis 30 cm hoch wird. Die dünnen, aufrechten Stengel sind dicht vierzeilig mit dachziegelartig übereinanderliegenden, schuppenartigen Blättern besetzt. Die winzigen gelben Blütchen erscheinen im Frühling zwischen den Blattachseln, sind aber sehr unscheinbar. Es gibt auch eine weißbunte Form *(f. variegata)*. (Heimat: Südwestafrika, Gr. Namaland, Karte I, N 7.)

Crassula lycopodioides var. monstrosa,

die »monströse Abart der bärlappähnlichen C.«, bleibt etwas niedriger und wirkt durch ihre korallenartige Verzweigung noch bizarrer als die vorige. (Heimat: Südwestafrika, Gr. Namaland, Karte I, N 7.)

Diese reizende Form der »Bärlapp-Crassula« wächst leicht, wenn auch etwas langsamer als die Stammform. Zuweilen kommen Rückschläge in die Normalform vor. Die monströse Form ist besonders schön kräftig dunkelgrün gefärbt. Man darf sie nicht mit der nachfolgenden Abart verwechseln, die auch nicht den glatten Stamm der C. *lycopodioides* hat, aber doch nicht so gedrungen wächst wie die forma *monstrosa*.

Crassula lycopodioides var. pseudolycopodioides,

die »falsche Bärlapp-Crassula«, ist nur eine Abart der Stammform, wurde aber früher als eigene Art bezeichnet. Ihre Stengel sind kräftiger und die Blätter sind mehr stumpf graugrün. Aus den Blattachseln treibt sie viele Kurztriebe, so daß sie viel reicher verzweigt und nicht so glattstämmig wie C. *lycopodioides* wirkt. Auch ihre heller grüne Färbung kann als Erkennungsmerkmal dienen. (Heimat: Südwestafrika, Karte I, N 7.)

Crassula lycopodioides var. purpusii,

nach dem Garteninspektor Purpus vom Botanischen Garten Darmstadt benannt, war früher bekannt unter der treffenderen Bezeichnung C. *ericoides*, denn die Stengel sind wirklich »Erika-ähnlich«. Sie ist erheblich kräftiger im Wuchs als die Stammart, die Blätter sind gebogen-spreizend, abgerundet dreieckig, 5 bis 6 mm lang, 4 mm breit mit stark gewölbter Unterseite. (Heimat: Südwestafrika, Gr. Namaland, Karte I, N 7.)

Die Blüten aller dieser Bärlapp-Crassula-Arten sind winzig klein, gelblichweiß und stehen ungestielt in den Blattachseln in 4 Reihen die ganze Länge der Stengel entlang, unter der Lupe ein reizendes Bild.

Crassula mesembryanthoides,

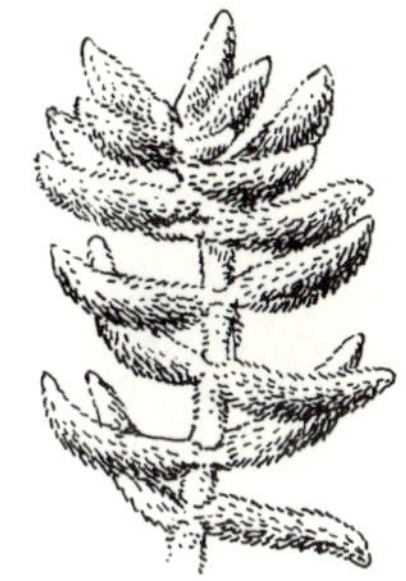

die »mesembryanthemum-ähnliche Crassula«, war früher als *Crassula trachysantha* bekannt. Bis 30 cm hoher Halbstrauch, die dünnen Stengel mit über Kreuz gestellten, stielrunden, spitzen, weiß beborsteten Blättchen besetzt. (Heimat: Südöstliches Kapland, Karte I, O 9.)

Im Wuchs ähnelt sie der *Crassula tetragona*, deren Blättchen jedoch kahl sind. Der C. *tetragona* ähnelt auch C. *planifolia* mit fast flachen, spitzlanzettlichen, 22 mm langen Blättern. Ähnlich C. *mesembryanthoides* ist C. *ausiensis*, deren Blätter enger stehen und auch mit dichten Büscheln weißer Haare besetzt sind. Die Blätter stehen besonders bei jüngeren Pflanzen kreuzgegenständig, sind erheblich größer als bei vorgenannten Arten, an der Oberseite leicht hohl, an der Unterseite gewölbt. Die Blüten sind weiß. Die Art wächst in Südwestafrika in der Umgebung von Aus.

Crassula multicava,

die »vielgelochte Crassula«, wohl nach den vielen vertieften Punkten auf der Blattoberfläche benannt. Reich verzweigt, wird sie bei schattigem Stand im Zimmer leicht zu lang. Die fast herzförmigen Blätter sind eigenartig blaugrün, im Sommer bei sonnigem Stand schimmern sie rötlich. Die Blüten sind zartrosa, fast weiß. (Heimat: Südafrika, Natal, Transvaal, Karte I, M–O, 9–10.)

Eine ähnliche Art ist C. *retropilosa* mit hellgrünen, zu Blattpaaren verwachsenen eidreieckigen Blättern mit dunkler Punktierung, die Ränder mit weißen Wimperhaaren versehen.. Auch C. *glauca* hat fast kreisrunde, flache Blätter.

Crassula obliqua,

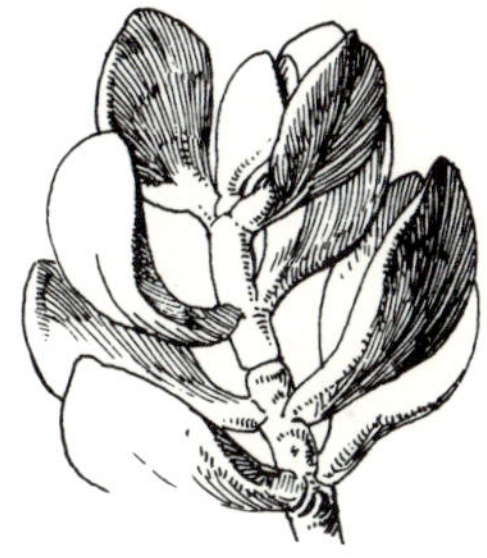

die »schiefe Crassula«, gemeint ist die schräge Stellung der verkehrt-eiförmigen, kurz zugespitzten, gegenständigen Blätter. Sie ähnelt der bekannteren *Crassula portulacea*, unterscheidet sich aber von dieser durch die kurz zugespitzten, etwas heller grünen Blätter, die keinen roten Rand haben und verstreut dunkle Punkte zeigen. Die Blüten erscheinen im Frühjahr und sind hellrosa (Heimat: Südafrika, Kapprovinz, Kl. Namaland, Natal, Karte I, N–O, 7–10.)

Die etwas ähnliche C. *arborescens* hat größere, dickere und punktierte Blätter. Auch C. *lactea* ist an den ganzrandigen, am Rande weiß punktierten Blättern leicht als andere Art zu erkennen.

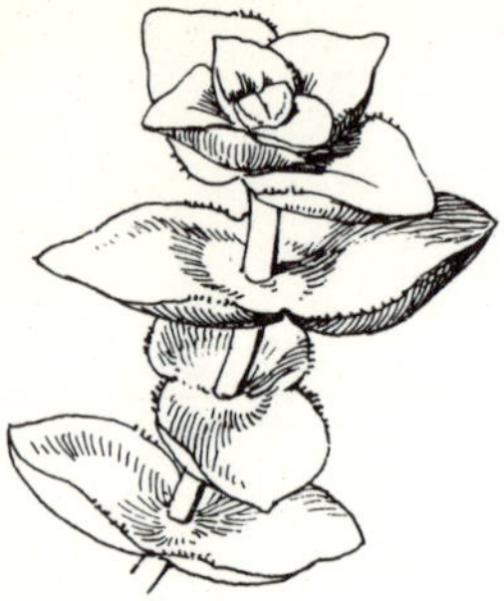

Crassula perforata,

die »durchbohrte Crassula«, wurde wegen ihrer stengelumfassenden Blätter so genannt, die in der Tat wie vom Stengel »durchbohrt« aussehen. Eine sehr eigenartige, bizarre Form. Die Blättchen sind breit eiförmig mit kurzer Spitze, grünlich-hellgrau, am Rande rot punktiert. Die Blüten sind klein und unscheinbar. (Heimat: Südafrika, Kapprovinz, Kl. Namaland, Karte I, O 7.)

Die Art geht fälschlich unter dem Namen C. *perfossa*. C. *brevifolia*, die auch stengelumfassende Blätter hat, ist durch deren geringe Größe und Dickfleischigkeit leicht zu unterscheiden. Größer ist die Ähnlichkeit mit C. *rupestris*, die 1 bis 2 cm lange und breite Blätter hat und eine beliebte Zimmer-Ampelpflanze ist. Bei C. *conjuncta* sind die Blätter dicht papillös gewimpert. C. *deltoidea* hat mehlig-graue, fast rhombische, verwachsene Blätter.

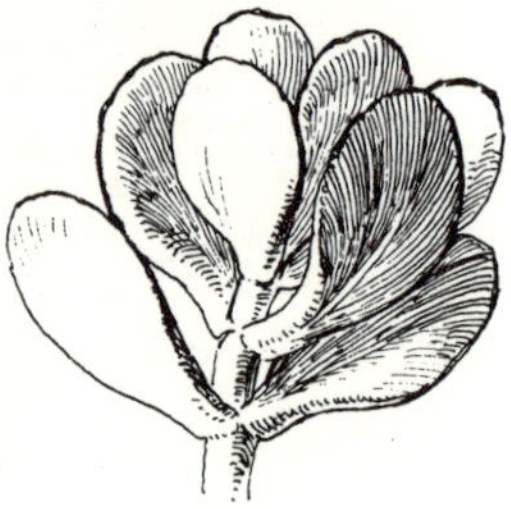

Crassula portulacea,

die »portulakartige Crassula«, ist weit bekannt unter dem Namen »Afrikanischer Affenbrotbaum«. Eine unverwüstliche Zimmerpflanze, die nach Jahren einen sehr dicken Stamm bildet. Die gegenständigen Blätter sind rundlich ohne Spitze, glänzend dunkelgrün und rotgerandet. Darf nicht mit *Crassula obliqua* verwechselt werden. Blüten erscheinen im Winter als weiße Trugdolden, wenn die Pflanze im Sommer im Freien gestanden hat. (Heimat: Südafrika, K. Namaland bis Transvaal, Karte I, M–O, 7–10.)

Von C. *arborescens* ist sie durch die kleineren Blätter leicht zu unterscheiden. C. *arborescens* hat dickere, graugrüne Blätter von etwa 5 cm Durchmesser.

Crassula rubicunda,

die »kräftig rotblühende Crassula«, Pflanzen stark wachsend und mitunter hochwerdend. Die flachen, oval zugespitzten, bis 4 cm langen Blätter sind am Grunde scheidig verwachsen und werden nach oben kleiner. Ihre Ränder sind mit feinen weißen Wimpern besetzt. Die Blüten erscheinen in breiten roten Trugdolden. Die Wildform ist auch durch Züchtung verbessert. (Heimat: Südöstl. Kapprovinz, Karte I, O 9.)

Verwandt ist C. *cernua* aus dem Zululand. An ihren Stengeln sitzen dicht die spitz-lanzettlichen, über 2 cm langen, oft zurückgebogenen Blätter, die unterseits stark gewölbt sind. Auch C. *crenulata* mit verschieden langen und breiten, am Rande gezähnelten Blättern ist ähnlich. Gleichfalls bewimperte Blattränder haben die größer werdenden C. *spectabilis* und C. *vaginata* mit 3 cm langen Blättern.

Crassula socialis,

die »gesellige Crassula«, nach ihrem gruppenbildenden Wuchs genannt. Im Vergleich zu den vorgenannten eine winzige, aber gut wachsende Art. Sie wächst rasenbildend, stark verzweigend, die Blätter dicht gedrängt an kleinen Rosetten von nur 12 mm Durchmesser, dreieckig, leicht abgerundet, hellgrün, Blattränder nach oben gebogen mit etwas gezähnter Kante. Ab Februar blüht sie unentwegt mit kurzgestielten weißen Blütenköpfen. (Heimat: Südöstl. Kapprovinz, Karte I, O g.)

Ebenso kleine, gruppenbildende Arten sind C. *quadrangularis*, C. *compacta* und C. *mossii*.

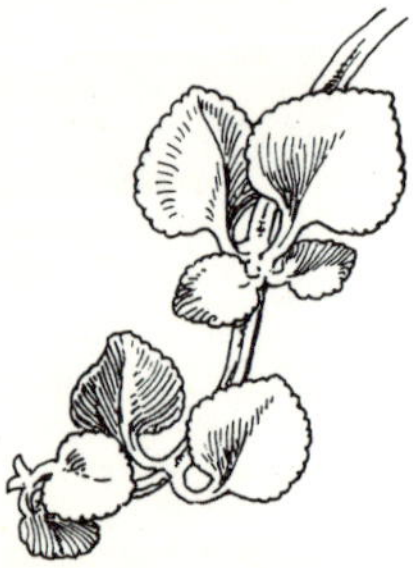

Crassula spathulata,

die »spateligbeblätterte Crassula«. Mit ihren langen, herabhängenden oder kriechenden Stengeln vorzüglich als Ampelpflanze geeignet, beliebt auch wegen der im Winter erscheinenden, zartrosa Blüten. Die kurzgestielten, glänzenden grünen Blätter sind klein, herzförmig. (Heimat: Südöstl. Kapprovinz, Karte I, O 9.)

Eine ebenso langstengelig wachsende Art ist C. *cyclophylla*, mit eiförmigen, am Rande fein gekerbten Blättern. Sie ist sogar für Schattenplätze geeignet. Auch C. *sarmentosa* ähnelt der C. *spathulata*, sie ist aber robuster und hat größere, gezähnte Blätter.

Crassula tetragona,

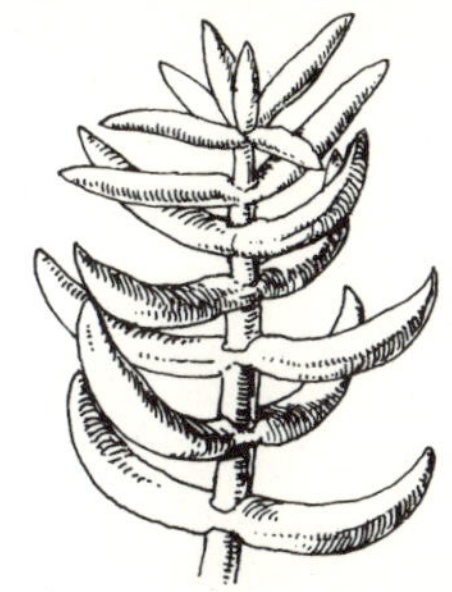

die »vierwinklige Crassula« bildet mit ihren über Kreuz gestellten, fast stielrunden, spitzen, grünen Blättern ganz reizende kleine Bäumchen. (Heimat: Südafrika, östl. Kapprovinz, Karte I, O 9.)

Ähnlich ist C. *planifolia*, deren 22 mm lange, spitzlanzettliche Blätter fast flachgedrückt wirken. Bei C. *acutifolia* stehen die 12 mm langen Blätter gedrängt und sind verwachsen. Die im Aufbau der C. *tetragona* am meisten ähnelnde C. *mesembryanthoides* ist leicht an den kurzen weißlichen Borsten auf den Blättern zu erkennen.

Sinocrassula yunnanensis

kam aus dem fernen Osten, aus der chinesischen Provinz Yünnan zu uns. Man merkt dem zierlichen Pflänzchen seine Herkunft an, so sieht keine afrikanische Crassula aus, vielleicht ist es auch die eigentümliche Färbung, die an fernöstlichen Schmuck erinnert. Die kleinen dunkelgraugrünen Rosetten, die nur 2 bis 4 cm Durchmesser haben, sind aus schmalen, spitzlanzettlichen Blättchen gebildet, die ringsum wie mit feinen Samthärchen überzogen sind. Endständige, breit verzweigte Blütenstände tragen kleine weiße Blüten. Bei günstigen Bedingungen überdauert sie den mitteleuropäischen Winter im Freien. Schön ist auch S. *densirosulata* mit etwas größeren, grauen Rosetten. Diese Art ist bei uns nicht winterhart.

Es folgen nun 11 zu den Crassulaceen gehörige Gattungen mit ihren bekanntesten Arten. Einer Crassula recht ähnlich, näher aber noch dem Cotyledon verwandt ist die Gattung

Adromischus

mit ihren fast 50, meist unbekannten Arten. Sie sind oft nur klein, haben wechselständige Blätter von verschiedener Form und endständige gestielte Blüten. Auffallend sind mitunter ihre zahlreichen Luftwurzeln.

Adromischus sind durchaus nicht schwer im Zimmer zu halten, wenn wir sie hell und luftig und im Winter mäßig warm (12 °C) stellen. Sie brauchen eine sandige, nahrhafte Erde, wachsen aber verhältnismäßig langsam. Durch abfallende Blätter, die leicht Wurzeln treiben, lassen sie sich gut vermehren.

Adromischus clavifolius,

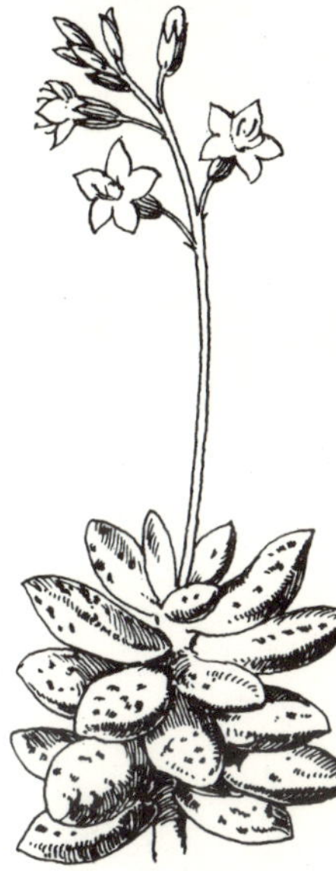

der »keulenblättrige Adromischus«, sind kleine Pflänzchen mit keulenartigen, grünen, rot- oder braungefleckten Blättern, die am oberen Ende spitz zulaufen. Die Länge der Blätter beträgt mit dem zu einem kurzen Stiel verjüngten unteren Ende nur 3 bis 5 cm bei 1 bis $1^{1}/_{2}$ cm Dicke. An langem Stiel 1 cm lange grünliche Blüten mit roten Zipfeln. (Heimat: Südafrika, Kapprovinz, Karte I, O 8.) Ähnlich in der Form ist auch A. *mammillaris*.

Adromischus cristatus,

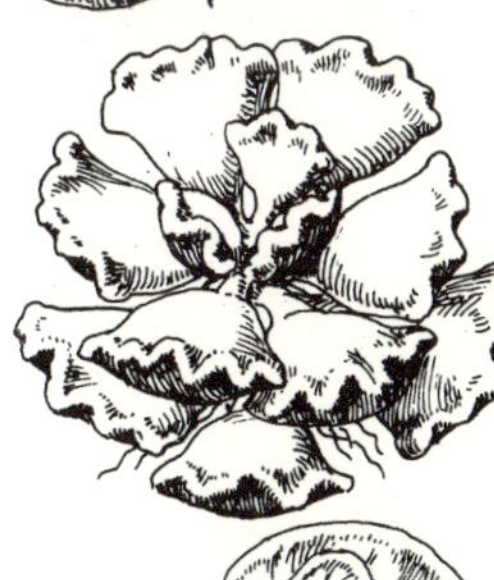

der »verbänderte Adromischus«, ist niedrig mit sehr kurzem Stamm, der von roten Luftwurzeln umhüllt ist. Blätter wirken wie dreieckige, grüne, verdickte Beutel, die unten sich verjüngend in einen kurzen Stiel auslaufen. Die obere Dreieckseite ist wellig verbändert. Die Blätter sind mit kurzen weichen Haaren versehen und nur wenige Zentimeter lang, die Blüten grünlich bzw. weißlich mit rot. (Heimat: Südafrika, östl. und südl. Kapprovinz, Karte I, O 8–9.) Die wellige Form der oberen Blattränder ist bei voll entwickelten Blättern einiger anderer Arten vorhanden, aber nicht so stark ausgeprägt.

Adromischus festivus,

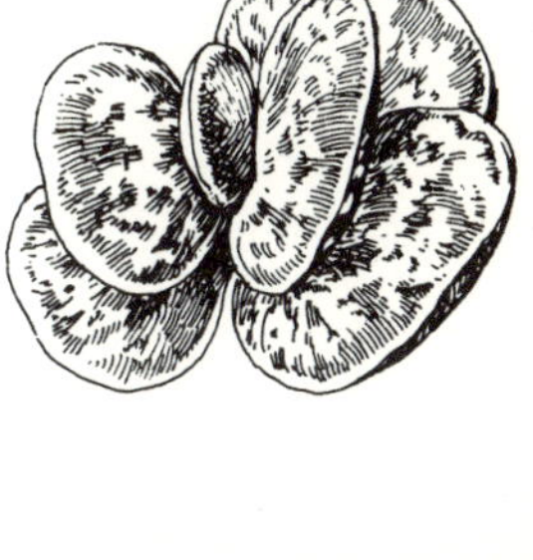

der »festlich geschmückte Adromischus«, hat sehr kurze Stämmchen mit grünen, aufrecht abstehenden, beiderseits rotbraun gefleckten Blättern, fast eirund mit Verjüngungen nach dem Stamme zu. Blattgröße etwa $3 \times 2^{1}/_{2}$ cm. Blütenschaft endständig, mit zahlreichen Einzelblüten dicht besetzt. (Heimat: Südafrika, Kapprovinz, Karte I, O 8.)

Aeonium und Grenovia

erinnern in ihrer Rosettenform an die in Mittelamerika beheimatete Gattung *Echeveria*, blühen jedoch im Gegensatz zu deren seitlich aus den Blattachseln hervortreibenden Blütenständen mit endständigen, herrlich pyramidal aufgebauten Blütentrauben. Nach dem Abblühen bilden sich unterhalb des Blütenstandes seitlich neue Triebe. Manche Arten bilden große Sträucher mit stark verzweigten Stämmen und schönen Rosetten am Ende eines jeden Zweiges. Die *Aeonien* besiedeln die westlich von Europa liegenden Atlantik-Inseln, das Mittelmeergebiet und Teile von Nordafrika. Viele Arten zeigen nur kleine Unterschiede. Aus der Fülle der Arten nenne ich nachfolgend einige der bekanntesten, die im Wuchs jede eine andere Sektion der botanischen Einteilung repräsentieren. *Aeonien* brauchen einen hellen, kühlen Winterstand, jedoch nicht unter 10 °C Wärme. Im Sommer stehen sie am besten vor Prallsonne geschützt im Freien, die Töpfe in die Erde eingesenkt. Sie brauchen eine nahrhafte, sandige Erde und normale Bewässerung im Sommer.

Aeonium arboreum var. atropurpureum,

das »Baum-A.« in seiner dunkelpurpurroten Abart kann ausnahmsweise volle Sonne vertragen und nimmt dann eine besonders schöne dunkelrote Färbung an. Die dichten Rosetten können bei der Stammart bis 20 cm Durchmesser bekommen, bleiben aber bei der roten Abart kleiner. Die hohen Blütentrauben sind goldgelb. Die grüne Normalform *(A. arboreum)* wird bis 1 m hoch mit wenig verzweigtem Stamm. Die Blätter sind eiförmig-spatelig, hellgrün und am Rande hell bewimpert. (Heimat: Nordafrika und Mittelmeergebiet, Karte I, A–B, 2–10.)

Aeonium haworthii

bildet stark verzweigte Büsche mit dichten, bläulichgrünen Rosetten von 9 bis 10 cm Durchmesser. Die Blattränder sind knorpelig gezähnt und an der Unterseite gekielt. Blütentraube weiß. (Heimat: Kanarische Inseln, Teneriffa, Karte I, B 1.)

Das ähnliche *A. decorum* bildet halbkugelige Rosetten mit schwach gezähnelten, grünen, kupferrot überhauchten und rot gerandeten Blättern. *A. urbicum* ist wenig verästelt und bildet viele Luftwurzeln, seine länglich-spateligen Blätter haben rötliche Ränder. Diese Art soll nicht allzu lufttrocken stehen.

Aeonium lindlei,

benannt nach dem Botaniker Dr. John Lindley, London, ist eine besonders beliebte Art wegen ihrer langen Blühdauer, die oft schon in den Wintermonaten beginnt. Sie bildet halbkugelige, dichte Büsche von nur etwa 25 cm Höhe, an vielen kleinen Ästen sitzen die hellgrünen, weich behaarten, etwas klebrigen, kleinen Rosetten. Die Blüten sind goldgelb. (Heimat: Kanarische Inseln, Palma, Karte I, B 1.)

Ebenso vielköpfig wächst *A. domesticum*, dessen kleine Rosetten aus fast kreisrunden Blättern mit feiner Behaarung bestehen. Die Blüten sind gelb. Auch *A. goochiae* hat kleine Rosetten mit spiralig gestellten, rhombisch-eiförmigen olivgrünen, etwas klebrigen Blättern. Es blüht rosa.

Aeonium tabulaeforme,

das »tischförmige A.«, ist eine auffallende, sehr eigentümliche Art. Meist nur eine Rosette sitzt ganz flach wie ein runder Tisch oder Teller mit dachziegelartig übereinanderliegenden grünen feinbewimperten Blättern auf dem Stiel. Nach ein bis zwei Jahren bildet sie von der Mitte aus hochsteigend einen dekorativen, reich verzweigten Blütenstand aus. Die Einzelblüten sind gelb. Nach dem Blühen stirbt die Pflanze ab. Als junge Pflanze verträgt sie keine grelle Sonne und bekommt leicht Verbrennungen. (Heimat: Kanarische Inseln, Teneriffa, Karte I, B 1.)

Grenovia aurea,

die »goldgelbe G.«, nach ihren schönen Blüten benannt, ist ein niedriger polsterbildender Strauch, nicht hochwachsend wie Aeonium. Rosette aus dünnen, am Ende spatelig verbreiterten Blättern gebildet, die Mitte becherförmig eingesenkt, blaugrün bereift. Die schöne Pflanze soll während des Wachsens nicht zu trocken stehen. (Heimat: Kanarische Inseln, Teneriffa, Karte I, B 1.)

Die wenigen anderen Grenovia-Arten haben nur botanischen Wert.

Bryophyllum (Kalanchoe, Sektion Bryophyllum)

ist unter dem Namen »Brutblatt« bekannt als eine Pflanze mit eigenartig üppiger Vermehrung: es entwickelt Adventivsprossen an den Blättern. Richtige junge Pflänzchen, die sogar schon einzelne Wurzeln zeigen, bilden sich in den Blattwinkeln und fallen bei Berührung von der Mutterpflanze leicht ab, worauf sie munter auf der Erde festwurzeln. Ich erwähnte diese originelle Pflanze wegen ihrer absonderlichen Vermehrung bereits und berichtete schon, daß Goethe sie sehr schätzte (S. 62). Sie soll in nahrhafter, sandiger Erde sehr sonnig und hell stehen, im Winter ziemlich trocken bei nur 6 bis 8 °C. Wenn auch die Bryophyllen heute als geschlossene Sektion zur Gattung *Kalanchoe* gehören, möchte ich sie ihrer Eigenart wegen hier noch unter dem alten, bekannteren Namen aufführen. Es bleibt jedem Sammler selbst überlassen, das Wort Bryophyllum durch Kalanchoe zu ersetzen. Die Pflege dieser Pflanzen macht keine Schwierigkeiten und ist die gleiche wie bei Kalanchoe.

Bryophyllum beauverdi

ist eine dünntriebige, kletternde Pflanze, mit meterlangen, nur 2 bis 3 mm dicken Stengeln. Die sehr schmalen, lanzettlichen, nach unten gekrümmten, stengelumfassenden Blätter sind dunkelgrünlichbraun, die Blüten schwarzviolett und gefleckt. Auch als zierliche Ampelpflanze verwendbar. (Heimat: Madagaskar, Karte I, K–N 12, 13.)

Bryophyllum daigremontianum,

nach Monsieur de Gremont benannt. Aufrechte gedrungene Stämmchen mit gestielten länglich-dreieckigen Blättern von blaugrüner Färbung, braunrot gefleckt. Die Blattränder sind bogig gekerbt, und in diesen Kerben bildet die Pflanze reichlich Brutknospen, besonders bei trockenem Stand. Blütenstengel endständig, sich verzweigend mit grauvioletten, bis 19 mm langen Blüten behängt, die einen glockigen, unten erweiterten Kelch bilden. Die Art wächst im Sommer gut im Freien an windgeschützter Stelle. (Heimat: Südwest-Madagaskar, Karte I, M–N 13.)

Bryophyllum fedtschenkoi

wächst in vieltriebigen, dichten Büschen. Die ovalen, bläulichroten, in den Kerben bräunlichen Blätter sind kreuzgegenständig an ganz kurzen Stielen eigenartig schief gestellt, dichtstehend, oval, gekerbt, zuweilen mit Brutknospen in den Kerben. Die endständigen, langen Blütenstände sind oben verzweigt und tragen zahlreiche, glockenförmige, etwa 18 mm lange Blüten. Der verdickte Blütenkelch ist bläulichrot und umfaßt die gelblichen Blütenblätter. (Heimat: Madagaskar, Karte I, K–N, 12, 13.)

Das sehr ähnliche *Br. marnierianum* hat ungekerbte, nicht gebuchtete, fast ovale Blätter von 30 mm Länge und fast gleicher Breite, bläulich, violett gefleckt. Blüten groß, rosa. Von *Br. fedtschenkoi* ist diese Art an der Blattform und an den in den oberen Teilen gedrängt sitzenden Blättern zu unterscheiden.

Bryophyllum laxiflorum,

das »geräumigblühende Br.«, ist wohl wegen der eigentümlichen Form der rundlichen Blüten so benannt. Bekannter ist es unter dem alten Namen *Bryophyllum crenatum* (das »Gekerbte«). Eintriebige Stämmchen mit kreuzgegenständigen, langgestielten, ovalen Blättern, der Blattansatz am Stiel eigenartig »geöhrlt« zweiteilig nach oben gebogen. Blätter hellbläulichgrün, rot gerandet, Brutbildung rings aus den Kerben des Blattes. Blütenstiele endständig und verzweigt, Blüten lang gestielt, mit bauchigem Kelch, rundlich, mit rosaorange Blütenblättern. Bei einigen Abarten sind die Öhrchen der Blätter nur schwach entwickelt. (Heimat: Madagaskar, Karte I, K–N, 12, 13.) *Br. laxiflorum* wird zuweilen mit *Br. pinnatum* verwechselt, das auch unter dem Namen *Br. calycinum* bekannt ist. *Br. pinnatum* hat aber größere, lappige, nicht geöhrlte Blätter.

Bryophyllum mangini

ist eine zierliche kleine Art mit über 2 cm langen Einzelblüten, die wie leuchtend rote Laternen an den Stengeln hängen. Die rotbraunen Zweige sind 10 bis 30 cm lang und tragen ovalspatelige, sukkulente Blätter, die sich in ihrem frischen, glänzenden Grün schön von den dunklen Zweigen abheben. Die Blätter sitzen ungestielt, aber nicht stengelumfassend am Zweig. An endständigen Blütenstielen hängen – meist zu dritt – die bis 24 mm langen, leuchtendroten Laternenblüten. Durch helle Überwinterung und richtigen Zeitpunkt des Stecklingsschnittes (die sonst zu groß werdenden Pflanzen werden sowieso alljährlich verjüngt!) kann man diese reizenden Pflanzen in der blütenarmen Zeit von Januar bis März zur Blüte bringen. Auch diese Art vermehrt sich außer durch Samen noch durch Brutknospen, wird aber trotzdem meist als Kalanchoe bezeichnet. (Heimat: Südmadagaskar, Karte I, L–M, 12, 13.)

Bryophyllum pinnatum,

das »befiederte Br.«, ist die verbreitetste Art dieser interessanten Gattung. Während die anderen Bryophyllen fast nur auf Madagaskar wild vorkommen, ist *Br. pinnatum* über die ganze Welt verbreitet, soweit es das Klima zuläßt. Es war früher unter dem Namen *Bryophyllum calycinum* bekannt, und als solches hat es auch Goethe gepflegt, geschätzt und mehrfach verschenkt. An aufrechten Stämmchen kurzgestielte, eiförmige Blätter mit gekerbten Rändern, in den Kerben Brutpflanzen bildend. Die weichfleischigen Blätter sind bläulichgrün mit roten Rändern, die glockigen Blüten grünlichrot. (Heimat: Afrika, Asien, Australien, Mittelamerika und Südamerika einschließlich aller Inseln.)

Bryophyllum proliferum,

das »brutbildende Br.«, wird bis 3 m hoch, mit dicken Stengeln und großen Fiederblättern. Die Blattstiele sind am Grunde gegenständig verwachsen, die Blätter gezähnt oder fiederschnittig, 3 bis 5 cm lang. Brutknospen erscheinen reichlich an den Blättern, den Ansatzstellen der Blätter und besonders auch an den dickfleischigen Blütenstengeln. Die Kelchröhre der gelben Blüte ist 14 mm, die Kronenröhre 16 mm lang mit 3 bis 4 mm langen, halbrunden Zipfeln. Die sommerliche Färbung der Pflanze ist bräunlich-grün. Durch ihren sparrigen Wuchs ist sie für kleine Sammlungen nicht geeignet. (Heimat: Zentralmadagaskar, Karte I, L–M, 12, 13.)

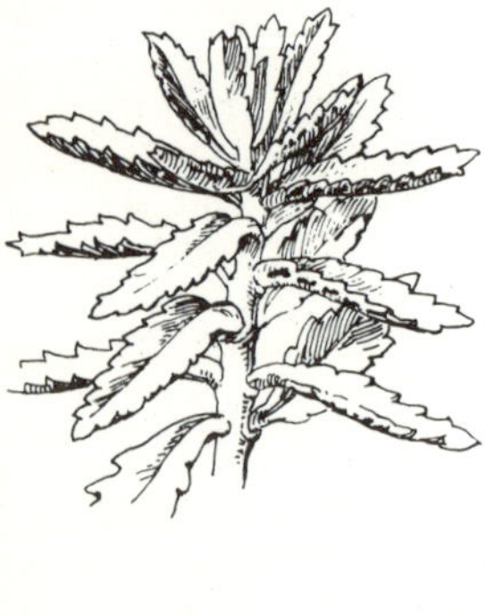

Bryophyllum serratum,

das »gesägte Br.«, bildet kleine aufrechte Stämmchen mit kreuzgegenständigen, schmalen, stark gezähnten Blättern. Die Blattränder sind rotviolett gefleckt, endständige Blüten an langen Stielen, Einzelblüten röhrenförmig, rotorange, 7 mm Durchmesser. Die Brutbildung in den Blattkerben ist bei dieser Art seltener (Heimat: Zentralmadagaskar, Karte I, L–M, 12, 13.)

Br. miniatum ähnelt etwas, hat aber stengelumfassende, größere Blätter von wechselnder Form und kurze, glockige Blüten.

Bryophyllum tubiflorum,

das »trompetenblütige Br.«, wurde nach seinen schönen Blüten benannt. Aufrecht stehende unverzweigte Stengel mit kreuzgegenständigen, abstehenden, fast zylindrischen Blättern von 4 bis 6 mm Durchmesser. An den Enden der gelblichen, rötlichbraun gefleckten Blätter befinden sich kleine Kerben, die die Brutknospen hervorbringen. Häufig sieht man schon die mehrere cm langen Wurzeln der Brutpflänzchen von den Blatträndern herabhängen. An endständigen, kompakten Blütenstengeln hängen mit gebogenen Stielen eine Menge rötlicher, glockiger Blüten von 20 bis 24 mm Länge. (Heimat: Südmadagaskar, Karte I, N 12!)

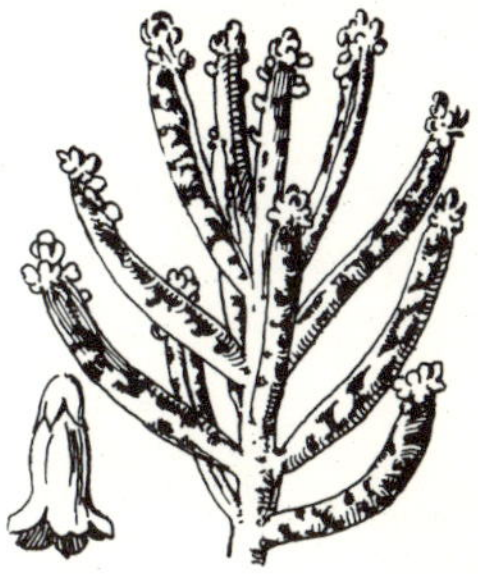

Cotyledon

Von den 44 Arten dieser afrikanischen Gattung sind eigentlich nur drei verbreitet. Cotyledon hat einen gedrungenen Wuchs, dickfleischige Blätter und eine endständige Trugdolde aus röhrenförmigen Blüten. Es wächst im allgemeinen leicht, wenn auch nicht sehr üppig, will hell und luftig stehen und muß kühl (bis 10 °C warm) überwintert werden. Die Erdmischung soll nahrhaft, aber sandig sein.

Cotyledon orbiculata,

das »rundscheibige C.«, zeigt einen dicken Stamm mit gegenständigen ungestielten, ovalen, fleischigen Blättern, die schön weiß bereift und leicht rot gerandet sind. Die Blätter sind verkehrt eirund, am Blattansatz verschmälert, am Ende mit kurzen Spitzchen. Es kommt vor, daß die jungen Blätter schnell gewachsener Stecklingspflanzen eine viel länglichere Blattform zeigen, was aber häufig an Lichtmangel liegt. Allerdings gibt es auch Abarten, die anders geformte Blätter besitzen, sogar stielrunde, dicke Blätter, die man für die eines *Pachyphytum* halten könnte. An langem Blütenschaft hängen die gelblichroten, glockigen Blüten in lockerer Trugdolde, die spitzen Blütenblätter elegant nach außen gerollt. C. *orbiculata* wurde schon 1690 nach Europa eingeführt. (Heimat: Südwestafrika, Groß-Namaland, Kapland, Küsten von Natal bis zum Damaraland und bis Transvaal. Karte I, M–N, 9–10.) Die Art darf nicht mit *Crassula arborescens* verwechselt werden, deren Blätter nicht bereift, aber rot punktiert sind.

Cotyledon undulata,

das »gewellte C.«, ist eine besonders beliebte Pflanze. An einem kräftigen Stamm stehen ziemlich dicht gegenständig, meist nach oben gerichtet, rhombisch-verkehrt-eirunde Blätter mit stark gewelltem oberen Rand, dickfleischig, 8 bis 12 cm lang und 6 cm breit, dicht weiß bereift. Blütenstand wie bei *C. orbiculata* eine rispige Trugdolde mit lang gestielten Einzelblüten von 20 bis 25 mm Länge, orangegelb, oben rötlich. (Heimat: Südafrika, Kapprovinz, Karte I, O 8.)
Diese schöne Art läßt sich aus Samen oder aus Stecklingen vermehren.
Ganz anders geformte, längliche Blätter hat *C. corruscans* mit großen, 4 cm langen Blüten.

Cotyledon jacobseniana

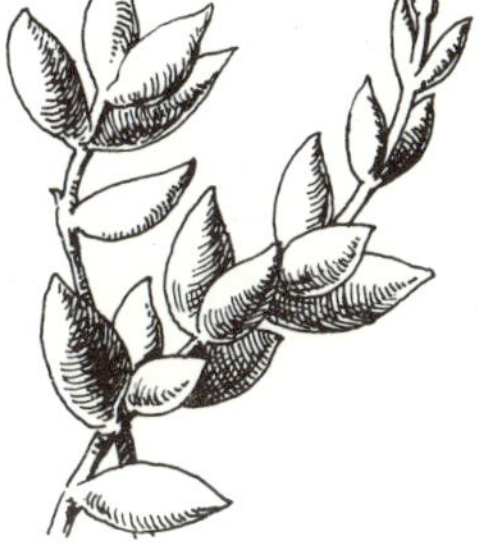

ist noch wenig bekannt, aber für Zimmerpflege geeignet.

Ein kleiner, rasenbildender Halbstrauch mit niederliegenden Zweigen und aufrecht stehenden Spitzen, alle Teile graubraun berindet. Die mattgrünen Blätter der jungen Triebe dichtstehend, 2 bis 3 cm lang, stielrund, an beiden Enden zugespitzt, mitunter bereift. Dünne endständige Blütenstengel, oft über 10 cm lang, tragen in Trugdolde rötlich-grüne, 6 bis 10 mm lange Blüten. Besonders schön in Blatt und Blüte ist das reizende kleine *Cotyledon ladysmithiensis*. (Heimat: Südafrika, Kapprovinz, Klein-Namaland, Karte I, N–O, 7.)

Echeveria

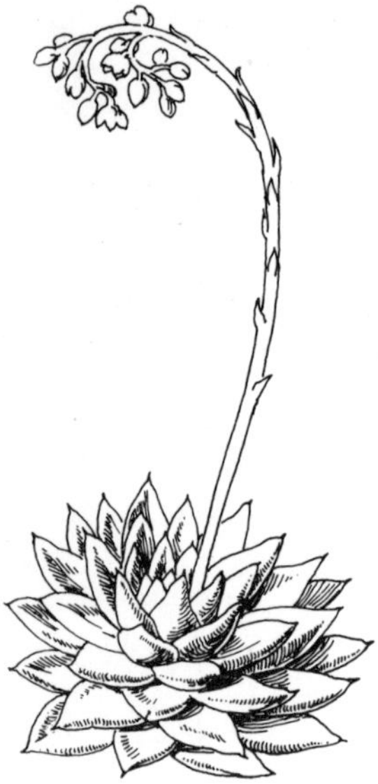

stammt aus Mittel- und Südamerika und hat sich schon seit Jahrhunderten bei Gärtnern und Pflanzenfreunden Europas seinen Platz erobert, zumal diese anspruchslosen und dekorativen Rosetten fast in allen Arten auch gut aus Samen und durch Ableger zu vermehren sind. In Massen wurden sie früher für die sogenannten Teppichbeete verwendet, als Einfassung gepflanzt und später sogar zur Kranzbinderei benutzt. In neuer Zeit finden sie im Sommer ihren Platz im Steingarten in voller Sonne. Durch gärtnerische Zuchtarbeit sind eine Menge Hybriden mit kürzeren Blütenstengeln entstanden, die in mancher Hinsicht die Wildformen übertreffen. Auch für Zimmerkultur und Schalenbepflanzung sind besonders die kleineren Arten gut geeignet. Die Erdmischung soll nahrhaft und sandig sein, sie darf nicht allzu feucht gehalten werden, damit nicht unschöne Mastkulturpflanzen entstehen. Im Winter brauchen sie einen hellen, kühlen Platz bei 6 bis 10 °C. Die bereiften Arten dürfen nicht von oben in die Rosette gegossen werden, sonst entsteht leicht Fäulnis aus der Mitte heraus. Zu den beliebtesten Arten gehören:

Echeveria agavoides,

die »agavenähnliche E.«, bildet hellgrüne, dichte Rosetten, deren kurze Blätter spitz auslaufen wie bei der Agave. Spitze rotbraun, bei sonnigem Stand sind die Blätter schön rötlich überhaucht. Blütenstengel zu mehreren seitlich im Scheitel der Pflanzen, lang, mit mehrblütiger Trugdolde, Blüten klein, gestielt, rötlich und gelb. (Heimat: Mexiko, San Luis Potosi, Karte II, K 11.)

Echeveria derenbergi,

benannt nach dem Pflanzenfreund Dr. Derenberg, Hamburg. Mittelgroße Rosetten von 3 bis 5 cm Durchmesser, Blätter breitspatelig rundlich gestutzt, mit kleiner roter Spitze, hellgrün, blaugrau bereift mit rötlichen Rändern. Blütenstengel verhältnismäßig kurz, schöne rötlichgelbe Blüten. (Heimat: Mexiko, Oaxaca, Karte II, O 13.) Diese verhältnismäßig klein bleibende Art ist sehr verbreitet, noch mehr aber die von ihr stammende Hybride mit *E. setosa*, die den Namen *E. derenosa-Hybr.* trägt.

Echeveria elegans,

die »zierliche E.«. Stark weiß bereifte, sehr regelmäßig geformte Rosetten mit dicken, verkehrt-eiförmigen Blättern, alabasterweiß mit rötlichen Rändern. Blattenden abgerundet mit sehr kleiner Spitze. Blütenstengel mit 5 bis 10 kurzgestielten rotweißen Blüten. Leicht zu vermehren durch Tochterrosetten, die sich an verlängerten Ausläufern bilden. Beachtenswert ist *Echeveria albicans*, die frühere *E. elegans* var. *kesselringiana*. *E. elegans* darf nicht mit *Oliveranthus* oder *Oliverella elegans* verwechselt werden. Diese großblütige Art heißt richtig: *Echeveria harmsii*. (Heimat: Mexiko, Hidalgo bei Pachuca, Karte II, M 12.)

Echeveria gibbiflora var. metallica,

die »höckerblumige E.« in ihrer metallisch schimmernden Abart, eine farblich besonders wirkungsvolle, auffallende Pflanze, die ziemlich groß wird. Blätter breitspatelig, meist nach unten gebogen, bronzefarben, bei sonnigem Stand blaurot schimmernd, hell oder rötlich gerandet. Rote Blüten an langen Stengeln in breiter Trugdolde. (Heimat: Mexiko, südlich Mexiko-City, Karte II, M 11–12.)

E. gibbiflora var. *carunculata* hat auf der Oberseite der Blätter Höcker oder blasige Wucherungen, die der Pflanze ein eigenartiges Aussehen geben. Es gibt auch eine Abart von *E. gibbiflora* mit welligen Blättern unter dem Namen var. *crispata*.

Farblich zu den schönsten Echeverien gehören die rötliche, stark bereifte *E. potosina* und ihre Hybriden. Eine ähnliche Blattform zeigt *E. glauca*, früher bekannt als *E. secunda* var. *glauca*, eine weit verbreitete, leicht wachsende Art. Es gibt noch sehr viel ähnliche Echeveria-Arten und -Hybriden.

Sukkulenten in Afrika

1 Pachypodium namaquanum

2 Euphorbia schizacantha

3 Polystachia spezies

4 Landschaft am Geldora Pass

1 Conophytum minutum
2 Conophytum conradii
3 Lithops localis var. peersii
4 Lithops venteri
5 Fenestraria rhopalophylla

1 Lampranthus conspicuus
2 Glottiphyllum linquiforme
3 Titanopsis fulleri
4 Pleiospilos prismaticus
5 Pleiospilos nelii

1 Hoodia gordonii
2 Stapelia grandiflora
3 Stapelia gigantea
4 Huernia pillansii

1 Crassula teres

2 Kalanchoe tomentosa

3 Kalanchoe blossfeldiana

4 Tavaresis barkleyi

5 Monadenium schubei

6 Monanthes polyphylla

7 Echeveria leucotricha

1 Senecio articulata
2 Ceropegia distincta
3 Ceropegia sandersonii
4 Euphorbia pseudoglobosa
5 Euphorbia cereiformis
6 Euphorbia grandicornis
7 Euphorbia obesa

1 Pachypodium geayi

2 Agave xylonacantha var. vittata

3 Aeonium tabulaeforme

4 Aloe speciosa

5 Aloe rauhii

Sukkulenten in Afrika

1 Trichocaulon alstonii

2 Aloe dichotoma

3 Euphorbia candelabrum

Echeveria leucotricha,

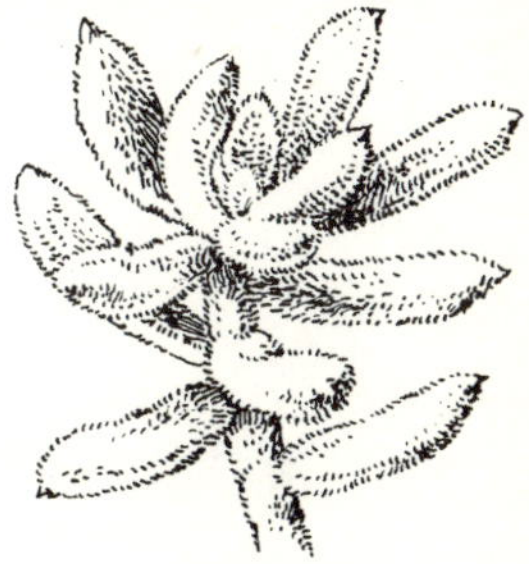

die »weißhaarige E.«. Lockere Rosetten von 10 bis 15 cm Durchmesser, die lanzettlichen 2 cm breiten Blätter filzig weiß behaart, bis 8 cm lang, die Spitzen wenig braun behaart. Zinnoberrote Blüten an langen Stengeln. Diese weißfilzigen Arten dürfen nicht allzu feucht gehalten oder gespritzt werden. (Heimat: Mexiko, Puebla, Karte II, N 12.)

Ähnliche, aber spitzere, weißfilzig behaarte Blätter hat *E. pilosa*. Auch bei ihr sind die Blattspitzen braunfilzig. Die ebenfalls weißfilzige *E. pulvinata* ist durch ihre anders geformten Blätter zu unterscheiden.

Echeveria minutifoliata,

die »winzigblättrige E.«, ist eine reizende Zwergform mit kaum 1 cm langen, blaugrünbereiften Blättchen in dichter Rosette von 2 bis 3 cm Durchmesser. Rote Blüten in Trugdolden an etwa 15 cm langen Stielen. Die Art wird heute *Graptopetalum pachyphyllum* genannt. (Heimat: Mexiko, Cadereyta, Queretaro, Karte II, G 11, L 11.)

Echeveria peacocki,

bekannter unter dem Namen *E. desmetiana*, benannt nach dem belgischen Gärtner de Smet. Dichte mittelgroße Rosetten von etwa 8 cm Durchmesser, auffallend stark weiß bereift auf bläulichem Grund mit roten Rändern und Spitzen. Reichblühend in einseitigen Trauben an langen Stengeln. Blüten rot, außen bereift. Wenig Ableger bildend, Vermehrung aus Samen. Verträgt bei niedrigen Temperaturen keine Wassergaben von oben. Trotzdem wurde diese Art in früherer Zeit in Mengen zur Teppichbeet-Bepflanzung verwendet. (Heimat: Mexiko, Karte II.)

Echeveria secunda hat ähnliche Blattform, ist aber kaum bereift.

Echeveria pulvinata,

die »gepolsterte E.«, ist weißfilzig behaart, ähnlich der *E. leucotricha*, Blätter jedoch nach dem Ende zu spatelig verbreitert, stumpf mit kurzen Spitzchen. Untere Blätter bräunlich-filzig. Blütenzweige seitlich, locker beblättert mit gelblichroten Blüten. Der weiße Filz darf bei kühlem Wetter nicht angefeuchtet werden. (Heimat: Mexiko, Oaxaca, Karte II, O 13.)

Bei der ähnlichen *E. leucotricha* stehen die Blätter lockerer und sind schmaler, nicht am Ende löffelförmig verbreitert.

Echeveria setosa,

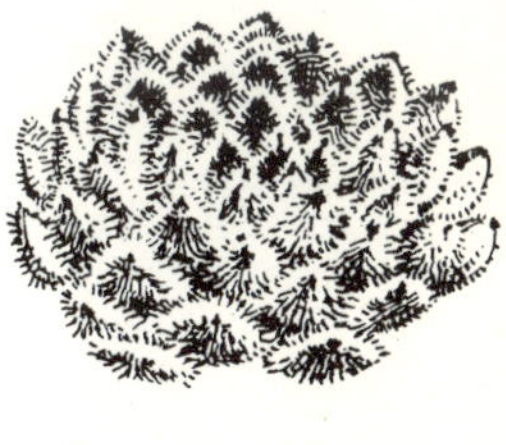

die »beborstete E.«, nach den dichten weißen Borstenhaaren auf den grünen Blättern benannt. Dichte flach-halbkugelige Rosetten von ungefähr 15 cm Durchmesser bringen an kurzen Blütenstielen kräftig-rotgelbe Blüten. Langanhaltende Blütezeit im Frühjahr und Sommer. Sehr beliebte, schöne Art, deren Pflege durch das gefällige Aussehen der Blätter und der kurzstieligen, reichlich erscheinenden Blüten sehr lohnend ist. Die Anzucht erfolgt am besten aus Samen. (Heimat: Mexiko, Puebla, Karte II, N 12).

Echeveria subalpina,

die »vorgebirgsbewohnende E.«, also aus Höhenlagen bis 1500 m stammend. Bekannt auch als *E. akontiophylla*. Dichte Rosetten aus grünblauen, lineallanzettlichen Blättern, 3 bis 8 cm lang, in voller Sonne rötlich. Blütenstände in einseitigen Trauben an langen Stengeln. Einzelblüten zinnoberrot. (Heimat: Mexiko, Orizaba, Karte II, N 13.)

Echeveria-ähnliche Rosetten haben auch die Arten der Gattung *Dudleya*, die häufig als Echeveria bezeichnet werden. Wohl die schönste Dudleya ist *D. farinosa* mit mehlig weiß bereiften Rosetten aus schmalen, zungenförmigen Blättern gebildet. Um die volle Schönheit der Pflanze zu erhalten, darf nicht auf die Blätter gegossen oder gespritzt werden. (Heimat: Kalifornien)

Pachyphytum und Graptopetalum

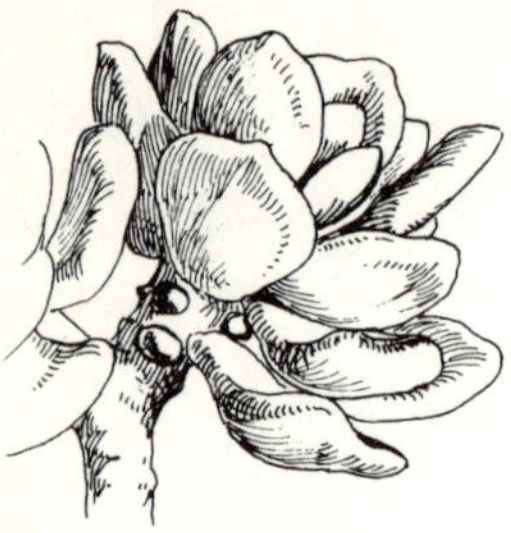

ähnelt den Echeverien, auch in der Behandlung. Man sollte ihnen aber wegen ihrer schönen Bereifung auch im Sommer Regenschutz geben.

Pachyphytum bracteosum,

das »deckblättrige P.«, genannt nach den Brakteen (Deckblättern) am Blütenstengel. Dicke braune Stämmchen mit spateligen, dickfleischigen Blättern, die stark grauweiß bereift sind und abgerundete Blattränder haben. Rote Blüten in anfangs überhängender Wickeltraube, Einzelblüte etwa 2 cm groß. Wächst gut. (Heimat: Mexiko: Karte II.)

Pachyphytum hookeri,

sehr gedrungen wachsend, schön graublau bereift, Blätter stielrund, mittlere aufwärts gerichtet, in stumpfe, hellere Spitzen auslaufend, anfangs gedrängt stehend, später lockerer, 2 bis 4 cm lang, 1,5 bis 2 cm dick. Blüten an langem Stengel, glockig, hellrot mit gelben Spitzen. Häufig als Kammform (f. *cristata)* zu finden. Recht sonnig und nicht zu feucht halten. (Heimat: Mexiko, Karte II.)

Das ähnliche *P. compactum* wird nur etwa 10 bis 15 cm hoch. Seine dunkelgrünen, grauweiß bereiften Blätter sind mehr zylindrisch geformt, unter der kurzen Spitze etwas gekeilt.

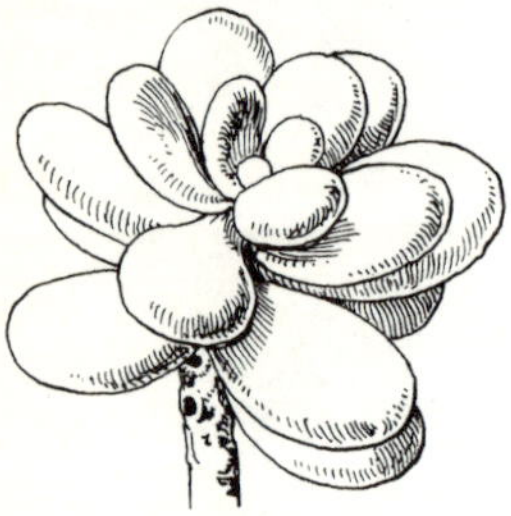

Pachyphytum oviferum,

das »eiertragende P.«, genannt nach der fast eirunden Form der sehr weiß bereiften Blätter von 2 bis 4 cm Länge und 2 bis 2,5 cm Breite, die auf kurzen Stämmchen sitzend ein sehr eigenartiges Bild bieten. Auch die hochroten glockigen Blüten sind sehr schön. Wuchs sehr langsam, vorsichtig bewässern! (Heimat: Mexiko, San Luis Potosi, Karte II, K 11.)

Von *P. bracteosum* und *P. hookeri* ist diese schöne Art durch die wirklich eirunde Blattform gut zu unterscheiden.

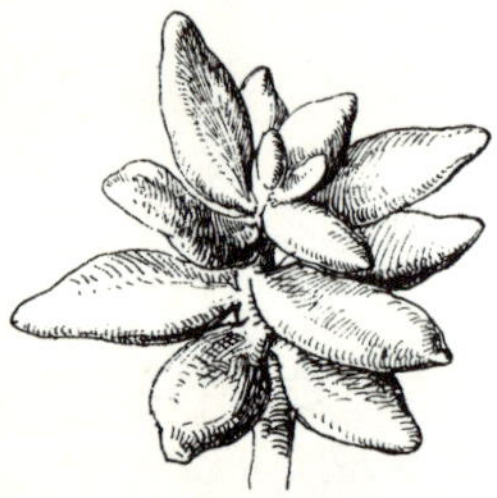

Pachyphytum werdermannii,

kleine Stämme mit dicht gestellten Blättern, die aber keine richtigen Rosetten bilden, eiförmig-länglich, grau bereift und etwas rosa getönt, die jüngeren Blätter nach oben spreizend. Blütenstengel mit grünlichweißen Brakteen, Blüten weißlich mit Rot. (Heimat: Mexiko, Tamaulipas, Karte II, K–H 12, 13.)

Die Art ist dem *Graptopetalum amethystinum* sehr ähnlich, aber an der unregelmäßigen, merkwürdig eckigen Form der Blätter zu erkennen.

Graptopetalum amethystinum,

das »amethystfarbene G.«, ähnelt stark einem *Pachyphytum*. Kleiner Halbstrauch mit locker stehenden Blättern, die von oben gesehen wie eine Rosette wirken. Die 3 bis 4 cm langen und 14 bis 18 mm dicken, fleischigen Blätter sind keulenartig nach dem Ende zu verdickt, blaugrau bereift und mit einem amethystfarbenen Hauch überzogen. Diese Farbe gibt der schön geformten Pflanze einen besonderen Reiz. Man gebe sonnigen Stand und keine Feuchtigkeit von oben. (Heimat: Mexiko, Sinaloa, Karte II, G–H, 6–7.)

Von *P. bracteosum* ist die Art durch die locker stehenden Blätter und die amethyst-rötliche Färbung zu unterscheiden. *G. paraguayense* war bisher unter dem Namen *Sedum weinbergii* bekannt. Seine dicken Stengel tragen an ihren Enden Rosetten, die wie Echeverien aussehen. Die Blätter sind bis zu 7 cm lang und $2^1/_2$ cm breit, eilanzettlich mit kurzer Spitze, blaugrau bereift, mitunter rötlich getuscht. Die Blüten sind weiß. Leichtwachsende Art.

Kalanchoe

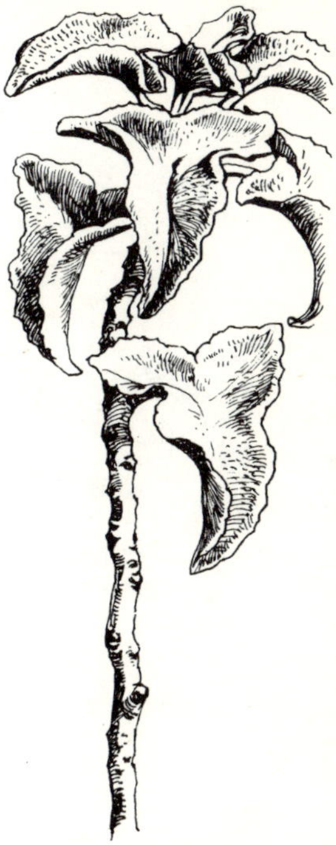

ist mit 80 Arten eine der größten Gattungen der Crassulaceen, vollends wenn man heute die 26 Bryophyllum-Arten noch hinzurechnet. Die hier genannte Auslese stammt hauptsächlich aus Madagaskar und Abessinien. Die meisten schätzen wir wegen ihrer schön gezeichneten oder behaarten Blätter, während *Kalanchoe blossfeldiana* wegen der leuchtenden Blütenstände starke Verbreitung gefunden hat. Gerade diese Art eignet sich vorzüglich für Kurztagsbehandlung zur Vorverlegung der Blütezeit. Kalanchoe brauchen einen sonnigen und luftigen Standort, die nicht behaarten stehen im Sommer am besten im Freien. Im Winter dürfen sie möglichst nicht über 10 °C Wärme haben. Die Erde soll locker und nahrhaft sein, bei warmem Wetter muß ausreichend gegossen werden. Vermehrung leicht aus Stecklingen und aus Samen. Die Samen sind winzig klein und dürfen bei der Aussaat nicht bedeckt werden.

Kalanchoe beharensis

aus Behara, Madagaskar. Wollig behaarte Stämmchen, an denen kreuzgegenständig die 10 bis 20 cm langen, gestielten Blätter sitzen. Ausgebreitet sind die Blätter nahezu dreieckig, wölben sich aber meist stark nach oben. Die Oberseite wirkt wie brauner Samt, während sich an der Blattunterseite die weißwollige Behaarung der Stämme und Blattstiele fortsetzt. Blütenstiele endständig, lang, eine locker verästelte Doldentraube tragend. Für Sammlungen als besonders dekorative Pflanze zu empfehlen, die ziemlich hoch wird. Das Abwelken der unteren Blätter ist naturgemäß. (Heimat: Südmadagaskar, Behara, Karte I, M 12.)

Ähnlich stark filzig behaart ist *K. pubescens* mit ovalen Blättern und die schöne *K. millotii* mit viel kleineren, eiförmigen, weichhaarigen Blättern. Der *K. beharensis* am ähnlichsten ist die stark verzweigend wachsende *K. velutina*.

Kalanchoe blossfeldiana

Zierliche Stämmchen mit eirunden, etwas gespitzen, gestielten, glänzendgrünen Blättern mit rotem Rand. Die über dem Laub stehenden, gestielten Blütenköpfe, bestehend aus einer Menge einzelner leuchtendroter Blüten halten sich wochenlang. Durch gärtnerische Zucht ist *Kalanchoe blossfeldiana* eine beliebte Gärtnerpflanze für Massenanzucht geworden, zumal sie auch gut auf Kurztags- und Zusatzbelichtung reagiert und bei entsprechend abgestimmten Temperaturen dadurch zu jeder Jahreszeit zur Blüte gebracht werden kann. Durch Zucht sind gedrungener, buschiger Wuchs, Reichblütigkeit und neue Blütenfarben, hauptsächlich goldgelbe Farbtöne, erzielt worden. Ihre Pflege im Zimmer ist nicht schwierig, doch sollte man die zierlichen Pflänzchen nicht unter 15 °C im Winter halten. (Heimat: Madagaskar, Karte I, L–M, 12, 13.)

Kalanchoe campanulata,

die »glockenförmige Kalanchoe«, nach der Blütenform benannt. Schlanke Stämme mit kreuzgegenständigen, bis 12 cm langen, gezähnten Blättern, hellgrün, fein weiß bereift und rotbraun gefleckt. Blütenkrone an langen Stielen in breiter Doldentraube, glockige Einzelblüten leuchtend rot. (Heimat: Madagaskar, Karte I, L–M, 12–13.)

Verwandt mit dieser Art ist *K. peltata*, bei der die eirunden, schildförmigen Blätter auf 2 bis 10 cm langen Stielen getragen werden, die ganz eigenartig an der rückwärtigen Blattfläche sitzen. Die Art hat hängende rosa Blüten von 22 mm Länge.

Kalanchoe faustii

Gedrungene Stämme mit dichtsitzenden, etwa 8 cm langen und halb so breiten, eiförmigen, am Grunde herzförmigen, zackig gerandeten Blättern, leicht rötlich gefärbt auf blaugrünem Grunde. Goldgelbe Blüten in bis 15 cm lang gestielten Trugdolden. Durch die Färbung auffallend, leicht wachsend. (Heimat: unbekannt, die Art wurde im Garten »Mar y murta« von Carlos Faust in Blanes/Barcelona, Spanien kultiviert.)

Kalanchoe marmorata,

die »marmorierte Kalanchoe«, benannt nach den auffallend rotbraun gefleckten, grünen, graubereiften Blättern, die eiförmig mit gezähnten Rändern ungestielt am Stamm sitzen. Die weißen Blüten sind verhältnismäßig groß, doch blüht diese schöne Art selten. (Heimat: Eritrea, Äthiopien, Karte I, E–F, 11, 12.)

Eine ähnliche schöne Blattzeichnung hat die zierliche, seltene *K. rhombopilosa.* Ihre nur 20 mm großen Blätter sind fächerartig, keilförmig in den Stiel verschmälert, mit buchtigen Kerben am oberen Blattrand. Die graugrüne Blattoberseite ist silberschülfrig und mit rotbraunen Flecken gemustert. Eine besonders schöne, seltene Art aus Madagaskar.

Kalanchoe orgyalis,

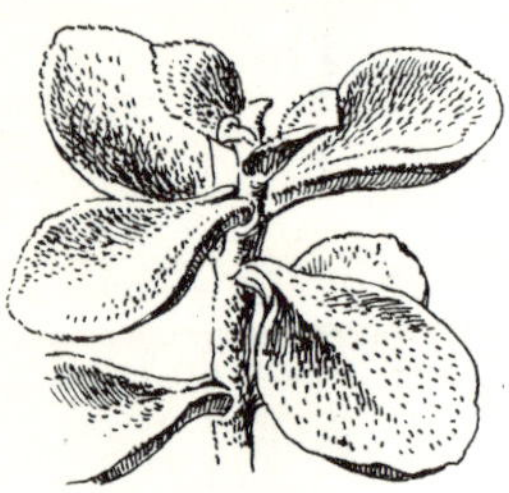

die »klafterlange Kalanchoe« genannt, obwohl sie mit 50 cm Höhe nicht zu den längsten Kalanchoe gehört. Die eirunden Blätter sind locker gestellt und fallen durch ihre kurze bronzefarbene Behaarung auf, die Blattunterseite ist dagegen weiß. Die Blattränder sind meist löffelartig aufgebogen, 5 bis 7 cm lang, 3 bis 4 cm breit, meist am Blattende zugespitzt. Auch die Stämmchen sind bronzefarben fein behaart. Die Art wächst zwar langsam, ist aber nicht empfindlich. (Heimat: Madagaskar, Karte I, L–M, 12, 13.)

Kalanchoe longiflora var. coccinea,

die »scharlachrote langblütige Kalanchoe«, hat runde Stämmchen mit eiförmiglänglichen, starkgezähnten Blättern, schön rot gefärbt durch sonnigen Stand. Blüten gelb. (Heimat: Südafrika, Natal, Karte I, N 9–10.) Die Stammart *K. longiflora* ist hellgraugrün, bei Sonne leicht orangefarben überhaucht.

Die schöne *K. pumila* hat ähnlich geformte, jedoch meist nur 25 mm lange und 15 mm breite, weiß bereifte, zierliche Blätter. Ränder und Blattstiele schimmern leicht rosa, ihre altrosa bis leuchtend blauvioletten Blütenrispen zieren die Pflanze wochenlang und heben sich schön von den mehlig-weißen Blättern ab. *K. schimperiana* ist eine abessinische Art mit etwas sparrigem Wuchs, auffallend nur durch die großen, weißen Blumen, die den Blüten der Tabakpflanze ähneln. Rundliche hellgrüne Blätter von etwa 5 cm Durchmesser, weiß behaart.

Ebenso große, weiße Blüten hat *K. marmorata,* die aber selten zur Blüte kommt. Auch die selten blühende *K. somaliensis* hat 8 cm lange, weiße Blüten.

Kalanchoe tomentosa,

die »filzige Kalanchoe«, ist eine der schönsten Arten. An dicken, am Grunde verzweigten Stämmchen sitzen ziemlich dicht kreuzgegenständig länglich ovale bis 2 cm breite, weißfilzige Blätter, die am oberen Ende grob gezahnt und an den Zähnen dunkelbraun punktiert sind. Die Punktierung fließt meist zu einem kurzen Band zusammen und wirkt auf dem reinweißen Filz geradezu verblüffend. Bei kühlem Wetter soll die Pflanze nicht von oben gegossen werden. (Heimat: Mittelmadagaskar, Karte I, L–M, 12, 13.)

Gleichfalls stark filzig behaart ist *K. pubescens* mit ovalen Blättern sowie die schöne *K. millotii* mit weißen, eiförmig-spitzen, fein weichhaarigen Blättern von 30 bis 40 mm Länge.

Monanthes

gehören zu den zierlichsten Gebilden unter den Crassulaceen. Die niedrigen Sträucher haben rasenartigen Wuchs, sind stark verzweigt und an jedem Zweigende rosettenartig beblättert. Wir geben sandige Erdmischung und gießen sie nur mäßig. Im Sommer ist leichter Halbschatten erwünscht, der Winterstand soll kühl sein.

Monanthes anagensis

Diese Art von den Anaga-Bergen auf Teneriffa bildet gabelig verzweigte Stämmchen mit wechselständig angeordneten, winzigen, stielrunden Blättchen, kurz gespitzt, an der Oberseite etwas gefurcht, von grüner, zuweilen etwas rötlicher Färbung. Am Stielende sitzen die Blättchen dichter, fast rosettenartig. Die unscheinbaren Blüten sind gelblichgrün.

(Heimat: Kanarische Inseln, Teneriffa, Karte I, B 1.)

Monanthes polyphylla,

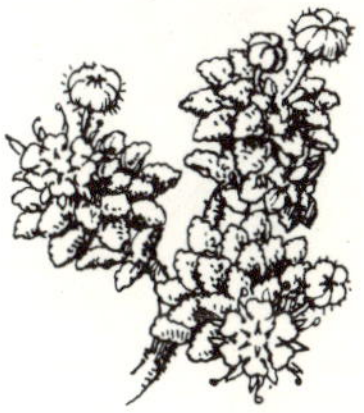

die »vielblättrige Monanthes«, bildet dichte, ganz niedrige, zarte Polster aus winzigen Blattrosetten, die zur Blütezeit mit zahlreichen sonnenschirmartigen, etwas rötlichen Blütchen übersät sind. Ein reizendes Gewächs, das durchaus nicht schwierig in der Pflege ist. (Heimat: Kanarische Inseln, Karte I, B 1.) Bekannt sind auch *M. laxiflora* mit fein rot punktierten Blüten und das kleine Bäumchen bildende *M. muralis*, das weißlich-rosa blüht.

Rochea

ist nach dem französischen Botaniker de la Roche benannt und stammt aus Südafrika. Am bekanntesten ist *Rochea falcata*, die aber botanisch richtig *Crassula falcata* genannt werden müßte. Zu den echten Rocheen gehören vier Arten (*R. coccinea, jasminea, odoratissima* und *versicolor*), von denen aber nur *Rochea coccinea* von Bedeutung ist. Rocheen sind ausgezeichnete Zimmerpflanzen, die man aus Samen oder im Frühjahr aus Stecklingen heranziehen kann. In ein Torfmull-Sand-Gemisch gesteckt, schattig und mäßig feucht gehalten, bewurzeln sie sich, werden dann in gleiche Mischung in Töpfe gepflanzt, luftig gehalten und später entspitzt.

Rochea coccinea,

die »scharlachrote R.«, ist nach ihren schönen und wohlriechenden Blütenständen benannt. Die Art wurde schon 1701 von Holländern eingeführt. Die kleinen spitzen Blättchen stehen kreuzgegenständig etwas nach oben gerichtet am Stengel, der zur Blütezeit von den großen scharlachroten Trugdolden überragt wird. Durch gärtnerische Kunst sind sehr kurzstengelige und auch in anderen Farben blühende Züchtungen entstanden und in großen Mengen verbreitet worden. Stecklinge werden nach dem Anwurzeln entspitzt, damit buschiger Wuchs entsteht. (Heimat: Südafrika, Karte I, N–O, 7–9.)

Rochea falcata,

die »sichelförmige R.«, richtiger *Crassula falcata*. Dickfleischiger Stamm mit elefantengrauen, schief gestellten, sichelförmigen, länglichen, aufwärtsgerichteten Blättern, bis 10 cm lang und etwa 3 cm breit, Blütenstand endständig in reich verzweigter Trugdolde von außergewöhnlicher Größe und langer Haltbarkeit, herrlich leuchtend rot bis orangerot. Pflege einfach, Vermehrung aus Samen oder Stecklingen. Die Art wird wegen der schief gestellten Blätter auch »Propellerblatt« genannt. (Heimat: Südöstliche Kapprovinz, Karte I, O 9.)

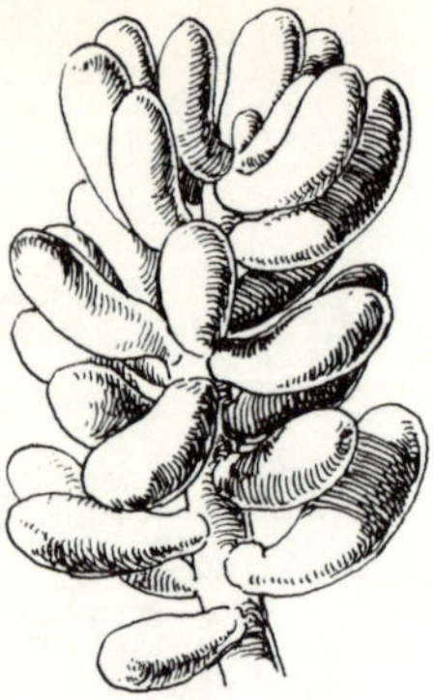

Sedum

gibt es in vielen Gebieten unserer Erde, sogar als ausdauernde Pflanzen in kühleren Regionen. Zur Zeit sind 340 verschiedene, botanisch beschriebene Arten ermittelt. In ihrem Bau ähneln manche den Crassula- und Echeveria-Arten, viele sind stark verzweigt mit niederliegenden Ästen, die Blütenstände sind meist trugdoldig, die Blüten gestielt in verschiedenen Farben.

Sedum allantoides,

das »alantähnliche S.«, hat locker beblätterte Äste. Die Blätter sind 2 bis 3 cm lang, stielrund, etwas nach oben stehend und stark weißgrau bereift, die Blüten grünlichweiß. (Heimat: Oaxaca, Mexiko, über 2000 m, Karte II, O 13.) Das ähnliche *S. pachyphyllum* ist an den rot gefärbten Blattenden zu erkennen, *S. treleasei* an dem dichteren Stand der oberen, dickeren Blätter, *S. rubrotinctum* an der rotbraunen Färbung und der kleineren Rosette.

Sedum aoikon,

das »heimatlose S.«, dessen genauere Herkunft aus Mexiko unbekannt ist. Verzweigte Stämmchen mit Rosetten aus kurzspateligen, frischgrünen, rotgerandeten Blättern. Blattränder gehöckert. Blüten klein. (Heimat: Mexiko, Karte II.)

Das sehr ähnliche *S. dendroideum* hat längere Blätter, die im Kopftrieb meist nach oben gerichtet sind. Bei *S. aoikon* stehen die kurzen Blätter am Kopftrieb breit geöffnet nach der Seite und sind ein wenig rot gerandet.

Sedum bellum,

das »schöne S.«. Rasenbildende Pflanze mit niederliegenden, rosettig beblätterten Ästchen. Länglich-runde Blättchen am Ende gerundet, 2 bis 3 cm lang, bis 1 cm breit, hellgrün, mehlig, weiß bereift. Zahlreiche weiße Blüten in lockerer Trugdolde. Sehr beliebter Winterblüher! (Heimat: Durango, Mexiko, Karte II, H 7–8.)

Verwandt, jedoch nicht so ansprechend geformt, sind die rot blühenden *S. longipes* mit 9 mm langen, spateligen Blättern und *S. laxum* mit 20 mm langen Blättern. *S. burhamii* blüht rahmfarben, etwas rosa und hat bis 20 mm lange Blätter. Auch das weiß blühende *S. californicum* hat 30 mm lange Blätter, sie sind also alle wesentlich langblättriger als das schöne *S. bellum.*

Sedum compressum,

das »flache S.«, ist eine niedrige Pflanze mit lockeren Rosetten, fast wie eine Echeveria wirkend. Die fleischigen, 2 cm langen Blätter sind graugrün bereift, die kurzgestielten schönen Blütenstände goldgelb. Schon kleine Pflanzen reichblühend. (Heimat: Tamaulipas, Mexiko, Karte II, G–K, 12, 13.)

Sehr ähnlich ist das orangegelb blühende *S. palmeri*, dessen Blätter etwas größer, 25 mm lang und 15 mm breit sind. Seine spateligen, ziemlich abgerundeten Blätter sind mehr blaugrün, während *S. compressum* graugrüne Blätter hat. Die Blüten stehen in Form einer Trugdolde an ausgebreiteten gabeligen Ästen.

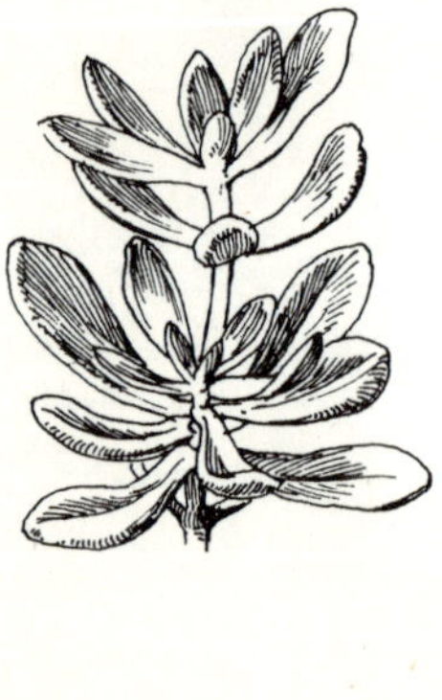

Sedum dendroideum,

das »baumähnliche S.«. Sparrig verzweigte Stämmchen mit frischgrünem Laub. Blätter 3 bis 5 cm lang, wechselständig, rundlichspatelig, wachsartig hell gerandet. Kurzgestielte Blütenstände mit gelben Blüten. (Heimat: Mittelmexiko, Karte II, J–M 8–12.)

Das ähnliche *S. aoikon* ist gedrungener im Wuchs, seine Blätter sind kürzer und breiter und an den Enden rot gerandet. Im Vergleich zu *S. dendroideum* sind sie matter grün, auch sind die Blattränder leicht gehöckert und die Blütenstände klein. Das ebenfalls gelb blühende *S. confusum* ähnelt dieser Art. Seine Blätter sind 25 bis 40 mm lang und 15 mm breit.

Sedum ebracteatum,

das »deckblattlose S.«. Immergrüne Stämmchen mit dickfleischigen, fast eiförmigen grauen Blättern von 25 mm Länge. Blätter oben rosettenartig gedrängt, unten lockerer, wechselständig. Blüten weiß (Heimat: Hidalgo, Mexiko, Karte II, K–L 12.)

Diese Art wird oft mit dem ähnlichen *S. treleasei* verwechselt. Bei älteren Pflanzen ist *S. treleasei* leicht an dem dunklen Stamm zu erkennen, bei jungen Pflanzen muß man sich nach der Blattform richten. Die länglich-eiförmigen Blätter von *S. treleasei* sind oberseits abgeflacht, an der Unterseite gerundet, was bei *S. ebracteatum* nicht so ausgeprägt ist.

Sedum lineare var. variegatum,

die »buntblättrige Form des linealischen Sedum«. Rasenbildende Pflanze mit dünnen Trieben, die mit linealischen, etwa 1 cm langen, spitz auslaufenden Blättchen besetzt sind, je 3 auf gleicher Höhe stehend, weiß gerandet. Am Triebende stehen die Blättchen rosettenartig gedrängt. Die Blüten sind gelb. Wird gern als Teppichbeet-Pflanze oder für Einfassung verwendet. (Heimat: Japan, China.)

Ähnlich ist *S. bergeri* mit größeren bis 35 mm langen Blättern. Es gibt auch ein *S. linearifolium*, eine niedrige, winterharte Staude aus dem Himalaya-Gebirge, die jedoch eine ganz andere Gestalt hat.

Sedum nussbaumerianum

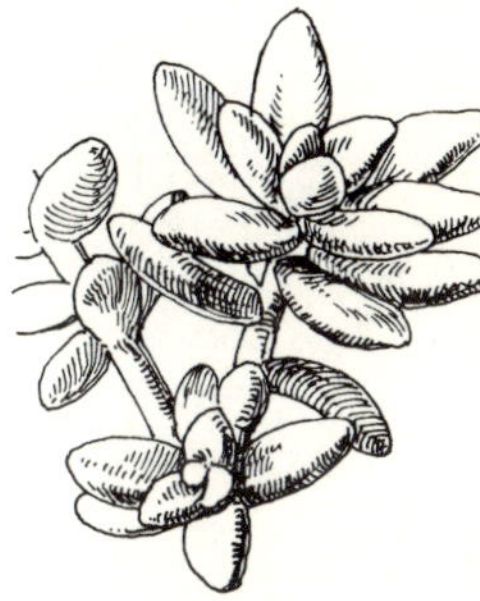

Fleischige, bräunliche Stämme, locker mit lanzettlichen, spitz auslaufenden Blättern besetzt, am Stielende dicht rosettenartig stehend. Blätter bis 5 cm lang, Unterseite etwas gekielt, gelblichgrün mit rötlichen Rändern. Durch ihre Färbung sehr auffallende, schöne Pflanze. (Heimat: Mexiko, Vera Cruz, Karte II, N13–14.)

Eine nahestehende Art ist *S. adolphii*, die jedoch mehr lanzettliche, stumpfgespitzte, dickfleischige Blätter hat. Bei *S. eichlamii* sind die Blätter fast stielrund und nur die Blattenden gerötet. *S. weinbergii*, das auch schön und auffallend gefärbt ist, hat etwas breitere und spitzere, hellgerandete Blätter. Seine Farbe ist blaugrau mit rötlichem Schimmer. Die Art wird heute als *Graptopetalum paraguayense* bezeichnet.

Sedum oaxacanum

wächst fast kriechend und reich verzweigt, die sehr kleinen Blättchen stehen wechselständig an den braunen Zweigen, sind graugrün, weißlich gewarzt und nur etwa 5 mm lang. An den Stielenden bilden sie Rosetten. Die Blüten sind gelb. (Heimat: Oaxaca, Mexiko, Karte II, O 13.)

S. polyrhizum, das rötliche Luftwurzeln bildet, hat Ähnlichkeit, unterscheidet sich aber durch dunkelgrüne Färbung der Blättchen. *S. stahlii* ähnelt in Aufbau und Blattgröße, nur sind bei ihm die Blätter rotbraun, eirund und glänzend.

Sedum pachyphyllum,

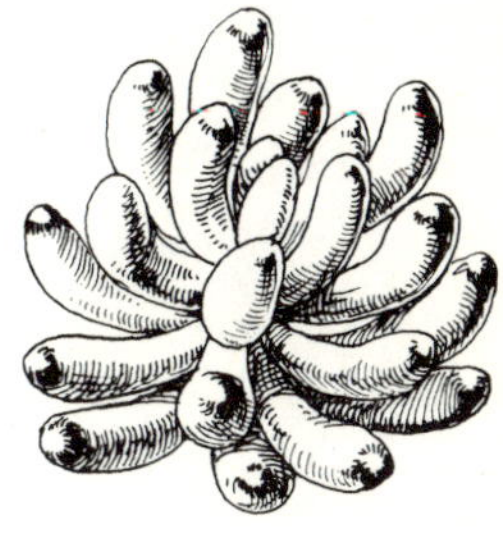

das »dickblättrige S.«, bildet aufrechte Stämmchen und ähnelt dem *Sedum allantoides*. Die in Spiralreihen angeordneten, etwa 4 cm langen, stielrunden keuligen Blätter sind blaugrün mit rötlichen Enden. Die Blüten sind hellgelb. (Heimat: Oaxaca, Mexiko, Karte II, O 13.)

S. allantoides ist an dem Fehlen der roten Blattenden zu erkennen. Auch *S. ebracteatum* besitzt etwas Ähnlichkeit mit *S. pachyphyllum*, hat aber nur 24 mm lange Blätter ohne rote Enden. Das kriechend wachsende *S. morganianum* ist sehr dicht gelbgrün beblättert. Die länglich-lanzettlichen, spitz auslaufenden Blätter stehen aneinandergedrückt nach oben und sind nur 20 mm lang.

Sedum palmeri

ist ein verzweigter niedriger Halbstrauch mit lockeren Rosetten an den Blattenden. Die blaugrünen Blätter sind spatelig mit kurzen Spitzen, 25 mm lang und 15 mm breit. Die Blüten stehen in einer Trugdolde und sind orangegelb. (Heimat: Nuevo Leon und Coahuila, Mexiko, Karte II, E–H, 9–11.)

Das ähnliche *S. compressum*, das goldgelb blüht, erkennen wir an den kürzeren (nur 20 mm) und schmaleren (nur 10 mm) Blättern und der graugrünen Färbung der stumpfen, an den Rändern knorpeligen Blättern.

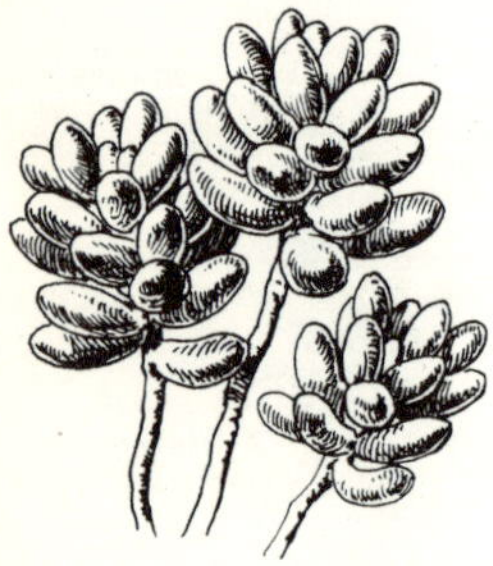

Sedum rubrotinctum,

das »rotgefärbte S.«. Verzweigte Pflanzen mit dünnen Ästen, oft kriechend, Blätter leicht abbrechend, stielrund, frischgrün, an den keuligen Blattenden im Sommer schön rotbraun, bei sonnigem Stand ist die ganze Pflanze herrlich purpurrot. Besonders schön ist das weißbunte *S. rubrotinctum* var. *variegatum*. Wird zuweilen mit *Sedum guatemalense* verwechselt. (Heimat: Mexiko, Karte II.)

S. guatemalense hat die gleiche Wuchsform, aber grüne, nicht rötliche Blätter, die locker gestellt, fast zylindrisch, linealisch-länglich mit abgerundeten Enden, etwa 15 mm lang und 3 mm dick sind. Es blüht rötlich. Auch von anderen ähnlichen Arten ist *S. rubrotinctum* leicht durch seine Färbung zu unterscheiden.

Sedum sieboldii fol. variegatis

Dieses buntblättrige Sedum ist bei uns fast winterhart, so daß man es in geschützten Lagen im Garten ausgepflanzt überwintern kann. Es ist auch vorzüglich als Ampelpflanze geeignet. Im Herbst sterben die Triebe ab, oder wie der Gärtner sagt: »sie ziehen ein« und entwickeln sich dann im zeitigen Frühjahr neu. An den dünnen Trieben sitzen kreisrunde, blaugrüne, gelblich gefleckte Blättchen. Bei sonnigem Stand färben sie sich schön rot und bringen prächtige rosa Blütendolden. Braucht sehr sandige Erde, Düngung nicht erwünscht. (Heimat: Japan.)

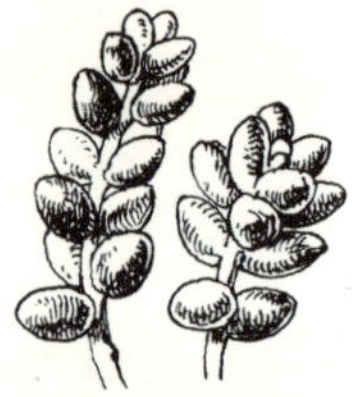

Sedum stahlii

ist eine reizende kleine Pflanze bei magerer, vollsonniger Kultur. Bei Lichtmangel wird sie zu lang und verliert ihre Schönheit. An dünnen Stengeln sitzen gegenständig rotbraune, eirunde Kugelblättchen. Blüten gelb, über der Pflanze als Trugdolde. (Heimat: Puebla, Mexiko, Karte II, N 12.)

Dieser auffallenden, kleinen Art ähnelt im Aufbau *S. polyrhizum* mit dunkelgrünen Blättchen und rötlichen Luftwurzeln sowie *S. oaxacanum* mit graugrünen, etwas weiß gewarzten Blättern.

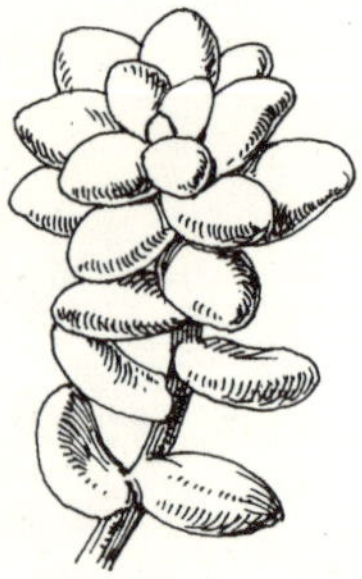

Sedum treleasei

Halbstrauch mit dickfleischigen, später holzigen, braunen Ästen, die wechselständig mit länglich-eiförmigen, bis 3 cm langen und 15 mm breiten, blaugrünen, grau bereiften Blättern besetzt sind. Blüten hellgelb. (Heimat: Mexiko, Karte II.)

Diese Art wird häufig mit *S. ebracteatum* verwechselt, das aber an den runden, eiförmigen Blättern, die waagerecht abstehen und nur 25 mm lang sind, gut zu unterscheiden ist. Auch *S. pachyphyllum* mit seinen roten Blattenden hat etwas Ähnlichkeit, aber dieses und das weiß bereifte *S. allantoides* sind gut als andere Arten zu erkennen.

Die Behandlung auch der nicht winterharten macht keinerlei Schwierigkeiten, wenn wir sie nur kühl überwintern können, da sie sonst leicht vergeilen. Der kühle Stand bedingt natürlich trockene Überwinterung, während sie im Sommer im Freien stehend auch Regengüsse vertragen.

Winterhartes Sonnenmoos – Sedum

Diese Sedum sind zwar nicht für Zimmerpflege geeignet, wohl aber für große Balkonkästen, Dachgärten und natürlich ganz besonders für Steingärten und Trockenmauern. Wenn die Frühjahrsblüher des Steingartens abgeblüht sind, kann man die Polster der winterharten Sedum als Sommerblüher gar nicht entbehren. Über ihre bescheidenen Ansprüche ist nichts weiter zu sagen, als daß sie sandige – keinesfalls gedüngte – Erde und eine vollsonnige Lage an trockener Stelle lieben. Einige der schönsten seien hier nach Blütenfarben getrennt aufgezählt.

Sedum hispanicum

In verschiedenen *gelben* Tönen blühen:

Sedum acre, »Scharfer Mauerpfeffer«, aus Europa und Asien stammend, rasenbildend, grüne Polster.

Sedum aizoon, aus Mittel- und Nordasien, wächst aufrecht, wird bis 40 cm hoch, während das sehr ähnliche, hübsche kleine Polster bildende *S. ellacombianum* viel niedriger bleibt (nur 15 cm hoch).

Sedum kamtschaticum, aus Nordostasien wird 15 bis 25 cm hoch, seine Blätter sind etwas gezähnt. Es gehört zu *S. aizoon,* bleibt aber viel niedriger.

Sedum middendorfianum, aus Sibirien und der Mandschurei, 20 cm hoch, lineal-lanzettliche Blätter, bräunlich.

Sedum reflexum, aus West-, Nord- und Mitteleuropa, 15 cm hoch, saftig-blaugrünes Laub.

Sedum reflexum

Sedum rupestre, aus Westeuropa, sehr ähnlich dem vorigen, rasenbildend, grün bis blaugrün, widerstandsfähig.

Sehr unterschiedliches *Rot* in der Blütenfarbe haben:

Sedum album var. murale, von Europa über Asien bis Nordafrika verbreitet, wächst kriechend, hat purpurrote Blättchen und rötliche Blüten.

Sedum anacampseros, beheimatet von Spanien bis Tirol, 10 bis 15 cm hoch, Triebenden Rosetten tragend, Blüten purpurrot.

Sedum ewersii, aus Zentralasien, kriechender Wuchs, blaugrünes Laub, Blüten dunkelrosa.

Sedum spectabile

Sedum sieboldii, stammt aus Japan, rosa blühend, schon als Zimmer-Sedum erwähnt, gilt als bedingt winterhart.

Sedum spectabile, aus Japan und China, 40 cm hoch, große Dolden, leuchtendkarmin.

Sedum spurium, aus dem Kaukasus, 15 cm hoch, gut bodenbedeckend, auch Schatten vertragend, Blüten rosa bis dunkelrot. Es gibt aber auch weiß blühende Formen wie z. B. *S. oppositifolium.*

Sedum stoloniferum, aus Südwest-Asien, steht dem vorigen nahe, hat aber zartere, sternförmige, rosa Blüten.

Sedum spurium »Splendens«

Sedum plurcicaule, Heimat Nordasien bis Japan, vieltriebig niedrig, Blüten purpurrot.

Von *weiß* blühenden Arten nenne ich:

Sedum album, aus Europa, Asien und Afrika, zierliche Polster, besonders schön ist das sehr kleinblättrige grüne *S. album var. micranthum chloroticum*

Sedum dasyphyllum, zierliche, blaugrüne Zwergart aus dem Alpen- und Mittelmeergebiet.

Sedum gracile, aus dem Kaukasus, bildet dichte Rasen von nur 5 cm Höhe ähnlich den gelbblühenden *S. boloniense* und *S. acre.*

Sedum lydium, aus Kleinasien, dicht rasenbildend, graugrün, oft rötlich.

Sedum lydium

S. arachnoideum

Winterharte Steinrosen – Sempervivum

Auch sie gehören zu den **Crassulaceen** und stehen morphologisch den ***Aeonien*** sehr nahe, die früher gleichfalls Sempervivum genannt wurden.

Steinrosen taufte sie der große Staudenzüchter und Schriftsteller Dr. h. c. Karl Foerster, und diese treffende Bezeichnung wollen wir beibehalten. Die schönsten Rosetten ähneln tatsächlich einer zu Stein erstarrten Blumenkönigin. Aber sind sie wirklich starr? Nein, *semper vivum* bedeutet, sie sind »immerlebend« und außerdem sehr wandelbar im Aussehen. Schaut sie euch an im Rauhreif des sonnigen Wintermorgens oder in praller Lebensfülle nach einem Frühlingsregen! Schaut sie an zusammengeballt in Abwehr der Gluthitze des Sommers: Immer wechselnd ist das Bild dieser Edelsteine des Pflanzenreiches.

Die Steinrosen haben als europäische Sukkulenten ein Recht, hier mit aufgezählt zu werden, wenn wir sie im Zimmer auch nicht verwenden sollten. Sie lieben volle Sonne und einen humusarmen, sandigen Boden, der sogar teilweise kalkreich sein darf. Im Winter ist ein Überdecken als Kälteschutz nicht empfehlenswert, da es das Licht abhält und dem Ungeziefer Unterschlupf bietet. Größte Trockenheit vertragen die Semperviven besser als jede andere Staude. Sie blühen fast alle im Juni bis Juli. Zu den schönsten Arten zählen:

S. calcareum

Sempervivum arachnoideum, dicht weißübersponnener Perlenspinnwurz mit roten Blüten; kleine Rosetten.

Sempervivum arachnoideum ssp. tomentosum, aus den Westalpen, schönster Silberspinner, rote Blüten; kleine Rosetten.

Sempervivum calcareum, »Kalk-Steinwurz« aus den Westalpen, Rosetten von 4 bis 6 cm Durchmesser, hellgraugrün mit dunklen Blattspitzen.

Sempervivum ciliosum, *(S. borisii var. ciliosum)* vom Balkan, mit kugeligen, an den Rändern gewimperten Rosetten wie *Echeveria setosa.* Blüten gelb.

Sempervivum-Hybridum »Alpha«, bräunlich und silbern übersponnene Züchtung, kleine Rosetten.

Sempervivum-Hybridum »Metallicum Giganteum«, »Rotsandstein-Riese« ist der Garten-Name für eine *S. tectorum*-Form mit großen, herrlich gefärbten Rosetten.

Sempervivum-Hybridum »Triste«, »Kupfer-Steinrose«, eine Sorte von *S. tectorum,* schön kupferrot, mittelgroß.

S. ciliosum

Sempervivum marmoreum, (S. rubicundum) »Mahagoni-Stein«, eine Form von *S. clusianum* (syn. *S. schlehanii*), kräftig braun getönt, stammt aus Siebenbürgen, mittelgroße Rosetten.

Sempervivum pumilum aus dem Kaukasus bildet kleine Rosetten von nur 1 cm Durchmesser mit kurz gespitzten, lang gewimperten Blättern und bläulich-roten Blüten.

Sempervivum reginae-amaliae, »Bronzewirbel-Steinrose«, ist eine Form von *S. heuffelii* und stammt vom Balkan. Die Blattspitzen der großen Rosetten sind braunrot getönt, Blüten gelb.

Sempervivum soboliferum (heute Jovibarba sobolifera genannt), der »Kugel-Steinwurz« aus Ostalpen und Balkan, mittelgroß, grün, vermehrt sich durch kegelig dem Körper aufsitzende Rosetten, in England volkstümlich »hen and chicken« (Henne und Kücken) genannt.

Sempervivum tectorum ssp. lamottei, graugrüne »Panzersteinwurz«, verträgt auch Halbschatten und bildet mit seinen mittelgroßen Rosetten dichten Bodenpanzer.

S. soboliferum

Orostachys spinosus

Orostachys spinosus,

die »dornige Bergähre«, ist bekannter unter dem Namen Umbilicus, die Nabelpflanze. Die schöne, bei trockenem Stand winterharte Felsstaude hat eine sempervivum-ähnliche, blaugraue Rosette mit eingesenkter Mitte. (Heimat: Ostasien. Im Pamir-Gebirge wächst sie in Höhen bis 4439 m.)

Commellinengewächse – Commellinaceae

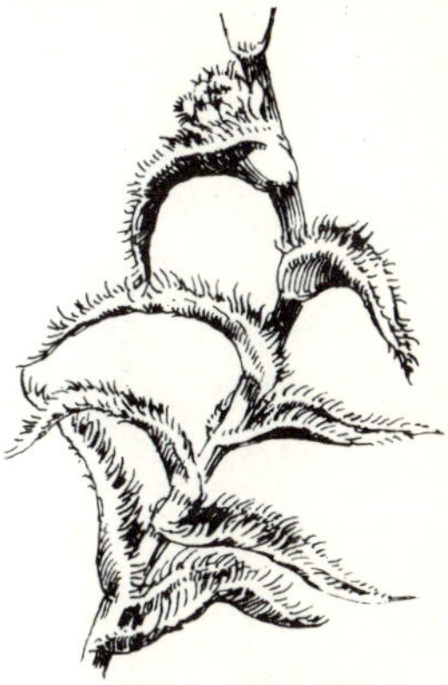

Cyanotis somaliensis

aus der Tradescantia-Verwandtschaft, auch »Katzenöhrchen« genannt, ist ein reizendes blaublühendes Pflänzchen und wirkt gar nicht dickfleischig und sukkulent. Es ist aber doch sehr gut in der Lage, lange Trockenzeiten zu überstehen, da es seine bräunlich-dunkel-grünen, schmalen, etwa 3 cm langen Blättchen bei Wassermangel ganz zusammenrollt und den Spalt durch die langen weißen Grannenhaare der Blattränder überdeckt, so daß die Verdunstung stark reduziert wird. Die Blätter sind stengelumfassend, die Oberseite stark rinnig. Die kurzen, beblätterten Blütentriebe zeigen aus den Blattachseln cyanenblaue Blüten mit goldgelben Staubbeuteln. Das niedrige, kriechende Pflänzchen verträgt im Winter wenig Feuchtigkeit, ist aber sonst nicht heikel. (Heimat: Ostafrika, Somaliland, Karte I, F–G, 12, 13.)

Tradescantia navicularis

nach ihrem Bau die »Kettenpflanze« genannt, bleibt bei richtiger Pflege noch kleiner und gedrungener als die vorstehend beschriebene Pflanze. Sie wächst kriechend und hat kurzgliedrige Stengel. Die fleischigen, graugrünen Blätter liegen dachziegelartig übereinander, je zwei gegenüberliegende bilden einen an beiden Enden spitz auslaufenden Kahn, was den Anlaß zu dem Namen: »kahnförmig« gab. Violette »Dreimasterblumen« in kleinen Trugdolden. Kühl überwintern. (Heimat: Südamerika, Nordperu, Karte III, E–F, 2–3.)

Körbchenblütler – Compositae

Von bekannten sukkulenten Gattungen gehören *Othonna*, *Kleinia* und *Senecio* zu den Korbblütlern. Neuerdings zählt Kleinia mit unter Senecio. Es sind meist niedrige Sträucher mit fleischigen Ästen und knolligem Wurzelstock. Ihre Blüten stehen endständig, einzeln oder in Doldentrauben. Sie brauchen sandige, nahrhafte Erde und einen hellen Stand, der im Winter nicht wärmer als 12 °C sein darf. Einige Arten mit verdickten holzigen Trieben sind übrigens Winterwachser.

Senecio amaniensis

bildet aufrechte, dicke graugrüne Stämmchen mit schräg nach oben gerichteten, spateligen, hellgrünen und rotgeränderten Blättern an kurzem Stiel. Die Blüten stehen an langen Stengeln und sind gelbrot. (Heimat: Südafrika, Ostusambara bei Amani, Karte I, I 10–11.)

Ähnlich, aber grau bereift und etwas zugespitzt beblättert ist *S. fulgens* aus Natal, mit dicker, knolliger Wurzel. *S. grantii* hat eiförmig-spatelige, 5 bis 7 cm lange, blaßgrüne Blätter. Auch *S. sempervivus* mit grünen, unterseits rötlichen Blättern gehört in diese Gruppe.

Senecio articulatus,

der gegliederte S., bringt 1 bis 2 cm dicke, stielrunde, hell-blaugraue bereifte Glieder von verschiedener Länge hervor. Die an langen Stielen sitzenden, gefiederten Blättchen sind hellgrau, die gelblichen Blüten sitzen in Doldentrauben an einem langen Schaft. Diese Art wächst besonders leicht, sollte aber von März bis September trocken gehalten werden. Winterwachser! (Heimat: Kapprovinz, Uitenhage-Distr., Karte I, O 9.)

Auch *S. kleinioides* hat gestielte Blättchen, jedoch viel dickfleischiger, fast löffelartig gehöhlt, hellgrün, abwischbar bläulichweiß bereift, in drei kurze Zähnchen auslaufend.

Senecio haworthii,

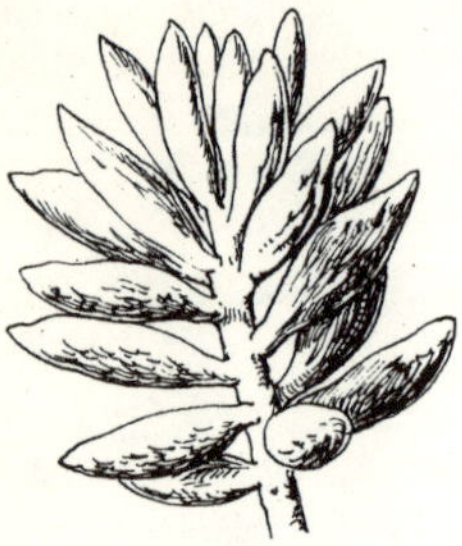

früher bekannt als *Kleinia canescens*, der »weißgraue S.«, müßte eigentlich der »Schneeweiße« heißen. Die niedrigen Stämmchen und die stielrunden, nach beiden Seiten zugespitzten Blätter an ganz kurzen Stielen sind mit dichtem weißem Filz überzogen. Bekommt diese schöne Pflanze zuviel Wasser, so wird sie schnell dick und »platzt aus dem Anzug«, wie man es scherzhaft nennen kann. Unter der weißen Filzhaut wird dann der grüne Pflanzenkörper sichtbar. Sie muß im Winter hell, kühl und sehr trocken stehen und darf nicht einmal im Sommer stark gegossen werden. (Heimat: Südafrika, Kapland, Karte I, O 8.)

Diese Art war schon vor 1795 nach England gekommen. Später hieß sie längere Zeit *Kleinia tomentosa*. Bei dem gleichfalls weißfilzigen *S. scaposus* sind die stielrunden Blätter viel schlanker und sitzen dichter an der fast stammlosen Pflanze.

Senecio herreianus

hieß früher *Kleinia gomphophylla*, das »Kugelblatt« oder auch die »Stachelbeerkleinia«. An niederliegenden, rasenbildenden, verzweigten Ästen sitzen kugelig, kurz gespitzte Blätter, die wirklich wie hellgrüne Stachelbeeren aussehen. Interessant sind die bis 2 mm breiten, lichtdurchlässigen Streifen auf diesen Blättern, die den Zellen im Innern ein Assimilieren des Sonnenlichts ermöglichen, ohne daß große Blattflächen der Verdunstung preisgegeben sind. Besonders schön entwickeln sich diese »Beeren« bei sehr hellem Stand. Man soll die Pflanze nicht übermäßig viel gießen. (Heimat: Südwestafrika, Groß-Namaland, Karte I, N 7.)

Kleinere, eiförmige, zugespitzte Blättchen von 4 bis 5 mm Durchmesser und ähnlichem Habitus hat *S. pusillus*.

Senecio kleiniae

ist eine sehr beliebte Art, die vielfach noch unter ihrem alten Namen *Kleinia neriifolia*, die »oleanderblättrige K.«, bekannt ist. Die weiß bereiften Triebe des quirlig verzweigten Stammes bringen an den Triebenden fast rosettenartig stehende, etwa 1 cm breite und bis 12 cm lange, leicht zugespitzte, graugrüne Blätter mit dickem Mittelnerv. Die gelben Blüten stehen in Doldentrauben angeordnet. Die Art ist wüchsig, aber empfindlich gegen Nässe und muß auch während der Ruhezeit, die in den Spätsommer fällt, trocken gehalten werden. Winterwachser! Die unteren Blätter trocknen ein und hinterlassen weiße Narben, die aber die dekorative Wirkung dieser schönen Pflanze nur erhöhen (Heimat: Kanarische Inseln, Karte I, B 1.)

Auch bei *S. subulatus* haben die Stämmchen zahnähnliche Blattnarben, die pfriemlichen, bald abfallenden Blätter sind aber nur 4 cm lang. Bei *S. anteuphorbium* sind sie noch kürzer (nur 1,5 bis 3,5 cm lang und 5 bis 10 mm breit), laufen in kurze Dornenspitzen aus und sitzen in größerem Abstand. Die Stämme sind mit dunklen Linien gezeichnet.

Senecio kleinioides (S. longiflorus v. violaceus),

auch fälschlich *S. cuneatus* genannt, hat ähnliche Blattstellung wie *S. articulatus*, doch sind die Blattstiele dicker und gehen in das Blatt ohne sichtbaren Ansatz über. Die Blätter sind – besonders in der Ruhezeit – nach oben zusammengerollt, und auch die Oberseite des Stiels ist zu einer Rinne vertieft. Die Blätter haben drei Spitzen bzw. Zähnchen, sind hellgrün und bläulichweiß bereift. (Heimat: Südafrika, Karte I, N–O, 7–9.)

Bei *S. usambariensis* stehen die etwas herzförmigen, hellgrünen Blätter locker angeordnet auf 2 bis 3 cm langen Stielen und sind 3 bis 4 cm groß, mitunter klein gezähnt. *S. tropaeolifolius* hat schildförmige, unregelmäßig buchtige, rötlich gezähnte, etwa 2,5 cm große, hellgrüne Blätter.

Senecio scaposus,

der »mehrschäftige S.«, ist fast stammlos. Die zahlreichen, weißfilzigen, stielrunden Blätter sind mit wenigen mm Durchmesser viel zierlicher als bei S. haworthii, stehen auch viel dichter und bilden so eine gedrungene Rosette. Die gelben Blüten sitzen auf langem Schaft. Diese schöne Art ist im Winter nässeempfindlich, zumal bei Befeuchten von oben der weiße Filzüberzug die Feuchtigkeit zu lange hält. (Heimat: Östliches Kapland, Afrika, Karte I, O 9.) Wesentlich dicker sind die stielrunden, oben und unten zugespitzten Blätter von *S. haworthii*, die ebenso mit dichtem, weißem Filz überzogen sind.

Senecio serpens,

(auch *repens*), der »kriechende S.«, hat niederliegende, stark verzweigte Ästchen, die rundliche, nach oben gerichtete, blau bereifte Blätter von 3 bis 4 cm Länge tragen, an den Astspitzen ziemlich dicht stehend. In der Trockenzeit sind sie an der inneren Seite etwas gefurcht. Ihre Blüten sind weiß. (Heimat: Kapland, Südafrika, Karte I, O 8–9.)

S. cylindricus ist hellgrün, grau bereift und hat 6 bis 8 cm lange Blätter von etwa 8 mm Dicke. Bei dem stark bläulich bereiften *S. ficoides* sind die Blätter sogar 9 bis 15 cm lang und 7 mm dick. Von gleicher Länge sind die Blätter von *S. acaulis*, doch sind sie stengelumfassend, hellgrün mit rötlicher Spitze, und außerdem wird die ganze Pflanze nur 5 bis 7 cm hoch.

Senecio stapeliaeformis,

der »stapelienförmige S.«, bildet bis 2 cm dicke, aufrechte Stämmchen, die an ihren 5 bis 7 Kanten dicht mit wenigen mm langen, nach oben stehenden Blattrudimenten besetzt sind und sich durch unterirdisch austreibende Ausläufer vermehren. Zwischen den Kanten sind die Stämmchen graugrün und mit kurzen, nicht zusammenhängenden, dunkelgrünen Strichen gezeichnet. Die schönen, endstämmigen Blüten sind scharlachrot, sie wirken wie rote Nelken. Diese Art liebt eine wasserdurchlässige, aber doch lehmige Erde und muß das ganze Jahr, auch in der sommerlichen Ruhezeit, sehr trocken gehalten werden. Winterwachser! (Heimat: Östl. Kapland, Afrika, Karte I, O 9.) Wie mit unterirdischen Ausläufern der vorstehenden Art wächst der eigenartige *S. pendulus*. Teils niederliegend, auch unterirdisch kriechend, teils sich wieder aufrichtend wachsen die graugrünen oder bräunlichen, mit dunklen Linien gezeichneten Pflanzen, orange bis blutrot blühend.

Senecio stapeliaeformis var. gregori,

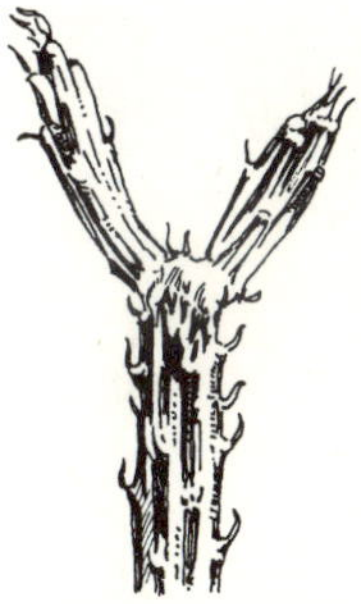

in Amerika »Pepermint-stick« genannt, ist vom Typ durch die dünneren, mehr rundlichen Triebe unterschieden. Die fünfkantigen, wenig verzweigten Stämmchen sind stärker mit dunkelgrünen, den Stamm herablaufenden Linien gezeichnet. Die schmalen Blätter von 3 mm Länge stehen nur am Neutrieb, fallen dann ab und hinterlassen zahnartige Narben auf den Rippen. Auch bei dieser Varietät sind die meist endständigen, gestielten Blütenköpfchen ziemlich groß und scharlachrot. Vermehrung auch durch Rhizome. (Heimat: Ostafrika, Kenya, Karte I, I 11.)

Junge Stammstücke des hoch werdenden *S. longiflorus* ähneln der vorstehenden Art durch die von den Blattnarben herablaufenden drei dunklen Linien, während der ihr nahestehende *S. madagascariensis* durch seine sparrigen Äste schon fast eine Konvergenz-Form zu *Euphorbia pteroneura* ist.

Othonna capensis,

auch als *Othonna crassifolia* bekannt, gehört gleichfalls zu den Korbblütlern. Die kleine, rasenbildende Pflanze ist als Bodenbegrüner, aber auch als Ampelpflanze gut verwendbar und erfreut uns bei hellem Stand viele Monate lang mit ihren zahlreichen gestielten, gelben Blütchen. Die stielrunden, kurzen Blättchen sind hellgrün und sehr vollsaftig, so daß sie bei stehender Nässe leicht faulen. Die Art bereitet keinerlei Pflegeschwierigkeiten, wenn sie bei etwa 12 °C überwintert und in sandiger Erde nur mäßig feucht gehalten wird. (Heimat: Südafrika, Kapland, Karte I, O 8, 9.)

Wolfsmilchgewächse – Euphorbiaceae

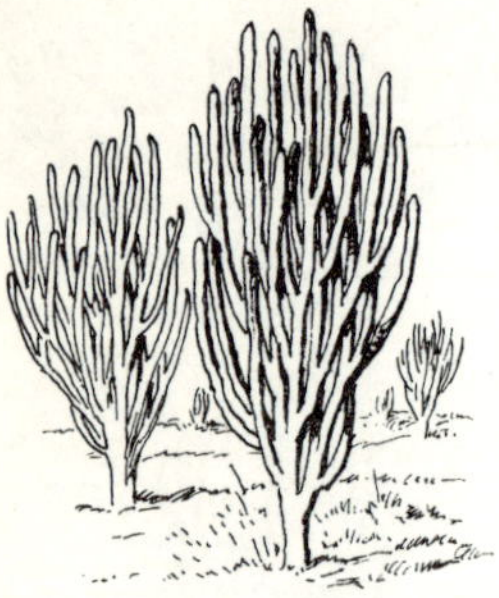

Euphorbien sind von allen sukkulenten Pflanzen den Kakteen am ähnlichsten. Ihre bizarren Silhouetten geben in vielen Teilen Afrikas dem Landschaftsbild seine charakteristische Note, gehören doch bis 10 m hohe, vielfach verästelte, kandelaberartige Säulen zu den markantesten Vertretern dieser schönen Pflanzenfamilie. Auch andere kakteen-ähnliche Pflanzen finden wir unter ihnen, dornige Sträucher mit dünnen Ästen, drei- bis vielkantige Stämmchen, Medusenhäupter mit Schlangentrieben, stehende oder hängende Stäbchen, beblätterte Keulen und schließlich die vollendete Kugel der seltenen *Euphorbia obesa*. Diese Vielgestaltigkeit ließ manche Euphorbien-Spezialsammlung entstehen.

Während einige Arten ihre Blätter fast das ganze Jahr über behalten, sind sie bei anderen verkümmert am Neutrieb und fallen bald ab.

Scharlachrot leuchten aus dem Grün die Hochblätter des »Christusdorn«, gelb, braun bis grünlich sind alle anderen Euphorbienblüten gefärbt, zwar klein, aber durch die Menge wirksam. Unter der Lupe sind ihre Formen hochinteressant anzusehen, darunter auch die zweihäusigen Arten, deren Blüten entweder nur Staubblätter oder nur Stempel aufweisen.

Wer die wenigen Samenkörner nach voller Reife ernten möchte, tut gut, sie mit Zellophan zu überdecken, da sie beim Aufspringen der Kapseln bis acht Meter weit fortspringen.

Für die Zimmerpflege sind die Euphorbien besonders gut geeignet. Im Gegensatz zu den meisten Sukkulenten, denen es im Winter in unseren Wohnräumen zu warm ist, vertragen Euphorbien etwas mehr Wärme, obgleich man sie auch bei nur 10 bis 12 °C verlustlos überwintern kann.

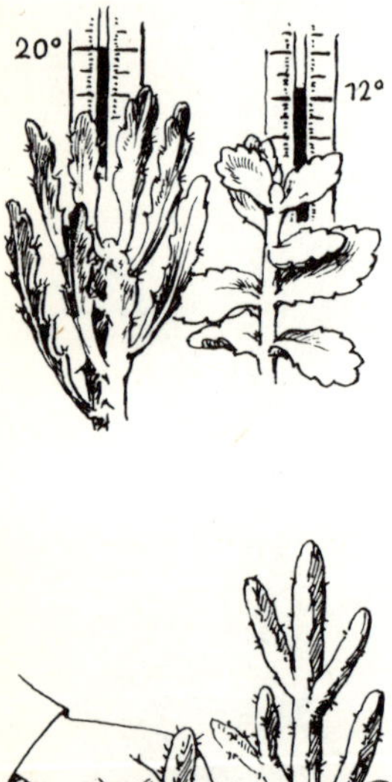

Die sandige Erdmischung soll bei Euphorbien schon etwas nahrhafter als bei anderen Sukkulenten und Kakteen sein. Die Wassergaben können wir nach der Gestalt der Pflanzen bemessen: Beblätterte, dünn- und vieltriebig wachsende Arten werden im Sommer reichlicher gegossen, während kompakte, dicktriebige und kugelige Formen nur sehr sparsam und vorsichtig bewässert werden. Das oft von der Natur aus nur schwache Wurzelwerk der letzteren ermöglicht ihnen auch nur eine spärliche Wasseraufnahme. Wenn man nicht genau weiß, wieviel Wasser die Pflanzen brauchen, wird man besser tun, wenig zu gießen, denn gegen Trockenheit sind sie erstaunlich unempfindlich. Wenn Euphorbien auch gern in voller Sonne wachsen, so muß man in den unnatürlichen Verhältnissen hinter Glas doch manchmal leichten Schatten geben, um Verbrennungen zu vermeiden. Gut ausgereifte Stecklinge von Kopf- oder Seitentrieben taucht man nach dem Schnitt kurz in Wasser, um das »Bluten«, das Austreten des weißen Wolfsmilchsaftes, zu unterbrechen, da dieser Saft oft die Schnittfläche allzustark verkittet und die Wurzelbildung erschwert. Dann läßt man sie einige Tage gut abtrocknen und behandelt sie wie andere Stecklinge. In eine Mischung von Sand und Torfmull gesteckt, wurzeln sie in gespannter Luft ziemlich schnell.

Eines muß beim Stecklingsschnitt oder wenn Kinder mit den Pflanzen in Berührung kommen, stets beachtet werden: Der Milchsaft der Wolfsmilchgewächse ist – in den Magen gebracht – giftig, er darf auch nicht in die Augen gelangen, weil dadurch schwere Entzündungen entstehen können. Deshalb ist immer größte Vorsicht geboten! Schon im Altertum kannte man das Gift und benutzte es in den Mittelmeerländern beim Fischfang. Gebündelte Euphorbienzweige wurden geklopft, damit der Saft heraustrat, und mit Steinen beschwert in das Wasser geworfen. Die Fische kamen dann betäubt an die Wasseroberfläche. Auch medizinisch als Purgans wurde die Droge »Euphorbium« verwendet. Ihren Namen verdankt die Euphorbia dem Leibarzt des numidischen Königs Juba II., der die medizinische Verwendbarkeit des Milchsaftes der *Euphorbia resinifera* entdeckte. Diese Droge war ein wichtiger Exportartikel der numidischen Seestadt Mogador. Später verwendeten die Buschmänner den Wolfsmilchsaft als tödliches Pfeilgift, und auf Djawa war er als Brechmittel bekannt. Die Inder verwendeten die Wurzel mit Pfeffer vermischt gegen Schlangenbisse und eingedickt zum Verkitten. Im Kaukasus benutzte man Euphorbiensaft zum Gelbfärben der Swant-Wolle. Der Pflanze selbst dient er zum Wundenschließen wie das Harz unseren Bäumen.

Von Schädlingen werden Euphorbien kaum heimgesucht, nur einige Arten neigen bei langsamem Wachstum zur Korkbildung an der Oberhaut der älteren Pflanzenteile. Das ist aber ein natürlicher, nicht krankhafter Vorgang.

Die beschriebenen 345 Arten werden in 27 Gruppen geteilt, deren verdeutschte Namen ich nach Möglichkeit hier mit aufführe, damit der Pflanzenfreund ihre Verwandtschaft erkennen und die Gewächse gleich behandeln kann. In der nachfolgenden kleinen Auswahl bleiben allerdings die für Zimmerpflege ungeeigneten und nicht in gärtnerischen Sortimenten vorkommenden Gruppen unerwähnt.

Die frei übersetzten *Namen der Gruppen* erklären sich wie folgt:

Zweistachler

tragen an jedem ihrer Dornenpolster zwei nach beiden Seiten gerichtete Dornen, die meist etwas nach unten stehen. Zweistachler sind am häufigsten bei den leichtwachsenden Arten.

Dornenblüher

haben ihren Namen nach der Eigenart, aus unentwickelten Blütenständen Dornen zu bilden.

Melonenförmige

bezieht sich auf die Form des Pflanzenkörpers.

Fingerblüher

bringen am Ende kleinfingerglied-ähnlicher, aneinandergereihter Triebe ihre gestielten Blüten.

Medusenköpfe

bilden einen dicken Haupttrieb, aus dem viele schlangenartige Arme hervorsprossen, vergleichbar den Haaren einer Meduse.

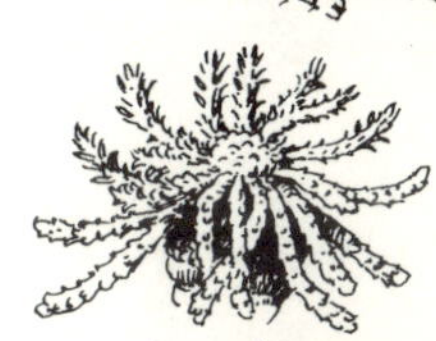

Scheinmedusen

sind den Medusenköpfen sehr ähnlich. Ihre unteren »Schlangenäste« sterben mit zunehmendem Alter der Pflanze ab.

Blätterkronen

haben meist verdickte Stämme, aus deren Scheitel ein dichter Schopf lanzettlicher Blätter oder krautiger Triebe hervorwächst. Die schuppenartigen Ansatzstellen der abgefallenen Blätter stehen bei älteren Pflanzen spiralig um den Blätterschopf.

Stäbchenglieder

nenne ich die meist stielrunden, dünnen Äste, die kurz gegliedert, fast kahl wie kurze Stäbchen aufeinandersitzen.

Flügelripper

wirken wie kantige Stäbchen, die Kanten flügelartig zusammengepreßt.

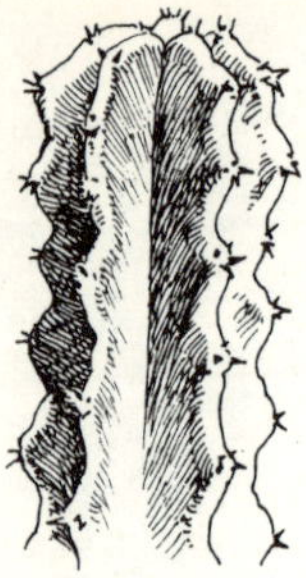

Euphorbia acrurensis

(Gruppe: Zweistachler). Sehr hohe, quirlig verzweigte Bäume, Rippen dünn, flügelartig, mit wellig verbogenen Schwielennerven, schräg nach den Dornenpolstern verlaufend. Dornen im Abstand von etwa 3 cm, nur 3 mm lang, aufrecht abstehend, dunkelbraun. Wird oft mit *Euphorbia abyssinica* verwechselt, die in die gleiche Gruppe gehört wie auch die ähnlichen *Euphorbia neglecta, neutra* und *disclusa.* (Heimat: Ostafrika, Hochebenen von Eritrea, Karte I, E 11.)

Während *E. disclusa* wie *E. acrurensis* als vierrippig bezeichnet wird, schwankt bei *E. abyssinica, neutra* und *neclecta* die Rippenzahl der Äste zwischen 5 und 8. Bei *E. neclecta* sind die Äste durch Einschnürungen in mehr oder weniger lange Teilstücke gegliedert.

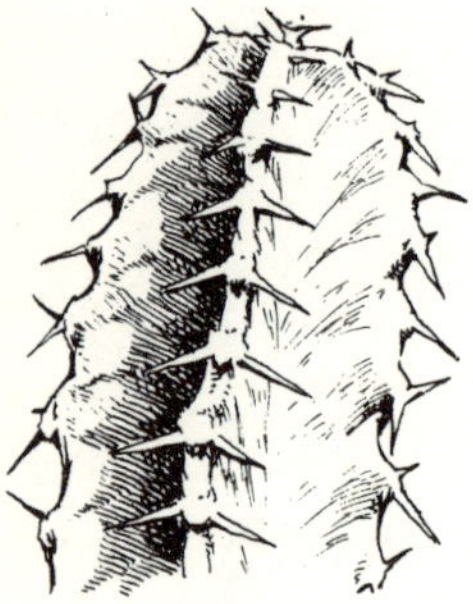

Euphorbia ammak

(Gruppe: Zweistachler). Im Alter bis 10 m hoch, kandelaberartig verzweigt mit vier- bis fünfkantigen bis 15 cm breiten Ästen. Kräftig dunkelgrün, die Rippen flügelartig zusammengedrückt. An den Kanten in nur 1 cm Abstand sitzen auf dicken Schildchen je zwei waagerecht stehende, 1 cm lange, dunkelbraune Dornen, die die schönen Säulen ganz besonders zieren. Von all diesen groß werdenden Pflanzen können junge Stücke gut als dekorative Säulen in der Sammlung stehen, da sie in Töpfen nicht so schnell wie ausgepflanzt wachsen. (Heimat: Südarabien.)

Auch die 6 bis bis 10 m hoch werdende *E. candelabrum* gehört hierher und wird nach neueren Feststellungen als identisch mit *E. ammak* und *E. ingens* bezeichnet. Ihr Verbreitungsgebiet erstreckt sich von Südafrika bis nach Somaliland, wo diese Kandelaber-Pflanzen der Landschaft ihr charakteristisches Aussehen geben.

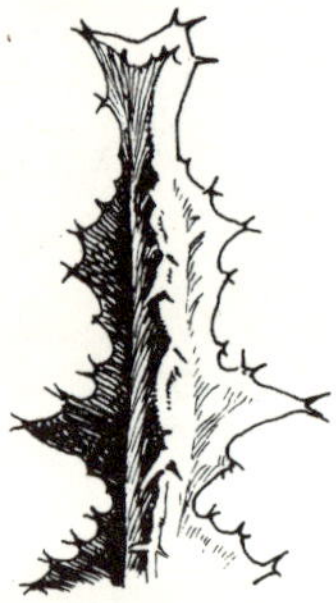

Euphorbia angularis,

die »kantige E.« (Gruppe: Zweistachler). Verzweigter Strauch, die Zweige in fast dreieckige, drei- bis vierkantige Glieder geteilt, die flügelartigen Kanten sind buchtig gezähnt und mit grauer Hornleiste versehen, auf der 4 bis 8 mm lange Dornenpaare sitzen. Sehr bizarre Form, die sich nur noch mit der nachstehend beschriebenen *Euphorbia grandicornis* vergleichen läßt. Diese unterscheidet sich von *E. angularis* durch die wesentlich breitere Form der flügelartigen, hornig gesäumten Rippenteile zwischen den Einbuchtungen und die viel längeren Dornenpaare, deren einzelner Dorn 2 bis 5 cm lang ist. Die Dornen sind hellbraun, später vergrauend. (Heimat: Moçambique, Karte I, K–M, 10–11.)

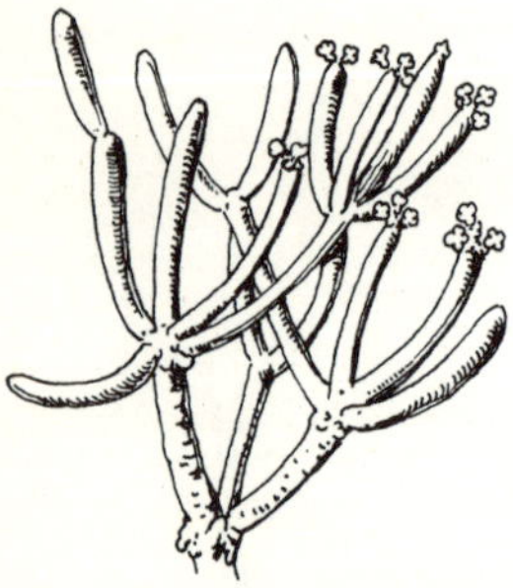

Euphorbia aphylla,

die »blattlose E.« (Gruppe: Stäbchenglieder). Niedriger Strauch mit stielrunden, dünnen, blattlosen Zweigen, reich verästelt, graugrün mit rundlichen Blattnarben. Eine zierliche, gefällige Pflanze, die aus Samen leicht heranzuziehen ist, während sich Stecklinge nur langsam bewurzeln. (Heimat: Kanarische Inseln, Karte I, B 1.)

Ähnliche stielrunde Glieder aus gabelig geteilten Ästen haben die 5 bis 8 m hoch werdenden Sträucher *E. tirucalli* und *E. intissy.* Beide Arten bilden im Neutrieb lineal-lanzettliche, waagerecht abstehende Blättchen von 1 bis 2 cm Länge, die später vom ausgereiften Trieb abfallen. Die gleichfalls einen 2 m hohen Strauch bildende *E. schimperi* unterscheidet sich durch ihre länger stehenbleibenden, dreieckig-länglichen Blättchen von den beiden vorgenannten. *E. leucodendron* hat niederliegende, helle, fast stielrunde Zweige mit punktartigen Blattnarben.

Euphorbia avasmontana

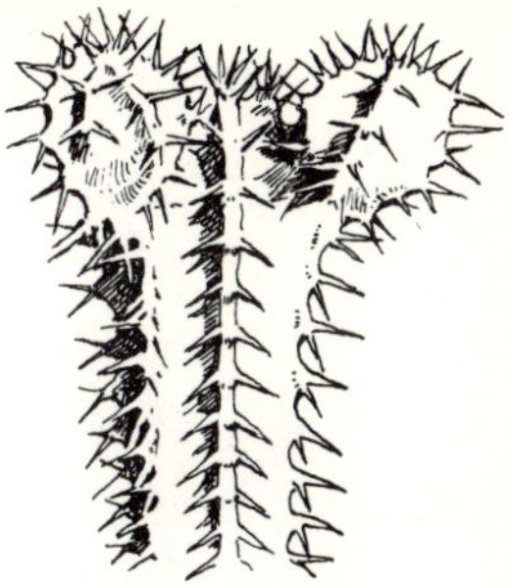

(Gruppe: Zweistachler). Stark verzweigter Strauch mit 5 bis 12 cm langen, gelblich- bis bläulichgrünen, fünf- bis achtkantigen Ästen. Die Dornenschildchen laufen zu einer hornigen Leiste zusammen, auf der in knapp 1 cm Abstand die paarigen 1 bis 2 cm langen Dornen sitzen. (Heimat: Südwestafrika, Auas-Berge, Karte I, M 7.)

Aus gleicher Gruppe ähneln dieser Art die dunkelgrüne 9 bis 10rippige *E. beaumieriana*, die graugrüne, zehn- bis dreizehnrippige *E. fruticosa* mit waagerecht abstehenden 10 bis 20 mm langen Dornen, die hellgrüne, vierrippige *E. subsalsa* mit 4 bis 12 mm langen Dornen, die noch kleine Nebendornen haben und auch waagerecht abstehen, sowie die graugrüne, vier- bis fünfrippige *E. polyacantha* mit braunem, vergrauendem Hornband.

Euphorbia bupleurifolia,

die »hasenohrblättrige E.« (Gruppe: Blätterkronen). Eine der schönsten und seltensten Euphorbien. Dicker kurzer Stamm, meist ungefähr eigroß, ohne Dornen, von schuppenartigen, braunen Blattpolstern überdeckt, die in Spiralreihen stehen. Aus dem Scheitel treibt sie im Sommer ein Büschel schmallanzettlicher, hellgrüner Blätter, die im Winter meist eintrocknen und abgeworfen werden. Die beblätterte Pflanze braucht etwas mehr Feuchtigkeit bei wärmerem Stand in nahrhafter Erde, nach dem Blattabwurf jedoch völlige Trockenruhe. Die gleiche Behandlung brauchen die zu dieser Gruppe gehörigen Arten: *Euphorbia bubalina, clandestina, cylindrica* und *monteiroi.* (Heimat: Südafrika, Kapprovinz, Karte I, N—O, 7—10.)

Euphorbia canariensis

(Gruppe: Zweistachler) bildet in der Heimat herrliche weit verzweigte Sträucher mit bräunlichgrünen, vier- bis sechskantigen Ästen von 5 bis 6 cm Dicke. Schon die kleine Pflanze wirkt durch die dicht paarweise auf den Kanten stehenden Dornen sehr schön, wächst aber ziemlich langsam. (Heimat: Kanarische Inseln, Karte I, B 1.)

E. echinus ist ähnlich, aber hellgrün und nur schwach bedornt. Die graugrüne *E. fruticosa* hat abstehende, 15 bis 20 mm lange Dornen und auch die seltene, hellgrüne *E. subsalsa* hat viel längere Dornenpaare.

Euphorbia candelabrum,

die »Kandelaber-Euphoria«, (Gruppe: Zweistachler) wird bis 10 m hoch, hat vierkantige, an der Spitze beblätterte Äste. Die Kanten sind buchtig gezähnt, die Zähne sitzen in 8 bis 12 mm Abstand. Die paarigen Dornen sind 2 bis 4 mm lang. Sie ähnelt sehr den zur gleichen Gruppe gehörigen *Euphorbien ammak* und *winkleri.* (Heimat: Nordafrika, Sudan, Nilbecken, Karte I, B—H, 9—10.)

Nach neueren Forschungen von Dr. P. R. O. Bally, Nairobi, ist diese Art identisch mit *E. ammak* und *E. ingens* und ist von Südafrika bis Somaliland verbreitet, wo ihre riesigen Kandelaber oft das Landschaftsbild beherrschen. Ähnliche Arten sind an der größeren Rippenzahl zu erkennen: *E. abyssinica* (8), *E. neclecta* (5 bis 8), *E. neutra* (5 bis 8).

Euphorbia caput-medusae

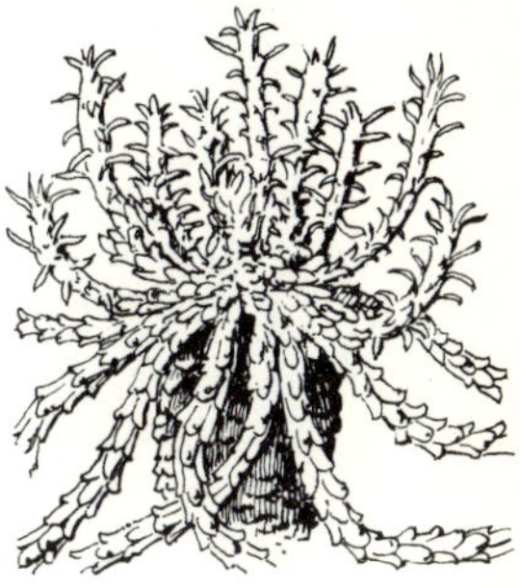

(Gruppe: Medusenköpfe). Kurzer, oben verdickter Stamm, der bis 20 cm Durchmesser erreichen kann. Treibt zahlreiche schlangenförmige, am Ende aufgerichtete, beblätterte Äste, graugrün. (Heimat: Südafrika, Kapprovinz, Karte I, O 8, 9.)

Ähnlich ist *E. esculenta* (esculentus = eßbar, die Art wird in Afrika als Viehfutter verwendet) mit 10 bis 20 cm Durchmesser und dicken Schlagenästen. Da die Blättchen im Gegensatz zur vorigen Art bald abfallen, kann man sie leicht an den kahlen Zweigen erkennen. *E. inermis* ist ihr sehr ähnlich, hat aber dünnere Zweige mit weißen Blattnarben.

Euphorbia coerulescens,

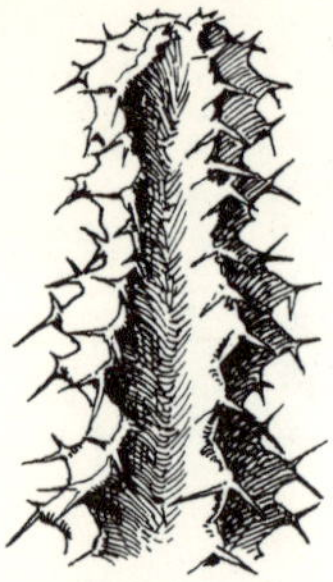

die »bläuliche E.« (Gruppe: Zweistachler). Breit ausladende Büsche bildend, vier- bis sechskantige Äste von etwa 3 cm Durchmesser, hechtblau bereift, buchtig mit bräunlichem Hornband, steif abstehende Dornenpaare von 5 bis 12 mm Länge, dunkelbraun, später grau. (Heimat: Südafrika, Kapprovinz, Karte I, N–O, 7–9.)

In diese Verwandtschaft gehört die langsam wachsende, kräftig bedornte *E. virosa* mit quirlig angeordneten, graugrünen Ästen. Ähnlich ist auch die drei- bis vierkantige, anfangs hellgrüne *E. franckiana*. Die Dornenpaare bilden bei ihr eine fast zusammenhängende graue Hornleiste, ihre Dornen sind braun, später grau mit schwarzer Spitze. *E. venenata* hat sechskantige Äste mit stark zusammengedrückten Kanten und 5 mm lange Dornen, deren Schildchen in einer breiten, hornigen Leiste zusammenlaufen.

Euphorbia echinus,

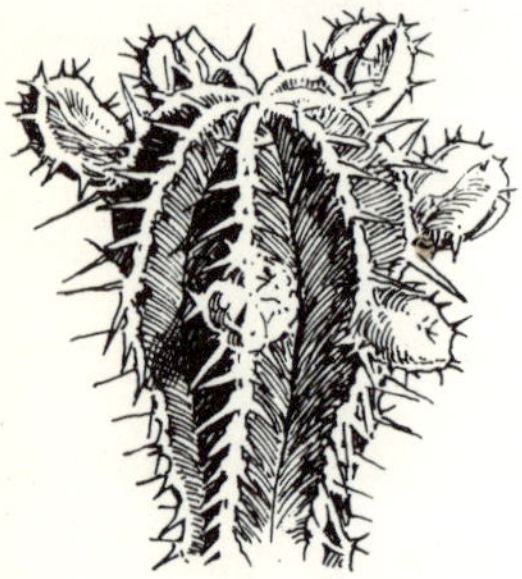

die »Igel-E.« (Gruppe: Zweistachler). Niedrige Stämme mit aufsteigenden, rundlichen, sechs- bis siebenkantigen Ästen, zwischen den Kanten wenig vertieft. Auf oft zusammenfließenden Schildchen paarweise kurze Dornen, erst rötlich, später hellgrau. Durch ihre vielen Seitentriebe wirkt diese Art als erwachsene Pflanze besonders bizarr. (Heimat: Afrika, Südmarokko, Karte I, B 3–4.)

Die ähnliche *E. beaumieriana* ist an der größeren Rippenzahl (9 bis 10) und an der dunkelgrünen Färbung zu erkennen. Auch ihre Dornen sind meist länger. *E. officinarum* hat sogar 10 bis 13 flache Rippen bei 6 bis 8 cm Durchmesser und steht der *E. beaumieriana* sehr nahe.

Euphorbia enopla

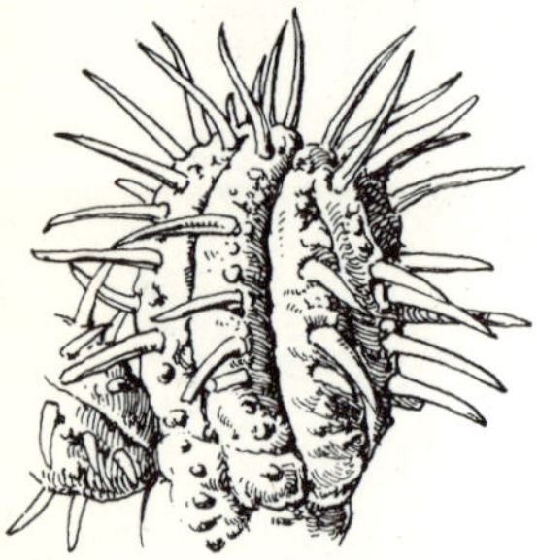

(Gruppe: Dornenblüher). Vielverzweigter Strauch mit sechs- bis siebenkantigen graugrünen Ästen, zwischen den Kanten wenig vertieft, die Kanten gerade und mit 1 bis 2 mm dicken, orangeroten, verdornten Blütenstielen besetzt. (Heimat: Südafrika, Kapprovinz, Karte I, O 8–9.)

Die ähnliche *E. aggregata* hat einen quirlig verästelten Stamm mit acht- bis neunkantigen Ästen und zahlreichen roten, verdornten Blütenständen. *E. pulvinata* hat meist 7 Rippen, und auch bei ihr sind die verdornten Blütenstände weinrot bis purpurbraun im Neutrieb.

Euphorbia ferox,

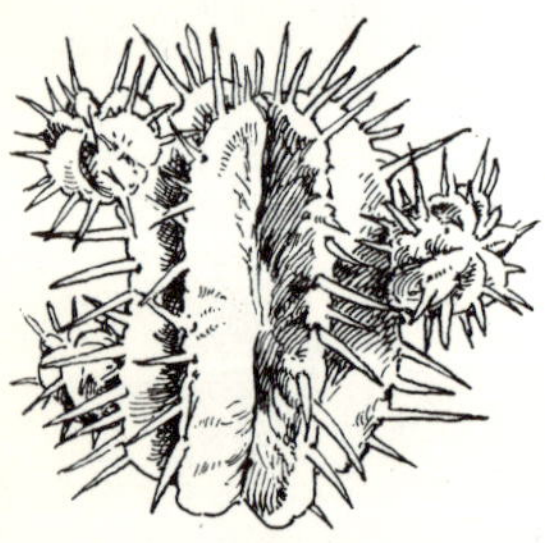

die »wildbewehrte E.« (Gruppe: Dornenblüher). Kleine, mitunter fast kugelige Pflanzen, seitlich sprossend und vielköpfige Gruppen bildend. Die hellgrünen Körper sind 3 bis 4 cm dick, haben 9 bis 12 Kanten, die mit braunen, später grauen, verdornenden Blütenstielen besetzt sind. Ältere Pflanzenteile verholzen leicht. Die Art ist äußerst selten und kaum im Handel. (Heimat: Südafrika, Kapprovinz, Karte I, O 8–9.)

Eine gleichfalls sehr seltene Art ist die ähnliche, aber größere *E. horrida*. Die als junge Pflanze ihr ähnliche *E. inconstantia* wird bald sehr säulenförmig und erreicht in ihrer Heimat die Höhe von 1,70 m. Die gleichfalls dick keulenförmige *E. fasciculata* ist stark sechseckig gefeldert, die Felder mit dicken holzigen, verdornten Blütenstand-Stielen besetzt und im Scheitel beblättert. Auch *E. stellaespina* hat ähnliche dicke Keulenform.

Euphorbia fimbriata,

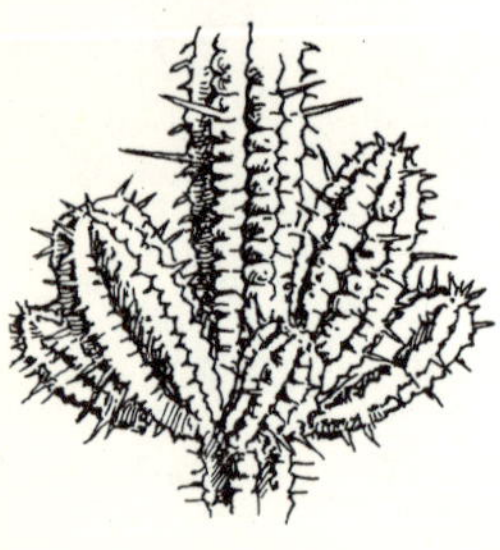

die »gesäumte E.« oder »gefelderte E.« (Gruppe: Dornenblüher). Kleine, am Grunde verzweigte, vielästige Stämmchen, hellgrün mit flachen Rippen, die in sechseckige Felder mit weißen Blattnarben aufgeteilt und reich mit verdornten Blütenstielen besetzt sind. Die Art darf nicht viel gegossen werden. (Heimat: Südafrika, Kapprovinz, Karte I, O 8–9.)

Einen mehr gedrungenen Wuchs mit sechskantigen Warzen und vielen Rippen hat *E. mammilaris*, die nur vereinzelt graue, verdornte Blütenstiele zeigt. Erheblich höher wird die dunkelgrüne *E. cereiformis* mit meist 11 Rippen.

Euphorbia globosa,

die »kugelige E.« (Gruppe: Fingerblüher). Auf knolliger, dicker Wurzel dunkelgrüne, niedrige Pflänzchen mit kugelig gegliederten Ästen, jüngere mitunter etwas länglich, weiße Blattnarben in der Mitte der sechseckigen Felder. Aus den Kopftrieben bis 10 cm lange Blütenstiele, die sich mehrfach gabeln und später verholzt stehenbleiben. (Heimat: Südafrika, Kapprovinz, Karte I, O 8–9.)

Die ebenfalls frischgrüne *E. ornithopus* ist der vorstehenden Art am ähnlichsten. Bei ihr sind die aneinandergereihten Teile eher längliche Kegel von ganz verschiedener Gestalt. Da gibt es waagerecht verlaufende Zweige von 3 cm Länge und bis 1 cm Dicke, einzelne kürzere Glieder, auf denen längere Keulen sich verzweigend aufbauen, alle mit spiralig stehenden, erhabenen Warzen versehen. An den jüngeren Gliedern sitzen auch die langen, gabelig geteilten Stiele mit den interessanten Blüten.

Euphorbia grandicornis,

die »großhornige E.« (Gruppe: Zweistachler). Eine der dekorativsten und schönsten Euphorbien. Aufrechte Stämme aus drei- bis vierkantigen übereinandergesetzten Gliedern, frischgrün, alte Pflanzen in Etagen kandelaberartig-verzweigend, die einzelnen Triebteile tief eingeschnürt. Kanten stark wellig und buchtig mit braunem Hornband und sehr kräftigen Dornenpaaren besetzt. Die Dornen haben 2 bis 5 cm Länge, sind hellbraun, später grau. *Euphorbia angularis* ähnelt etwas dieser schönen Art, ist jedoch viel schwächer bedornt und hat annähernd dreieckige Flügel über den Einbuchtungen. (Heimat: Afrika, Kenya, Tansania, Natal, Karte I, I N, 10, 11.)

Euphorbia grandidens,

die »großgezähnte E.« (Gruppe: Zweistachler). In ihrer Heimat bis 16 m hohe Bäume mit rundlichem Stamm, der in vielen Etagen quirlig verästelt. In unseren Sammlungen eine sehr dekorative Pflanze. Die dünnen Äste sind drei- bis vierkantig, buchtig gezähnt, die Dornenpaare stehen auf kleinen Schildchen, sind nur wenige mm lang, bräunlich. (Heimat: Südafrika, Kapprovinz, Karte I, O 8, 9.)

Eine ähnliche Art aus Ost-Indien, deren Zweige drei etwas spiralig gewundene Kanten haben und buchtig geschweift sind, ist *E. tortilis*, deren Dornenschildchen in 3 bis 4 cm Abstand stehen und 10 mm lange Dornen tragen. Von gleicher Wuchsform, jedoch mit nur zweikantigen Ästen ist *E. ramipressa*, deren braune Dornen 2 bis 3 mm Länge haben. *E. barnhartii* hat dreikantige, tief bogenförmig gebuchtete Äste und 6 cm lange, eispatelige Blätter. Sie stammt aus Ost-Indien.

Euphorbia griseola,

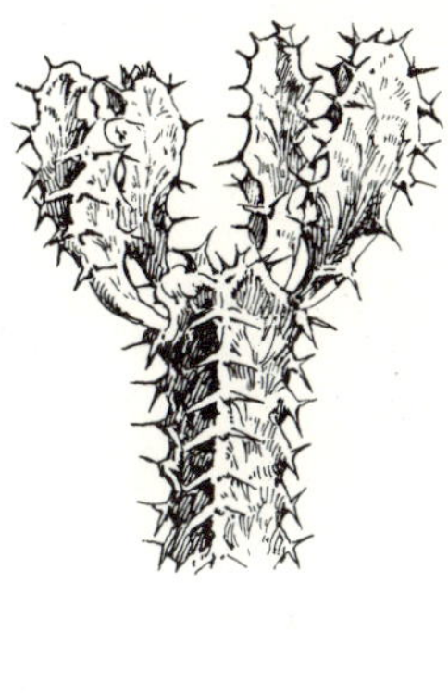

die »graugezeichnete E.« (Gruppe: Zweistachler). Ein Strauch, der sich reich verzweigt, mit $1^1/_2$ cm dicken Ästen, vier- bis sechskantig, grün mit hellgrauer Zeichnung zwischen den Kanten. Auf den buchtigen Kanten stehen Dornenschildchen an grauem Hornband, das mitunter auch unterbrochen ist mit braunen, sehr regelmäßigen Dornenpaaren. Durch die Zeichnung der Dornen wird diese gut wachsende Art besonders anziehend. (Heimat: Südafrika, Betschuanaland, Transvaal, Karte I, N–M, 8, 9.)

Ähnliche schöne Zeichnung hat *E. trigona* (helle Zeichnung auf grünem Grund) und die gleichfalls sehr schöne, aber unregelmäßiger gegliederte *E. pseudocactus* (dunkelgrüne Zeichnung auf hellgrünem Grund). Es gibt auch eine weißbunte Form von *E. grandidens*, die mit *E. griseola* eine entfernte Ähnlichkeit hat.

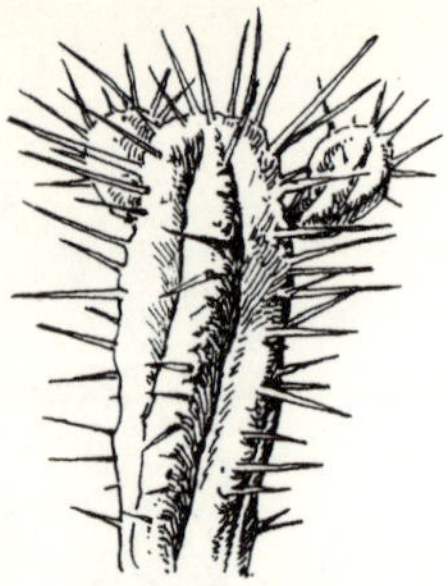

Euphorbia heptagona,

die »siebenkantige E.« (Gruppe: Dornenblüher). Niedriger Strauch mit vielen sieben- bis zehnkantigen Ästen und 3 bis 5 cm langen siebenkantigen Zweigen, durch Warzen gefeldert. Bis 3 cm lange, braune, verdornte Blütenstiele sitzen auf den meist welligen Kanten. (Heimat: Südafrika, Kapprovinz, Karte I, O 8, 9.)

E. morinii ist wohl nur eine andere Bezeichnung für *E. heptagona. E. fimbriata* ist leicht an der Aufteilung in sechseckige Felder mit weißer Blattnarbe zu erkennen, *E. mammillaris* an den in warzige Höcker aufgelösten Rippen und an den einzeln, zwischen den Höckern stehenden verdornten Blütenständen.

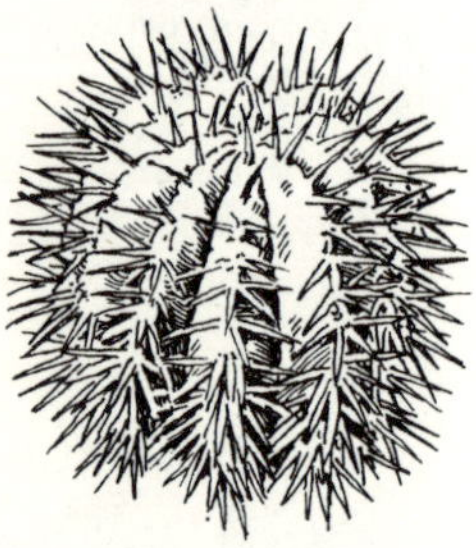

Euphorbia horrida,

die »starrende E.« (Gruppe: Dornenblüher). Hochsukkulente, dickstämmige Art, niedrig, am Grunde wenig sprossend, mit 12 bis 15 schmalen, durch tiefe Furchen getrennten Rippen. Auf den gezähnten Kanten sitzen 1 bis 2 cm lange verdornte Blütenstiele, meist zu dreien zusammen. Sie braucht viel Licht und Wärme, wächst auch in ihrer südafrikanischen Heimat immer sonnenwärts geneigt. Im Winter soll sie sehr trocken und kühl stehen. Sie blüht zweihäusig. (Heimat: Südafrika, Kapprovinz, Karte I, O 8, 9.) Ähnliche, ebenso seltene Arten sind *E. fasciculata* und *E. stellaespina*, letztere mit verästelten, verdornten Blütenständen zwischen den wulstartigen Rippenhöckern. *E. inconstantia* ähnelt nur als junge Pflanze der *E. horrida*, da sie später säulenförmig wird.

Euphorbia lactea,

die »milchige E.« (Gruppe: Zweistachler). Drei- bis vierkantige Stämme von 3 bis 5 cm Durchmesser, dunkelgrün mit weißlicher Bandzeichnung in der Mitte, von der weiße Bogen nach den Buchten der Kanten gehen. Braune Dornenpaare von ungefähr 5 mm Länge. (Heimat: Ostindien, Molukken, Sri Lanka.)

Die ähnliche *E. antiquorum* ist vier- bis fünfkantig mit drei- bis vierrippigen Ästen von etwa 4 cm Breite mit geschweiften Buchten. Ihre Dornen sind 4 bis 6 mm lang. *E. trigona*, die auch oft als *E. hermentiana* bezeichnet wird, ist drei- bis vierkantig bei einem Durchmesser von 4 bis 6 cm, dunkelgrün, weißlich marmoriert. Die Blätter am Neutrieb sind 3 bis 5 cm lang.

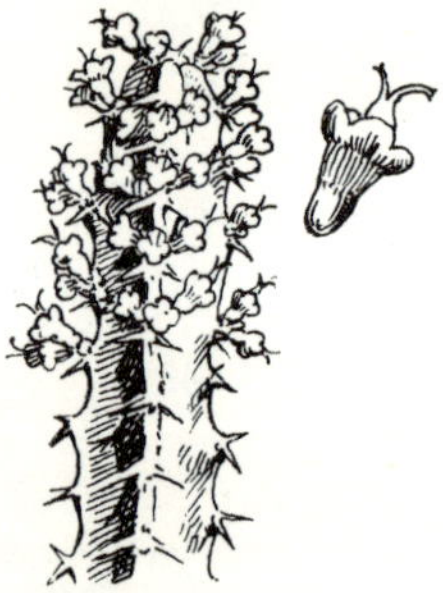

Euphorbia ledienii,

(Gruppe: Zweistachler). Strauch mit fünfkantigen, graugrünen Ästen von 4 bis 6 cm Durchmesser, nach den Astspitzen zu verjüngt. Die buchtig gezähnten Kanten sind etwas zusammengedrückt und mit braunen, später grauen Dornenpaaren besetzt. Schildchen laufen mitunter zu einem hornigen Band zusammen. Die gelben Blütchen erscheinen schon an jungen Pflanzen in weit größerer Menge als bei anderen Euphorbien. (Heimat: Südafrika, Kapprovinz, Karte I, O 7–9.)

E. franckiana mit ihren drei- bis vierkantigen Ästen hat etwas Ähnlichkeit mit *E. ledienii*, ist aber hellgrün. Die gleichfalls vierkantige *E. resinifera* bleibt viel kürzer und ist graugrün, während die häufig drei- oder vierkantige *E. triangularis* viel kräftiger und höher wird.

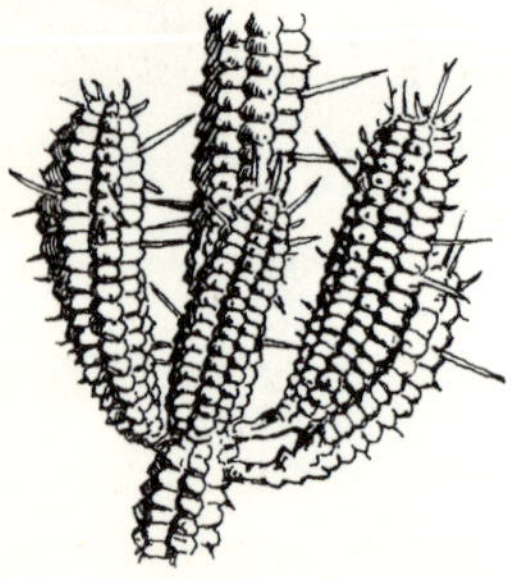

Euphorbia mammillaris,

die »gewarzte E.« (Gruppe: Dornenblüher). Kleine verzweigte Pflanzen mit zylindrischen, 3 bis 5 cm dicken, vielkantigen Ästen. Die Kanten sind durch waagerechte Furchen unterbrochen. Zwischen flachen, sechseckigen Feldern mit weißen Blattnarben stehen einzelne graue, verdornte Blütenstiele. (Heimat: Südafrika, Kapprovinz, Karte I, O 7–9.)

E. fimbriata bildet nur 2 bis 4 cm dicke Äste und ist auch an hellerer Färbung zu erkennen. Sie muß besonders vorsichtig gegossen werden, da sie sehr nässeempfindlich ist. Die dunkelgrüne *E. cereiformis* wird viel höher und hat an den Rippen abwärts gerichtete Zähne.

Euphorbia meloformis,

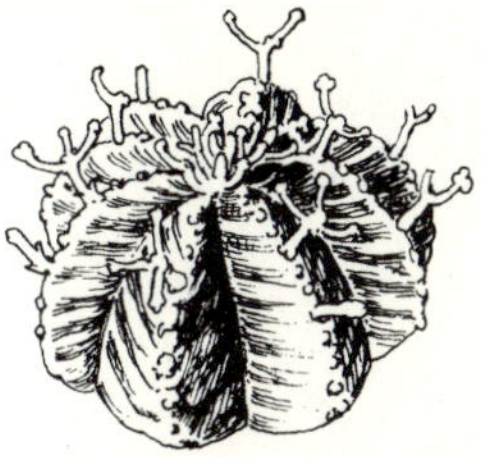

die »melonenförmige E.« (Gruppe: Melonenförmige). Kugelförmige Pflanzen bis zu 10 cm Durchmesser, etwas abgeflacht, mit 8 bis 10 tiefen Rippen, grün mit etwas rötlichen Querbändern. Auf den Rippen runde Blattnarben und vereinzelt verholzte Blütenstiele, bei älteren Pflanzen gabelig verzweigt. Wächst gut aus Samen, der bei dieser zweihäusigen Art allerdings selten ist. Ihr ähnelt die rein grüne und dickere *Euphorbia valida.* (Heimat: Südafrika, Kapprovinz, Karte I, O 8, 9.)

Euphorbia milii var. splendens,

die »glänzende E.«, auch »Christusdorn« genannt. (Gruppe: Leuchtende Zweistachler). Durch ihren volkstümlichen Namen und die leuchtendroten Hochblätter der Blüten ist diese Art zu einer Allerweltspflanze geworden. Die vielfach verzweigten und stark bedornten dünnen braunen Zweige behalten oft das ganze Jahr über ihre ovalen Blättchen, werfen sie aber in Trockenzeiten ab und treiben später neu aus. Schon sehr früh im Jahr erscheinen die Blüten mit ihren klebrigen Stielen am Neutrieb und aus den oberen Blattachseln. Die Pflanze läßt sich gut am Spalier rund ziehen und ist bei gleichmäßiger Behandlung nicht empfindlich. Sie braucht einen hellen und nicht zu kühlen Winterstand und mäßige Wassergaben. Die schöne Varietät *bojeri* (jetzt: *Euph. milii* var. *milii*) hat dunklere Blüten und kleinere, runde Blätter. (Heimat: West- und Südwestmadagaskar, Karte I, L–N 12.)

Euphorbia neriifolia,

die »oleanderblättrige E.« (Gruppe: Großblättrige Zweistachler). Der fünfkantige Stamm dieser indischen Art wird bei älteren Pflanzen stielrund. Die dicken Äste sind hellgrün mit kurzen, schwarzen Dornen. Am Neutrieb stehen fleischige, etwa 10 cm lange, hellgrüne Blätter, die in der Trockenzeit abfallen und weiße Blattnarben zurücklassen. (Heimat: Südafrika, Kapprovinz, Karte I, O 7–9.)

Von ähnlichen, fünfkantigen, im Scheitel beblätterten Arten erkennen wir *E. royleana* an den frischgrünen, gegliederten Trieben, *E. nivulia* an den mehr abgerundeten Ästen und den nach unten gerichteten Dornen und *E. undulatifolia* an den gewellten Blatträndern.

Euphorbia obesa,

die »geschwollene E.« (Gruppe: Melonenförmige). Diese herrlich gezeichneten Kugeln sind ein Höhepunkt der Sukkulenz! Die Ballform ermöglicht der Pflanze größte Saftspeicherung für Trockenzeiten. Die hellgrau-grüne Färbung mit rötlichen Längs- und Querstreifen verhütet Verbrennungen durch die südafrikanische kräftige Sonne. Diese schöne Art hat fast immer acht Furchen, die kaum vertieft sind. Rippen durch weißliche kleine Punkte markiert. Diese Pflanze ist zweihäusig und gehört zu den größten Seltenheiten. Da eine Samenkapsel nur 2 bis 3 große Körner enthält, ist auch Samen von *E. obesa* selten im Handel. (Heimat: Südafrika, Kapprovinz, Karte I, O 8–9.) Als ähnliche Formen kommen nur *E. meloformis* und die etwas säuliger wachsende *E. infausta* in Frage.

Euphorbia ornithopus,

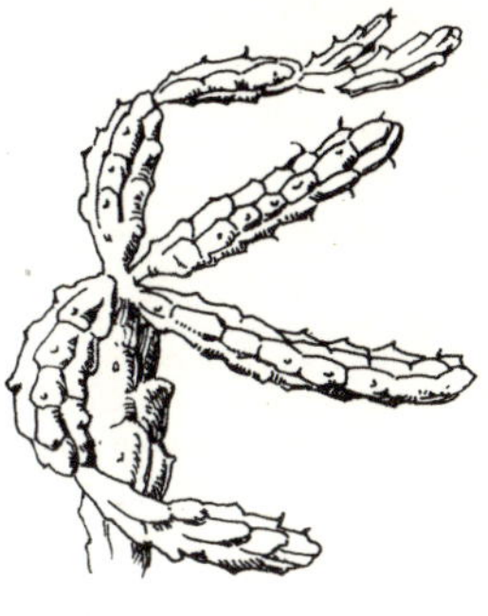

die »vogelfüßige E.« (Gruppe: Fingerblüher.) Kleine, nur bis 7 cm hoch werdende Pflanze mit zylindrischen, mitunter auch kugeligen oder keuligen Gliedern von 6 bis 10 mm Dicke. Blüten an langen, oft gabelig geteilten Blütenständen. (Heimat: Südafrika, Kapprovinz, Karte I, O 7–9.)

Die ähnliche *E. globosa* hat viel rundere, kompakte Glieder von 1,5 bis 2,5 cm Länge, seltener bis 4 cm lang. Die holzigen, dünnen Blütenstände bleiben bei beiden Arten lange an der Pflanze.

Euphorbia pendula,

die »hängende E.« (Gruppe: Stäbchenglieder). Reichverzweigter Strauch mit langen, herabhängenden stielrunden Ästen von 5 bis 6 mm Dicke, die gabelig geteilt, mattgrün und fein weiß punktiert sind. Die schuppenförmigen, kleinen Blätter der Jungtriebe fallen bald ab. Sehr haltbare Ampelpflanze. (Heimat: Südafrika, Kapprovinz, Karte I, O 8, 9.)

Die ähnliche *Sarcostemma viminale*, mit der die vorstehende Art häufig verwechselt wird, hat nur 4 bis 5 mm dicke, gegliederte Triebe, ist gabelig verzweigt und bringt an den Gliedern dreieckige, hell graugrüne, oft auch bräunliche Blattschuppen. Ihre weißen Blüten stehen zu mehreren in kurzgestielten Dolden und haben 1 cm Durchmesser.

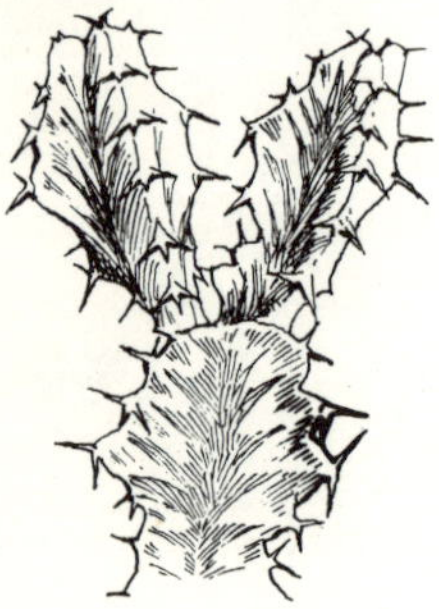

Euphorbia pseudocactus,

die »kaktus-vortäuschende E.« (Gruppe: Zweistachler). Drei- bis fünfkantige, gegliederte, bis 5 cm dicke Stämmchen, die in der Mitte zwischen den Kanten und in breiten Bogenlinien kräftig dunkelgrün auf hellgrünem Grunde gezeichnet sind. Kanten mit hellem Hornband, Dornenpaare braun, später grau. Durch ihre schöne Zeichnung einzig dastehende, auffallende Art. (Heimat: Südafrika, Natal, Karte I, N 9.)

Helle Zeichnung auf dunklerem Grün hat *E. trigona* mit längeren, dreikantigen Zweigen und ebenso die drei- bis vierkantige *E. lactea.*

Euphorbia pteroneura,

die »flügelnervige E.« (Gruppe: Flügelripper). Fünf- bis sechskantiger dünner Strauch, drei Kanten von jeder Blattbasis an den Gliedern herablaufend. Blätter wechselständig, 2 bis 4 cm lang, kurz gestielt und bald abfallend. (Heimat: Mexiko? Karte II.)

Die ähnliche *E. sipolissi* hat vierkantige Zweige und winzige dreieckige Blättchen. Sehr schlank geformt ist auch *E. hamata* mit dünnen Ästen von nur 6 bis 12 mm Stärke, die dreikantig oder zweiseitig flachgedrückt und mit spitzen, übergebogenen Blattpolstern und kleinen wechselständigen Blättern versehen sind. Eine ähnliche sehr schlankästige und kleinbleibende Art ist *E. herrei* mit dünnen Ästchen auf einem halbkugeligen Hauptsproß.

Kleinere, ähnliche Blättchen an runden Stämmchen hat *E. oncoclada.*

Euphorbia pugniformis,

die »faustförmige E.« (Gruppe: Scheinmedusen). Knolliger, dicker Hauptsproß mit Rübenwurzel, Oberseite flach mit dichtwarziger Mitte, rings von 2 bis 3 Reihen kurzer Zweige umgeben. Seltene Art, häufiger als Kammform zu finden. Die Blüten sitzen nur auf dem dicken, knolligen Hauptstamm. (Heimat: Südafrika, Kapprovinz, Karte I, O 8, 9.)

Ähnlich ist die gleichfalls dornenlose *E. gorgonis* mit bis 25 mm langen Ästen, deren vier- bis sechseckige Blattpolster als weiße Narben sichtbar bleiben. Die noch dickere, hellgrüne *E. woodii* wirkt kahler als die anderen Arten, weil ihre Blättchen bald abfallen. Ihre Äste werden bedeutend länger.

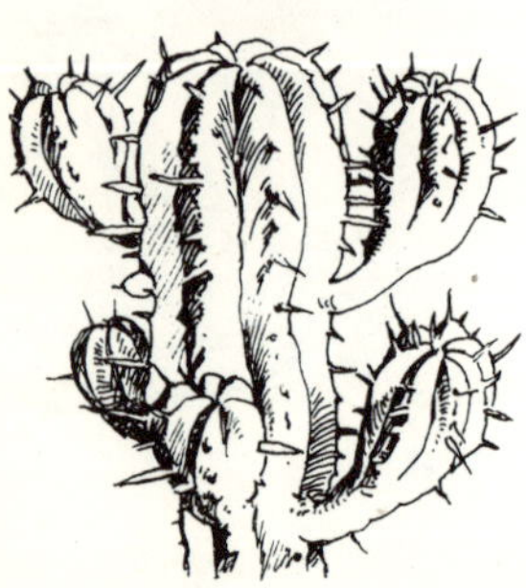

Euphorbia pulvinata,

die »polsterartige E.« (Gruppe: Dornenblüher). Bildet mit ihren vielen 3 bis 6 cm langen Trieben in ihrer Heimat große, dichte Polster. Die sechs- bis achtrippigen Triebe haben etwa 3 cm Durchmesser und sind an den flachen, schwach gekerbten Kanten regelmäßig mit weinroten bis braunen, verdornten Blütenstielen besetzt. (Heimat: Südafrika, Kapprovinz, Karte I, O 7–9.)

Auch *E. aggregata* hat 1 cm lange, verdornte Blütenstand-Stiele, die zuerst rötlich und später schwarz erscheinen. Sie ist an der größeren Rippenzahl (8 bis 9) zu erkennen. Die vielsprossige, blaugrüne *E. enopla* mit 6 bis 7 Rippen hat schlankere Äste von nur 2 bis 3 cm Dicke.

Euphorbia ramipressa,

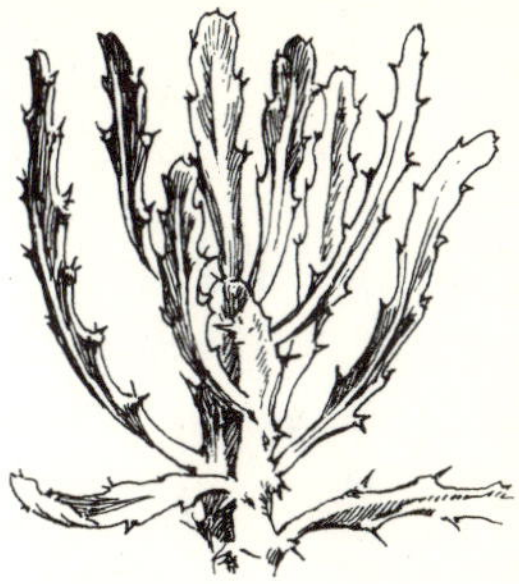

die »flachzweigige E.« (Gruppe: Plattzweigige Zweistachler). An vielfach verästelten Stämmen stehen am Grunde stielrunde, dann dreikantige und an den Enden zweikantige Zweige, die oft wieder verzweigt sind und ein dichtes Gewirr bilden. Die dunkelgrünen Zweige sind buchtig gezähnt und mit braunen Dornen besetzt. Die Art wurde früher fälschlich *Euphorbia alcicornis* genannt. (Heimat: Madagaskar, Karte I, K–N 12–13.)

Ähnlich, aber mit dreikantigen Zweigen wächst *E. barnhartii* aus Ost-Indien. Sie bildet tief bogenförmige Äste mit etwa 6 cm langen, eispateligen Blättern. Die bekannteste Art mit drei- bis vierkantigen Zweigen ist *E. grandidens.*

Euphorbia triangularis,

die »dreikantige E.« (Gruppe: Zweistachler). Starkwüchsiger Stamm bis 18 m Höhe mit quirlig abstehenden meist dreikantigen Ästen, grün und sehr verästelt. Hornleiste meist durchgehend, Dornenpaare bis 10 mm lang in 8 bis 20 mm Abstand. Im Neutrieb mit kleinen, rötlichen Blättern besetzt. (Heimat: Südafrika, Kapprovinz, Karte I, O 7–9.)

Diese Art darf nicht mit der gleichfalls dreikantigen *E. antiquorum* verwechselt werden, die bedeutend schlanker und niedriger wächst. *E. candelabrum* ist meist vierkantig. *E. cooperi* fünf- bis sechskantig und stärker unterteilt. *E. venenata* bildet große, 2 m hohe Büsche mit sechskantigen Ästen, die deutlich gegliedert sind. Die Glieder verjüngen sich nach oben.

Euphorbia trigona,

die »dreiwinklige E.« (Gruppe: Zweistachler). Aufrechte Stämme von 4 bis 6 cm Durchmesser mit drei- bis vierkantigen Ästen, deren Kanten flügelartig zusammengedrückt sind, dunkelgrün, weißlich gezeichnet. Dornenpaare rötlichbraun. Blätter spatelig, kurz gespitzt. Wird häufig unter dem falschen Namen *Euphorbia hermentiana* gefunden. Ihre Zeichnung ähnelt der der *E. lactea.* (Heimat: Südafrika, Karte I, M–N 7.)

Bei *E. pseudocactus* beträgt die Rippenzahl 3 bis 5, die Äste sind nur an der Basis meist dreikantig. Die Zeichnung ist bei *E. pseudocactus* dunkel auf hellerem Grün, auch fehlen ihr die länglichen, grünen Blätter.

Euphorbia virosa,

die »giftsaftige E.« (Gruppe: Zweistachler). Breitwüchsiger Strauch mit vier- bis fünfkantigem Stamm und Ästen von 5 cm Durchmesser, drei- oder mehrkantig, graugrün, unregelmäßig eingeschnürt. Kanten mit Hornrand, Dornenpaare bis 13 mm lang, abstehend, kräftig. Die Art wächst ziemlich langsam. (Heimat: Südafrika, Kapprovinz, Karte I, O 7–9.)

Am meisten ähnelt die hechtblaue *E. coerulescens,* die auch als Varietät von *E. virosa* bezeichnet wird. An der abweichenden Färbung ist der Unterschied am besten festzustellen. Die sehr dicht bedornte *E. polyacantha* ähnelt durch ihren verzweigten Wuchs, ist aber viel scharfrippiger. Ihre Dornen sind grau mit schwarzen Spitzen. Auch die hellgrüne, drei- bis vierkantige *E. franckiana* und die sechskantige *E. venenata* gehören in diese Gruppe.

Euphorbia xylophylloides,

die »holzblattähnliche E.« (Gruppe: Stäbchenglieder). Unregelmäßig verästelter Stamm, quirlig verzweigt. Zweikantige Äste in 15 cm lange und 10 bis 12 mm breite Stücke gegliedert, hellgrün. Dünne Kanten gekerbt, in den Kerben sitzen am Jungtrieb winzige, kaum 1 mm große, fast kreisrunde Blättchen, die bald abfallen. Etwas wärmer und feuchter halten, als sonst bei Euphorbien üblich ist. (Heimat: Madagaskar, Karte I, K–N 12–13.) Sehr ähnlich ist die von Prof. Rauh aus Madagaskar erneut eingeführte *E. enterophora. E. sapini* hat ähnliche, aber nicht so stark abgeplattete Zweige.

Portulakgewächse – Portulacaceae

Anacampseros verdankt seinen Namen dem Aberglauben der südafrikanischen Eingeborenen, die in dieser kleinen Pflanze einen Talismann sehen, der verlorene Liebe wiederbringen soll. (Ana-camps-eros – Liebe-wieder-bringer.) Bereits im 1. Jahrhundert u. Z. nennen der römische Schriftsteller Plinius und der Grieche Plutarch unter den »magischen Kräutern« das Anacampseros als eine Pflanze, die die Liebe zurückbringe. Die beiden großen Gruppen der 55 beschriebenen Arten sind leicht zu unterscheiden. Die bekannteste der einen Gruppe ist:

Anacampseros rufescens,

das »rotwerdende Liebesröschen«, dessen dicke 1 bis 2 cm lange Blättchen an den 5 bis 8 cm hohen Stämmchen dicht spiralig sitzen und an der Oberseite grün, an der Unterseite aber braunrot gefärbt sind. Zwischen den Blättern stehen zahlreiche helle Borstenhaare. Die endständigen rosa Blüten haben 3 bis 4 cm Durchmesser, öffnen sich aber nur bei sehr sonnigem Wetter richtig. Aber auch wenn sie geschlossen bleiben, bringen sie durch Selbstbestäubung keimfähige weiße Samenkörner in trockenen Hüllen. (Kleistogamie!) Mit kleinen Unterschieden ähneln dieser Art die folgenden: *Anacampseros densifolia, depauperata, filamentosa, lanceolata* und *tomentosa.* (Heimat: Südafrika, Kapprovinz, Transvaal, Karte IM–O, 8–9).

Diese Anacampseros brauchen einen hellen, mäßig warmen Platz und kräftige Erde. Im Sommer werden sie normal begossen, im Winter ziemlich trocken gehalten.

Anacampseros telephiastrum

Dieses – wie der Name sagt – an ein Sedum erinnernde Anacampseros ist das größte seiner Gattung. Seine Blätter stehen ähnlich wie bei *A. rufescens* rosettenartig gedrängt, sind eiförmig mit kurzer Spitze und mehr hellgrün mit rötlich. Sie sind etwa 18 mm lang und breit mit glatter Oberhaut und nur kurzen Borstenhaaren. An etwa 15 cm langen Stengeln stehen meist mehrere rosa-karminrote Blüten von 30 bis 35 mm Durchmesser. (Heimat: Südafrika, Kapprovinz, Karte I, O 8–9.)

Diese Art wächst gut in einer kräftigen, sandigen Erdmischung an einem hellen, nicht zu heißen Standort. Im Sommer liebt sie mäßige Feuchtigkeit, im Winter trockener. Aus Samen oder durch Stecklingsschnitt leicht zu vermehren.

Anacampseros papyracea,

das »papierartige A.«, gehört in die andere Gruppe, die fast durchweg winzig kleine Pflanzen enthält. *A. papyracea* ist mit etwa 5 cm Höhe noch eine der größten. Die sehr kleinen Blätter sind durch silberweiße, papierähnliche Nebenblätter verdeckt, zwischen denen bei einigen Arten noch Borsten sitzen. Blüten grünlichweiß. Dieser Art ähneln: *Anacampseros alstonii, fissa, quinaria* und *recurvata.* Blüten weißlich, bei *quinaria* purpurrot.

Die Arten dieser zweiten Anacampseros-Gruppe sind etwas empfindlich, sie sollen über 15 °C Wärme haben und im Sommer mäßig feucht, im Winter an hellem Stand sehr trocken gehalten werden. Eine Mischung aus Sand und Lehm sagt ihnen am meisten zu. (Heimat: Südafrika, Kapprovinz, Karte I, O 8, 9.)

Portulacaria afra,

das afrikanische Portulak-Gewächs gehört auch hierher. Es ist eine dekorative Pflanze mit dunkelberindeten Stämmchen, von denen fast waagerecht stielrunde, nur 6 mm dicke Äste abstehen. Die gegenständigen hellgrünen Blätter von 10 mm Länge und 8 mm Breite sind fast eirund mit kurzen Spitzen. Blüten an 2 mm langen Stielen, winzig, zartrosa. Pflege normal, wie bei Crassula, nicht zu feucht halten! (Heimat: Südafrika, Karte I, N–O, 7–10.)

Mittagsblumen – Mesembryanthemen

Diese hochinteressanten Gewächse, die schon Linné im Jahre 1753 zu einer Gattung zusammenschloß, bilden jetzt nach den vielen Neuentdeckungen der letzten 50 Jahre eine selbständige Familie von außerordentlichem Formenreichtum. Wir finden in ihr strauchige Sukkulenten vereint mit mehr oder weniger stammlosen, dickfleischig beblätterten Arten, wie auch die eigenartigen »Blühenden Steine«, fast kugelige, hochsukkulente, oft nur aus einem einzigen verwachsenen Blattpaar bestehende Gebilde. Im 3. Band seines »Handbuches der sukkulenten Pflanzen« beschreibt Gartenoberinspektor Dr. Jacobsen 2435 sukkulente Arten und Unterarten aus 122 Gattungen. Aus dieser großen Anzahl werde ich hier nur eine kleine Auslese bringen, solche Arten, die besonders zu empfehlen und auch im Handel erhältlich sind. Der Pflanzenfreund wird aus der Behandlung der hier genannten auf die Pflege der meisten nicht genannten übrigen Arten schließen können.

Die Mesembryanthemen stammen fast durchweg vom afrikanischen Kontinent, wo die kompakten Arten meist nur an einer einzigen Stelle auf sehr kleinem Areal vorkommen, während einige strauchige Gattungen große Areale in verschiedenen Teilen Afrikas und in anderen Kontinenten besiedeln. Mesembryanthemum (sprachlich richtig eigentlich: Mesembrianthemum) bedeutet Mittagsblume, und dieser Name kennzeichnet die Eigenschaft der meisten Arten, ihre Blüten täglich erst in den Mittags- und Nachmittagsstunden zu öffnen. Mesembryanthemen sind noch besser als andere Sukkulenten gegen ausdörrende heiße Sonne geschützt, manche von ihnen können auch die trockensten Gebiete noch bewohnen, wo andere Pflanzen versagen. Die Oberfläche ihrer *Blätter* ist zuweilen mit wasserhaltenden Papillen (kleine Wärzchen) bedeckt, die die Sonne stark reflektieren. Die geringe Zahl ihrer Spaltöffnungen verringert die Transpiration, auch Wachsbelag und samtige Behaarung schützen mitunter den wasserhaltenden Körper. Bei einigen Gattungen bleiben die papierartigen Hüllen der abgestorbenen Blattpaare während der Wachstumsruhe als Schutz über den neuen Körperchen. Damit die Assimilation bei tief im Sand steckenden Blättern nicht zu kurz kommt, haben diese Lichtschächte, punktartige »Augen«, die einen Lichteinfall bis tief in das Wassergewebe gestatten, was einen Ausgleich für die gegen unerwünschte Verdunstung stark reduzierte Oberfläche gibt. Bei einigen Gattungen sind es richtige »Fenster« an den Blattspitzen (Fenestraria, Ophthalmophyllum), die oft allein aus dem angewehten Sand herausschauen. Wie bei allen Blattsukkulenten speichern die Blätter einen zähen, schleimhaltigen Saft, der bis zu 95 % des ganzen Blattes ausmachen kann. Sind die Blätter dünn und klein, wie bei den strauchigen Arten, dienen oft die Wurzeln als verdickte Wasserspeicher. Bei einigen von ihnen sterben die oberirdischen Teile in der Trockenzeit ganz ab, und die Rübenwurzeln treiben zu Beginn der nächsten Vegetationsperiode neu aus.

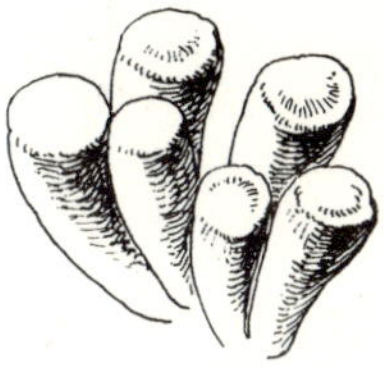

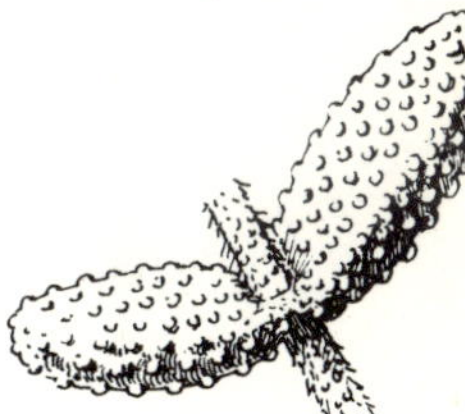

Die *Blüten* der Mesembryanthemen sind von ganz besonderer Schönheit durch ihre leuchtenden Farben und den herrlichen Seidenglanz. Sie erscheinen kurz nach der Regenzeit in üppiger Fülle und bedecken oft den ganzen kleinen Pflanzenkörper über und über. Gerade die kleinbleibenden Arten haben manchmal die schönsten und größten Blüten. Sehr viele sind herrlich goldgelb in allen Varianten, zuweilen orange, seltener weiß oder rot bis violettrot in den verschiedensten Tönungen. Die verholzenden *Früchte* mit ihren einzelnen Kammern sind wahre Kunstwerke der Natur. Bei Beginn des Regens öffnen sie durch eine sinnreiche Quellvorrichtung die Deckel ihrer Kammern, und dann treiben die aufprallenden Regentropfen das zuerst eingedrungene Wasser mit den Samenkörnern aus der Kapsel heraus. Bekanntlich brauchen diese Samen in der eingetrockneten Samenkapsel eine Zeit der Nachreife von 3 bis 6 Monaten, um ihre volle Keimfähigkeit zu erreichen. Diese Zeit deckt sich in Afrika mit der Zeit bis zum Beginn der Regenperiode.

Das größte Wunder aber sind die Mimikry-Formen. Runde Kiesel und eckige Felsbrocken ihrer Vorkommensgebiete ahmen die Pflanzen in Form und Farbe so

I.

täuschend nach, daß man sie in der gleißenden Sonne kaum finden kann, wenn sie nicht gerade blühen. Man sagt, daß sie sich durch ihre Tarntracht gegen Tierfraß schützen. Diese Erscheinung läßt sich nur so erklären, daß hier Jahrtausende hindurch eine Auslese stattgefunden hat. Nur die der Umgebung irgendwie ähnelnden Individuen blieben vor Tierfraß verschont und konnten sich vermehren. Da sie selbst steril sind, brauchen sie jeweils eine zweite Pflanze zum Bestäuben und somit zur Erhaltung der Art, die dann mehr und mehr die Mimikry-Form annahm. So gibt es noch eine Menge interessanter Dinge zu beobachten, aber ich will hier den Einzelbeschreibungen der Gattungen und Arten nicht vorgreifen.

II.

Zum besseren Zurechtfinden und entsprechend der meist gleichartigen Pflege teile ich die hier vorkommenden 37 Gattungen in 3 Gruppen ein. Die Zugehörigkeit zu einer dieser Gruppen läßt sich an der äußeren Form der Pflanzen erkennen. Ich nenne unter:

I. die Gattungen mit strauchigem und verholzendem Wuchs, wie Aptenia, Delosperma, Drosanthemum, Hymenocyclus, Lampranthus, Oscularia, Ruschia und Trichodiadema.

II. die Gattungen mit niedrigem, gruppenbildendem, fast stengellosem Wuchs, wie Bergeranthus, Carruanthus, Cephalophyllum, Chasmatophyllum, Cylindrophyllum, Faucaria, Gibbaeum, Glottiphyllun, Hereroa, Odontophorus, Psammophora, Rhinephyllum, Rhombophyllum, Schwantesia, Stomatium und Tischleria.

III.

III. die Gattungen mit hochsukkulentem, dickfleischigem Wuchs (»Lebende Steine« u. a.) wie Argyroderma, Cerochlamys, Cheiridopsis, Conophytum, Dinteranthus, Fenestraria, Frithia, Gibbaeum, Lithops, Mitrophyllum, Muiria, Ophthalmophyllum, Pleiospilos und Titanopsis.

I. Gruppe der Mesembryanthemen

Wenn die heiße Sommersonne die Südwand des Hauses bestrahlt, können wir unsere Blattpflanzen an Südfenstern durch mehrmaliges Gießen am Tage und durch Schattengeben gerade noch am Leben erhalten. Nur die strauchigen Mesembryanthemen fühlen sich nun am wohlsten. Außen vor dem Fenster und über die Balkonbrüstung hängen ihre Zweige in üppig blühenden Kaskaden herunter, sogar hinter den Fenstern in der Wohnung gedeihen manche Arten ganz prächtig. Wie können sie bei dieser Sonnenglut überhaupt noch leben? Während der Frühjahrsmonate, als es noch kühl und die Luft etwas feucht war, haben sie sich aus kleinen Stecklingen oder winzigen Sämlingen kräftig entwickelt und massenhaft Knospen angesetzt. Jetzt kommt diese Blütenpracht mit einem Male zur Entfaltung, und das Blühen will bis spät in den Herbst nicht enden. Gerade die jungen Stecklingspflanzen – jetzt schon stattliche Büsche – blühen am reichsten, die überwinterten, verholzten alten Pflanzen bringen weniger Blüten. Somit ist es ratsam, im Herbst nach der Blüte fingerlange Blattriebe unter dem Blattansatz zu schneiden und in Sand oder sandiger Erde zu bewurzeln, kühl zu überwintern und im Frühjahr in größere Töpfe zu geben. Auch im Steingarten nehmen sich solche Mesembryanthemen gut aus, wenn die Hauptblüte der Staudenpolster vorbei ist, beleben sie ihn von neuem. Schade, daß sie nicht auch noch winterhart sind! Auch die alten Pflanzen können vor den ersten Nachtfrösten mit den Töpfen, die wir im Steingarten eingesenkt hatten, aus der Erde genommen und ziemlich trocken, hell und frostfrei, aber kühl überwintert werden. Sogar im Wintergarten, der allerdings sehr kühl sein muß, kann am Südfenster zwischen den Kakteen ein *Lampranthus haworthii* stehen und schon im März mit dem Massenblüher *Oscularia deltoides* wetteifern, dessen zartduftende rosa Blüten die hell-lila Lampranthus-Blüten an Größe allerdings nicht erreichen. Nur eine kleine Auslese dieser anspruchslosen Kinder Floras aus Afrika:

Aptenia cordifolia var. variegata,

die bunte Form der »herzblättrigen A.«, ist eine bekannte Einfassungspflanze, deren fleischige Zweige sogar häufiges »Stutzen« leicht überstehen. Es sind kleine, reich verzweigte Halbsträucher mit niederliegenden Ästen, stielrunden, grünen Stengeln, fein papillös glitzernd, später grau werdend. Blättchen gegenständig, kurz gestielt, herzförmig, fleischig, fein papillös, von grüner Färbung und schön rahmweiß gerandet. End- oder seitenständige kleine, purpurrote Blütchen an kurzen Stielen. Auch als Ampelpflanze gut geeignet. (Heimat: Östliche Küstenwüsten Südafrikas, Karte I, L–O, 9–10.)

Delosperma brunnthaleri

ist eine ziemlich gedrungen wachsende Pflanze, die im Frühjahr aus den rübenartigen Wurzeln neu austreibt. Die spitz auslaufenden, etwa 4 cm langen Blätter sind saftiggrün, an der Oberseite papillös und an den Rändern fein bewimpert. Die kurz gestielten violetten Blüten haben ungefähr 2 cm Durchmesser. Die Blütenstände sind meist dreiteilig oder doppelt dreiteilig. Liebt sandigen Lehmboden und darf nicht zu feucht gehalten werden. (Heimat: Südafrika, Karte I, M–O 7–10.)

Dieser Art ähnelt *Delosperma sutherlandii* aus Transvaal, dessen gestielte Blüten aber 6 bis 7 cm Durchmesser haben. Auch diese Art hat eine dicke Wurzelknolle, und alljährlich sterben ihre 5 bis 8 cm langen Blätter im Herbst ab, um im Frühjahr neu auszutreiben.

Delosperma cooperi

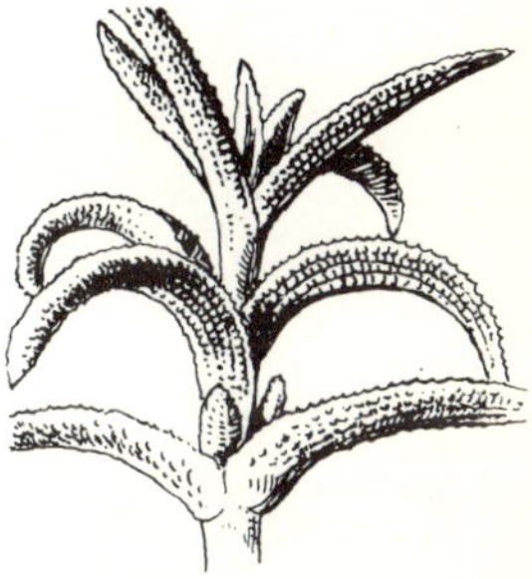

ist ein weichfleischiger, niederliegender Halbstrauch mit stark papillösen, fast stielrunden, graugrünen Blattpaaren. Die Blätter sind am Grunde kaum verwachsen, oberseits etwas abgeflacht, sehr weich und biegsam, mit Kurztrieben in den Achseln. Die seidig violettroten, 4 bis 5 cm großen Blüten stehen am Triebende zu mehreren an Stielen. (Heimat: Südafrika, Kapprovinz, Karte I, O 7–9.)

Eine beliebte, gleichfalls fein papillöse, dicht verästelte Art ist *D. aberdelnense* mit kurzen, zierlichen Blättern und purpurroten, 4 bis 10 mm lang gestielten Blüten von 15 mm Durchmesser.

Delosperma echinatum,

das »bestachelte D.«, bildet dichte Büsche bis zu 30 cm Höhe und ist besonders an den jüngeren Ästen mit weißen, häufig spitzen Papillen besetzt. Auch die eiförmig-halbkugeligen Blättchen von 10 bis 13 mm Länge und 6 bis 7 mm Dicke sind mit großen, rundlichen oder auch borstig zugespitzten Papillen besetzt und können mit etwas Phantasie als »kleine Igel« bezeichnet werden (*echinus* = Igel). Die Blüten sind ganz kurz gestielt, gelblich, mit 12 bis 15 mm Durchmesser und haben eine lange anhaltende Blütezeit. Wird am schönsten bei gedrungenem Wuchs in magerer, sandiger Erde und sonniger Lage. (Heimat: Südafrika, Kapprovinz, Karte I, O 7–9.)

Delosperma lehmannii

bringt an rötlichen, später grauen Zweigen dreikantige, blaugraue, schräg nach oben stehende, am Grunde verwachsene Blättchen von 1 bis 2 cm Länge und 3 bis 4 mm Breite mit gewölbten Seiten und kurzem Spitzchen. In den Blattachseln stehen gedrängt kleine Kurztriebe. Die feinstrahligen, blaßgelben Blüten haben bis 4 cm Durchmesser und sind 2 bis 3 cm lang gestielt. (Heimat: Südafrika, Kapprovinz, Karte I, O 7–9.)

D. taylori ähnelt der vorstehenden Art sehr stark, so daß es leicht mit ihr verwechselt werden kann. Es ist in allen Teilen kräftiger im Wuchs und sehr hell, fast grau-weiß gefärbt.

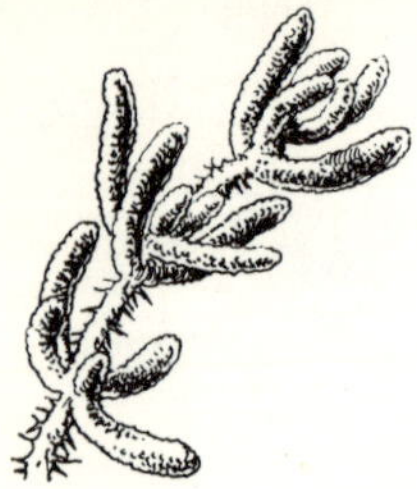

Drosanthemum hispidum,

das »steifhaarige D.« genannt, wegen der vielen dicht um die graubraunen Äste stehenden, weißen, spitzen Härchen. Im ganzen Aufbau ist diese Art sehr zierlich, und die stielrunden, entfernt stehenden Blattpaare glitzern in der Sonne besonders schön durch ihre großen, wie Wassertröpfchen wirkenden Papillen. Die seidig glänzenden, gestielten, purpurroten Blüten erscheinen willig und in Mengen. (Heimat: Südwestafrika, Gr. Namaland, K. I, N 7.) Als Abart von *D. hispidum* wurde zeitweise das ihm sehr ähnelnde *D. floribundum* bezeichnet. Es blüht schön rosa mit 18 mm Durchmesser. Ähnlich beblättert ist das fein papillöse *D. candens* mit 12 mm großen, weißen Blüten. Bis 25 mm groß sind die weiß-gelben Blüten von *D. schönlandianum*. Größere orangerote, in der Mitte grünliche Blüten hat *Drosanthemum speciosum*.

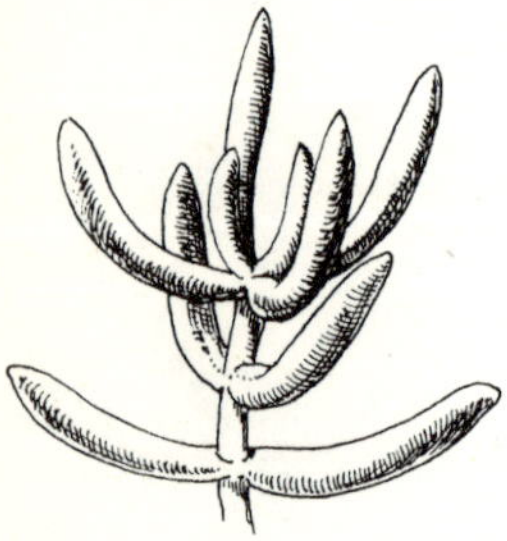

Hymenocyclus croceus (Malephora crocea),

das »safrangelbe H.« nach der Blütenfarbe benannt. Niedrige, kriechende Sträucher mit graubraunen Ästen, die blaßgrünen, mehlig bereiften Blattpaare am Grund verwachsen. Blüten von 3 cm Durchmesser innen goldgelb, außen rötlich. (Heimat: Südafrika, Kapprovinz, Karte I, O 7–9.)

Hymenocyclus purpureo-croceus unterscheidet sich von dem vorigen nur durch seine leuchtendroten Blüten. Sehr schön ist das weißlich bereifte, gelblichgrün beblätterte, orange mit gelb blühende *H. luteus*. Das rauh punktierte *H. thunbergii* blüht 3 bis 4 cm groß, gelb. Schöner im Wuchs als die vorigen ist das dichtbeblätterte, innen glänzend orangegelb und außen orangerot blühende *H. englerianus*.

Lampranthus aurantiacus,

das »orangefarbene L.«, hat aufgerichtete, bräunlich berindete Zweige mit dreikantigen, etwas punktierten grünen Blättern von 2 bis 3 cm Länge und ganz herrlich orangefarbene, leuchtende Blüten von 4 bis 5 cm Durchmesser. Diese schöne Art braucht einen vollsonnigen Platz und mageren Boden, um zu einem reichen Blütenflor zu kommen, ist aber dann eine der schönsten. (Heimat: Südafrika, Kapprovinz, Karte I, O 7–9.)

L. aureus hat 5 cm lange, verwachsene Blätter und 6 cm lang gestielte orangefarbene Blüten. Von goldgelb blühenden Arten nenne ich: *L. acrosepalus, explanatus, palustris, serpens* und *vanzijliae*, die aber wegen mangelnder Blühwilligkeit in europäischen Sammlungen nicht verbreitet sind.

Lampranthus conspicuus,

das »ansehnliche L.«, verdient diesen Namen durch die Fülle seiner schönen, leuchtendroten Blüten von etwa 5 cm Durchmesser. Es ist wohl das am meisten verbreitete Lampranthus. Es hat halbstielrunde, punktierte und oft rot gespitzte grüne Blätter. (Heimat: Südafrika, Kapprovinz, Karte I, O 7–9.)

Im Gegensatz zu vielen anderen Arten, die in heißen, südlichen Ländern reich blühen, aber anderswo versagen, ist *L. conspicuus* auch im mitteleuropäischen Klima sehr reichblühend. Weitere schöne großblütige Arten aus der Fülle der 193 beschriebenen *Lampranthus* sind: *L. blandus* (weiß-zartrosa), *emarginatus* (violettrosa), *eximius* (rosa-purpur) und *roseus* (rosa).

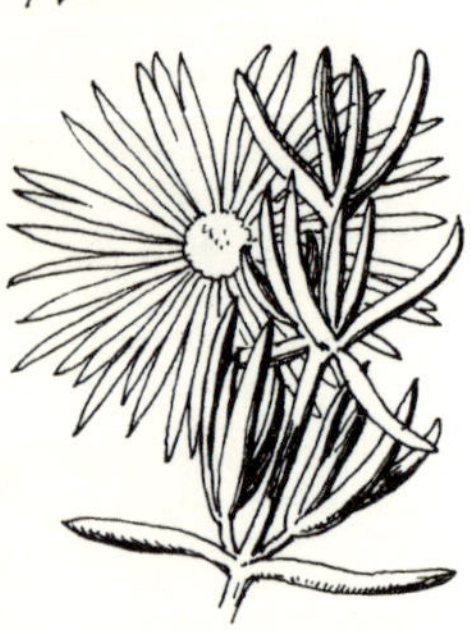

Lampranthus haworthii

ist kräftig im Wuchs, reich verästelt mit braunrindigen Stielen. Die grau bereiften Blätter sind 2 bis 4 cm lang, die feinstrahligen hell-lila Blüten haben einen Durchmesser bis zu 7 cm. Diese schöne Art wächst gut im Freien wie auch hinter Glas. (Heimat: Südafrika, Kapprovinz, Karte I, O 7–9.)

Weitere großblütige Arten sind *L. dependens* (lila blühend), *egregius* (rosapurpur, Mitte heller), *herrei* (lachsrot mit gelblicher Mitte), *magnificus* (kupfrigrosa), *spectabilis* (purpur) *zeyheri* (purpur-violett). Leider erreichen diese Arten in unserem mitteleuropäischen Klima nicht die Reichblütigkeit von *L. haworthii*, das außerdem als durchaus leichtwachsend bezeichnet werden kann.

Oscularia caulescens,

die »stengeltreibende O.«. Der Name deutet auf die starke Verzweigung dieses kleinen Strauches hin, dessen bis 2 cm lange Blätter wie kleine Halbmonde geformt sind, dreikantig, blaugrau bereift, Kanten und Spitze leicht rötlich. Die wie Mandeln duftenden rosa Blüten erscheinen an den Triebenden meist zu mehreren, so daß die Büsche oft schon im März dicht mit Blüten bedeckt sind. Diese schöne Art wächst sehr willig und ist leicht aus Stecklingen zu vermehren, braucht aber kühlen und hellen Winterstand. (Heimat: Südafrika, Kapprovinz, Karte I O 7–9.)
Die ähnliche O. *deltoides* wie auch deren Varietät *muricata* ist leicht an der Zähnung der Blattränder zu erkennen.

Oscularia deltoides,

die »kurz-dreieckige O.«. Ein zierlicher, stark verzweigter Strauch mit rötlichen Ästen und kurz dreieckigen, hellgrau bereiften Dreikant-Blättern, die an den Kanten und an der Spitze mit rötlichen Zähnchen besetzt sind. Angenehm duftende rosa Blüten zu mehreren am Triebende, sehr reichblühend schon im zeitigen Frühjahr. Die echte O. *deltoides* wird häufig als O. *muricata* bezeichnet. (Heimat: Südafrika, Kapprovinz, Karte I, O 7–9.) *Oscularia pedunculata* ist ihr sehr ähnlich, jedoch kräftiger und größer in allen ihren Teilen.

Die ähnliche O. *caulescens* hat glatte, ungezähnte, halbmondförmige Blätter. Bei warmem Winterstand werden Oscularien leicht zu lang und blühen nicht oder nur vereinzelt.

Ruschia uncinata,

die »hakenförmige R.«. Verzweigter Strauch mit niederliegenden, 4 bis 5 mm dicken Ästen, graugrün, dunkler punktiert. Blätter zu langer Scheide verwachsen, die Äste ganz umhüllend, am oberen Ende kurz abstehend, stielrund, etwas dreikantig in ein kurzes Dornenspitzchen verlaufend. Kielkante am Ende gleichfalls mit 1 bis 2 kleinen Zähnchen versehen. Wie die meisten Ruschia nicht sehr blühwillig. Blüten haben 2 cm Durchmesser und sind rosa. (Heimat: Südafrika, Kapprovinz, Karte I, O 7–10.)

Die Gattung Ruschia ist mit 329 beschriebenen Arten wohl die artenreichste. Als Zimmerpflanzen sind sie wegen ihrer teilweise recht eigenartigen, zierlichen Form dort geeignet, wo eine kühle Überwinterung möglich ist. Leider ist ihre Blühwilligkeit meist nur gering. In Freiland-Pflanzung wachsen sie viel zu üppig. Um strukturelle Entstellung zu verhüten, muß man einen sonnigen Platz und sandige Lehmerde geben.

Trichodiadema bulbosum,

die »zwiebelwurzlige Haarkrone«, genannt nach der verdickten Wurzel und den Borsten am Blattende. An den kurzen, aufrechten Ästchen stehen gedrängt gegenständig dicht mit Papillen besetzte graugrüne Blättchen mit weißen Borsten an der Spitze. Die Blüten sind tiefrot und haben bis 2 cm Durchmesser. Die Pflanze braucht im Winter kühlen und trockenen Stand. Ähnliche Arten sind: *Trichodiadema barbatum, intonsum* und *stellatum.* (Heimat: Südafrika, Kapprovinz, Karte I, O 8–9.)

Trichodiadema densum,

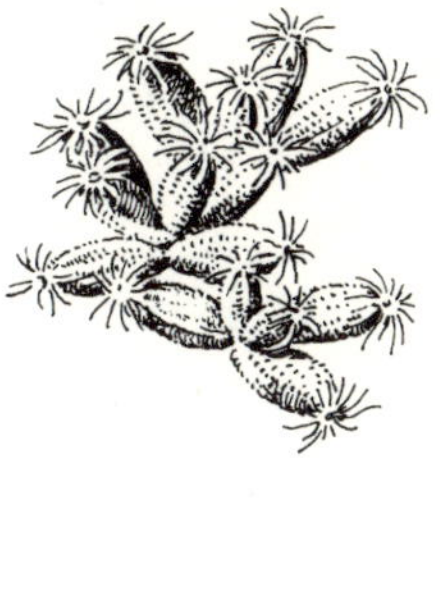

das »gedrängte T.«, das sehr dicht und klein bleibt. Rasenbildende, kurze Stämmchen mit gedrängt stehenden Blättern, grün, mit glitzernden Papillen besetzt. An den Blattspitzen – wie bei allen Trichodiadema – ein Kranz von weißen Borsten, die bei dieser schönen Art besonders lang sind. Diese kleinbleibende seltene Pflanze bringt an beborsteten Stielen verhältnismäßig große, leuchtend karminrote Blüten, oft schon kurz nach der zweimonatigen Ruhezeit im Februar. Während der Ruhezeit im Dezember und Januar müssen Trichodiadema kühl und trocken stehen. Ihre schönen Blüten brachten ihr auch den Namen »Wüstenrose« ein. (»Desert rose« in USA.) (Heimat: Südafrika, Kapprovinz, Karte I, O 7–8.)

II. Gruppe der Mesembryanthemen

An einem Vormittag im Herbst zeigte meine kleine Sammlung stammloser und kurzstämmiger Arten nur Grün und Graugrün in vielfältigen Abstufungen, gewiß ein schönes, abwechslungsreiches Bild. Gegen Nachmittag schien endlich nach vielen Regentagen die Sonne wieder und spendete die milde Wärme eines schönen Spätherbsttages. Wie hatte sich in den paar Stunden meine Sammlung verwandelt! Nach langem Warten waren sie plötzlich alle aufgebrochen, die spitzen Knospen, die ich schon seit Tagen beobachtete. Nun blüht die Mesembryanthemum-Ecke über und über, Gelb in allen Schattierungen herrscht vor, vereinzelt leuchten auch andere Farben, herrlich glänzen Strahlenblüten an kurzen Stielen frei über den kompakten Pflanzen stehend oder ungestielt den ganzen kleinen Pflanzenkörper dicht überdeckend. Die schmalen lanzettlichen Blütenblätter sprühen wie Feuerwerksfontänen aus der Mitte nach allen Seiten. Man spürt ihren Dank an Sonne und Wärme mit, es ist ein Triumph über Dunkelheit und Trübsal, dieses vertrauensvolle »Sich-Verschenken« an die Kraft der Mutter Sonne. Und richtig sind auch schon ein paar Bienen und eine dicke Hummel da, die beim Nektarsuchen Blütenstaub von einer Blume zur anderen tragen. Wenn wir selbst die Bestäubung nach Arten getrennt vornehmen wollen, um artechte Nachzucht zu bekommen, müssen wir diese Besucher fernhalten.

Am Abend schließen sich die Blüten wieder, aber noch einige sonnige Tage lang erfreuen sie mich jeden Nachmittag von neuem.

Bergeranthus multiceps,

das »vielköpfige Mesembryanthemum des Botanikers A. Berger« wächst rasenbildend in dichten kleinen Rosetten. Die oben auseinanderspreizenden dreikantigen Blätter sind 3 bis 4 cm lang und 8 bis 10 mm breit, spitz auslaufend, oberseits flach, unterseits stumpf gekielt, frischgrün, nicht punktiert. Die Blüten stehen meist zu mehreren an 3 bis 4 cm langen Stielen, haben 3 cm Durchmesser und sind gelb, außen rötlich. (Heimat: Südafrika, Kapprovinz, Karte I, O 7–9.)

Bergeranthus scapiger,

das »schafttragende B.«, wird größer und kräftiger als das vorige, die Blätter sind dunkelgrün mit Knorpelkante, ungleich lang, das längere Blatt mit vorgezogener Kielkante. Die gestielten Blüten haben 4 bis 5 cm Durchmesser und sind goldgelb, außen rötlich. (Heimat: Südafrika, Kapprovinz, Karte I, O 7–9.)

Dieser Art ähnelt auch *Bergeranthus vespertinus*, doch ist es an der dunkler punktierten, etwas runzligen Blattoberfläche leicht von *B. scapiger* und ähnlichen Arten zu unterscheiden. Die Bergeranthus-Arten haben ihre Vegetationszeit im Sommer und blühen monatelang unermüdlich. Im Winter geben wir ihnen einen mäßig trockenen Platz, wo die Temperatur möglichst nicht über 12 °C ansteigt, und erst in den Frühlingsmonaten dürfen die Pflanzen mehr Wärme und Feuchtigkeit bekommen. Sie lassen sich leicht aus Samen heranziehen, und auch Stecklinge von Seitentrieben, die direkt am Wurzelhals abgetrennt werden, wachsen gut weiter.

Carruanthus caninus (C. ringens),

die »Hundeschnauze«, hat keulenförmige, dreikantige, kreuzgegenständig gedrängt stehende graugrüne Blätter, wie eine etwas langblättrige Faucarie, Blattoberseite flach, im Ruhestadium etwas eingesenkt, die Ränder nach der Spitze zu gezähnt, Kielkante am Ende bugartig vorgezogen. Die gelben, außen rötlichen Blüten haben 4 bis 5 cm Durchmesser und sind bis 10 cm lang gestielt. (Heimat: Südafrika, Kapprovinz, Karte I, O 8–9.)

Die Pflege ist die gleiche wie bei der Gattung Bergeranthus, der sie nahesteht. *C. caninus* wurde früher sogar einmal zu Bergeranthus und später zu Machairophyllum gerechnet, obwohl keine der 8 Machairophyllum-Arten keulenartig verdickte Blattenden aufzuweisen hat.

Cephalophyllum subulatoides,

das »pfriemähnliche Kopfblatt«. Blätter dichtstehend nach oben gerichtet, 5 bis 7 cm lang, 9 bis 10 mm breit, graugrün, halbstielrund, feinpunktiert, oben zugespitzt, Kielkante knorpelig, Blüten an etwa 6 cm langen Stielen mit 4 cm Durchmesser, purpurrot. (Heimat: Südafrika, Kapprovinz, Karte I, O 7–8.)

Es gibt 68 Arten Cephalophyllum, aber in den Sammlungen ist fast nur die vorstehend genannte zu finden. Das mag an mangelnder Blühwilligkeit liegen.

Chasmatophyllum musculinum,

das »Mäuschen« genannt wegen seiner Winzigkeit. Strauchartig verzweigte, leicht wachsende Pflanze mit auf dem Boden aufliegenden, verzweigten Ästen. Kurze Blätter mit 1 bis 2 kleinen Zähnchen, graugrün und fein punktiert. Gelbe Blüten von $1^{1}/_{2}$ cm Durchmesser, Unterseite der Blütenblattspitzen leicht gerötet. *Chasm. nelii* ist größer, Blätter sind nicht gezähnt, aber nach der Spitze zu mit weißlichen Warzen besetzt. (Heimat: Südwestafrika, Groß-Namaland, Orange Freistaat, Karte I, N 7–8, N–O 9.)

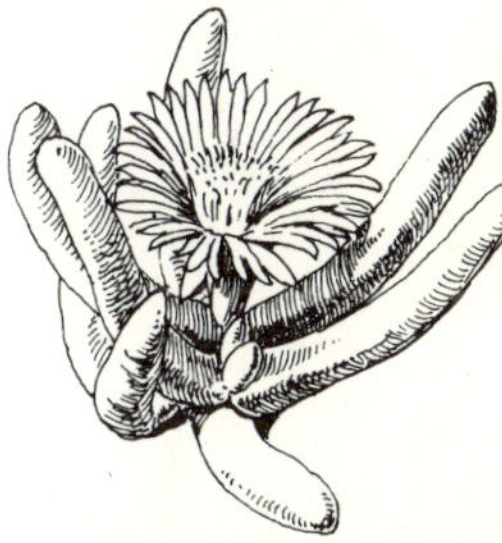

Cylindrophyllum calamiforme,

das »rohrpalmen-(Calamus-)förmige Walzenblatt«, hat etwa 5 cm lange zylindrische Blätter und ist graugrün, fein punktiert. Die gelblichweißen Blüten stehen auf 2 cm langen Stielen. (Heimat: Südafrika, Karte I, N–O, 7–9.)

Ähnliche, aber seltenere Arten sind das 9 cm lang beblätterte, weiß blühende *C. comptonii* sowie die etwas kürzer beblätterten, rosa blühenden *C. dyeri* und *tugwelliae.* Alle müssen hell und mäßig feucht im Sommer stehen und bei etwa 12 °C Wärme trocken im Winter, wenn sie gut gedeihen sollen.

Faucaria bosscheana var. haagei,

meist als *Faucaria haageï* bekannt. Wie alle Faucarien kleinbleibend, mit ungestielten, herrlich goldgelben Blüten, schon als einjähriger Sämling blühend, später vielköpfige Gruppen bildend. Blätter nur 3 bis 5 cm lang, frischgrün, am Kiel und an den Rändern schön weiß gesäumt und mit kurzen Zähnchen besetzt. Die goldgelben Blüten haben 5 bis 6 cm Durchmesser. Eine der beliebtesten Arten. (Heimat: Südafrika, Kapprovinz, Karte I, O 8.)

Dieser schönen Art ähnelt *F. albidens* mit weiß gekielten und oberseits dünn gepunkteten Blättern mit 3 bis 5 Grannenzähnchen.

Faucaria felina,

der »Katzenrachen«. Die Blätter dieser schönen Art sind fast dreikantig lang zugespitzt, fein weiß punktiert und an den Rändern mit 3 bis 5 nach innen gebogenen spitzen Zähnchen versehen. Die goldgelben Blüten auch dieser Art haben ungefähr 5 cm Durchmesser. (Heimat: Südafrika, Kapprovinz, Karte I, O 8–9.)

Ihr ähnelt *F. paucidens* mit ziemlich flachen, mitunter seitlich verbogenen Blättern, die nur 1 bis 3 Zähnchen tragen und dicht mit kleinen dunkelgrünen Flecken bedeckt sind. Ihre gelben Blüten haben 3 bis 4 cm Durchmesser. Auch *F. felina* var. *jamesii* ist sehr ähnlich, hat aber gedrängt stehende weiße Punkte auf den blaugrünen Blattoberflächen.

Faucaria lupina,

der »Wolfsrachen«, sieht gefährlicher aus. An den Rändern der etwas zurückgebogenen, frischgrünen Blätter sitzen 7 bis 9 nach innen gerichtete, spitze Zähne. Die Kielkante der fein gepunkteten Blätter ist am Blattende kinnartig vorgezogen. Die goldgelben Blüten haben bis 3,5 cm Durchmesser. (Heimat: Südafrika, Kapprovinz, Karte I, O 8.)

Ebenfalls »stark gerüstet« ist *F. militaris*, deren Blattränder mit 4 bis 6 langen, rückwärts gerichteten, haarfein gespitzten Zähnen bewaffnet sind. Ihre Blüten haben 4 bis 6 cm Durchmesser und sind goldgelb mit weißlicher Mitte und rotbräunlichen Rändern.

Faucaria tigrina,

der »Tigerrachen«, hat sehr breite, graugrüne Blätter, die dicht mit weißen, in Reihen stehenden Punkten besetzt sind. Die Blattränder sind mit etwa 10 nach innen gebogenen, kräftigen Zähnen besetzt, die die Pflanze zu ihrem Namen berechtigen. Auch bei dieser Art ist der Kiel am Blattende kinnartig vorgezogen, und bei sonnigem Stand färben sich die Blätter schön rötlich. Der Name »tigrina« wird leider oft für andere Faucarien und Kreuzungen mißbraucht, da er am bekanntesten ist. Die goldgelben Blüten haben 5 cm Durchmesser. (Heimat: Südafrika, Kapprovinz, Karte I, O 9.)

Ähnlich geformte große Blätter und große Blüten hat die wenig bekannte *F. grandis*. Sehr großblumig ist auch *F. speciosa*.

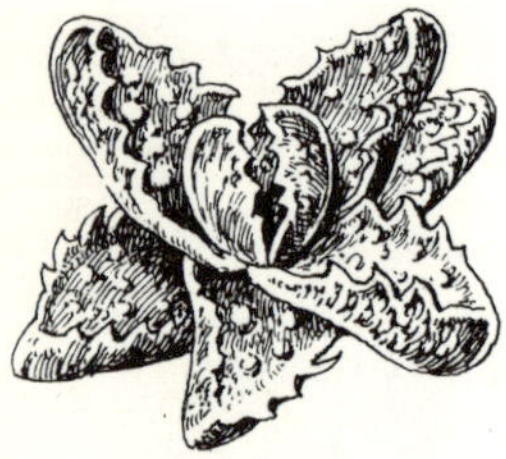

Faucaria tuberculosa,

die »gehöckerte Faucaria«. Die Blätter sind dunkelgrün und häufig weiß gekielt. Die oberen Blattflächen sind mit warzenartigen Höckern versehen, die zusammen mit einigen Zähnchen der Pflanze ein besonders bizarres Aussehen geben. Die goldgelben Blüten haben etwa 4 cm Durchmesser. (Heimat: Südafrika, Karte I, N–O 7–9, genauer Standort unbekannt.)

Bei der gleichfalls sehr schönen *F. hooliae* sind die etwas geröteten Blätter dicht mit weißen, erhabenen, kleinen Punkten bedeckt und haben an den Rändern 5 bis 7 kegelige Zähnchen mit Borstenspitzchen.

Gibbaeum haagei

Dickfleischige, fast stammlose, aber gruppenbildende Pflanze mit ungleich langen Blättern, dreieckig, bläulichgrün, scharf gekielt, das längere etwa 4 cm lang mit vorgezogenem Kinn. Gestielte Blüten von 3 cm Durchmesser, rot. Ruhezeit Juli/August. (Heimat: Südafrika, Karte I, N–O 7–9, genauer Standort unbekannt.)

Das rosa blühende *G. pachypodium* unterscheidet sich durch längere (6 bis 10 cm) graugrüne Blätter mit leicht geröteten Spitzen, während die Blätter des gleichfalls rosa blühenden *G. velutinum* und des ihm sehr ähnlichen, weiß blühenden *G. schwantesii* nur halb so lang sind.

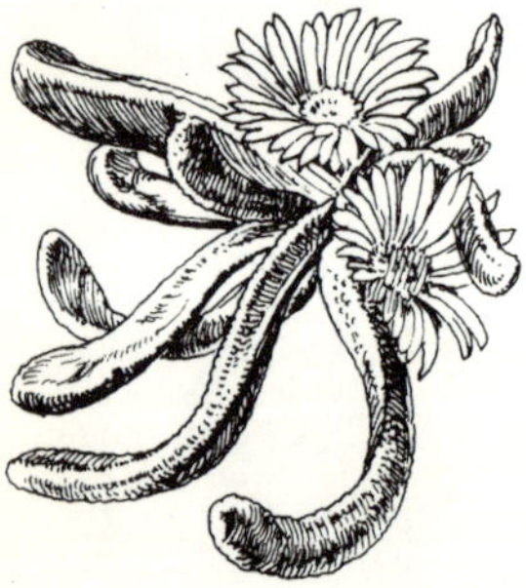

Glottiphyllum depressum,

das »niedergedrückte Zungenblatt«, hat zweizeilig gestellte, weichfleischige, hellgrüne Blätter von 10 cm Länge und 2 cm Breite, die dem Boden aufliegen. Die lange haltbaren gelben Blüten haben bis 55 mm Durchmesser und sind kurz gestielt. Es gibt viele sehr ähnliche Glottiphyllum-Arten, die oft fälschlich unter dem Namen *Glottiphyllum linguiforme* laufen, aber fast immer Hybriden sind. Das echte *Glottiphyllum linguiforme* gibt es nur noch sehr selten. (Heimat: Südafrika, Karte I, N–O 7–9, genauer Standort unbekannt.) Glottiphyllen wachsen leicht, dürfen aber weder nahrhafte Erde noch zu viel Wasser bekommen, sonst werden sie mastig und unschön. Wir pflanzen in eine Mischung von $^1/_2$ Flußsand und $^1/_2$ Lehm, halten sonnig und fast trocken und im Winter kühl. Die Erdoberfläche soll mit Kies bedeckt sein, besonders auch unter den fleischigen Blättern. Glottiphyllen blühen anhaltend im Herbst und Winter und duften sehr angenehm.

Glottiphyllum parvifolium,

das »kleinblättrige Zungenblatt«, gehört mit seiner dickfleischigen, gedrungenen Form eigentlich schon in die III. Gruppe. Die 3 bis 4 cm langen, nach oben gerichteten grünen Blätter sind ungefähr 1 cm breit und dick, nach der Spitze zu unten gekielt und zugespitzt. Die goldgelben Blüten haben 8 cm Durchmesser. (Heimat: Südafrika, Kapprovinz, Karte I, 0 8–9.)

Auch *Glottiphyllum platycarpum* und das wohlriechend blühende, seltenere *Glottiphyllum fragrans* haben diesen kompakten Wuchs, bei *G. fragrans* sind die Blätter 6 bis 8 cm lang, während bei dem matt bereiften, steinähnlichen *G. oligocarpum* die ungleich langen, niederliegenden Blätter nur etwa 4 cm Länge haben.

Erdisia tenuicula

1 Rathbunia alamosensis
2 Trichocereus thelegonoides
3 Helianthocereus grandiflorus
4 Cleistocactus baumannii

1 Cleistocactus flavescens
2 Rhodocactus grandifolius
3 Submatucana celendinensis
4 Islaya islayensis
5 Submatucana paucicostata

1 Notocactus ottonis var. vencluianus

2 Notocactus vanvlietii var. gracilior

3 Notocactus roseoluteus

1 Notocactus crassigibbus
2 Notocactus rutilans
3 Notocactus herteri
4 Wigginsia tephracantha

1 Brasilicactus haselbergii

2 Lobivia caespitosa var.

3 Echinopsis mamillosa var. kermesina

1 Lobivia cabradai

2 Lobivia pectinifera var. aurantiaca

3 Lobivia allegraiana

4 Lobivia jajoiana

5 Lobivia saltensis

1 Pseudoespostoa melanostele

2 Browningia candelaris

3 Neoraimondia roseiflora

Glottiphyllum semicylindricum,

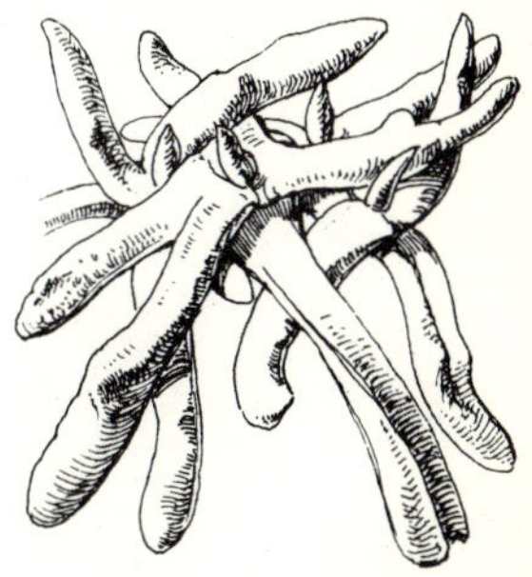

das »halbzylindrische Zungenblatt«, ist an den zahnähnlichen Höckern ungefähr in der Mitte der 5 bis 6 cm langen Blätter leicht zu erkennen. Bei ihm sind die Blätter nur etwa 5 mm breit, glänzend hellgrün und etwas punktiert. Die gestielten gelben Blüten haben 4 cm Durchmesser. (Heimat: Südafrika, Kapprovinz, Karte I, O 7–9.)

Schöne breite Blätter, deren Enden zu einem schief gestutzten Haken aufgebogen sind, hat das großblütige *G. muiri. G. salmii* hat kreuzgegenständig gebogene, spitz auslaufende Blätter, *G. starkeae* zweizeilig abstehende Blätter mit schief gestutzten Enden.

Alle Glottiphyllum haben ihre Haupt-Wachstumszeit von April bis Ende Juni. Wir geben ihnen in dieser Zeit einen vollsonnigen, vor Nachtfrösten geschützten Platz möglichst im Freien und schützen sie vor anhaltendem Regen. Die Pflege in Töpfen oder in flachen Schalen ist dem Auspflanzen in ein Beet vorzuziehen, da sie gut wurzeln und sich ausgepflanzt von allen Seiten allzuviel Nahrung herbeiholen würden und dann deformierte, mastige Pflanzen entstehen könnten. Ihre großen, gelben Blüten erscheinen willig von September bis Januar, seltener schon im Sommer. Im Winter sollen sie möglichst kühl, aber frostfrei stehen.

Hereroa granulata,

die »körnige Art aus dem Herero-Land«, hat abstehende, nach außen gebogene, dunkelgrüne Blätter von etwa 6 cm Länge und 6 mm Breite, die am oberen Ende rückseits gekielt in eine Spitze auslaufen und sich durch winzige körnige Punkte rauh anfühlen. Die gelben Blüten stehen an etwa 4 cm langen Stielen über den Pflanzen. Sehr ähnlich dieser Art ist *Hereoa herrei*, die sich nur im Bau der Samenkapsel unterscheidet. Es gibt noch etwa 30 weitere Hereroa-Arten, die zum Teil gedrungener im Wuchs sind. (Heimat: Südafrika, Karte I, O 7–9, genauer Standort unbekannt.) Kompakter im Wuchs ist *H. angustifolia*, schön auch *H. tugwelliae* mit 4 bis 6 kurzen, säbelförmigen, bläulichgrünen Blättern und kurz gestielten gelben, in der Mitte weißlichen Blüten von 4 bis 5 cm Durchmesser.

Die Hereroa-Arten haben ihre Hauptwachstumszeit im Sommer und sollen unter Glas gehalten werden. Im Winter lieben sie einen hellen, mäßig warmen Platz.

Odontophorus primulinus,

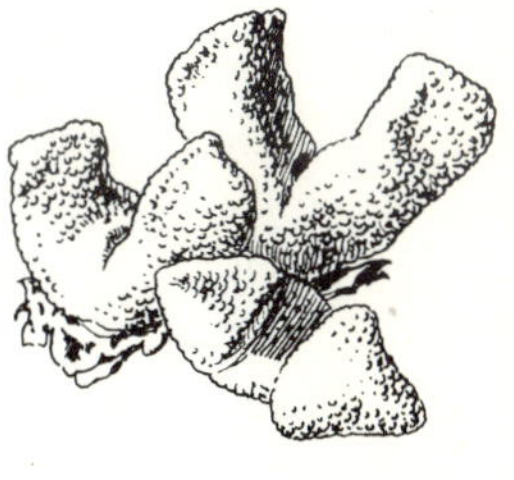

der »primelähnliche Zahnträger«, hat eigenartige Triebe mit weich-samtig behaarten, kaum 44 mm langen 1 bis 2 Blattpaaren, die sich zu dreieckig-rundlichen Enden verbreitern und mit 4 bis 5 dicken, ganz kurzen Zähnchen versehen sind. Die Blätter sind dicht mit weißen Wärzchen besetzt, die Blüten stehen an 3 cm langen Stielen, haben 44 mm Durchmesser und sind strohgelb. (Heimat: Südafrika, Kapprovinz, Klein-Namaland, Karte I, N–07.)

Eine ähnliche, aber kleinere Art ist *O. nanus*, die weiß blüht. Wachstumszeit der *Odontophorus* ist Januar bis Juni, im Winter sollen sie trocken, nicht unter 15 °C warm stehen. Nässeempfindlich! Gut wasserdurchlässig einpflanzen!

Psammophora longifolia,

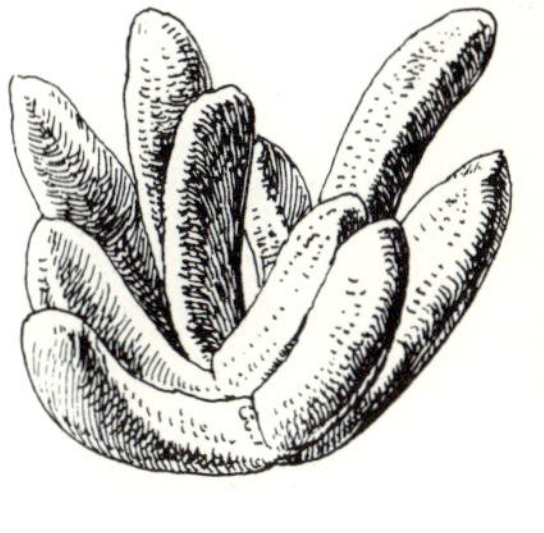

der »langblättrige Sandträger«, ist eine sehr eigenartige Pflanze, deren dicke, etwas spitz auslaufende Blätter von 4 bis 5 cm Länge und 12 mm Breite klebrig sind und sich dadurch in der Heimat als Verdunstungsschutz mit angewehtem Sand oder Staub bedecken. Merkwürdiger Einfall der Natur! Die Blätter haben eine rauhe Oberfläche und sind in der Jugend olivgrün, unten rötlich, später graugrün-bräunlich. Die kurz gestielten Blüten sind weiß. Andere Psammophora-Arten sind meist kleiner. (Heimat: Südwestafrika, Groß- und Klein-Namaland, Karte I, M–/7.)

Wachstum: Mai bis Oktober. Stand: Vollsonnig unter Glas, mäßig feucht und im Winter trocken bei etwa 15 °C. Die Arten dieser Gattung wachsen gut aus Samen.

Rhinephyllum broomii

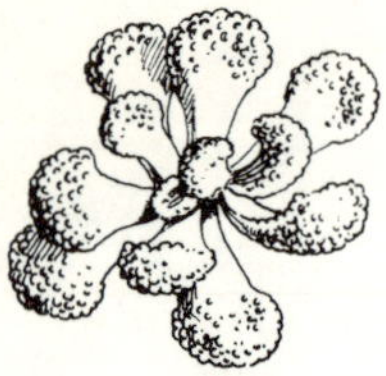

Zierliche, kaum 1 bis 2 cm hohe Pflänzchen mit 4 bis 6 gegenständigen Blättern, die sich an der Spitze kolbenartig verdicken und mit feinen Warzen und Zähnchen besetzt sind. Länge der Blätter etwa 1 cm. Gelbe Blüten mit 10 bis 12 mm Durchmesser stehen verhältnismäßig groß wirkend an nur 5 mm langen Stielen dicht über den Pflanzen und sind nachts geöffnet. (Heimat: Südafrika, Kapprovinz, Karte I, O 7–8.)

Rhinephyllum steht dem *Stomatium* nahe und ist wie dieses hell unter Glas mäßig feucht im Sommer und trocken bei etwa 12 °C im Winter zu halten. Nicht schwierig in der Pflege.

Rhombophyllum nelii,

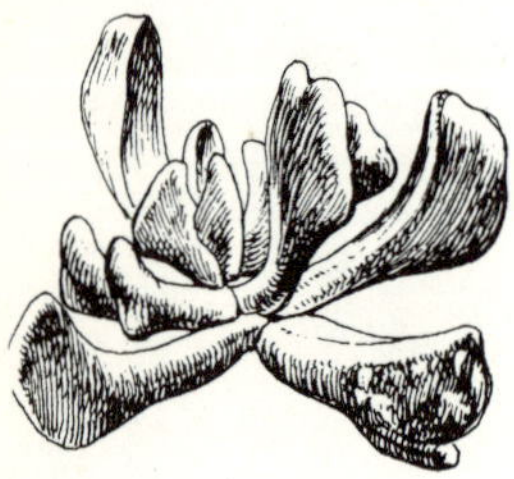

das »Elchgeweih«, genannt nach seinen schaufelförmigen Blattenden. Ein ganz reizendes Pflänzchen, das schon als einjähriger Sämlung zu blühen beginnt. Die am Grunde verwachsenen Blätter von nur 1,5 bis 2 cm Länge sind an den »Schaufeln« gekerbt und seitlich wie plattgedrückt. Ihre Färbung ist graugrün, schwach dunkler punktiert. Die gelben Blüten von etwa 2 cm Durchmesser stehen an kurzen, mitunter gegabelten Stielen dicht über der Pflanze. Ähnlich, aber nicht ganz so schön ist *Rhombophyllum dolabriforme.* (Heimat: Südafrika, Kapprovinz, Karte I, O 7–9.)

Wachstumszeit von Juni bis November. Soll im Sommer sonnig an frischer Luft bei mäßiger Feuchtigkeit und im Winter hell, kühl und fast trocken gehalten werden.

Rhombophyllum rhomboideum,

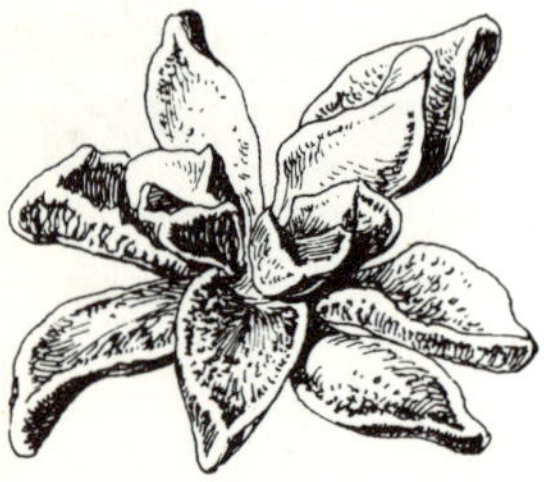

das »rhombische Rhombenblatt«, ist von *R. nelii* sehr verschieden, aber in seiner Eigenart auch sehr schön. Die flach dem Boden aufliegenden dunkelgrünen Rosetten sind aus oft sehr ungleichen, ziemlich rhombischen Blättern von 3 bis 5 cm Länge gebildet. An der Blattspitze ist der Kiel der Unterseite meist kinnartig vorgezogen, die Kanten sind weißlich, die ganzen Blätter fein weiß punktiert. Die Blüten auf 3 bis 5 cm langen Stielen haben 3 cm Durchmesser und sind goldgelb, außen etwas rötlich. (Heimat: Südafrika, östliche Kapprovinz, Karte I, O 7–9.)

Rhombophyllum lassen sich am besten aus Samen heranziehen, aber auch Stecklingsvermehrung ist möglich.

Schwantesia ruedebuschii

Kurze gedrungene Pflanze mit 3 cm langen, grau bereiften Blättern, die am oberen Ende gestutzt und mit wenigen kleinen Zähnchen versehen sind. Die hellgelben, großen Blüten sind kurz gestielt. Eine seltene Art, die wie die anderen *Schwantesia*-Arten einen sehr hellen Fensterplatz braucht und im Winter nicht unter 15 °C haben soll. (Heimat: Südwestafrika, Groß-Namaland, Karte I, M–N 7.)

Schwantesia-Arten haben ihre Wachstumszeit von April bis Oktober. Sie sollen an einem hellen Platz unter Glas im Sommer mäßig feucht und im Winter trocken bei etwa 15 °C stehen.

Stomatium ermininum

Kleine Pflanzen mit 6 bis 8 etwa 2 cm langen Blättern, die mit hellgrauen Punkten versehen und an den Enden etwas verbreitert, gekielt und mit 3 bis 4 Zähnchen bewehrt sind. Die gelben wohlriechenden Blüten haben etwa $2^1/_2$ cm Durchmesser und öffnen sich nachts. Auch die vielen anderen *Stomatium*-Arten sind ähnlich dieser Art klein und von gedrungenem Wuchs. (Heimat: Südafrika, Kapprovinz, Karte I, O 7–9.)

Die Gattung *Stomatium* ähnelt dem *Rhinephyllum*. Sie brauchen während der sommerlichen Wachstumszeit einen hellen Stand unter Glas bei mäßiger Feuchtigkeit. Im Winter sollen sie hell, trocken bei etwa 12 bis 15 °C stehen.

Tischleria peersii

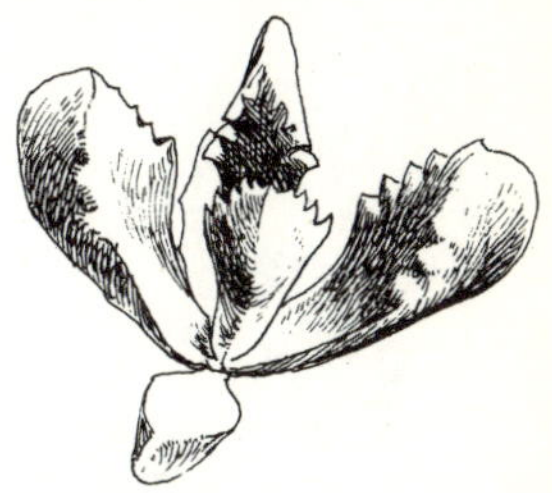

hat viel Ähnlichkeit mit *Carruanthus caninus*, doch sind die Blätter nur 4,5 cm lang und an den Rändern deutlicher und zahlreicher gezähnt. Die Blattunterseite ist scharf gekielt und am Blattende kinnartig vorgezogen. (Heimat: Südafrika, Kapprovinz, Karte I, O 7–9.)

Von der Gattung *Carruanthus* unterscheidet sich *Tischleria* hauptsächlich durch den Bau der Samenkapsel. Ihre Wachstumszeit ist der Sommer bzw. die Monate Mai bis September. Sie braucht einen hellen Platz unter Glas und mäßige Feuchtigkeit. Im Winter will sie ziemlich trocken bei etwa 12 °C stehen.

III. Gruppe der Mesembryanthemen

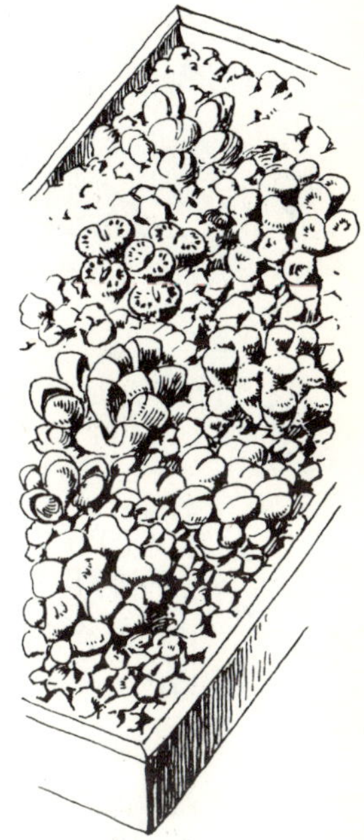

Achtlos geht ein Uneingeweihter an den Kieselsteinen und Felsstücken meines Pflanzenhauses vorüber. »Das ist meine Sammlung lebender Steine«, sage ich. »Wieso lebend?« »Na, die Pflanzen leben doch! Das sind doch nicht alles nur Steine. Da, schau her, hier und hier, das sind Mesembryanthemen, die sich im Laufe der Jahrtausende in Form und Farbe so täuschend ihrer Umgebung angepaßt haben, daß man sie für Steine hält! Aber wenn du an einem sonnigen Spätsommernachmittag zu mir kommst, dann blüht hier alles, dann findest du sie gleich, auch ohne daß ich sie dir zeige ––– Nun hat dir die Überraschung wohl die Sprache verschlagen! Aber tröste dich, es geht anderen auch so, viele kommen aus dem Staunen nicht mehr heraus. Schau dir nur die verschiedenartige Färbung, die wechselnde Zeichnung und die Reichhaltigkeit der Formen einmal richtig an. Hier am Rande stehen andere, etwas weniger chamaeleonartig, die wirst du gleich erkennen. Aber sie gehören in der Behandlung auch in diese Gruppe. Sie müssen doch alle viel trockener als die strauchigen Arten gehalten werden, haben oft eine ganz andere Ruhezeit, während der sie fast nicht gegossen werden, nur der Koksgrus zwischen den Töpfen wird leicht angefeuchtet, soll aber nicht direkt naß sein.« »Stehen diese Pflänzchen denn in Töpfen?«

»Ja, die siehst du nur nicht, weil sie von oben her mit Kieseln abgedeckt sind. Ich habe diese ganze Spezialsammlung ›Lebende Steine‹ landschaftlich aufgebaut. Die Töpfe sind in eine Schicht Koksgrus eingesenkt, man kann auch Sand verwenden. Als Erdmischung in die Töpfe nehme ich $^1/_2$ Teil körnigen Flußsand, $^1/_4$ Lehm und Ziegelmehl und $^1/_4$ Kulturerde, wie sie die Gärtner für Primeln gebrauchen. Auf das Wasserabzugsloch des Topfes kommt eine Scherbe und vorsichtshalber noch etwas Sand. Das Ganze wird gegen die Verkrustung der Erde mit Kies oder Steinsplitt überdeckt, den ich in Form und Farbe der jeweiligen Art anpasse. Sieh, die *Pleiospilos* zum Beispiel sitzen wie in ihrer Heimat zwischen Granit- und Schieferbrocken, ganz ihrer Form entsprechend. Schon allein das Suchen der passenden Steine macht viel Spaß! Die Erde in den Töpfen muß gut wasserdurchlässig sein. In allzu nährstoffreicher Erde würden die Pflanzen ihr typisches Aussehen verlieren, die Oberhaut könnte platzen und Angriffsstellen für Fäulnis bilden. Wenn ich solche Arten düngen will, gebe ich nur einen kleinen Löffel voll Thomasmehl pro Liter Erde, aber nie Stickstoffdünger! Kalk vertragen auch nur wenige, die meisten lieben einen pH-Wert der Erde von ungefähr 6,5.

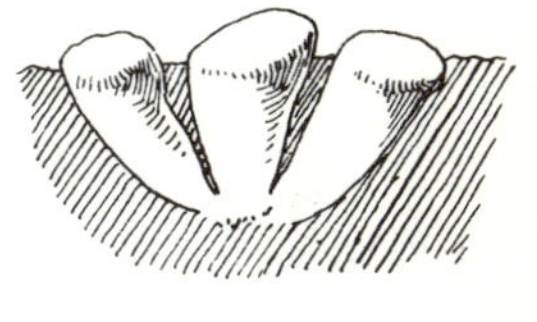

Man kann diese schönen Pflanzen natürlich auch freistehend in Töpfen zwischen anderen Pflanzen halten. Wichtig ist vor allem, daß sie hell stehen. Ihre Außenflächen sind infolge der enormen Hitze am Boden ihrer afrikanischen Standorte, wo bis 70 °C gemessen wurden, auf das Äußerste reduziert, deshalb haben sie zusätzlich sogenannte ›innere Assimilationsflächen‹. Durch kleine punktartige ›Augen‹ fällt das Licht in das Innere des Pflanzengewebes, bei einzelnen Arten sind es sogar schon richtige ›Fenster‹ von 4 bis 6 mm Durchmesser. Durch sie kann die Pflanze auf einer größeren Fläche assimilieren, obwohl die Außenfläche sehr klein

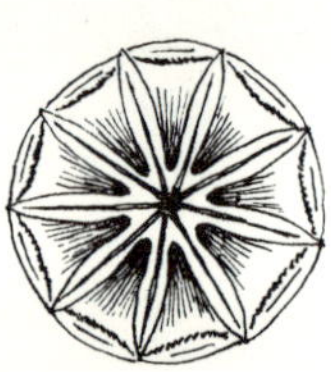

Frucht, trocken

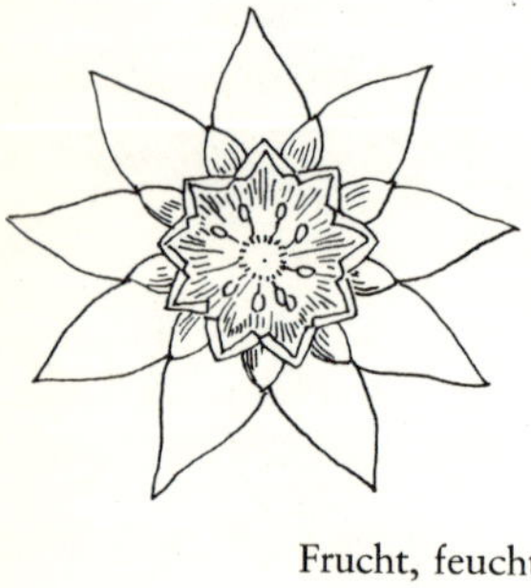

Frucht, feucht

gehalten ist, damit sie nicht zu viel Feuchtigkeit an die Luft abzugeben braucht. Schau dir mal diese Punkte durch die Lupe an!«

»Ja, ich kann sie ganz deutlich erkennen, sogar ohne Lupe. Fabelhaft! Aber sage mir, gießt du solche Arten überhaupt nicht?«

»Doch! In ihrer Heimat haben sie ja auch den Tau und die aufsteigende Bodenfeuchtigkeit aus der Tiefe. Beides fehlt im Zimmer, deshalb muß ich nach der Ruhezeit – nicht zu früh, erst wenn der Neutrieb sichtbar wird – einmal durchdringend gießen und dann in Abständen immer wieder, aber nur wenig. Auf die Pflanzen selbst soll möglichst kein Wasser kommen, dann wird ihre Färbung und der reifartige Überzug mancher Arten besonders schön. Wenn bei starker Sonne Wassertropfen auf solch weichfleischigen Pflanzen stehenbleiben, wirken sie wie plankonvexe Linsen von sehr kurzer Brennweite und können häßliche Flecken verursachen. Vor Verbrennungen müssen wir unsere Mesembryanthemen überhaupt behüten: Im Sommer ist es das beste, wenn wir sie in ein Frühbeet einsenken können, das wir bei sonnigem Wetter aufdecken, damit die Sonne ohne die Filterwirkung des Glases die Pflanzen bestrahlt. So kann ihnen nichts passieren, aber wenn sie unter Glas stehen, muß man ganz leichten Schatten geben oder für etwas Luftfeuchtigkeit sorgen. Feuchte Luft ist aber nur den Gattungen zuträglich, die gerade Wachstumszeit haben, während der Ruhe und bei kühler Überwinterung ist Luftfeuchtigkeit Gift. Über die sehr verschiedenen Wachstums- und Ruhezeiten gibt dir meine Tabelle Aufschluß. Ich überwintere diese Pflanzen ganz trocken bei 12 bis 15 °C, obwohl die meisten Arten auch niedrigere Temperaturen vertragen würden. Sie stehen bei mir im Winter sehr hell und sonnig, so habe ich keine Verluste.«

»Haben solche Mesems eigentlich sehr unter Schädlingen zu leiden?« »Nicht besonders. Man muß natürlich ihre unbewehrten Körper vor Schnecken, Asseln und Mäusefraß schützen. Sollte einmal Rote Spinnmilbe auftreten, so spritzt man im Sommer mit Kontaktgiften oder stäubt im Winter. Durch den sehr trockenen Winterstand können sich Wurzelläuse leicht ausbreiten und dann hilft nichts, als die Pflanzen auszutopfen und gründlich zu behandeln.« »Bilden die ›lebenden Steine‹ eigentlich auch leicht Ableger? Ich habe Lust bekommen, so eine Sammlung anzulegen, kannst du mir dazu verhelfen?« »Ganz so einfach wie bei den strauchigen Arten ist die vegetative Vermehrung bei den ›lebenden Steinen‹ gerade nicht. Bei einzelnen kann man ja Glieder abtrennen, dabei muß ein Stück des Stämmchens am Steckling bleiben, der dann vorsichtig in einer Sand-Torfmull-Mischung bewurzelt wird. Aber ich schneide nicht gern an solchen Seltenheiten herum, und der natürliche gruppenbildende Wuchs soll auch erhalten bleiben. Deshalb ist es besser, die Pflanzen aus Samen heranzuziehen. Da sie aber streng selbststeril sind, brauchen sie zum Bestäuben einer Blüte eine zweite blühende Pflanze, die nicht einmal ein Steckling der ersten sein darf, sonst erfolgt kein Samenansatz. Außerdem muß man bei der Samenzucht sehr achtgeben, daß die Insekten keine Fremdbestäubung herbeiführen, denn Bastarde sind weniger schön als die reinen Arten. Ich trage oft einzelne Pflanzen vor dem Aufblühen in einen anderen Raum oder isoliere sie durch Gazeschleier. Eine artechte Nachzucht ist dringend erwünscht, weil durch die fortschreitende Bebauung bisher ungenutzten Landes manche Seltenheit in ihrer Heimat schon nicht mehr aufgefunden wurde. So ist es unsere Aufgabe, diese Naturwunder der Nachwelt zu erhalten.

Wenn die schön geformten braunen Fruchtkapseln ganz reif und ziemlich trocken geworden sind, nehme ich sie vorsichtig ab und bewahre sie noch 4 bis 6 Monate kühl und trocken auf, ehe ich sie aufbreche und die Samenkörner entnehme. Erst dann werden die Samen ausgesät, wie ich dir schon früher beschrieben habe. Das Aussäen ähnelt dem der Kakteen, es genügen aber schon niedrigere Temperaturen für den Keimvorgang, und als Saatzeit sind sogar Spätherbst- und Wintermonate geeignet.«

»Zu welchen Arten für meine Spezialsammlung kannst du mir nun raten?«

»Die Auswahl ist sehr groß, da muß ich mich auf eine Auslese beschränken. Ich will dir einige der schönsten aufzählen:

Argyroderma angustipetalum,

die »schmalblättrig blühende Silberhaut«, bildet dicke Klumpen mit zuweilen 6 bis 8 Trieben, deren halbeiförmige Blätter etwa 30 mm lang und 26 mm breit sind. Die Oberfläche ist weißlich-graugrün und glatt, am Grunde des Spaltes rötlich. Ungestielte gelbe Blüten von 3 cm Durchmesser. (Heimat: Südafrika, Kapprovinz, Kl.-Namaland, Karte I, N–0, 7–9.)

Ähnliche gelbblühende Arten, die gleichfalls klumpenbildend wachsen, sind: *A. latipetalum, patens* und *peersii* sowie das fingerblättrige *A. braunsii*, dessen 5 bis 7 cm lange, schlanke Blätter aufrecht stehen.

Argyroderma octophyllum

bedeutet »achtblättrige Silberhaut«, obwohl oft nur 2 bis 4 Blätter vorhanden sind. Dies ist wohl die am meisten verbreitete *Argyroderma*-Art. Häufig wird sie unter dem falschen Namen »testiculare« geführt. Dicke, blaugraue, glatte Blattpaare, je Blatt 3 cm lang und 2,5 cm breit, bringen willig ungestielte gelbe Blüten von etwa 4 cm Durchmesser (Heimat: Südafrika, Kapprovinz, Karte I, O 7.)

Ähnliche gelbblühende Arten sind das engspaltige *A. amoenum* und *A. australe* mit weit aufklaffendem Spalt, während das nicht in Kultur befindliche echte *A. testiculare* weiß blühen soll. In roten Farbtönen blühen: *A. roseum, crateriforma, schlechteri, schuldtii* und *splendens. A. pearsonii* blüht magentarot, innen ockerfarben.

Argyroderma villetii

ist eine reizende gruppenbildende Art, deren blaugrüne, fast halbkugelige Blätter von etwa 2 cm Länge nur wenig auseinanderklaffen. Die Art wächst willig und bringt an 8 mm langen Stielen rosa Blüten von $2^1/_2$ bis 3 cm Durchmesser. (Heimat: Südafrika, Kapprovinz, Kl.-Namaland, Karte I, N–O 7.)

Ähnliche rotblühende Arten sind *A. brevipes, framesii* und *ovale*. Die *Argyroderma* sind Flachwurzler, brauchen im Sommer ausreichend Wasser und im Winter Temperaturen um 15 °C. Die eintrocknenden unteren Blätter soll man nicht entfernen. Mit Gießen erst wieder beginnen, wenn neue Blätter gebildet werden.

Cerochlamys pachyphylla,

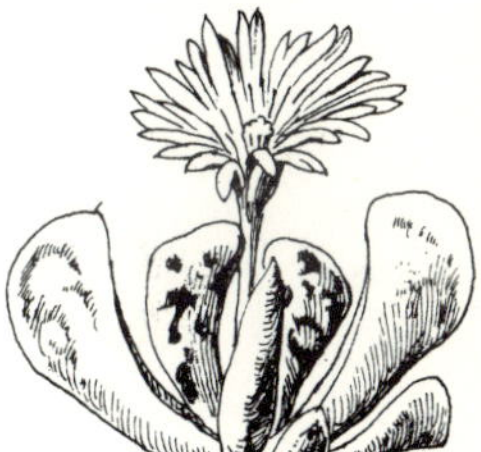

der »dickblättrige Wachsmantel«, paßt nach seiner Form besser in Gruppe II, muß aber wie die hochsukkulenten Arten der Gruppe III behandelt werden. Die stammlosen Pflanzen haben 2 bis 3 Paare braungrüner, wachsig bereifter Keulenblätter von 3 bis 4 cm Länge, die mitunter auch rot gestrichelt oder getupft sind. Ihre roten Blüten sitzen an 3 bis 4 cm langen Stielen. (Heimat: Südafrika, Kapprovinz, Karte I, O 8.)

Diese Art darf nicht mit dem »Elchgeweih«, *Rhombophyllum nelii* oder mit *Rhombophyllum dolabriforme* verwechselt werden, die auch schaufelartige – aber zweizipflige – Blattenden haben.

Cheiridopsis acuminata,

die »langgespitzte Fingerhand«, hat 5 bis 7 cm lange Blattpaare mit feinen Papillen, die in der Ruhezeit wie bei den anderen *Cheiridopsis* mehr oder weniger in trockene Scheiden eingehüllt sind. So ensteht je nach Jahreszeit ein sehr wechselndes Aussehen. Die schönen Blüten sind bei fast allen Cheiridopsis gelb. Sie brauchen viel Licht und mäßige Feuchtigkeit, im Winter werden sie nahezu ganz trocken gehalten bei 12 bis 15 °C. (Heimat: Südafrika, Kapprovinz, Kl.-Namaland, Karte I, N–O 7.)

Ähnliche schöne Arten dieser Größe sind: *Ch. aurea, bifida, framesii* und *inaequalis*. Die Blüten stehen bei den *Cheiridopsis*-Arten endständig an mehr oder weniger langen Stielen, die zwischen den beiden Loben hervorkommen und scheidig verwachsene Hochblätter haben. Sie erscheinen schon im Sommer.

Cheiridopsis pillansii

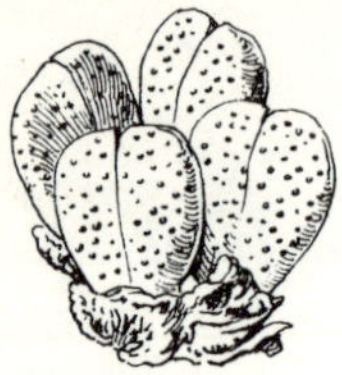

ist gedrungener im Wuchs als die vorigen. Die nur 4,5 cm langen und 2,5 cm dicken Blattpaare sind weißlichgrau mit zahlreichen dunklen Punkten. Die jungen Blätter liegen fest gegeneinander, später ist der Spalt ein wenig geöffnet. Blüten gelb. Durch Sprossung entstehen vieltriebige Klumpen. (Heimat: Südafrika, Kapprovinz, Karte I, O 7–8.)

Ähnliche kurztriebige gelb blühende Arten sind: *Ch. cigarettifera, crassa, herrei, meyri* und das hellviolett blühende *Ch. schlechteri.*

Cheiridopsis purpurascens,

die »purpurrötliche Fingerhand«, wird größer als die vorigen. Die 6 bis 8 cm langen blaugrauen Blattpaare färben sich bei sonnigem Stand besonders an den Scheiden kräftig rot. Am Grunde sind sie dreikantig und deutlich gekielt, die Blüten sind gelb, kaum gestielt. (Heimat: Südafrika, Karte I, O 7–9, genauer Standort unbekannt.)

Teilweise noch längere Blätter haben: *Ch. candidissima, inspersa, rostrata* und *tuberculata.* Es gibt etwa 100 Arten von *Cheiridopsis,* die alle eine kurze Vegetationszeit von März bis Juni haben und sehr hell und mäßig feucht gehalten werden sollen.

Conophytum obconellum,

die »verkehrtkegelförmige Kegelpflanze«, bildet mit ihren runden, kleinen Körperchen, die aus zwei miteinander verwachsenen Blättern bestehen, im Laufe der Jahre dichte Rasen. Im Innern des alten Körperchens entwickelt sich häufig mehrköpfig das neue, das dem alten mehr und mehr Zellsaft entzieht, bis nur noch die vertrocknende Haut übrigbleibt. Mit Beginn der neuen Vegetation sprengt es dann die alte Hülle. Erst jetzt darf wieder gegossen werden. Aus dem Spalt in der Kopfmitte kommt die gelbliche, duftende Blüte hervor. (Heimat: Südafrika, Kapprovinz, Karte I, O 7–8.)

Conophyten lieben Humusboden, leichten Halbschatten und Trockenheit in den Ruhemonaten April und Mai. Es gibt ungefähr 290 verschiedene Arten. Halbkugelig wie obconellum sind: C. *assimile* (cremefarben blühend), *calculus* (gelb blühend), *ectypum* (rosa blühend), *meyeri* (gelb blühend), *minutum* (violett blühend), *odoratum* (rosarot blühend), *ovigerum* (gelb blühend), *saxetanum* (weißlich blühend), *tischeri* (hell-lila blühend), *uvaeforme* (weißlichgelb blühend), *violaciflorum* (violettrosa blühend).

Conophytum pearsonii

bildet größere Körper von etwa 12 bis 20 mm Durchmesser, die mit ihrer abgeflachten Form schon an ein Lithops erinnern. C. *pearsonii* blüht sehr schön magentarot. (Heimat: Südafrika, Kapprovinz, Karte I, O 7–8.)

Alle Conophyten sind Flachwurzler und sollen unter Glas nicht zu sonnig stehen. Im Freien stehend vertragen sie stärkste Sonnenbestrahlung. Im Winter wählen wir einen hellen Standort mit 15°C Durchschnittstemperatur. Wir pflanzen in sandigen Lehm, mit Humuserde gemischt. Schöne Arten von ähnlicher abgeflachter Form sind: C. *flavum* (gelb blühend), *gratum* (rot blühend), *minutum* (violettrot blühend, *obcordellum* und *parviflorum* (weiß blühend), *truncatum* (gelblich blühend).

Conophytum albescens,

die »weiß werdende Kegelpflanze«, gehört in die zweite Hauptgruppe, zu den Arten, bei denen nur die unteren Teile des länglichen Körpers verwachsen sind und die oben in dicke, spreizende Blätter auslaufen. Am stärksten tritt das bei C. *bilobum* (gelb blühend) hervor, aber auch die anderen gelb blühenden C. *cordatum, elishae, meyerae, muscosipapillatum, pole evansii, teguliflorum* (orange blühend) und *ernianum* (rosa blühend), lassen deutlich den Einschnitt zwischen den beiden Loben erkennen. C. *bilobum, frutescens* und ähnliche Arten dieser Gruppe beginnen übrigens ihre Vegetation schon im Mai, also vier Wochen vor den anderen Arten. (Heimat: Südafrika, Kapprovinz, Kl.-Namaland, Karte I, N–O 7.)

Dinteranthus puberulus,

die »schwachflaumhaarige Pflanze des Botanikers Dinter«, hat zu über einem Drittel verwachsene, rundliche, wenig gekielte Blattpaare, die nach oben spitz auslaufen. Die Oberfläche ist samtartig flaumig behaart, bräunlichgraugrün gefärbt und mit Punkten versehen. Die goldgelben Blüten haben bis 28 mm Durchmesser. Ähnliche Arten sind *D. microspermus, pole evansii, punctatus* und *vanzijlii*. Alle *Dinteranthus* sollen selbst im Sommer trockene Luft haben und sehr hell stehen. Vermehrung durch Samen, die winzig sind, die kleinsten aller Mesems. (Heimat: Südafrika, Kapprovinz, Karte I, N 8.)

Fenestraria aurantiaca,

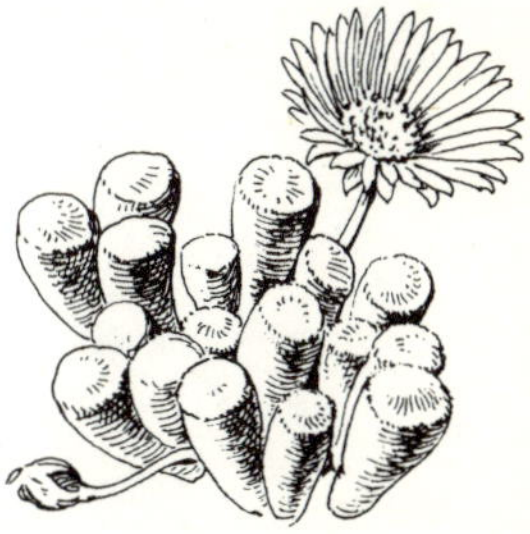

die »orangeblühende Fensterpflanze«, hat kolbenförmige, aufrechtstehende Blätter mit verdicktem Ende, mit lichtdurchlässigen Zellen ohne Blattgrün auf abgerundeter Oberfläche, während tiefer im Inneren das Chlorophyll eingelagert ist. Dadurch kann die Pflanze assimilieren, ohne den Sonnenstrahlen eine große Verdunstungsfläche zu bieten. Am heimatlichen Standort ragt meist nur die Blattspitze aus dem Sand heraus. Bei uns darf man sie aber nicht so tief pflanzen. *F. aurantiaca* blüht orangegelb, *F. rhopalophylla* weiß. Fenestrarien, volkstümlich auch »Babyzähne« genannt, sind Sommerwachser und sollen sehr hell stehen, im Winter nicht unter 12 °C. Bewässern vorsichtig, am besten nur von unten. Beim Umtopfen Wurzelballen nicht zerstören! Bei feuchter Luft platzen sie leicht. (Heimat: Südafrika, Kapprovinz, Karte I, O 7–8.)

Frithia pulchra,

die »schöne Frithia«, ist eine verkleinerte Ausgabe der Fenestraria mit ebensolchen Lichtfenstern. Sie bringt fast ungestielte, karminrote Blüten von 1 bis 2 cm Durchmesser und wird nur etwa 2 cm hoch. Sie ist allerdings etwas empfindlicher als die Fenestrarien, soll hell und warm stehen, aber im Sommer sogar etwas trockener als im Winter. Ihre Vegetationszeit dauert von Februar bis Mai. *F. pulchra* ist die einzige Art ihrer Gattung. (Heimat: Südafrika, Transvaal, Karte I, M 9.)

Gibbaeum heathii

bildet fast kugelig zu einem Körper verwachsene, 2 bis 3 cm hohe Blattpaare, die nur durch einen kurzen Spalt bis zur Hälfte getrennt sind. Ihre Oberfläche ist glatt, weißlichgrün, die Blüten haben 3 bis 4 cm Durchmesser und sind weiß bis cremefarben, im Verblühen mitunter leicht rosa gefärbt. Die Gibbaeum bilden dicke Rübenwurzeln. In der äußeren Gestalt ähneln dem obigen das blaßrosablühende *G. blackburniae*, das nur halb so große, rosablühende *G. luckhoffii* und das deutlich gekielte *G. comptonii*, das *rosapurpur* blüht und ungleich lange Blätter hat. Diese Arten muß man hell und sehr trocken bei etwa 15 °C überwintern. (Heimat: Südafrika, Kapprovinz, Karte I, O 8.)

Gibbaeum album,

die »weiße Höckerpflanze«, ist eine der schönsten, aber auch der empfindlichsten Arten. Die nur 2 cm langen, schiefeiförmigen und etwas kantigen Blattpaare sind zuerst wenig, später klaffend gespalten und dicht mit weißen, erst unter der Lupe erkennbaren Haaren besetzt. Auch die gestielten Blüten sind weiß. (Heimat: Südafrika, Kapprovinz, Karte I, O 8.)

In der Form ähnelt das samtig graugrüne, etwas glänzende *G. dispar*, dessen Blätter ungleich groß und nahezu eirund sind. Es blüht schön lilarot im August. Gleichfalls weißbehaart ist *G. pilosulum*, mit hellgrünen, 25 mm hohen, wenig gespaltenen Blattpaaren, ein Winterwachser, der im Dezember bis Januar lilarot blüht. Etwas kleiner ist das kugelige *G. nebrownii*, auf braunem Körper samtig weiß behaart, im Oktober rosa blühend. Noch kleiner, aber vieltriebig, kantig und nicht behaart· ist das weißlichgrüne *G. petrense*. Alle diese Gibbaeum brauchen im Sommer und Winter viel Licht und wenig Feuchtigkeit, auch wenn sie in der Ruhezeit etwas einschrumpfen.

Gibbaeum pubescens,

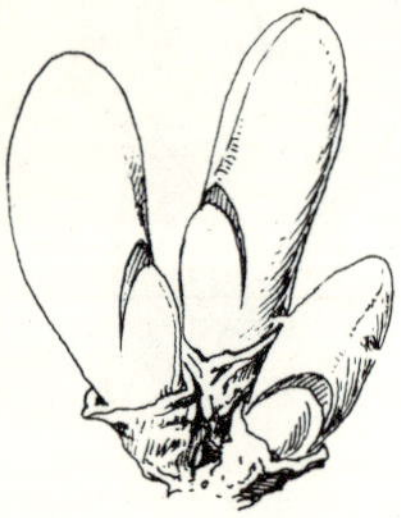

die »flaumhaarige Höckerpflanze«, ist an der länglichen Form leicht zu erkennen. Die Blätter stehen aufrecht, später spreizend, das größere Blatt ist 3 cm, das kleinere nur 1 bis 2 cm lang. Auch bei dieser Art ist die Oberfläche mit feinen, weißgrauen Haaren bedeckt. Violettrote Blüten an 2 cm langen Stielen im Februar bis März, in der Hauptwachstumszeit, die im Dezember beginnt. (Heimat: Südafrika, Kapprovinz, Karte I, O 8.)

Ähnlich geformt ist das graufilzige *G. shandii* mit rötlichen, kürzer gestielten Blüten. Das hellgrüne *G. geminum* wird nur halb so groß und blüht magentarot. Das blaugrüne *G. angulipes* mit gekielten Blättern bringt rosa Blüten. Das vieltriebige, glattgrüne *G. gibbosum* hat auch ungleich lange Blätter, bleibt kleiner und blüht rosarot. Alle diese Arten sind Winterwachser, die schon im Spätsommer ihre Ruhezeit haben.

Lithops pseudotruncatella,

der »Lebende Kieselstein«, besteht aus nur einem braun-grauen Blattpaar, den »Loben«, die oben durch einen durchgehenden Spalt getrennt sind. Die etwas gewölbte Endfläche ist dunkelbraun, netzartig geadert und punktiert. Fast ungestielte gelbe Blüten kommen im September/Oktober aus dem Spalt hervor und decken flach die Endfläche der Pflanze. (Heimat: Südwestafrika, Groß-Namaland, Karte I, M 7.)

Weitere gelbblühende Arten mit vorwiegend grauer, gelblicher oder rötlicher Körperfärbung sind *L. aucampiae, bromfieldii, kuibisensis, lesliei, otzeniana, schwantesi, terricolor* und *turbiniformis*.

Lithops divergens,

der »abstehend gespaltene Kiesel«, hat grüne Seitenflächen und eine graugrüne Endfläche. Die beiden Loben klaffen meist weit auseinander, die Blüten sind etwas kleiner, gelb. (Heimat: Südafrika, Kapprovinz, Kl.-Namaland, Karte I, N–O 7.)

Andere Arten mit gelben Blüten und grünlichen Körperfarbtönen sind *L. franzisci, helmutii, herrei, insularis, olivacea.* Die meist lichtdurchlässige Zeichnung der Oberfläche entspricht jeweils der Gesteinsfarbe ihrer Herkunftslandschaft.

Lithops bella,

der »schöne Kieselstein«, wächst in seiner Heimat in Granitgrus, dem er sich mit seiner ockergelben Farbe vorzüglich anpaßt. Die leicht vertiefte, verästelte Zeichnung ist etwas dunkler. (Heimat: Südwestafrika, Groß-Namaland, Karte I, N 7–8.)

Schöne Arten mit bräunlich-gelblichen Farbtönen, die zu dieser weiß-blühenden Gruppe gehören, sind: das rotbraun gestrichelte *L. erniana*, das dunkelbraun gezeichnete *L. jacobseniana*, das bräunlich-ockerfarbene *L. karasmontana* mit dem ihm ähnelnden *L. opalina*, das blühend stark duftende *L. lericheana*, das gelbbräunlich gezeichnete *L. mickbergensis* und die grauen *L. eberlanzii* und *fulleri*.

Lithops salicola,

der »Kiesel der Salzebene«, ist an den Seiten grau und hat große dunkelolivgrüne Fenster mit heller Umrahmung. Die weißen Blüten haben etwa 25 mm Durchmesser. (Heimat: Südafrika, Oranje-Freistaat, Karte I, N 9.)

Grünliche Töne in der weißblühenden Gruppe gibt es noch bei *L. marmorata* und *L. umdausensis*.

Alle Lithops brauchen im Sommer volle Sonne, frische Luft und nur mäßige Feuchtigkeit. Sie beginnen im Mai zu treiben und bringen unter der alten zusammenschrumpfenden Haut neue Körper hervor. Im Winter sollen sie möglichst hell und trocken bei 12 bis 15 °C stehen. Der sehr sandigen Erde wird etwa $^1/_3$ Lehm beigemischt.

Mitrophyllum mitratum,

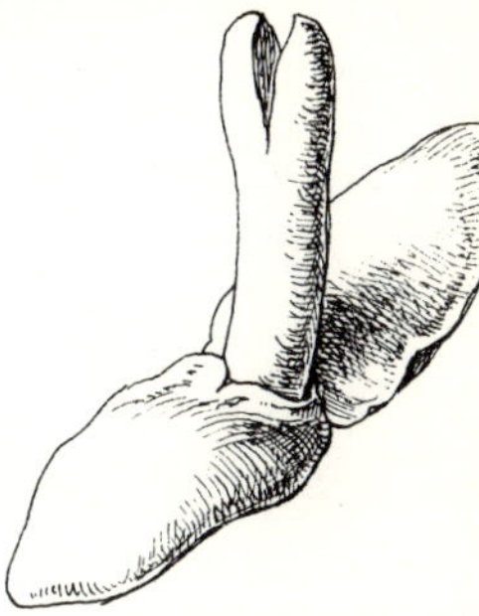

das »mitraförmige Mützenblatt«, ist eine wertvolle Pflanze mit höchst eigenartigem Wachstum. Zwei schlanke spitze Blätter sind zu einer zylindrischen »Mitra« vereint, sie ragen aus der Mitte des Körpers, aus den am Grunde verwachsenen, zungenförmigen, weichfleischigen und papillösen Blättern hervor. Im Entwicklungsstadium kommen diese unteren Blätter aus der Hülle der aufrecht stehenden Blätter hervor, in deren Schutz sie sich gebildet haben. Zu Beginn der Vegetation im September braucht Mitrophyllum eine kurze Zeit sehr reichlich Wasser. Sobald das neue Zungenblattpaar nach wenigen Tagen aus der trockenen Haut der spitzen, aufgerichteten Blätter hervorgekommen ist, stellt man das starke Gießen wieder ein und behandelt die Pflanze wie andere dickfleischige Arten. (Heimat: Südafrika, Kapprovinz, Klein-Namaland, Karte I, N–O 7.)

Ähnlich im Wuchs ist die frühere Gattung *Conophyllum*. Es gibt ungefähr 10 verschiedene Arten *Mitrophyllum*. Die Vermehrung erfolgt am besten durch Samen, Stecklinge wachsen schwer.

Muiria hortenseae

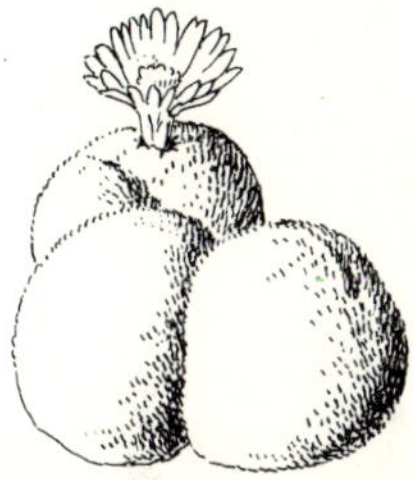

besteht aus zwei halbkugelig miteinander verwachsenen Blättern von etwa 20 mm Durchmesser. Diese knollenartigen, weichfleischigen Gebilde sind hellgrünlich und rötlich gefärbt und mit deutlich sichtbaren samtartigen Härchen dicht bedeckt. Muiria hat nur eine kurze Vegetationszeit, die ungefähr zwischen Juli und September fällt. Die weiß- bis rosafarbenen Blüten dieser ungewöhnlichen Pflanze erscheinen merkwürdigerweise nicht aus dem seitlichen Spalt zwischen den Blättern, sondern durchbrechen die Spitze des Körpers und wachsen förmlich durch diese Wunde hindurch! Sie zählt zu den seltensten Gattungen. Wir kultivieren sie in sandiger Lehmerde sehr hell und warm, im Sommer mäßig feucht, im Winter ganz trocken. Bei ständig feuchter Luft platzt die Oberhaut. Von *Muiria* gibt es nur diese eine Art. (Heimat: Südafrika, Kapprovinz, Karte I, O 8.)

Ophthalmophyllum friedrichiae,

das »Augenblatt«, ähnelt einem grünen Lithops mit rötlichem Anflug, dessen stark gewölbte Loben wie durchscheinende Fenster wirken. Die weißen Blüten entwickeln sich wie bei Lithops, aber schon im August/September. (Heimat: Südwestafrika, Groß-Namaland, Karte I, N 7–8.)

Besonders schön sind das rosapurpurblühende O. *fulleri*, das lilarotblühende O. *dinteri* und das blaßrosa blühende, fein duftende O. *herrei*. In der fast zehn Monate dauernden Ruhezeit Vorsicht mit Wassergaben und Temperaturen im Winter unter 12 °C! Vegetationsbeginn mit Erscheinen der Knospen ab September. Jetzt wird vorsichtig Wasser gegeben, nicht zu reichlich, da sonst die Körperchen leicht platzen.

Pleiospilos bolusii

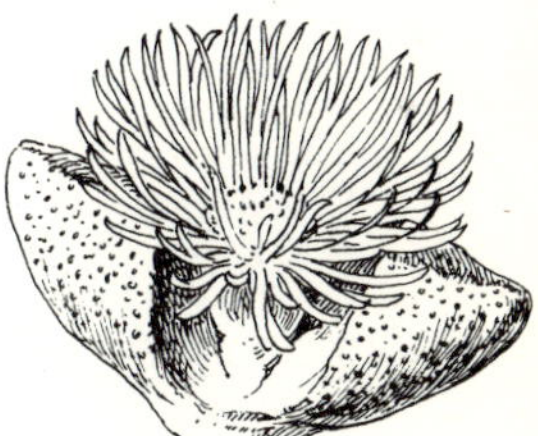

ist eine wirklich sehr groteske Pflanze, die in Färbung und Form einen Granitbrocken ihrer heimatlichen Umgebung vortäuscht. Wenn sie aber bei Herbstbeginn ihre großen, feinstrahligen, gelben Blüten entfaltet, die im Verblühen orangerot werden, so ist auch der Nichtkenner entzückt von ihrer Schönheit. An den abgerundeten Enden der 50 bis 70 mm langen Blattpaare ist die Unterseite kinnartig nach oben gezogen, daran läßt sich bolusii gut von anderen Arten unterscheiden, nur *Pl. nelii* hat eine ähnliche Form, stärker abgerundet, fast halbkugelig. Die Blattfärbung ist graugrün mit vielen kleinen dunkelgrünen Punkten. Alle Pleiospilos sollen während ihrer Wachstumszeit in sandiger Lehmerde von Mai bis Juli ausreichend gegossen, später aber ziemlich trocken gehalten werden.

(Heimat: Südafrika, Kapprovinz, Karte I, O 8.)

Pleiospilos hilmarii

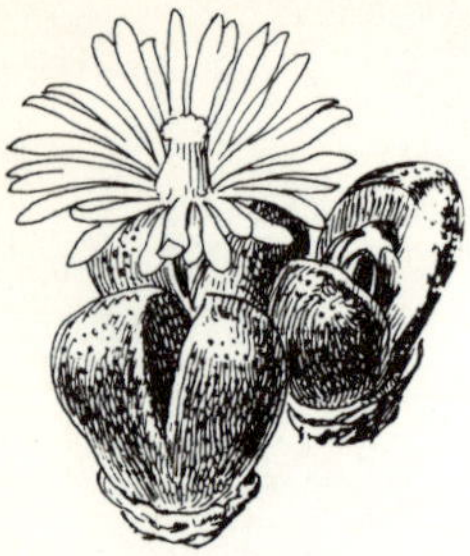

ist eine wesentlich kleinere Art, die sich mit einem Blattpaar von etwa 15 mm Dicke und nur 20 bis 25 mm Länge erheblich von den anderen Arten unterscheidet. Die Blätter sind rötlichgrün und mit dunklen Punkten dicht besetzt, die sich an den stark abgerundeten Blattenden zu durchscheinenden Fenstern verdichten. Die aufsitzenden goldgelben Blüten von über 20 mm Durchmesser, wie überhaupt die ganze Pflanze, erinnern an Lithops oder noch mehr an *Ophthalmophyllum*, doch ist die Pflege dieser wertvollen, noch wenig verbreiteten Art viel einfacher. (Heimat: Südafrika, Kapprovinz, Karte I, O 8.)

Pleiospilos nelii

ähnelt in seiner runden Form dem *Pleiospilos bolusii*, ist jedoch seltener. Die Blattunterseiten sind hier noch stärker kinnartig vorgezogen, die Blätter kürzer und der Spalt noch deutlicher markiert. Die Körperfarbe ist dunkelgraugrün mit vielen dunklen, nicht erhabenen Punkten. Die 7 cm großen Blüten sind herrlich salmrosagelb gefärbt und erscheinen meist schon im April. Pflege wie bei *Pleiospilos bolusii*. (Heimat: Südafrika, Kapprovinz, Karte I, O 8.)

Pleiospilos simulans,

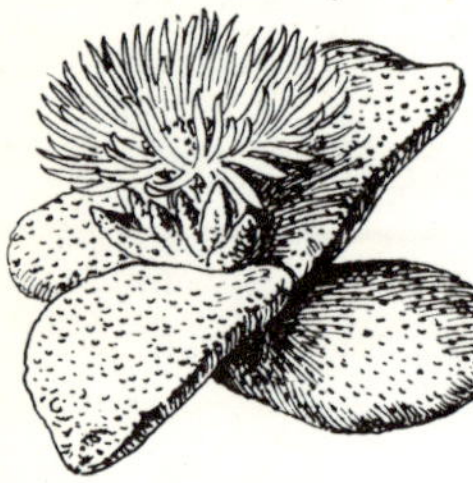

einen kantigen Steinbrocken vortäuschend, ähnelt dem *Pl. bolusii*, hat aber nicht dessen kinnartig hochgezogene Unterseite, sondern ist rückseits gekielt und läuft in eine nach unten zurückgekrümmte Spitze aus. Die Körperfarbe ist braungrün bis dunkelgrün mit Punkten, die gelben Blüten haben einen feinen Duft. (Heimat: Südafrika, Karte I, O 8.)

Es gibt noch weitere 30 Arten *Pleiospilos*, von diesen nenne ich: *Pl. dekenahi* mit 6 cm langen, oberseits etwas hohlen, spitz zulaufenden Blättern. *Pl. latipetalus* mit verbreiterten Blattenden. *Pl. magnipunctatus* mit dreikantigen, in der Mitte verbreiterten Blättern, die stark gepunktet sind. *Pl. purpusii* mit gekielten, dunkelgrünen Blättern und *Pl. willowmorensis* mit ungleich langen, sichelförmigen Blättern.

Titanopsis calcarea,

der »kalkliebende Kalkstein«, ein kleines, graugrünes, stammloses Pflänzchen mit fleischigen Wurzeln. Es bildet Rosetten von 6 bis 8 gedrängt stehenden Blättern, deren spatelig-dreieckig verbreiterte Spitzen mit rötlichgrauen Warzen bedeckt sind und so wie der höckrige Kalkstein ihres Heimatstandortes aussehen. Die kurzgestielten, fast aufsitzenden Blüten sind goldgelb und haben bis 2 cm Durchmesser. Kultur in sandiger, mit verwittertem Kalk vermischter Erde, im Sommer mäßig feucht und luftig, im Winter hell bei 15°C und ziemlich trocken halten. (Heimat: Südafrika, Kapprovinz, Karte I, N–O 8.)

Ebenso werden die anderen schönen Titanopsis behandelt: *T. fulleri*, Blattspitzen fast löffelartig, mit graubräunlichen Warzen auf purpurnem Untergrund. *T. hugoschlechteri*, Blattspitzen dreikantig, Warzen größer (schwierige Art!), *T. setifera* mit gezähnten und warzigen Blattenden und *T. schwantesii* mit längeren, mehr abstehenden, hellgrauen, gelbbraun gewarzten Blättern.

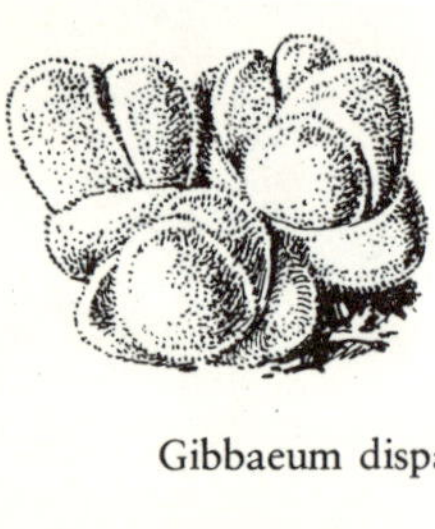

Gibbaeum dispar

Wie von allen anderen Sukkulenten gibt es auch von den Mesembryanthemen noch eine sehr große Anzahl weiterer schöner Arten, die ich leider hier nicht alle aufführen kann. Wer sich in Bild und Schilderung daran erfreuen will, sei auf das einzigartige Buch von Prof. Dr. G. Schwantes, Kiel, verwiesen, das 1957 in London erschien: »Flowering stones and mid-day flowers«.

– Ruhezeit, ■ Wachstumszeit,
▶ Wachstums- und Blütezeit der Mesembryanthemen

Gruppe 1 strauchig Gruppe 2 stammlos oder kurzstämmig Gruppe 3 höchstsukkulent (»Lebende Steine«)		Januar	Februar	März	April	Mai	Juni	Juli	August	September	Oktober	November	Dezember
Aptenia	1	–	–	–	–	–	■	▶	▶	▶	–	–	–
Argyroderma	3	–	–	–	■	■	■	■	■	■	▶	▶	–
Aridaria	1	–	–	–	–	–	■	▶	▶	▶	–	–	–
Bergeranthus	2	–	–	–	■	■	▶	▶	■	■	■	–	–
Carruanthus	2	–	–	–	■	■	■	■	■	■	▶	–	–
Cephalophyllum	2	–	–	–	–	–	▶	▶	■	■	–	–	–
Chasmatophyllum	2	–	–	–	–	–	■	■	▶	▶	–	–	–
Cheiridopsis	3	–	–	▶	▶	▶	▶	–	–	–	–	–	–
Conophytum, bilobe Formen	3	■	■	–	–	▶	▶	▶	▶	▶	▶	■	■
Conophytum, sphaeroide Formen	3	■	■	■	–	–	■	▶	▶	▶	▶	▶	■
Cylindrophyllum	2	–	–	■	■	■	■	■	■	▶	■	–	–
Delosperma	1	–	–	▶	▶	▶	▶	▶	▶	▶	▶	▶	–
Dinteranthus	3	–	–	–	■	■	▶	▶	▶	▶	–	–	–
Drosanthemum	1	–	–	–	–	▶	▶	▶	▶	▶	▶	–	–
Ebracteola	2	–	–	–	–	–	▶	▶	▶	▶	▶	–	–
Erepsia	1	–	–	▶	▶	▶	▶	▶	▶	■	■	–	–
Faucaria	2	–	–	–	–	▶	▶	▶	■	■	■	■	–
Fenestraria	3	–	–	–	–	–	■	■	▶	▶	▶	–	–
Frithia	3	–	■	▶	▶	▶	–	–	–	–	–	–	–
Gibbaeum heathii und ähnliche	3	–	–	▶	▶	■	■	–	–	–	–	–	–
Gibbaeum velutinum und ähnliche	2	■	■	■	■	■	■	–	–	▶	▶	▶	■
Gibbaeum album, pubescens	3	▶	▶	■	■	■	–	–	–	–	–	■	▶
Gibbaeum cryptopodium, pilosulum	3	▶	▶	▶	■	■	■	■	–	–	–	–	▶
Glottiphyllum	2	■	–	–	■	■	■	–	–	▶	▶	▶	▶
Hereroa	2	–	–	–	–	■	▶	▶	▶	▶	▶	▶	–
Herranthus	2	–	–	–	■	■	■	▶	–	–	–	–	–
Hymenocyclus	1	▶	–	–	–	–	▶	▶	▶	▶	▶	▶	▶
Juttadinteria	2	–	–	–	–	–	■	■	▶	▶	▶	–	–
Lampranthus	1	–	–	–	–	■	▶	▶	▶	▶	▶	▶	–
Lapidaria	3	–	–	–	■	■	■	■	▶	▶	–	–	–
Lithops	3	–	–	–	–	■	■	▶	▶	▶	▶	▶	–
Meyerophytum	3	–	–	–	–	–	–	–	■	▶	▶	–	–
Mitrophyllum	3	–	–	–	–	–	–	–	–	▶	■	–	–
Muiria	3	–	–	–	–	–	–	▶	■	■	–	–	–
Nananthus	3	▶	–	–	–	–	■	■	■	▶	▶	▶	▶
Nelia	2	–	–	–	■	■	■	▶	▶	–	–	–	–
Odontophorus	2	▶	▶	▶	▶	■	■	–	–	–	–	–	–
Ophthalmophyllum	3	–	–	–	–	–	–	–	–	▶	▶	▶	■
Oscularia	1	–	▶	▶	▶	▶	■	■	■	■	■	–	–
Pleiospilos	3	–	–	–	■	■	■	■	▶	▶	▶	–	–
Psammophora	2	–	–	–	–	■	■	■	■	▶	■	–	–
Rabiea	3	–	–	–	–	–	■	■	■	▶	▶	▶	–
Rhinephyllum	2	–	–	–	–	–	■	■	■	■	▶	▶	–
Rhombophyllum	2	–	–	–	–	–	▶	▶	▶	▶	■	■	–
Ruschia	1	–	–	–	–	■	■	■	▶	▶	▶	–	–
Schwantesia	2	–	–	–	■	■	■	■	▶	▶	–	–	–
Stomatium	2	–	–	–	–	■	■	■	▶	▶	▶	▶	▶
Tischleria	2	–	–	–	■	■	■	■	■	■	▶	–	–
Titanopsis	3	–	–	–	■	■	■	▶	▶	▶	–	–	–
Trichodiadema	1	–	▶	▶	▶	▶	▶	▶	▶	▶	■	■	–
Vanzijlia	1	–	–	–	–	–	■	■	▶	▶	–	–	–

Kakteen – Cactaceae

Bei den meisten Kakteen ist die Sukkulenz sehr stark entwickelt, ihre verdickten Körper wirken unter der kräftigen Dornenwehr schon auf den ersten Anblick bizarr und interessant. Haben wir aber Gelegenheit und Muse, uns in die Feinheiten und eigentümlichen Wachstumsvorgänge dieser seltsamen Gewächse richtig zu vertiefen, wird unser Interesse und die Freude an den Pflanzen noch gesteigert. Im Jahre 1588 wurden die ersten Kakteenarten in Tabernaemontanus' Kräuterbuch abgebildet und beschrieben. Aus diesen ersten, wenigen Arten sind heute Tausende geworden. Schon allein die nahezu 240 jetzt bekannten und beschriebenen *Gattungen* aufzuzählen und ihre Stellung im botanischen System zu erklären, ginge weit über den Zweck und den Umfang dieses Buches hinaus. Meine Darstellung wird schlicht und einfach nach der äußeren Form der Kakteen in folgende Abschnitte aufgeteilt:

1. Blattkakteen

2. Laubkakteen

3. Weihnachtskakteen

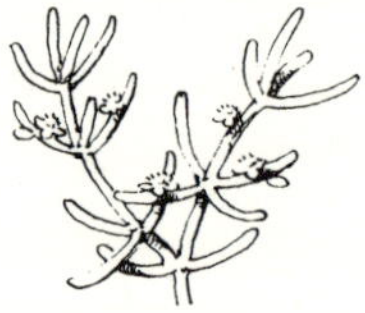

4. Korallenkakteen

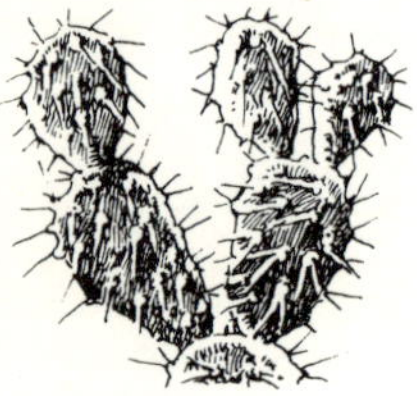

5. Feigenkakteen

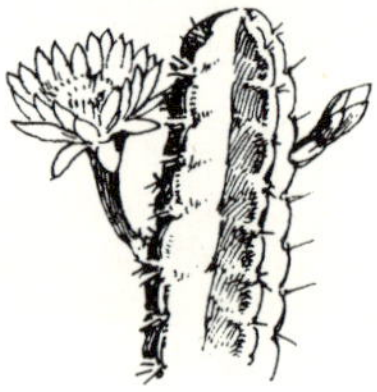

6. Längliche Kakteen

7. Weichfleischige, mehrtriebige Kakteen

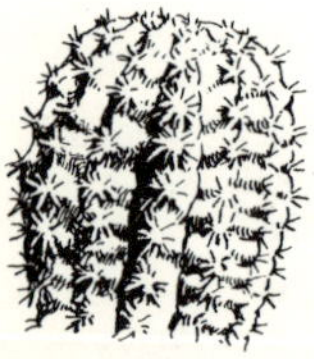

8. Kugelkakteen

9. Igelkakteen

10. Warzenkakteen

11. seltene, kleine Gattungen

Von allen kulturwürdigen Gattungen habe ich eine oder einige typische Arten ausgewählt, um damit einen leichtverständlichen Überblick über das große Reich der Kakteen zu geben. Wer den botanischen oder volkstümlichen Namen einer Art schon kennt, wird ihn im Index schnell auffinden und dann auf der angegebenen Seite über Aussehen, Pflege und Besonderheiten der Pflanze nachlesen können.

Blattkakteen – Epiphyllum

Es ist als sicher anzunehmen, daß schon zu Christoph Columbus' Zeiten Wildformen von Blattkakteen nach Europa kamen, aber erst 1831 wurde von dem Berliner Professor der Botanik Heinrich Friedrich Link einer solchen Pflanze der Name »Phyllocactus« gegeben. Die Bezeichnung »Blattkaktus«, mit der wir diesen Namen übersetzen, kann irreführen, denn genau genommen sind die Flachtriebe dieser Pflanze keine Blätter, sondern Zweige. Die Frage: »Hat der Blattkaktus Blätter?« müßte man verneinen.

Mit den ersten eingeführten Wildformen des Blattkaktus hatten es die damaligen Pflanzenpfleger nicht leicht, denn solche Ephiphyten, die als Scheinschmarotzer auf Urwaldbäumen wachsen, sind nur schwer an unser europäisches Klima und die übliche Gewächshauskultur zu gewöhnen.

Die erste botanische Benennung eines Blattkaktus stammt von Linné aus dem Jahre 1753 und betrifft den Namen CACTUS PHYLLANTHUS. Über die eigentliche Heimat dieses Blattkaktus ist man sich nicht im klaren, da er schon vor Jahrhunderten von Panama bis Paraguay vermutlich kultiviert aufgefunden wurde. Er blüht nachts weißlich mit 30 cm langer, schlanker Röhre und hat nur etwa $2^1/_2$ cm lange Blumenblätter. Schöner war dann schon der 1813 von De Candolle beschriebene

Cactus phyllanthoides (Nopalxochia phyllanthoides)

aus Mexiko oder Columbien mit nur 10 cm langen, aber in üppiger Fülle erscheinenden hell-rosenroten Blüten, ein Tagblüher. Man kannte ihn bereits 1651 durch die Abbildung von Hernandez als »Nopalxochitl« der Azteken. Eine Form von ihm (keine Kreuzung!) erfuhr unter dem Namen »Phyllocactus – Deutsche Kaiserin« im 19. und 20. Jahrhundert weiteste Verbreitung. Inzwischen waren die Blattkakteen 1812 von Adrian Hardy Haworth mit dem Namen »Epiphyllum« bedacht worden, den schon 1689 Prof. Hermann in Leyden gebraucht hatte. 1831 wurden sie, wie schon erwähnt, von Professor Link »Phyllocactus« getauft. Nach dem Prioritätsgesetz muß man aber – um botanisch genau zu sein – auf den älteren Namen »Epiphyllum« zurückgehen. Das wird in manchen Teilen Europas noch nicht beachtet. Man bleibt aus Gewohnheit bei dem Namen »Phyllocactus«, der sich seit 1831 eingebürgert hat.

Von den zehn verschiedenen Wildformen, die bis zu den ersten Jahrzehnten des 20. Jahrhunderts nach Europa kamen, haben für die Züchtung vor allem das rotblühende

Epiphyllum ackermannii

(nicht die später verbreiteten Ackermannii-Hybriden!) und das weißblühende *Epiphyllum crenatum* mit den bogig gekerbten Zweigen Bedeutung. Im Jahre 1820 war der aus Steppenklima stammende, aufrecht wachsende, aber in der Blüte den Epiphyllen sehr nahestehende *Cereus speciosus* mit seinen herrlich roten, blau schimmernden Blüten nach England gekommen, und dort hatten ihn die Züchter Jenkinson, Smith und Pressly mit *Cactus phyllanthoides* und *ackermanii* gekreuzt. Diese ersten Hybriden verbreiteten sich schnell auch nach Frankreich und Deutschland, sollen aber einander alle recht ähnlich gewesen sein. Erst als 1840 das weißblühende Epiphyllum *crenatum* nach Europa eingeführt wurde, gab es neue Varianten in der Farbskala der Epiphyllum-Hybriden. Damals traten die Franzosen Charles Simon und Lorenzo Courant als Züchter hervor. Simon hat vermutlich die »Königin der Nacht«-Arten (Selenicereen) mit Epiphyllum gekreuzt und unter anderen die weißen Züchtungen »Pfersdorffii« und »Cooperi« erzielt. Von dieser Zeit an macht sich in den Blütenformen die Verwandtschaft mit den Selenicereen deutlich bemerkbar.

Epiphyllum pfersdorffii

läßt sich leicht an den spitzen gelben Knospen mit braunroten Hüllblättern erkennen, die meist unten an den stielrunden, schwach beborsteten Stengeln erscheinen. Es duftet sehr angenehm und kräftig.

Die deutsche Epiphyllumzüchtung begann um 1890 und ging meist ganz neue Wege. Es sei hier der hervorragenden und erfolgreichen Züchter Johannes Nicolai (1860–1901), Georg Bornemann (1862–1921) und Curt Knebel (1871–1954) ehrend gedacht, ihnen verdanken wir die Mehrzahl der großblütigen Epiphyllumzüchtungen in den herrlichsten Farbtönen. Besonders mit Curt Knebel verband mich über drei Jahrzehnte eine herzliche Freundschaft mit regem Meinungsaustausch und enger Zusammenarbeit.

Als ich 1925 mit der planmäßigen Zucht dieser schönen Pflanzen begann, war schon ein gewisser Höhepunkt erreicht. Die Einkreuzung der Seleniceréen hatte wohl die Blütengröße gesteigert, aber eine Empfindlichkeit bei Temperaturschwankungen und Anfälligkeit für Krankheiten gebracht. Von der üppigen Blütenfülle der alten Ersthybriden war nicht mehr viel zu merken, die neuen Züchtungen waren mitunter für die Wohnung zu schwer- und seltenblühend. Der Pflanzenfreund suchte gedrungen wachsende, schön blühende Pflanzen, die wenig Platz am Zimmerfenster beanspruchten. Ich begann deshalb mit der Zucht einer neuen Epiphyllumrasse, mit den »jungblühenden« Epiphyllen, die nicht unbedingt riesengroß, aber dafür früher und häufiger blühen sollten, ohne allzugroß und sparrig im Wuchs zu sein.

Wie bei jeder Zuchtarbeit, und bei der an langsam wachsenden Kakteen besonders, mußte ich mit viel Geduld jahrzehntelang auf Erfolg warten. Endlich waren bei einigen Farben die ersten Fortschritte erreicht, da fielen die Pflanzen den Bomben des Krieges zum Opfer. Mit einzelnen geretteten Stücken wurde die Arbeit wieder aufgenommen, und heute sind die neuen Epiphyllen vom Typ W. Haage schon in aller Welt verbreitet und überall beliebt. Man braucht als Beispiel nur einmal die frühere weiße Züchtung »Blanc extra« mit meinen neuen »Schneewittchen«, »Elfenbein« oder »Margarete« zu vergleichen, so wird der große Fortschritt deutlich.

Die Pflege der Epiphyllen im Zimmer oder Gewächshaus macht kaum nennenswerte Schwierigkeiten. Seit der erdbewohnende Steppencereus (C. speciosus) eingekreuzt wurde, sind aus den epiphytischen Wildformen im Laufe vieler Jahrzehnte leichtwachsende Topfpflanzen geworden. Sogar die Hitze eines Südfensters vertragen die von *C. speciosus* und *E. ackermannii* abstammenden Formen, aber wir geben allen Epiphyllen doch gern einen Platz am Ost-, West- oder Nordfenster mit etwas Schutz gegen die senkrecht auftreffenden Strahlen der tiefstehenden Sonne. Die Erde der Epiphyllen soll nährstoffreich sein, man hilft in der Hauptwachstumszeit gegen Sommersende auch gern mit einer Volldüngung nach. Es genügt eine gewöhnliche Blumenerde, der wir noch etwas körnigen Sand beimischen; sie soll nur keinen Kalk enthalten, denn den vertragen die Epiphyllen auf die Dauer schlecht. Wenn wir unsere Erde besonders zusammensetzen wollen, so sind zu gleichen Teilen Lauberde, Lehm, Torfmull, verrotteter Kuhdung und körniger Flußsand zu empfehlen, nicht fein gesiebt, damit die Mischung gut luftdurchlässig bleibt. Da die meisten Epiphyllen Flachwurzler sind, sind breite Töpfe besser als tiefe. Sorten mit leicht hängendem Wuchs können auch gut in Ampeln gehalten werden. Die herabhängenden Zweige setzen besonders reichlich Knospen an.

Schon Ende Februar beginnt der Neutrieb, bald werden an den verdickten Areolen die ersten Knospen sichtbar. Wir geben jetzt einen hellen Stand und gießen wieder etwas reichlicher mit möglichst kalkfreiem Wasser. Von April bis Juni dauert die Hauptblütezeit, doch gibt es unter den neueren Züchtungen auch Sorten, die zu anderen Zeiten blühen. Im Stadium der Blütenentwicklung und -erschließung braucht die Pflanze naturgemäß erhöhte Wassergaben, und vorsichtige Düngung ist empfehlenswert. Ein Umstellen oder Drehen der Pflanzen ist jetzt zu vermeiden, wenn auch das Abwerfen überschüssiger Blütenknospen oft nicht durch den Platzwechsel verursacht ist. Häufig entsteht es durch Nahrungsmangel oder Wurzelkrankheit. Es ist einfach eine Art Notwehr, wenn die Pflanze nur soviel Knospen behält, wie sie Blüten ausbilden kann, denn sie muß auch mit Samenansatz und Fruchtbildung rechnen, die ihr viel Kraft nehmen. Nach der Blüte geben wir im Juli ein paar Wochen Wachstumsruhe und Erholung im Halbschatten, möglichst in frischer Luft im Freien. Dazu gehört Schutz gegen Prallsonne und allzu große Hitze.

Jetzt können wir auch umtopfen und frische Erde geben. Dann folgt die Hauptwachstumszeit mit reichlicheren Wassergaben und häufigem Nebeln oder Spritzen bis etwa Mitte Oktober. Stehen die Pflanzen im Freien, so ist für sie der morgendliche Tau und ab und zu ein richtiger Regenguß wertvoll. Die kühlere Temperatur läßt nun den Trieb aufhören und die Zweige ausreifen. Wir müssen gleichzeitig die Wassergaben verringern. Ab November beginnt die Winterruhe bei einer mäßigen Wärme von 6 bis 10 °C. Aber auch jetzt soll die Erde der Topfballen nicht restlos austrocknen, sondern immer eine milde gleichmäßige Feuchtigkeit behalten. Dünne Wintertriebe, sogenannte »Spieße«, müssen jedoch verhütet werden, nötigenfalls gießen wir noch weniger und geben kühle Frischluft, die sowieso immer wünschenswert ist.

Unter Schädlingen haben die Epiphyllen kaum zu leiden, denn die Schädlinge lieben keine Luftfeuchtigkeit und lassen sich schnell wieder vertreiben, wenn sie doch einmal in der Trockenzeit zugewandert sind. Auf Schnecken und Kellerasseln müssen wir allerdings achten.

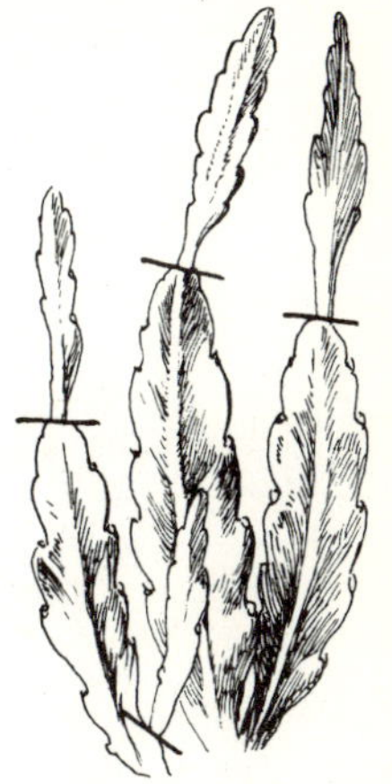

Aussaat von Epiphyllen. Nur selten wird man Epiphyllen aus Samen ziehen, denn die Stecklingsvermehrung ist wesentlich einfacher und bringt viel schneller blühende Pflanzen. Außerdem stammen die erhältlichen Samen immer von Hybriden, und da diese stets »aufmendeln«, kann man nie wissen, welche Blütenfarbe ihrer Vorfahren und welche Erbmasse die Sämlinge bringen, wenn sie nach 4 bis 6 Jahren zur Blüte kommen. Es kann natürlich sehr reizvoll sein, Samen von guten Kreuzungen anzusäen und sich überraschen zu lassen oder mit einer größeren Anzahl bester Neuheiten selbst Kreuzungen zur Samengewinnung und -aussaat vorzunehmen. Man darf nur nicht erwarten, dann unter hundert blühenden Pflanzen schon sicher etwas Brauchbares als Neuheit zu finden, sondern man muß dazu meist über tausend Pflanzen heranziehen und sehr kritisch ihre Blüten und sonstigen Eigenschaften prüfen. Im übrigen weicht die Aussaat von Epiphyllum nicht von der anderer Kakteen ab, außer daß die Keimungsdauer viel unterschiedlicher ist. Wenn schon wenige Wochen nach der Aussaat ein Teil der Sämlinge aufgelaufen ist, so soll man die Saatschale auch weiterhin gleichmäßig feucht halten, denn die anderen kommen noch nach, oft noch nach vielen Monaten. Der Keimling ist zuerst drei- bis sechskantig wie ein Säulenkaktus und wird erst mit Fingergliedlänge zwei- bis dreikantig und flach. Die Aussaattemperatur ist die normale.

Stecklingsvermehrung bietet den Vorteil einer reinen Nachzucht. Der Steckling wird also stets in genau gleicher Farbe wie die Mutterpflanze blühen und auch ihre sonstigen Eigenschaften übernehmen. Im zeitigen Frühjahr oder im August schneiden wir von gut ausgereiften vorjährigen Trieben nicht zu kurze Zweigstücke als Stecklinge. Als Schnittstelle wird tunlichst keine stielrunde, dünne Zweigstelle gewählt, denn mit einer breiten Basis erreichen wir schneller eine gute Bewurzelung. Beiderseits der holzigen Mittelrippe wird durch zwei Schnitte das Stecklingsende keilförmig zugeschnitten, diese Schnitte enden dicht unter zwei ungefähr gegenüberliegenden Areolen. Beim Stecken sollen diese Areolen nämlich dicht über oder unter die Erdoberfläche kommen, wodurch die zusätzliche Wurzelbildung aus diesen Vegetationspunkten und die Bildung von Seitentrieben begünstigt wird. Zunächst müssen aber die Stecklinge erst einmal gut abtrocknen, wozu wir sie 3 bis 4 Wochen, eventuell auch erheblich länger aufrecht in kleine Töpfe oder Behälter stellen. Besonders in feuchter Gewächshausluft oder wenn die Töpfe auf feuchtem Sand stehen, erscheinen schon nach wenigen Wochen die ersten kleinen Wurzelspitzen aus der Schnittfläche der Mittelrippe. Es eilt deshalb aber noch nicht mit dem Eintopfen. Erst wenn es unsere Zeit erlaubt, stecken wir unsere gut abgetrockneten Stecklinge flach in sandige Erde oder ein Sand- und Torfgemisch. Wir können dazu kleine Töpfe, Schalen oder Kästen nehmen, größere Mengen Stecklinge können auch direkt in das Vermehrungsbeet des Gewächshauses gesteckt werden. In ganz trockenem Sand wird der flach gesteckte Trieb leicht umfallen, deshalb kann der Sand schon jetzt angefeuchtet sein. Nötigenfalls binden wir den Steckling an ein beigestecktes Stäbchen, denn er soll fest sitzen und nicht wackeln, damit die Wurzelbildung nicht gestört wird. Stecklinge werden noch wenig gegossen, mehr genebelt. Wenn wir sie etwas schattig in mäßig warmer Luft halten, bewurzeln sie

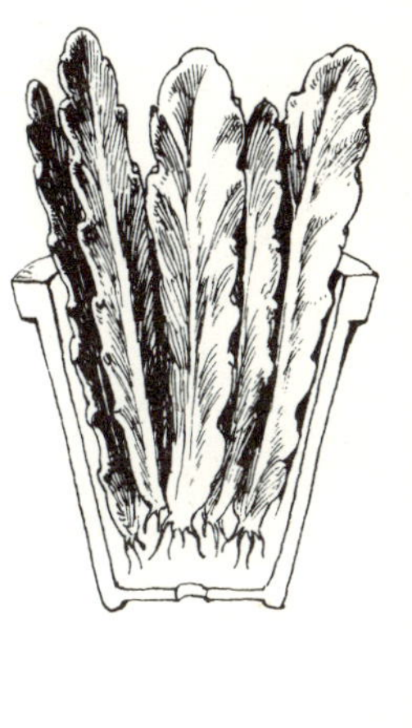

sich schon in 4 Wochen vollständig. Nun haben sie genügend Wurzeln, um auch mehr Wasser aufnehmen zu können. Wir gießen jetzt reichlicher und topfen in größere Töpfe um, sobald die bisherigen gut durchwurzelt sind. Kopfstecklinge, vom Haupttrieb, neigen dazu, sehr in die Länge zu wachsen. Da wir aber schöne, buschige Pflanzen haben wollen, müssen wir mitunter die Triebspitzen kappen, um so die Pflanze zu zwingen, aus den unteren Areolen kräftige Seitentriebe hervorzubringen.

In nicht allzu trockenen Räumen bilden die Epiphyllen leicht Luftwurzeln am Kopfende der Triebe. Wenn wir diese nach unten biegen und in Erde stecken, entstehen neue Ableger, aus denen wir selbständige Pflanzen gewinnen, nachdem wir sie von der Mutterpflanze abgetrennt haben. Durch diese Ablegervermehrung behält die alte Pflanze ihre ausgereiften, mehrjährigen und somit blühfähigen Seitentriebe, die sie bei dem zuerst geschilderten Stecklingsschnitt abgeben muß.

Epiphyllum-Hybriden (Blattkaktus-Hybriden)

gehören neben den »Königin der Nacht«-Arten zu den großblumigsten und farbenprächtigsten aller Kakteen. Ihre Blüten sind edel geformt und duften teilweise herrlich – zu verschiedenen Tages- und Nachtzeiten mit wechselnder Intensität. – Die Epiphyllumzüchter haben in jahrzehntelangem Bemühen viel Schönes geschaffen. Nun ist es Sache der Pflanzenfreunde, sich auch daran zu erfreuen. Leider kennen die meisten nur die schwer blühenden und schlecht wachsenden Pflanzen aus Zufallskreuzungen. Sie plagen sich jahraus, jahrein ohne große Erfolge damit, während ihnen am gleichen Platz eine Neuzüchtung ihre Mühe und Sorgfalt besser durch reichen Blütenflor danken würde.

In meinem Buche »Freude mit Kakteen« habe ich keine Sorten einzeln genannt, wurde aber immer wieder darum gebeten. So nenne ich nachfolgend einige bewährte ältere Sorten und sehr gute Neuzüchtungen, von denen ich annehmen kann, daß sie auch später noch im Handel erhältlich sein werden. Die eingeklammerten Buchstaben bezeichnen den Namen des Züchters: B = Bornemann, K = Knebel, N = Nicolai, Hj = Haage junior.

Adelheid Nicolai (N), bewährte Sorte, weißlichrosa.
Äquator (Hj), spitze rote Blüte, jung blühend.
Andenken an Ferdinand Haage (K), weiß, großblütig, außen gelb.
Anna Rettig (B), altbewährte, gelblich blühende Sorte.
Bestes von Allen (Hj), orangekarmin mit violetten Petalen, hellgerandet, sehr breitpetalig.
Blumenstadt Erfurt (Hj), leuchtend karmin und violettblau, sehr großblütig, Petalen 35 mm breit.
Dr. Werdermann (K), karminrosa, Ränder fast weiß, Mittelnerv orange getönt.
Elfenbein (Hj), elfenbeinweiß, Petalen innen grau, außen braunrot, herrlich hellgelb leuchtend, sehr großblumig.

Farbenpracht (Hj), lachsorange mit violettem Schlund, sehr großblütig, Griffel orange.
Franz Schubert (K), dunkelorange, karmin gerandet, Griffel und Staubfäden rosa.
Frau Lotte Haage (K), herrlich rot und orange, Triebe weich bedornt, oft dreikantig.
Flammenspiel (Hj), feurig orange mit breiten, violettgeflammten Rändern.
Goldlachs (Hj), leuchtend goldorange, leichtblühend und wüchsig
Harlekin (Hj), blutrot mit orangegelbem Mittelstreif, schmalpetalig.
Harmonie (Hj), dunkelrosa.
Homer (Hj), violett mit blutrotem Mittelstreif und roten Sepalen, Narbe weiß.
Hungaria (Hj), leuchtend zinnober, innen karmin.
Jugoslavia (Hj), große violette und rote Blüten.
Lebensfreude (Hj), kräftig rosa, am Grunde weiß, jungblühend.

Montezuma, weinrot, Schlund grün.
Opfergabe (Hj), weiß mit violettem breitem Mittelstreif, Staubfäden violett, Narbe weiß.
Rotkäppchen (Hj), leuchtend rot, rundpetalig, glockige Blüte, reich- und jungblühend.
Schneekönig (Hj), weiß, Sepalen grünlichgelb mit bräunlichen Deckblättern.
Schneewittchen (Hj), reinweiß, glockige Form, stark duftend, jungblühend.
Siegfried (Hj), feurig karmin mit hellblau-violetten Rändern, glockige Form.
Tettaui (Simon) zuverlässige alte Züchtung, weiß, spitzpetalig.
Uschi (Hj), zartrosa, Mitte weiß, herrliche Glockenform.
Venus (Hj), rosa, im Grund karminrot, rundpetalig.
Walther Haage (K), feurig karmin mit orangefarbenem Mittelstreif, Sepalen feurig orange, sehr großblumig.
Wolfgang Amadeus Mozart (Hj), leuchtend karminrosa, große spitzpetalige Blüten von reiner Farbe, Schlund grün.
Phyllocereus cinnabarinus »Juwel« (K), leuchtend karmin, innen fast weiß.
Phyllocerus speciosus »Feuerzauber« (K), violettrot, lachsorange und rot.

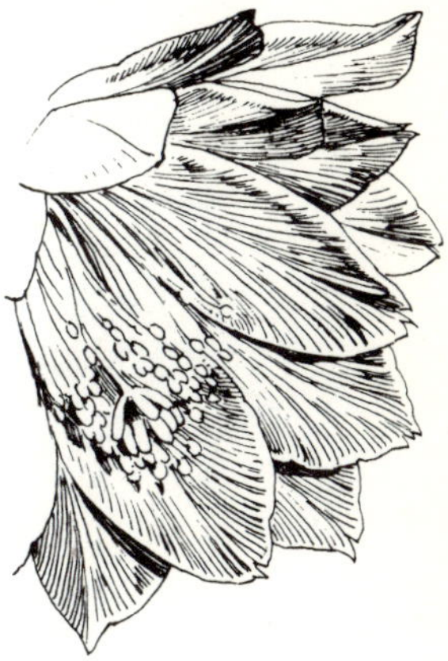

Laubkakteen – Peireskia und Peireskiopsis

Im Gegensatz zum »Blattkaktus« besitzt der »Laubkaktus« wirkliche Blätter. Man nimmt an, daß die Peireskien den Urformen der Kakteen am nächsten stehen und ein Relikt aus der Zeit des späten Tertiärs sind, als die Kakteen noch beblätterte Gewächse waren. Erst die Klimaänderung, die weite Trockengebiete im zentralen Südamerika – der Wiege der Kakteenfamilie – schuf, hat die Kakteen zu blattlosen, saftspeichernden Gewächsen werden lassen. Es ist nicht ausgeschlossen, daß ein Zweig des Stammbaumes diese Entwicklung standortbedingt nicht mitgemacht hat, vielleicht auch durch eine Rückentwicklung wieder zu beblätterten Formen gekommen ist. Die primitiven Blüten der Peireskien scheinen die erste Vermutung zu bestätigen.

Peireskia aculeata,

die »bedornte P.«, nenne ich als Vertreter dieser Gattung, die für den Kakteenfreund fast nur als Unterlage für den Weihnachtskaktus von Bedeutung ist. Sie gehört wie dieser auch zu den Winterwachsern, und die Übereinstimmung der Wachstumszeit bietet Vorzüge für diese Pfropfung. Peireskien sind weit verzweigte Sträucher mit dünnen, bis 10 m langen Ästen, die Blätter von 5 bis 10 cm Länge und kurze, hakige Dornen tragen. An den verholzenden Stämmen bilden sich bei älteren Pflanzen lange, gerade, schwarze Dornen, keine Glochiden (s. Feigenkakteen). Ihre Blüten ähneln denen der Heckenrose, sie sind weiß und duften stark. In Bolivien nennt man sie deshalb »Sache Rosa«, das bedeutet »Waldrose«. Zur Blüte kommt eine Peireskia aber fast nur, wenn sie in einem Gewächshaus im Grundbeet ausgepflanzt wächst. Benannt ist sie nach dem Botaniker N. C. F. Peireskius, der 1580 bis 1637 in Südfrankreich lebte. (Heimat: Tropisches Amerika, Karten II und III.)

Ähnliche Arten sind die von Alexander von Humboldt entdeckte *Peireskia bleo*, ferner *P. grandifolia*, *P. undulata* und die oberseits gelb- und rückseits rotblätterte *P. godseffiana*, ein »Sport«, der 1908 in Queensland entstand.

Peireskiopsis spathulata,

die »spatelig beblätterte P.«, zeigt schon den ersten Schritt beginnender Sukkulenz. Ihre Blätter sind nur 2 bis 4 cm lang, aber dicker und fleischiger als die der Peireskien. An graugrünen Ästen stehen nur wenig farblose Dornen, aber dichte Büschel brauner Glochiden. Die Blüten sind rot und ähneln denen der Feigenkakteen (Heimat: Südmexiko, Karte II.)

Ähnliche Arten sind P. velutina und porteri.

Alle *Peireskiopsis* werden gern als Unterlagen für Sämlingspfropfungen verwendet.

Weihnachtskakteen – Zygocactus

In der dunkelsten Zeit des Jahres, wenn die Sonne sich wochenlang hinter Wolken verbirgt und die Novembernebel uns bedrücken – gerade dann beginnen die Knospen des Weihnachtskaktus zu schwellen. Zuerst werden kleine rosenrote Kügelchen an den Spitzen der fächerartig verzweigten Flachtriebe sichtbar. Ziemlich schnell gewinnen sie an Dicke und Länge. Wieviel Hoffnung und Frühlingszuversicht bringt uns dieser kleine Gast aus Brasilien in unsere Wohnstätten! Es ist kein Wunder, daß er schon seit über 100 Jahren der volkstümlichste Kaktus geworden ist. 1819 wurde das aus Brasilien eingeführte *Epiphyllum truncatum* von Haworth beschrieben, weitere Wildformen kamen hinzu, und um 1902 wurde *Epiphyllum delicatum* gleichzeitig nach Deutschland und England eingeführt. Während die erstgefundenen Epiphyllen violette und rote Blüten zeigten, war mit delicatum erstmalig eine weißblühende Art hereingekommen. Versehentlich hat sie Professor Schumann zuerst »delicatulum« genannt, in der »Kakteenkunde« vom Juni des Jahres 1903 berichtigte er den Fehler. Trotzdem ist der Name »delicatulum« noch heute verbreitet.

Die Glieder des »Weihnachtskaktus« (botanisch richtig: Zygocactus) sind 4 bis 4,5 cm lang und 1,5 bis 2,5 cm breit und haben je nach Abstammung 2 bis 4 nach dem Ende zu gerichtete mehr oder weniger spitze Zähnchen an jeder Seite, während die truncatum-Formen abgerundeter erscheinen. Die Blüten sind 6 bis 8 cm lang, violett bis rosa bzw. weiß, Blütenröhre leicht geknickt, mit abstehenden äußeren Blumenblättern, die teilweise zurückgebogen sind, und mit schiefem Saum. Die Staubfäden ragen weit aus den Blüten heraus. Bei nicht allzu warmem Stand halten sich die Blüten viele Tage, ehe sie verblühen.

Schon bald sind die eingeführten Wildformen vor allem in Frankreich untereinander gekreuzt worden, doch waren die damals entstandenen Zuchtformen etwas schwachwüchsig und für Zimmerkultur eigentlich nur in veredelten Stücken geeignet. In den letzten Jahrzehnten glückten aber einige ganz vorzügliche Neuzüchtungen, die neben schönsten Blütenfarben auch die gewünschte Wüchsigkeit für Zimmerkultur aufwiesen. Besonders sei hier des Züchters Rudolf Zenneck aus Bad Mergentheim gedacht, der früher bei Kakteen-Haage in Erfurt tätig war. Er brachte u. a. die schöne, lachsrote »Weihnachtsfreude« und eine leuchtendrote Hybride in den Handel, die nach seinem frühen Tode »Andenken an Rudolf Zenneck« benannt wurde. In neuester Zeit trat besonders der Züchter Alfred Gräser in Nürnberg mit neuen, sehr guten Sorten hervor, von denen ich einige nenne:

»Gruß an Rio«, kräftig rot blühend, »Fortschritt«, Verbesserung der alten violett blühenden »Le Vesuv«, »Frankenstolz«, herrlich orange blühend, »Lilofee«, hellviolett mit weißem Schlund, »Wintermärchen«, weiß blühend, im Verblühen in rosa übergehend.

Weihnachtskakteen können im Sommer und Winter gut den gleichen Platz am Zimmerfenster behalten, wenn er etwas Schutz vor Prallsonne und im Herbst genügend Licht für den Knospenansatz bietet. Gerade bei unverändertem Stand haben viele Zimmerpflanzenpfleger große, alte Prachtexemplare herangezogen, denen man die stetige, liebevolle Pflege anmerkt, wenn sie im Winter über hundert Blüten gleichzeitig öffnen. Man kann aber auch mit bestem Erfolg nicht zu junge Pflanzen sommersüber in den Garten stellen, wenn er einen windgeschützten, schattigen Platz bietet. Nach der Blüte braucht die Pflanze ein paar Wochen Ruhe, und dann kann man sie in lockere, sandige Blumenerde verpflanzen. Danach wird sie wieder in Trieb gebracht bis Ende September, und nun folgt die Kurztagsbehandlung, durch die wir einen besonders üppigen Knospenansatz erzielen. Wir geben ihr ungefähr sechs Wochen lang täglich nur 8 bis 10 Stunden Licht bei einer Temperatur von 17 bis 20 °C. Bei weniger als 12 °C oder mehr als 23 °C Wärme unterbleibt der Knospenansatz fast ganz, aber bei richtiger Behandlung werden die Knospen ungefähr ab November in Mengen sichtbar. Wir halten jetzt die Pflanzen weiter gut warm und nicht zu trocken, vor allem muß die Luft durch Spritzen und Nebeln mit lauwarmem Wasser angefeuchtet werden, falls der Raum sehr trockene Luft hat. Größere Knospen und Blüten sollen aber nicht direkt befeuchtet werden. Mit der Kurztagsbehandlung läßt sich übrigens der Zeitpunkt des Erblühens gut regulieren: Vom Beginn der Kurztagsbehandlung bis zum Öffnen der Blüten braucht die Pflanze $2^1/_2$ bis 3 Monate. Auch wenn die Pflanze nicht alle der reichlich angesetzten Knospen voll entwickelt, sondern einige abwirft – wie es in der freien Natur ebenfalls vorkommt –, wird sie in voller Blüte immer einen herrlichen Anblick bieten, eine Fontäne in leuchtenden Farben! Der Knospenfall wird meist einem Standortwechsel zugeschrieben, kann aber ebenso durch Mangel an Kali und Phosphor in der Erde verursacht sein. Deshalb ist eine Volldüngergabe bei Zygocactus während der Wachstumsmonate stets angebracht.

Wenn man den Weihnachtskaktus häufig als Kronenbäumchen pfropft, so geschieht dies, um den rings herabhängenden Zweigen einen hohen Stamm zu geben. Ebenso kann man die Pflanze aus den heute überall erhältlichen Ampeln herunterhängen lassen. Diese Wuchsform entspricht dem heimatlichen Stand der Wildpflanze, die zum Teil als Aufsitzer auf Urwaldbäumen lebten. Die heutigen Zygocactus-Züchtungen sind aber so wüchsig und unempfindlich, daß wir sie in kalkfreier Erde ohne weiteres wurzelecht pflegen und auf die Unterlage verzichten können, sofern wir diese nicht als »Sockel« brauchen. Natürlich sieht ein passender Selenicereus hamatus bei so einem Kronenbäumchen immer gut aus und wird auch eine große Krone noch ausreichend ernähren können. Häufig werden auch Peireskien als Unterlagen gewählt, weil sie gleich dem Zygocactus Winterwachser sind. Leider sind Peireskien immer etwas zu dünn, und man muß diesen Kronenbäumchen dann zusätzlich einen Blumenstab als Halter geben. Auch haben die Peireskien nur wenige und recht empfindliche Wurzeln, die kein vorübergehendes Trockenwerden vertragen. Beim Umpflanzen verlieren sie leicht die Wurzeln, man darf also nur während des Triebes verpflanzen und muß dabei den alten Ballen möglichst schonen.

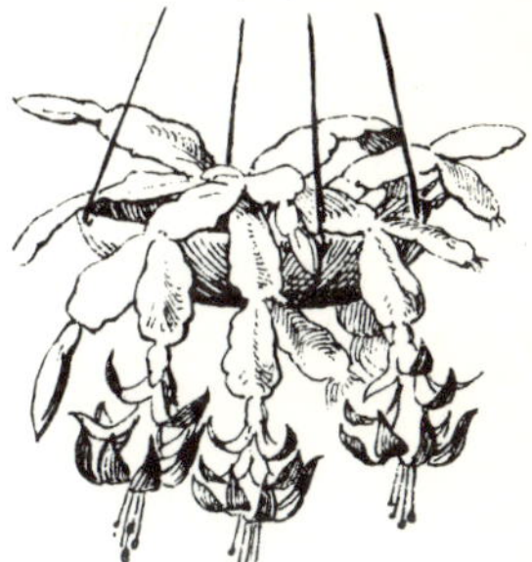

Es gibt noch einige dem Zygocactus äußerlich sehr ähnliche Pflanzen, die aber botanisch in andere Gattungen gehören:

Epiphyllopsis gaertneri

blüht im Frühjahr mit rundsymmetrischen scharlachroten, nur etwa 5 cm langen Blüten, deren Staubblätter in 2 Gruppen stehen. Die Glieder sind etwas breiter als bei Zygocactus, oval und an den Areolen mit bis zu $1^1/_2$ cm langen, gelbbraunen Borsten versehen. Eine sehr beliebte Pflanze. (Heimat: Brasilien, Staat Santa Catharina, Karte III, L 8–9) *E. makoyana* ist wohl nur eine stärker bebartete Varietät.

Sehr ähnlich ist *Schlumbergera russeliana* mit spitzen, violettrosa Blüten und spärlichen kleinen Borsten. Man findet sie nur noch sehr selten, ebenso auch das zygomorph blühende *Epiphyllanthus obtusangulus*, das auf der ganzen Oberfläche der rundlichen Glieder Areolen besitzt.

Korallenkakteen – Rhipsalis

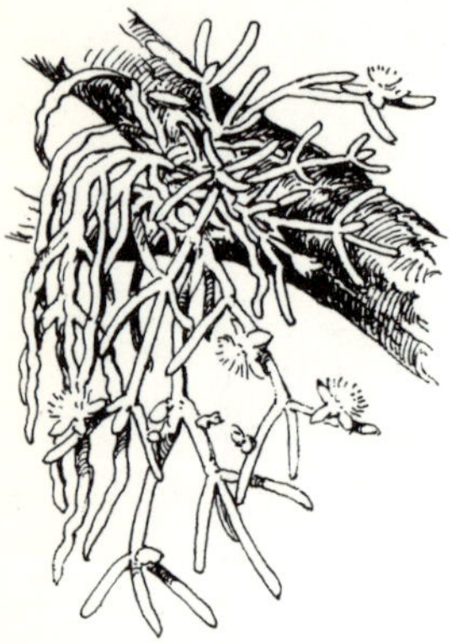

Überaus vielgestaltige Pflanzen sind die Rhipsalis. Da gibt es lang herabhängende, stielrunde, dünne Schnüre, zierliche, korallenartig vielverzweigte Kurzglieder, kantige oder auch blattartige verbreiterte Glieder, manche mit weichen Borsten versehen, andere kahl. Man trifft sie in ganz Mittelamerika und dem nördlichen Südamerika, am zahlreichsten wohl im östlichen Brasilien. Einige Arten, vor allem *Rhipsalis cassytha,* sind von Amerika durch das tropische Afrika bis nach Madagaskar und Sri Lanka verbreitet. Damit ist *Rhipsalis* die einzige Kakteengattung, die außerhalb Amerikas wildwachsend, nicht durch Menschen eingebürgert, vorkommt. Sie wachsen häufig als Aufsitzer auf Bäumen oder bemoosten Felsen und sind anspruchslose, ganz allerliebste Pflanzen, die uns im Winter, wenn andere Kakteen ruhen, mit einer reichen Fülle kleiner gelblicher Blüten erfreuen. Ihre Pflege ist durchaus nicht schwierig, wir müssen nur darauf achten, daß wir die trockene Zimmerluft zentral beheizter Räume künstlich etwas anfeuchten. Das geschieht schon, wenn eine größere Anzahl Pflanzen im Zimmer steht oder wenn wir Wasserverdunster auf die Heizkörper stellen.

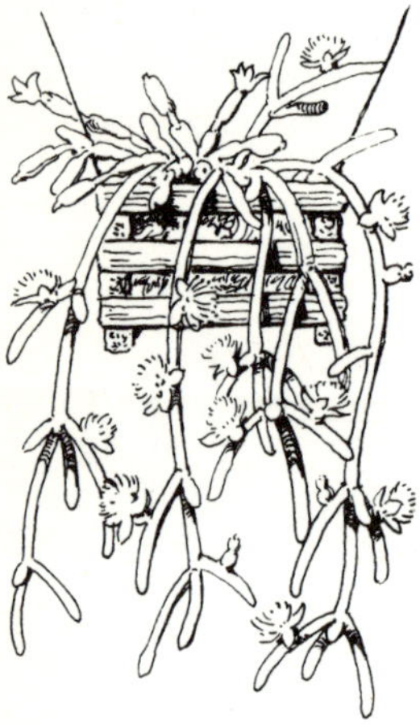

Rhipsalis breiten ihre Wurzeln flach aus, das wollen wir bei der Wahl der Pflanzgefäße beachten. Für ihren hängenden Wuchs sind Ampeln praktisch, zumal dann die immer knappe Stellfläche für die anderen Pflanzen bleibt. Wir verwenden am zweckmäßigsten Orchideen-Pflanzgut oder mischen eine lockere Laub- bzw. Heideerde mit $^1/_3$ Flußsand und $^1/_4$ Torfmull, dem wir, wenn möglich, zerhacktes Sumpfmoos (Sphagnum) und etwas Holzkohlengrus beifügen. Die Erdmischung wird nicht gesiebt, damit sie locker mit viel Luftzwischenräumen bleibt. Der Boden der Pflanzgefäße wird mit einer Schicht zerstoßener Tonscherben in Erbsengröße und mit Holzkohlenbrocken ausgefüllt. Dadurch lassen sich diese Gefäße leicht von Zeit zu Zeit durch Tauchen von unten bewässern. Wir brauchen sie nur kurze Zeit in einen Eimer oder vielleicht in eine Badewanne zu stellen, die bis wenige Zentimeter unter den Rand der Schalen oder Ampeln mit Wasser gefüllt ist. Auch eine Volldüngung mit Nährsalz können wir während des Triebes auf diese Weise gut an die Wurzeln bringen. Durch die Scherbendrainage läuft das überschüssige Wasser dann beim Herausheben schnell wieder ab, und die Pflanzen können an ihren Platz zurückkommen. Man soll die Rhipsaliserde nie ganz austrocknen lassen. Im Sommer geben wir Halbschatten, wenn möglich einen windgeschützten Platz im Freien unter Bäumen. Ampeln hängen wir an tiefe Äste alter Bäume und befeuchten sie, sobald sie trocken sind. Nach Beendigung des Triebes beginnt die Ruhezeit, in der wir seltener bewässern. Erst wenn im November oder Dezember die Knospen sichtbar werden, stellen wir die Pflanzen warm und hell und gießen reichlicher. Bald sind unsere Korallenkakteen über und über mit weißen oder gelblichen, radförmigen, zierlichen Blütchen geschmückt, ein reizendes Bild zur Winterszeit! Werden vollends die Blüten bestäubt, so bilden sich später an den Ästen eine Menge runder weißer, roter oder blauschwarzer Beeren, die der Pflanze das Aussehen von Perlenschnüren oder Korallenketten geben.

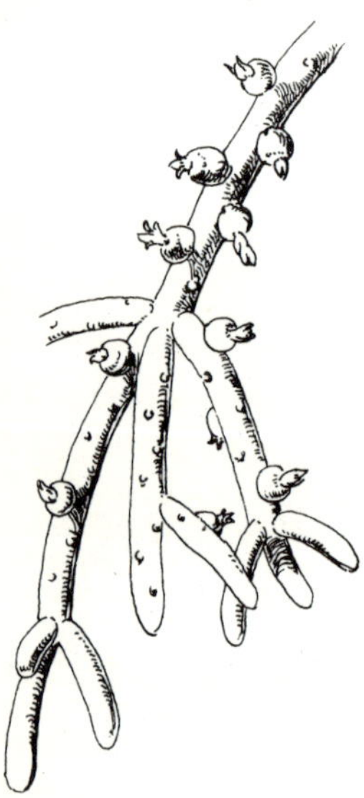

Häufig trifft man auf die Ansicht, Rhipsalis können als Tropengewächse nur bei hohen Wärmegraden gedeihen. Das ist aber nicht richtig. Wärme lieben sie nur, wenn sie mit Luftfeuchtigkeit verbunden ist, sonst ist ihnen eine gemäßigte Temperatur lieber, auch vertragen sie einige Kältegrade ohne Schaden. Das Nichtblühen von mehrjährigen Rhipsalis ist meist auf mangelnde Ruhezeit zurückzuführen. Vor Beginn der winterlichen Blütezeit – also ungefähr im September/Oktober – müssen sie sechs bis acht Wochen trocken, aber hell gehalten werden. Das sonst empfehlenswerte Spritzen oder Nebeln der Pflanzen ist also in dieser Zeit zu vermeiden, trotzdem soll aber die Erde in den Töpfen oder Ampeln nicht vollständig austrocknen, da sonst die feinen Faserwurzeln absterben würden und zur Knospen- und Blütenbildung die Feuchtigkeitszufuhr und damit die Nahrungsaufnahme unterbunden wäre. Auch durch etwas kühleren Stand kann man die zur Knospenvorbereitung notwendige Ruhezeit fördern.

Zu den schönsten Arten der reichen Auswahl gehören:

Rhipsalis pachyptera,

»der dickflügelige Korallenkaktus«. Er erinnert mit seinen blattähnlich gerippten Gliedern an einen Blattkaktus. Die Endglieder sind aber häufig fast kreisrund und stark gerötet. Diese Art wächst gut im Zimmer und blüht besonders schön gelb mit roten Spitzen. Früchte weiß. (Heimat: Ostbrasilien von Seehöhe bis in die Berge in 1000 m Höhe, Karte III, L–E, 7–12.)

Ähnlich geformte Arten sind *Rh. rhombea* und *eliptica* mit roten Früchten sowie *Rh. crispi-marginata, crispata* und *oblonga* mit weißen Früchten.

Rhipsalis houlletiana

hat viel dünnere und schmalere, stark gezähnte Blätter, mitunter an den Rändern leicht gerötet. Die gelblichweißen Blüten sind glockenförmig, die Früchte rot. (Heimat: Ostbrasilien wie vorige, auch bezüglich der Höhenlage, Karte III, L–E, 7–12.)

Ihr ähneln die schwarzfrüchtige, noch schmalblättrigere *Rh. warmingiana* und die weißfrüchtige *Rh. corinacea.* Wesentlich anders in der Blattform ist die mehr rundblättrige *Rh. alata.*

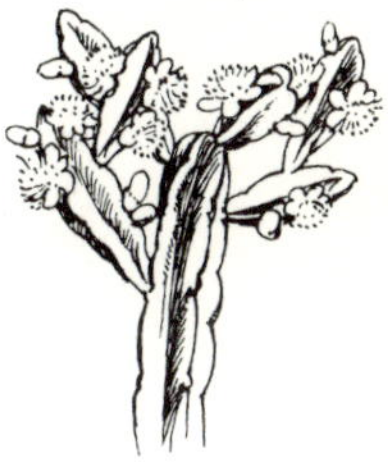

Rhipsalis tonduzii

bildet drei- bis vielkantige aufrechte Stämmchen bis zu 1 cm Durchmesser, deren Spitzentriebe jedoch herabhängen. Die Blüten sind klein, weiß, die Beeren gleichfalls weiß. (Heimat: Costa Rica, Mittelamerika, Karte II, Q 21–22.)

Ähnlich geformt sind die rotfrüchtige *Rh. trigona*, die weißfrüchtige *Rh. pentaptera* und die blauschwarzfrüchtige *Rh. gonocarpa.* Noch eigenartiger durch die versetzt aneinandergereihten Gliedstücke ist die seltene *Rhipsalis paradoxa.*

Rhipsalis prismatica

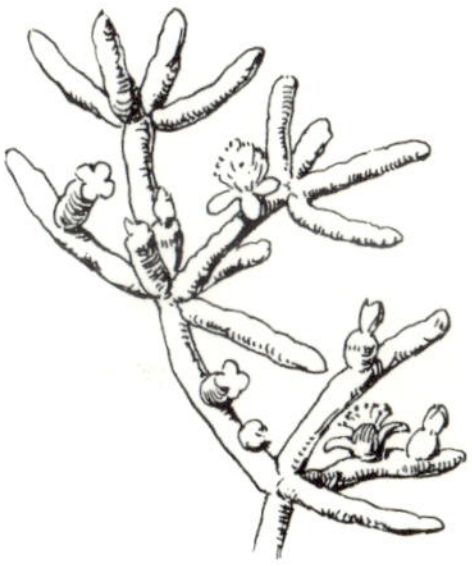

bringt an dünnen stielrunden Langtrieben ganze Büschel noch dünnerer Kurztriebe von ungefähr 3 mm Durchmesser und 1 bis 4 cm Länge. Durch die starke Verzweigung wirken alle Pflanzen dieses Typs sehr zierlich. *Rh. prismatica* blüht weiß und trägt rosa Früchte. (Heimat: Ostbrasilien, Karte III, L–E, 7–12.)

Ähnlich dünntriebig und verzweigt sind: *Rh. capilliformis, heteroclada, cribrata, cereuscula* und *gibberula.* Das seltene *Rh. pilocarpa* blüht endständig mit etwas größeren rötlichgelben Blüten und hat weiße Borsten. Auch selten sieht man das gleichfalls endständige, orangefarben blühende *Rh. bambusoides.* Im Wuchs ähnelt auch das eigenartige *Rh. (Hariota) salicornioides* mit nach oben an den Ansatzstellen keulenartig verdickten und quirlig verzweigten Gliedern dem *Rh. prismatica*, während das hübsche *Rh. mesembryanthemoides* eine ganz andere Wuchsform zeigt: hellgrüne Langtriebe, die ringsum dicht mit spiralig sitzenden Kurztrieben besetzt sind.

Rhipsalis dissimilis

nenne ich hier als Vertreter einer Gruppe von ähnlicher Wuchsform wie die vorige, jedoch mit dickeren und längeren Gliedern. Bei *Rh. dissimilis* werden die Seitenglieder 5 bis 15 cm lang, weichen also von dem zierlichen Wuchs der vorigen Gruppe stark ab. Ihre Blüten sind weiß, die Beeren rötlich. (Heimat: Ostbrasilien, Gegend von Rio de Janeiro und Sao Paulo, Karte III, J 9–10.)

Ähnliche Arten mit langen, stielrunden Glieder sind die rotfrüchtigen *Rh. burchelli, loefgrenii, pulvinigera, neves-armondii* und *leucorhaphis* und die weißfrüchtigen *Rh. shaferi, virgata, pittieri* und *tucumanensis.* Das schon erwähnte, gleichfalls weißfrüchtige *Rh. cassutha* bildet zwar meterlange, herabhängende Büsche, die Glieder sind aber nur 2 bis 4 mm dick, so daß man es fast in die zierliche Gruppe einreihen könnte. Stielrunde, lange Glieder von 4 bis 5 mm Dicke und wollig-borstige Areolen hat *Rh. floccosa.*

Rhipsalidopsis rosea

ist wegen seiner endständigen rosa Blüten botanisch kein reines Rhipsalis. Für die Liebhabersammlung ist es aber gerade durch diese schöne Blütenfarbe und die weiße Narbe besonders begehrenswert. Die nur wenige cm langen Glieder sind drei- bis fünfkantig oder auch flach mit kurzborstigen Areolen, aus denen die rosa Blüten um die Osterzeit oft in Massen erscheinen. Darf nicht zu naß gehalten werden! (Heimat: Parana, Brasilien, Karte III, J 8.)

Noch wüchsiger und gegen niedrige Temperaturen unempfindlich ist die unter dem Namen *Rhipsalis graeseri* (jetzt: *Rhipsaphyllopsis graeseri*) verbreitete Hybride mit *Epiphyllopsis gaertneri*, die es in verschiedenen kräftigroten Farbtönen und einem Blütendurchmesser von etwa 2,5 cm gibt.

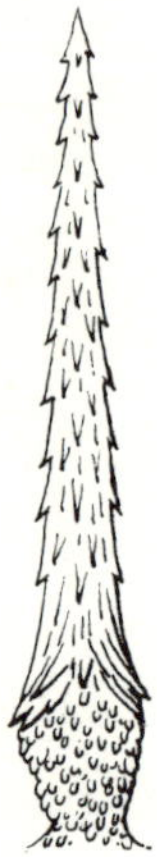

Glochide, stark vergrößert

Feigenkakteen – Opuntia

Die Feigenkakteen gehören durch ihre bizarren Formen zum Originellsten, was das Pflanzenreich hervorgebracht hat. Nicht nur ihre Vielgestaltigkeit, sondern auch die Unberechenbarkeit ihres Wachstums – zuweilen bringen sie gerade da Sprosse hervor, wo wir es nicht erwarteten – lassen Opuntien begehrenswert erscheinen. Man kann ihre bewegte Gestalt zur Belebung einer Kakteensammlung kaum entbehren und nimmt ihnen auch nicht übel, daß sie eigentlich zu schnell – viel schneller als andere Kakteen – wachsen und außerdem besonders unangenehm stechen. Allen Opuntien gemeinsam sind nämlich die Glochiden, winzige Dornen mit nur im Mikroskop erkennbaren Widerhaken, die locker im Wollfilz der Areolen sitzen und bei der geringsten Berührung in der Haut haftenbleiben. Mit der Pinzette oder einem Bad in warmer Seifenlauge lassen sie sich am besten wieder entfernen.

Weil die meisten Opuntien so leicht wachsen, gar nicht anspruchsvoll in der Pflege und an die Erde sind, wurden sie weit verbreitet und verkörpern für den Laien oft den Begriff: »Kaktus«. Sie sollen schon im 14. Jahrhundert in Europa bekannt gewesen sein, obwohl ihre ursprüngliche Heimat ausschließlich Amerika war. In den Mittelmeerländern, im Orient und in Indien sind sie nicht ursprünglich beheimatet, sondern aus eingeführten Pflanzen verwildert. In Australien nahmen sie eine Zeitlang so überhand, daß man sie durch Verbreitung von Schädlingen und später mit chemischen Mitteln vom Flugzeug aus bekämpfen mußte, um ihrer Herr zu werden. Schon Goethe interessierte sich für die Anzucht der Opuntien aus Samen, man kennt seine eigenhändige Zeichnung, mit der er die Zweikeimblättrigkeit der Kakteen nachwies. Er zeichnete Opuntiensämlinge und schrieb darunter:

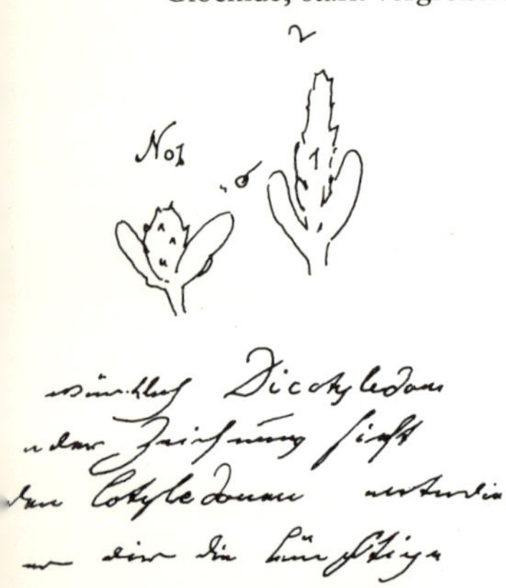

Goethe's Opuntien

»Der Cactus ist würklich Dicotyledon wie man aus vorstehender Zeichnung sieht. Gleich nach den Cotyledon entwickelt sich ein ovaler Körper der die künftige Gestalt der Pflanzen schon anzeigt. Aus diesem ovalen Körper kommen kleine Spitzchen in regelmäßiger Entfernung hervor und zarte Stacheln treiben aus demselben Punkte. Dieser ovale Körper ist nichts anders als ein sehr ausgedehnter Stiel, der die Blätter aufhebt (d. h. ihnen die Kraft entzieht sich zu entwickeln). Ich ließ die Pflanze in der Stube stehen und da die heiße Sonne sie nicht mehr traf, wurde sie länglich und zeigten sich stielartig. Dadurch erklärt sich die eine Spezies Cactus woran sich der Stiel ordentlich zeigt und die Blätter sich entwickeln.

Die Frucht des Cactus ist ein aufgeschwollenes sogenanntes großes Blatt. Es wäre höchst interessant, eine genau zu atomisieren und mit dem grünen Blatt zu vergleichen.«

Opuntien sind die am zahlreichsten und am weitesten verbreiteten Kakteen, ihr Vorkommen in Amerika reicht von Kanada bis nach Patagonien und von der Meeresküste bis in Andenhöhen von 5000 m. Ihre feigenförmigen Früchte bildeten in einigen Teilen Amerikas ein wichtiges Nahrungsmittel der Eingeborenen. »Tuna« nennen sie diese fleischigen Beeren, und je nach Art und Farbe heißen sie »tuna amarilla«, »tuna blanca«, »tuna tinta« usw. Es gehört schon etwas Übung dazu, größere Mengen dieser mit dornigen Glochiden besetzten Früchte zu schälen, aber

Opuntia-Früchte

die Indios hatten darin eine große Fertigkeit. Auch in Spanien sollen die Früchte von verwilderten Opuntien als Nahrungsmittel beliebt und die Reifezeit eine Art Volksfest gewesen sein.

Opuntien schätzen einen sonnigen, warmen Standort in sandiger Lehmerde, reagieren gut auf eine Düngung während der Triebzeit und brauchen eine kühle, lufttrockene Überwinterung bei 6 bis 8 °C. Man kann sie im Sommer auch ins Freie an einen windgeschützten Platz bringen, muß sie aber zuerst vor Sonnenbrand und vor langen, kühlen Regenperioden schützen. Im Frühjahr bei Triebbeginn brauchen sie ziemlich reichlich Wasser. Abweichend in der Pflege ist die Gattung Tephrocactus, die langsam und schwer wächst und nässeempfindlich ist. Man muß sie auf eine wüchsige Unterlage (am besten *Austrocylindropuntia subulata*) pfropfen, dann gedeiht sie gut. Die Pflege richtet sich nach den Bedürfnissen der Unterlage.

Bei den meisten großwerdenden Arten kann man nicht mit Blütenbildung in der Zimmersammlung rechnen. Pflanzen wir solche Opuntien dagegen in große Kübel, die im Sommer im Freien stehen, oder in das Grundbeet eines Gewächshauses, so bilden sie seitlich an ihren Flachtrieben oft große Mengen ihrer runden Blüten, einfach geformt, mit kurzen Blättern in den Farben Gelb, Orange oder Rot, seltener Weiß. Die Staubfäden überragen die Blütenblätter nur bei den Nopaleen, sonst sind sie kurz und krümmen sich schon bei leiser Berührung nach innen zusammen. Die Samen in den fleischigen Früchten sind hellfarbig, bis linsengroß, selten größer, und haben eine knochenharte Schale, die die Keimung in unserem Klima erschwert. Eigentümlich ist, daß die Früchte proliferieren können, das heißt fähig sind, auf dem Fruchtknoten neue Blüten oder Sprosse zu bilden. Dafür sind sie aber dann meist taub.

Die bekanntesten Feigenkaktusformen sind die plattgliedrigen Scheibenopuntien. Weit verbreitet sind auch die stielrunden Cylindropuntien (einschließlich der Austrocylindropuntien aus dem südamerikanischen Verbreitungsgebiet), während die kugeligen bis kurzzylindrischen Tephrocactus trotz ihrer schönen und gedrungenen Formen weit weniger bekannt sind. Ich nenne hier nur eine Auslese der verbreitetsten aller schönen Arten, die ich nach ihrer äußeren Ähnlichkeit zusammenstelle.

Opuntia-Samen 3fach vergr.

Opuntia-Blüte

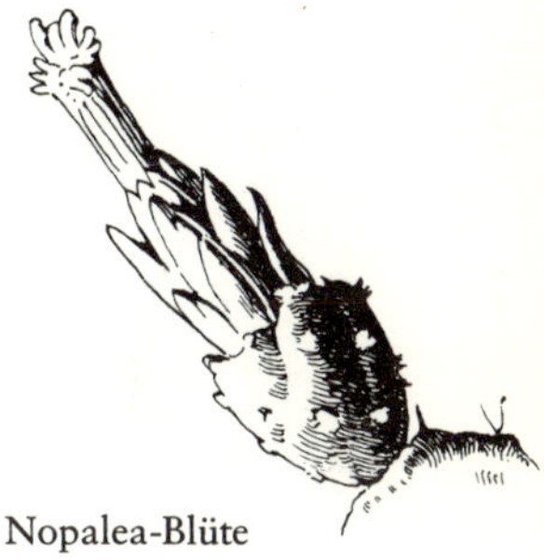

Nopalea-Blüte

Opuntia robusta

trägt ihren Namen zu Recht, wenn man ihre riesigen runden Blätter in guter Entwicklung bewundern kann. Die dicken, fast kreisrunden, blau bereiften Scheiben können bei ausgepflanzten Stücken 30, ja sogar 40 cm Durchmesser erreichen. Die entfernt stehenden Areolen sind häufig unbewehrt, zuweilen aber mit gelben oder weißlichen, abstehenden Dornen versehen. Ihre Blüten sind gelb, außen rötlich. (Heimat: Mittelmexiko, Karte II, H—M 7—12.) Gleichfalls sehr starkwüchsig und groß werdend ist *Op. ficus-indica*, (nach ihren Früchten »indische Feige« genannt), deren grüne Glieder aber viel länger als breit sind, bei alten Pflanzen werden sie 30 bis 50 cm lang.

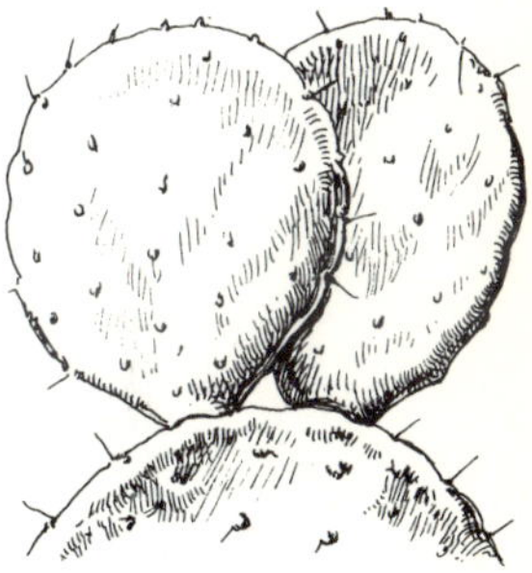

Opuntia scheerii

ist durch ihre dichte Bedornung eine der schönsten Opuntien, aber für kleine Sammlungen zu umfangreich. Die dicht stehenden Areolen sind mit nadeldünnen, 1 cm langen, gelben Dornen und Borstenhaaren auf braunen Glochiden besetzt. Blüten blaß gelb, im Verblühen lachsrosa, Narbe grün. (Heimat: Querétaro, Mexiko, Karte II, L 11.)

Das weiß bedornte Gegenstück zu dieser schönen Art ist *Op. pilifera.* Ihre großen Blüten sind rot. Ebenso dicht bedornt ist die seltene *Op. pycnantha var. margaritana* aus Niederkalifornien. Ihre großen runden Areolen sind mit roten Glochiden besetzt. Schön bedornt ist auch *Op. commonduensis*, die viel kleiner bleibt und auf kreisrunden Gliedern große braunwollige Areolen, gelbe Glochiden und 3 bis 5 cm lange, helle Dornen trägt.

Opuntia gosseliniana

ist die bekannteste Art einer sehr schönen Gruppe mit kreisrunden Gliedern. Sie wächst gut und blüht gelb schon in geringer Höhe. Die Glieder sind graublaugrün und im Neutrieb rötlich. Borstendornen bis 10 cm lang und ziemlich weich, hauptsächlich aus den oberen Areolen kommend. (Heimat: Niederkalifornien und Sonora, Mexiko, Karte II, C 2–H 5.)

Die leichter wachsende, unempfindliche *Op. engelmannii* gehört in diese Verwandtschaft. Auf kreisrunden Gliedern trägt sie weiße Dornen mit braunem Fuß und mitunter schwarzer Spitze an gelblichbraunen, dicken Areolen.

Die 1963 beschriebene *Opuntia horstii* ähnelt obigen Arten.

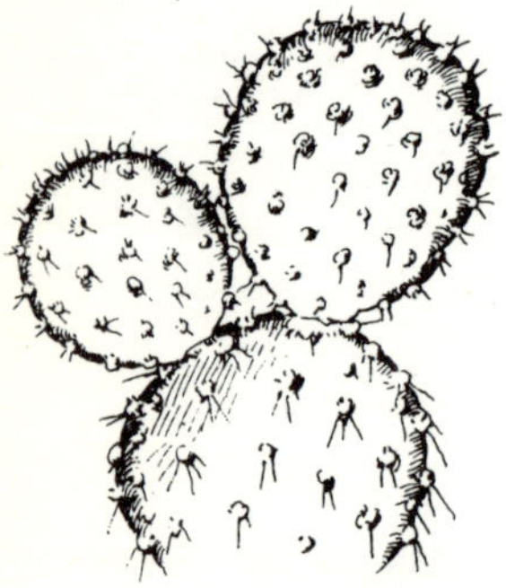

Opuntia santa-rita

(O. gosseliniana v. santa-rita) ist noch auffallender gefärbt. Die blaubereiften, kreisrunden Glieder sind an den Rändern und um die Areolen tiefpurpurfarben gezeichnet. Bei sonnigem, trockenem Stand entwickeln sich die Farben am kräftigsten. Da die Art nässeempfindlich ist, wird sie meist gepfropft gehalten. Von *Op. gosseliniana* ist sie deutlich zu unterscheiden und m. E. keine Varietät dieser Art. Auch ihre Bedornung ist schwächer. (Heimat: USA, Südost-Arizona, Karte II, B 4–5.)

Die blaugrünbereifte *Op. azurea* steht ihr näher, hat aber große, tiefgelbe Blüten mit roter Mitte und grüner Narbe. Die kreisrunden Glieder von *Op. macrocentra* sind schön bläulich oder purpurfarben und nur schwach bedornt. Die langen Dornen älterer Pflanzen sind schwarz mit weißen Spitzen und bilden einen herrlichen Farbkontrast! Auch *Op. macrocentra* und *azurea* vertragen nicht zuviel Wasser.

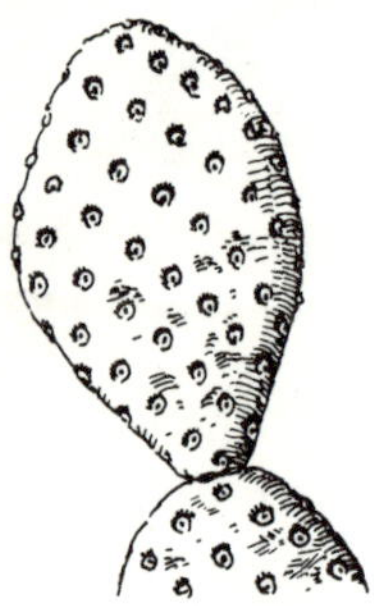

Opuntia basilaris,

die »grundständige Opuntia«, hat eigenartig blaugrün rötlich gezeichnete, umgekehrt eiförmige Glieder mit eingesenkten, braunfilzigen Areolen, kaum bedornt. Ihre Blüten sind rosa bis karminrot mit rotem Griffel. Sie wächst ziemlich langsam und verträgt keine Nässe. (Heimat: Nordsonora, Westarizona, Südkalifornien, Nevada und Südutah, Karte II, A–C 2–5.)

Es gibt auch eine seltene Abart mit oben herzförmig eingesenkten Gliedern *(var. cordata)* sowie eine Zwergform mit länglichen Gliedern *(var. nana)*. Etwas Ähnlichkeit in Epidermis und Gliederform hat *Op. pyriformis*.

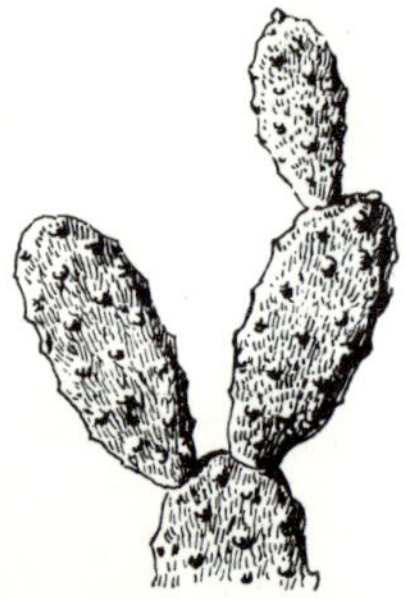

Opuntia tomentosa,

der »filzige Feigenkaktus«, ist ein starker Wachser und deshalb auch als Unterlage für Veredlungen beliebt. Die länglichen, dunkelgrünen Glieder sind dicht weichhaarig, wie mit feinem Samt bezogen und daran leicht zu erkennen. Sie werden 10 bis 20 cm lang, haben fast keine Areolen und selten einige kurze, weiße Dornen. Die 4 bis 5 cm langen Blüten sind feurigrot, erscheinen aber nur an alten Stücken. (Heimat: Mittelmexiko, Karte II, H–L 7–12.)

Die Glieder von *Opuntia tomentella* sind größer und mehr hellgrün, ihr Wuchs ist strauchiger, ihre Heimat Guatemala.

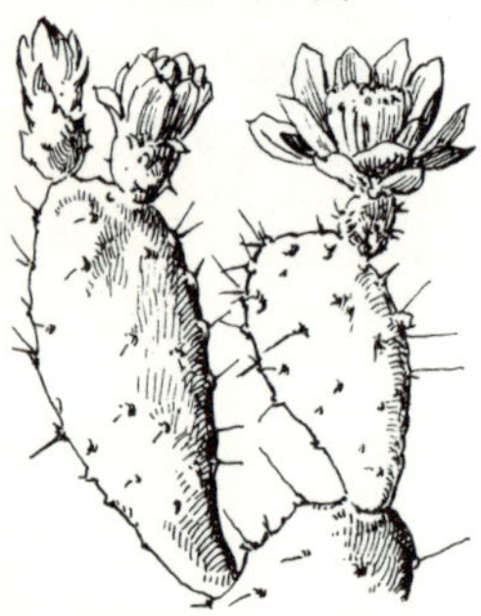

Opuntia bergeriana

hat 20 bis 25 cm lange, frisch hellgrüne, längliche Glieder, die mitunter fast eckig wirken. Auf 2 bis 4 cm entfernten Areolen sitzen verschieden lange, gelbe Dornen, zuweilen bräunlichgelb. Blüten an über 1 m hohen Pflanzen sehr zahlreich, kräftig orangerot mit sechsteiliger, grüner Narbe. Die Art ist unempfindlich und wächst gut. Ihre Heimat ist unbekannt, doch kommt sie an der Riviera verwildert vor. Bei *Op. schumannii* sind die Areolen mit den wenigen dunkelbraunen Dornen noch weiter entfernt, die dunkelgrünen Glieder noch größer. Auch die von Panama bis Venezuela beheimatete *Op. elatior* ist dunkelbraun bedornt, ihre Glieder sind kleiner und eiförmig.

Opuntia quimilo

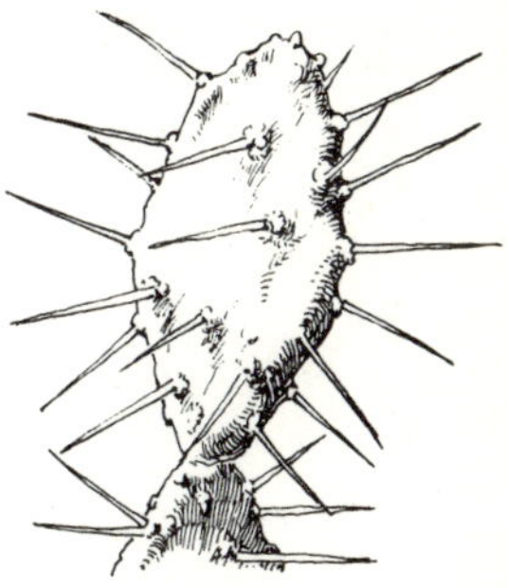

ist an den großen, blaugrünen Gliedern mit dem einzelnen, schräg nach oben stehenden Dorn aus jeder der entfernt stehenden, weißfilzigen Areolen gut zu erkennen. Mitunter sind auch mehrere Dornen vorhanden. Ihre Blüten sind rot. Quimilo ist ein einheimischer Name. (Heimat: Nordargentinien, Karte III, K–L 5–6.)

Ihr ähnelt *Opuntia vulgaris*, lange Zeit fälschlich *Op. monacantha* genannt. Der falsche Name war sehr zutreffend, er bedeutet »einstachelig«, und vulgaris hat meist nur einen Dorn je Areole. Auch der Name »vulgaris« wurde falsch gebraucht für eine nordamerikanische, kriechende Art, die botanisch richtig *Op. compressa* heißt. *Op. vulgaris* hat längliche, frischgrüne Glieder mit kleinen Blättchen am Neutrieb. Weit verbreitet in den Sammlungen ist die gelblich panaschierte Form *Op. vulgaris variegata* mit gelbzonigen Teilen und roten Blättchen. *Op. vulgaris var. lemaireana* hat kleinere Glieder und Blüten.

Opuntia leucotricha,

die »weißhaarige Opuntia«, sollte besser als »weißborstige« bezeichnet werden. Die 10 bis 20 cm langen Triebe sind ziemlich dicht mit weißen Borstendornen, die an älteren Gliedern bis 8 cm Länge erreichen, und gelben Glochidien bedeckt. Ihre Blüten sind gelb und haben grüne Narben. (Heimat: Durango, Mexiko, Karte II, H 7–8).

Op. amyclaea und *spinulifera* sind weiß bedornt, aber viel weniger dicht. Die schöne kolumbianische *Op. bella* hat dickere, bis 2 cm lange, weiße Dornen und kurze braune Wolle. Die Areolen stehen 2 cm entfernt wie auf kleinen Höckern. *Op. streptacantha* aus Mexiko hat wenige weiße Dornen und gelbliche Glochiden auf dickeren grünen Gliedern. Ihre Areolen sind sehr klein.

Opuntia microdasys,

der »kleinborstige Feigenkaktus«, ist auch in kleinen Sammlungen sehr beliebt durch die reizenden goldgelben Glochidenbüschel auf jeder Areole. Die Glieder sind klein, rundlich, die ganze Pflanze ist gedrungen im Wuchs. (Heimat: Nördliches Mexiko, Karte II.)

Op. microdasys var. *rufida* hat rötlichbraune Glochidien, *var. albispina* schneeweiße Glochidien. Auch unter den Arten mit gelben Glochidien gibt es noch Unterschiede. Bei der etwas ähnlichen *Op. puberula* stehen die gelben Glochidien lokkerer. Es wird vermutet, daß sie nur eine Hybride aus früherer Zeit ist. Außerdem gibt es noch eine der *Op. microdasys* sehr ähnliche Art mit etwas größeren, kreisrunden Gliedern und dicken, rötlich-braunen Glochidien, die nach 1930 unter dem Namen *Op. herrfeldtii* stark verbreitet wurde. Ihr seit 1856 gültiger Name ist aber *Op. rufida*, der nicht mit *Op. microdasys* var. *rufida* verwechselt werden darf.

Opuntia sulphurea,

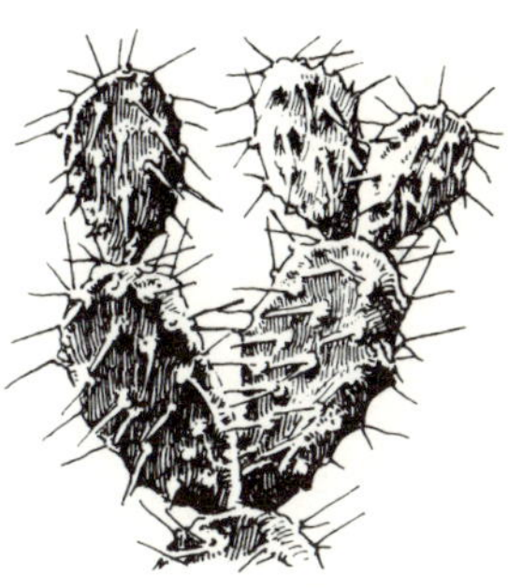

nach ihrer schwefelgelben Blüte benannt, wächst mehr in die Breite und wird nur 30 cm hoch. Die ziemlich kleinbleibenden, dicken Glieder sind grün, meist mit rötlichem Anflug, und stark gehöckert. Die meist gekrümmten, wenigen Dornen sind bräunlich oder weiß mit braunen Spitzen. Man kann diese Art leicht an der höckrigen Form der dicken, kleinen Glieder erkennen. (Heimat: Westargentinien, Karte III, K O 5.)

Noch dickere und auch ein wenig größere Glieder hat die Varietät *hildmannii*. Die Areolen sind weiter voneinander entfernt, die wenigen Dornen zuweilen rot getönt. Auch stehen die Areolen auf höckerartigen Erhebungen, wodurch die Zugehörigkeit sofort deutlich wird. Var. *hildmannii* ist nicht ganz so wüchsig wie der Typ und vor allem gegen Nässe empfindlich.

Opuntia retrorsa

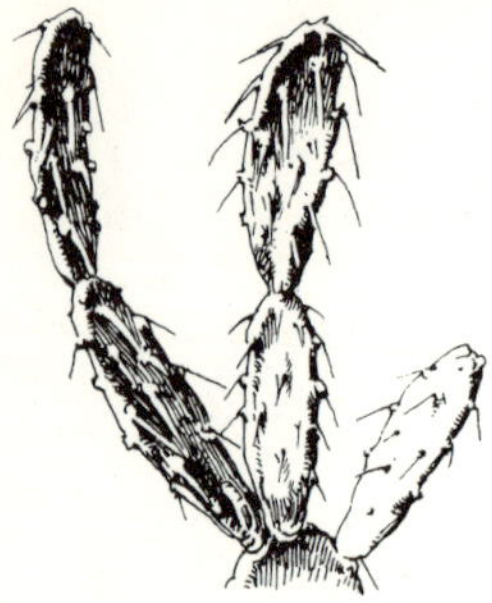

hat ihren Namen nach den abwärts gerichteten Dornen, die der schmalgliedrigen Pflanze ein ganz eigenartiges Aussehen geben und sie leicht erkennen lassen. Die lanzettlichen, flachen, grünen Glieder sind nach den Enden zu mehr oder weniger verschmälert und haben unter jeder der entfernt voneinander stehenden Areolen einen mattpurpurfarbenen Fleck wie einen Schatten. Die drei Dornen je Areole sind hell mit Flecken, zuerst abstehend, später nach unten gebogen. Zwei sind sehr kurz, der mittlere ist etwa 2 cm lang. Blüten gelblich. (Heimat: Chaco, Nordargentinien, Karte III, K 5–6.)

Auch *Op. utkilio* hat zurückgebogene Dornen, aber erheblich längere Glieder. *Op. canina* mit wenigen weißlichen, zurückgebogenen Dornen gehört gleichfalls hierher. *Op. discolor* unterscheidet sich von obigen durch nahezu stielrunde Glieder und spreizende Dornen.

Opuntia curassavica

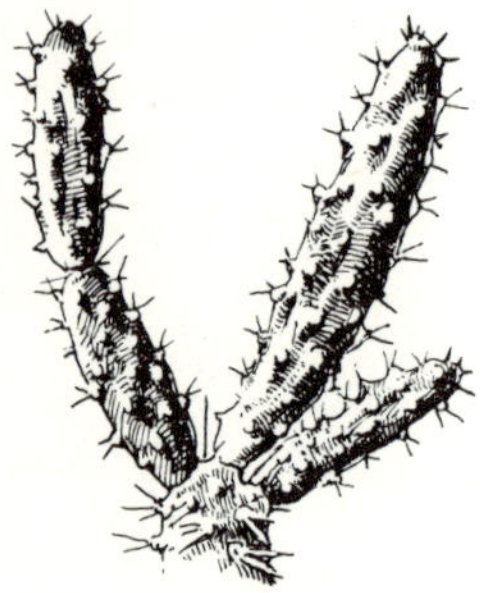

kam sehr früh nach Europa und wurde schon 1696 abgebildet. Ihre Glieder sind schmal und lang, an kleinen, kurzfilzigen Areolen sitzen vier oder mehr kurze, helle Dornen. Die Glieder lösen sich schon bei leiser Berührung von ihren Ansatzstellen, was zur leichten Vermehrung beiträgt. (Heimat: Insel Curacao und benachbarte Inseln nördlich von Venezuela, Karte III, A 4–6.)

In Kolumbien am Rio Magdalena soll auch eine Abart vorkommen. Ich kann das bestätigen: Vor Jahren erhielt ich eine solche sehr zierliche, lang- und braundornige, außergewöhnlich »anhängliche« Pflanze von Frau Erny Söhlemann, Bogotà, die sie in der Nähe des Rio Magdalena gesammelt hatte. Die Abart wird als *Op. curassavica var. colombiana* geführt. *Op. tayapayensis* aus Bolivien hat etwas kürzere und weniger Dornen. Die von der Insel Haiti stammende *Op. taylori* ähnelt der vorgenannten Art, ist aber noch schlanker und hat gelbbraune Dornen.

Opuntia compressa,

die »gedrungene Op.«, wurde früher fälschlich O. *vulgaris* genannt, bildet niederliegende Zweige mit fast runden oder eiförmigen, frischgrünen Gliedern. Dornen fehlen oder sind nur vereinzelt am oberen Ende vorhanden. Die blaßgelben Blüten sind 5 cm breit und erscheinen willig bei Freilandkultur. Die Pflanze hat spitze, grüne, rundliche Blättchen von einigen Millimetern Länge. (Heimat: USA, von Massachusetts bis Georgia im Flachland.)

Opuntia humifusa

(Opuntia mesacantha, Op. rafinesquiana), die »niederliegende Opuntia«, wächst in USA, westlich der Alleghanies, ist größer im Wuchs, hat dunkelgrüne Glieder, braune Glochidien, größere Areolen, längere abstehende Blättchen und bis drei weißliche Dornen mit oft rötlicher Spitze und Basis. Ihre Blüten sind gelb, mitunter mit rotem Schlund.

Die hier aufgeführten Arten sind bei richtigem Standort im Freien ausgepflanzt in Europa winterhart. *Op. compressa* wächst an einigen Stellen der Südalpen und in Dalmatien verwildert.

Opuntia rhodantha,

die »rotblühende« in Europa winterharte Opuntia gehört zu den schönsten Schmuckstücken des Steingartens. Schon die im Neutrieb glänzend braunrot gefärbten Glieder mit der schönen Bedornung lohnen die Anpflanzung, vollends aber die herrlichen rosenähnlichen Blüten, die eine besondere Freude sind. Die ziemlich klein bleibenden Glieder verzweigen stark, sind nahezu eiförmig, ziemlich dick und gehöckert. Die Areolen tragen 1 bis 4 strahlige Dornen von unterschiedlicher Länge. Die Blüten sind 8 cm lang und breit, purpurrosa mit grüner Narbe. (Heimat: USA, Westcolorado, Nebraska, Utah, Arizona, Kalifornien.)

Es gibt noch eine Anzahl nicht klar umrissener Arten, die gleichfalls in Europa winterhart sind und der *Op. rhodantha* sehr nahestehen: *Op. xanthostemma*, *utahensis* und Varietäten von *Op. rhodantha*.

Opuntia fragilis,

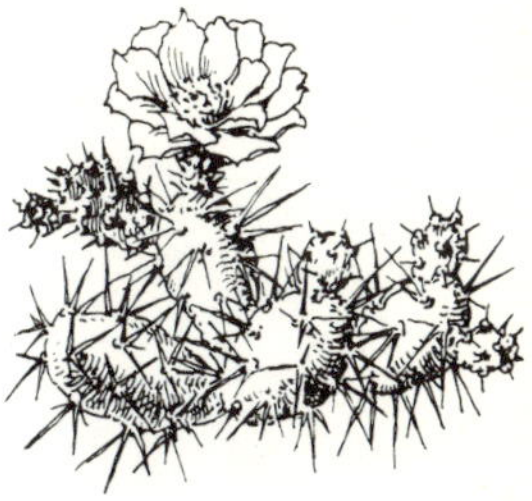

die »zerbrechliche Opuntia«, erhielt ihren Namen nach dem bei ihr besonders häufigen Abfallen der Glieder, die meist rund, mitunter abgeflacht und nur wenige Zentimeter lang sind. Die kleinen, weißfilzigen Areolen stehen 8 bis 12 mm entfernt und tragen gelbliche Glochidien und bis 4 über Kreuz stehende, bis 3 cm lange gelbbraune Dornen. Blüten blaßgelb mit grünen Narben. (Heimat: Südwesten und Mitte von USA.)

Op. fragilis var. *brachyarthra* unterscheidet sich vom Typ durch stärker gehöckerte Glieder, zahlreichere Bedornung und kleinere Blüten. *Op. rutila* steht in der Form zwischen *Op. rhodantha* und *Op. fragilis* und blüht meist rosenrot. *Op. arenaria* mit 4 bis 8 cm langen und halb so breiten, rundlichen Gliedern ist sehr selten. Alle diese Arten sind ebenfalls in Europa winterhart.

Opuntia longispina

hat mit ihren keulig-kugeligen Gliedern eine ganz andere Wuchsform als die bisher genannten Arten. Die dick-rundlichen, aber doch etwas scheibenförmigen Glieder haben meist nur 3 bis 4 cm Länge und wachsen kriechend, in Ketten aneinandergereiht. Auf bräunlichen Areolen stehen Bündel rötlicher Glochiden, zahlreiche rote Randdornen und ein dünner, langer Mitteldorn. Blüten rot, weit öffnend. Bei der Kleinheit der Glieder werden wenige cm Dornenlänge schon als lang empfunden. (Heimat: Nordwestargentinien, Karte III, J–L 5.)

Opuntia soehrensii

ähnelt sehr der vorigen, doch sind ihre Glieder weniger eirund, ihre Dornen bis 5 cm lang und ihre Blüten hellgelb mit braunen Sepalen. (Heimat: Anden Süd-Perus, in 4000 m Höhenlage, vermutlich auch weiter südlich, Karte III, G 3–4).

Ähnlich ist die Varietät *vorrugata*, die auch als *Op. microdisca* beschrieben wurde, sie hat weiße Dornen und pfirsich-orangefarbene Blüten. Man findet den Namen *Op. soehrensii* auch häufig für *Op. longispina* angewandt, von der sie sich hauptsächlich durch die Blütenfarbe unterscheidet.

Brasilopuntia brasiliensis

hat sehr kleine, blattdünne Glieder an rundlichen Hauptzweigen, die ihrerseits wiederum an einem stielrunden Mittelstamm sitzen. An entfernt stehenden, wenigen weißlichen Areolen sitzen je 1 bis 2 nach oben gerichtete dünne, braune Dornen. Blüten erscheinen an älteren Pflanzen in Mengen und sind hellgelb. (Heimat: Mittelbrasilien, Argentinien, Ostbolivien und Ostperu. Karte III, E–H 3–10, J–O 5–6.)

Br. neoargentina ähnelt der vorigen, nur sind die Glieder dunkler grün, breiter und schwächer bedornt.

Consolea rubescens

fällt durch ihre dunkel-braunrote Färbung und das sehr langgestreckte Mittelglied auf. Die Areolen stehen auf rundlichen Höckern und sind dornenlos oder mit weißlichen, bis 6 cm langen Dornen besetzt. Die etwa 2 cm großen Blüten sind gelb, orange oder rot, sie verfärben sich auch während des Blühens. (Heimat: Kleine Antillen und östliche große Antillen.)

Man findet diese schöne Art häufig veredelt, doch kann sie ohne Schwierigkeit wurzelecht gezogen werden, da sie gut wächst, vorausgesetzt, daß sie nicht übermäßig viel gegossen wird.

Andere Consolea-Arten sind nicht so auffallend gefärbt, sondern meist mattgrün. *Con. spinosissima* hat dichtstehende Areolen, *Cons. falcata* sichelig gekrümmte Triebe.

Nopalea dejecta,

die »herabgebeugte Nopalea«, ist wie alle Nopalea-Arten am besten an der eigenartigen Blütenform zu erkennen. Die Blütenblätter öffnen sich kaum. Staubfäden mit Staubbeuteln und Griffel mit Narben ragen weit über die Blütenblätter hinaus. Die hellgrünen, bis 15 cm langen Glieder an buschigen, überhängenden Zweigen tragen reichlich blaßgelbe, später vergrauende, bis 4 cm lange Dornen. Die Blüten sind dunkelorangerot. (Heimat: vermutlich Panama.)

Unbedornte, sehr lange, schmale Glieder hat *Nop. cochenillifera*, bläulichgrüne, ovale Glieder und weiße oder rosa Dornen von $2^1/_2$ bis 3 cm Länge *Nop. guatemalensis.* Die Blüten der Nopalea-Arten sind interessant, aber die weit öffnenden Opuntia-Blüten sind doch viel schöner.

Das Wort Nopalea ist indianischen Ursprungs und eine Bezeichnung für alle Feigenkaktus-Arten.

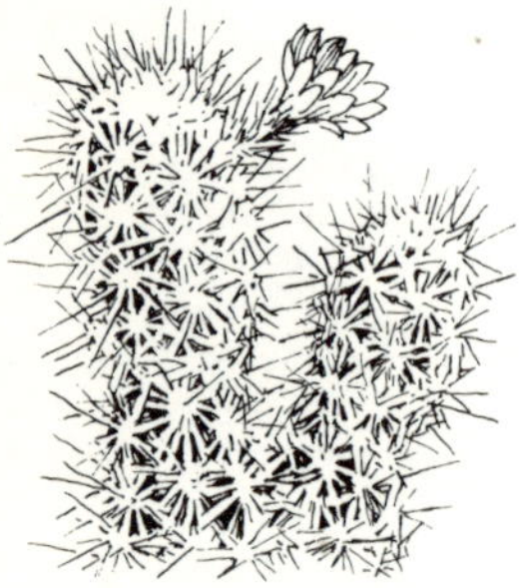

Grusonia bradtiana

würde jeder Laie für einen schönen weißbedornten Säulenkaktus ansehen. Ihr früherer Name lautete dementsprechend auch: *Opuntia cereiformis.* Die zylindrischen, hellgrünen Triebe von 4 bis 7 cm Durchmesser und die 8 bis 10 Rippen sind dicht weiß bis 3 cm lang bedornt, die längsten Dornen nach unten gerichtet. Die Knospen sind rötlich, die 3 bis 4 cm großen, radförmigen Blüten hellgelb. Braucht sonnigen, warmen Stand und vorsichtige Wassergaben. (Heimat: Coahuila, Mexiko, Karte II, E–F 9–10.)

Eine im Wuchs schwächere, rötlich bedornte Art, deren Rippen oben schwach höckerartig unterteilt sind, ist *Gr. santamaria.*

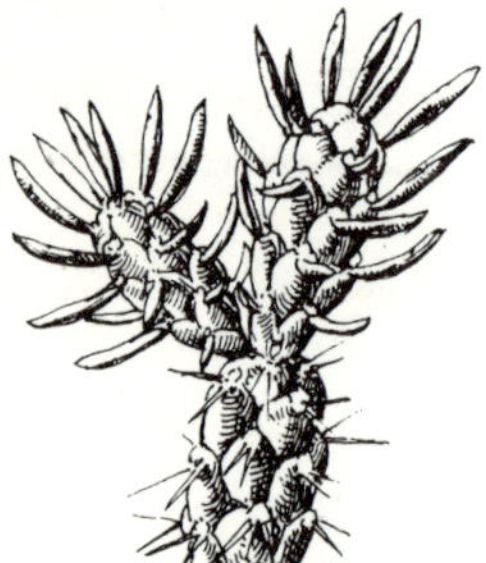

Austrocylindropuntia subulata,

die »pfriemförmige Opuntia«, hat wie die vorige zylindrischen Wuchs, aber keine Rippen, sondern bis 7 cm dicke dunkelgrüne, flach gefelderte Stämme, die von dunkleren Linien umgrenzt sind. Die bis 12 cm langen, fleischigen Blätter bleiben länger an der Pflanze als bei anderen Opuntien. An jeder Areole sitzen 1 bis 2, mitunter auch mehr, weißliche, 6 bis 8 cm lange Dornen. Die Blütenblätter sind rosenrot, nur kurz und aufgerichtet. (Heimat: Südperu, Karte III, G 3, H 4.)

Ähnlich im Wuchs, aber dicht und ganz anliegend kurz bedornt ist die seltene *A. pachypus*, ein Winterwachser. Prächtig blau bereifte, reichverzweigte Triebe von 6 cm Durchmesser mit gehöckerten Rippen bildet *A. miquelii* (früher: *geissei*) aus Chile. Aus bräunlichen Glochidien kommen bis zu 10 graue Dornen.

Austrocylindropuntia cylindrica,

die »walzenförmige A.«, bildet grüne, glänzende Triebe von nur 2 bis 3 cm Durchmesser, die 5eckig gefeldert sind. Am Neutrieb stehen spitze, stielrunde Blättchen von 1 bis $1^1/_2$ cm Länge, die bald abfallen. Die etwas behaarten Areolen tragen einige kurze, weiße Dornen, Blüten am Kopftrieb, klein, rosa mit aufgerichteten (nicht abstehenden) Blütenblättern. Diese Art wächst auch in der Zimmersammlung sehr gut. Besonders beliebt wegen der bizarren Form und der Schnellwüchsigkeit ist die Kammform *A. cylindrica* f. *cristata.* (Heimat: Peru, Karte III, E–H 2–4).

Kräftiger im Wuchs und scharlachrot blühend, aber sonst der vorigen sehr ähnlich ist *A. intermedia.* Wie *A. cylindrica* in Wuchs und Beblätterung, aber mehr oder weniger weißhaarig sind *A. vestita, teres* und *shaferi*, letztere blüht sehr schön leuchtend rot.

Austrocylindropuntia verschaffeltii

hat in ihrer bolivianischen Heimat, wo sie bis in große Höhen hinauf vorkommt, einen sehr gedrungenen, fast kugeligen Wuchs. In unserem Klima wurden die sonst 1 bis $1^1/_2$ cm dicken, mattgrünen, gefelderten Triebe viel länger und tragen Blätter bis zu 3 cm Länge. Dornen winzig, keine Behaarung. Bei Abhärtung in frischer Luft und viel Sonne bleiben die Glieder kurz und blühen prächtig orangerot mit weit geöffneten Blüten von 4 bis 5 cm Durchmesser.

Austrocylindropuntia clavarioides,

die »keulenähnliche Opuntia«, auch »Negerhand« genannt, hat einen ganz abnormen und sehr abwechslungsreichen Wuchs. Die bräunlichen, nur ganz winzig anliegend bedornten Glieder stehen auf handtellerähnlichen Verdickungen wie Finger, mitunter auch geweihähnlich verzweigt. Da diese schöne Pflanze bei uns nicht wie in ihrer Heimat dicke Rübenwurzeln bildet, sondern nur sehr spärlich wurzelt, soll man sie auf wüchsige Opuntia-Unterlage pfropfen, dann wächst sie sehr leicht. Blüten erscheinen nur selten, sie sind gelbbräunlich, bis 6,5 cm lang. (Heimat: Argentinien, angeblich auch Chile, Karte III, J–K 5–6, H–M 4.)

1943 wurde eine ganz ähnliche var. *ruiz-lealii* mit grünen Gliedern und nur 4 cm langen Blüten beschrieben.

Austrocylindropuntia salmiana

hat stielrunde, bis 25 cm lange und nur 1 bis $1^{1}/_{2}$ cm dicke, glatte Triebe, meist gerötet, die durch Verzweigung kleine Büsche bilden, schwach bedornt sind und leicht auch in der Zimmersammlung ihre schönen blaßgelben Blüten öffnen. Die Blütenblätter sind außen rot. Die scharlachroten Früchte proliferieren und werden abgeworfen. (Heimat: Teile von Brasilien, Argentinien und Bolivien, Karte III, C–J 3–12, K–O 5–6.)

Die Varietät *spegazzinii* unterscheidet sich durch mattgrüne, nicht gerötete Triebe, kleinere Blüten und blaugrüne Früchte. Außerdem gibt es noch eine reinweißblühende var. albiflora.

Cylindropuntia imbricata,

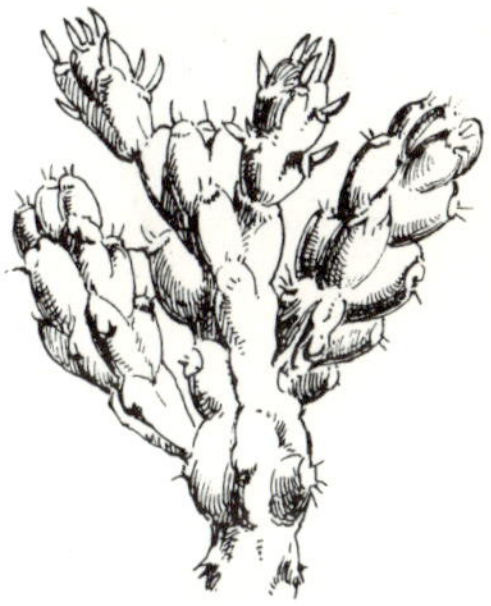

die »dachziegelartig gehöckerte C.«, ist auch unter dem Namen *Op. arborescens*, die »baumartige Op.«, verbreitet und gilt in Europa als bedingt winterhart. Ihr Wuchs ist kandelaberartig, sie bildet einen kräftigen, holzigen Stamm mit schräg auseinanderstrebenden Zweigen und Endgliedern von 2 bis 3 cm Durchmesser. Diese sind stark gehöckert, mit stielrunden Blättchen und 2 bis 3 cm langen, braunen Dornen versehen, die in dünnen, strohigen Scheiden stecken. Die Blüten sind purpurrot. (Heimat: Mittlere und südliche USA bis Mittelmexiko, Karte II.)

Ähnlich sind die rot blühenden C. *alcahes* und C. *fulgida*, die dicht gelbbedornten C. *bigelowii, ciribe, tunicata* und *rosea.* Besonders bei den beiden letzten sind die strohigen Dornenhüllen stark ausgeprägt. (Tunica!)

Cylindropuntia leptocaulis,

die »dünnstengelige Opuntia«, ist – wie schon der Name sagt – viel zierlicher im Wuchs, ihre jungen Glieder sind nur bis 4 mm stark, aber die wenigen Dornen in ihren engen Scheiden sind bis 5 cm lang, und so entstehen dichtbewehrte Büsche. Die kleinen Blüten sind grünlichgelb und schließen sich merkwürdigerweise über Mittag, sind nur morgens und abends geöffnet (Heimat: Weit verbreitet in Mexiko und im Südwesten der USA, Karte II.). Die Unterschiede der einzelnen Varietäten bestehen meist in der Bedornung. Triebe von 2 bis 3,5 cm Durchmesser haben die blaßgelb blühende C. *caribae*, die grüngelbblühende C. *arbuscula* und die purpurblühende C. *kleiniae.*

Tephrocactus atroviridis,

die »schwarzgrüne Kugelopuntia«, hat den Wuchs der vorigen Gruppe, ist jedoch unbehaart, nur die kleinen Areolen sind weißfilzig. Die wenigen Dornen der runden, dicken Glieder sind kurz und steif, olivgelb oder bräunlich. Die sehr selten erscheinenden Blüten sind gelb. In allen Ausmaßen ist *T. atrovirdis* kleiner als die Arten der vorigen Gruppe. (Heimat: Peru, bei Yauli, in Höhen von 4000 bis 4500 m, Karte III, F 3.)

Hauptsächlich durch die dickeren Areolen und die dunklen, kräftigen Dornen unterscheidet sich *T. blancii* von *T. atroviridis. T. weberi* dagegen hat bis 6 cm lange und 2 cm dicke Glieder mit bräunlichen, biegsamen, untereinander verflochtenen, bis 5 cm langen Dornen.

Tephrocactus articulatus var. papyracanthus,

bekannt als »Papierstachelopuntia« oder auch als »Hobelspankaktus«. Die Art mit ihren verschiedenen Varietäten vertritt hier die Gruppe mit kugeligen, flachdornigen Gliedern. Sie bilden keine dichten Polster, sondern sind locker verzweigt. (Heimat: Westargentinien, Mendoza, Catamarca, Karte III, L—M 5.) Beim Typ stehen die unbedornten Areolen mit rötlichen Glochidien auf kurzen Höckern, die bei den kugelrunden Trieben der var. *calvus* stärker ausgeprägt sind. Die var. *inermis* ist deutlich zu erkennen durch die langgestreckte Form ihrer Glieder. Der treffende, bisherige Name war *T. strobiliformis*, »Kiefernzapfen«, denen diese unbedornten Glieder ähneln. Biegsame, weiße, bis 5 cm lange Papierdornen hat die var. *papyracanthus* aus den mit rotbraunen Glochidien versehenen, auf Höckern stehenden Areolen. Bei var. *syringacanthus* ist die Dornfarbe grau mit rotbraunem Hauch.

Tephrocactus articulatus var. polyacanthus

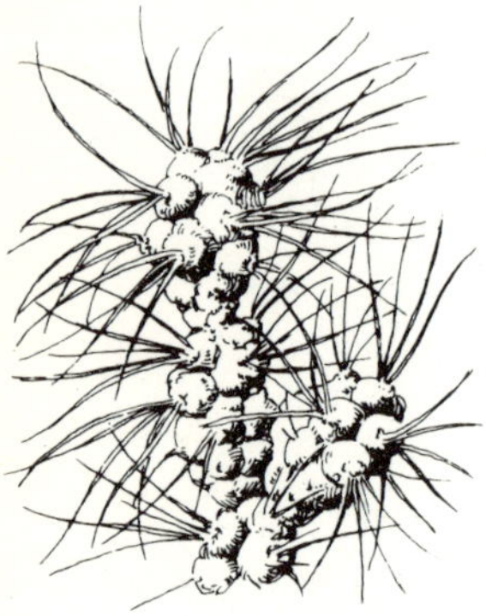

war bisher unter dem Namen *T. hossei* bekannt. Ihre außergewöhnlich langen, mitunter etwas gedrehten, kantigen Dornen geben der schönen Pflanze ein besonders bizarres Aussehen. Die aufeinandersitzenden Kugeltriebe sind etwas kleiner als bei den anderen articulatus-Formen, länglich und stark gehöckert, auf den Spitzen der Höcker je 5 etwas plattgedrückte, graubraune Dornen von einer Länge bis zu 10 cm. Blüten selten, weiß. (Heimat: Westargentinien, La Rioja, Cordoba, Karte III, L—M, 5—6.)

Der bisherige *T. aoracanthus* führt jetzt den Namen *T. articulatus* var. *ovatus* nach den wirklich eirunden Kugelgliedern von etwa 8 cm Durchmesser, die am oberen Ende mit braunen bis schwärzlichen, steifen Dornen bis zu 13 cm Länge besetzt sind. Die kreisrunden Höcker sind nur wenig ausgebildet, die Körperfarbe ist grau. *T.articulatus* var. *oligacanthus* ist kahl oder hat wenige kurze Papierdornen, var. *diadematus* bildet die Übergangsform von var. *oligacanthus* zu var. *papyracanthus*, also mit schwächeren Papierdornen.

Tephrocactus floccosus,

die »flockig behaarte Kugelopuntia«, vertritt hier die Gruppe der Arten mit dicken, runden, behaarten Gliedern. Sie bildet große Polster aus zahlreichen gehöckerten Trieben von 3 cm Dicke, die mit 5 mm langen Blättchen, gelben Dornen und weißen Haaren besetzt sind. Die Blüten sind gelb oder orange. Da sie aus Andenhöhen von 3500 bis 4600 m stammt, muß sie hell und luftig stehen, doch nicht zu feucht. (Heimat: Mittelperu bis Bolivien, Karte III, F—J 3—6.) Eine ähnliche, meist unbedornte Art mit kürzeren, mehr rundlichen Gliedern ist *T. verticosus*, während *T. lagopus* mehr längliche Glieder, einen deutlich erkennbaren Mitteldorn und kräftigere, gelblichweiße Behaarung hat. Der neuentdeckte *T. rauhii* hat bis 25 cm große, dicke Glieder, ist dicht weiß behaart und dünn bedornt.

Tephrocactus ovatus,

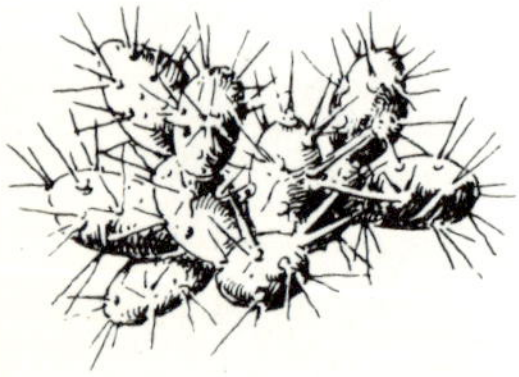

die »eiförmige Kugelopuntia«, hat nur wenige Zentimeter lange, glatte grüne Glieder, die hauptsächlich an ihrem oberen Teil je Areole mehrere aufrecht stehende, ungleich lange, bräunliche oder hellere Dornen von 4 bis 10 mm Länge tragen. Die niedrigen, gelbgrünen Pflanzen bilden vielköpfige Gruppen und sind viel wüchsiger als die bisher genannten Tephrocactusarten, die man zum großen Teil bei uns nur in gepfropften Exemplaren kennt. (Heimat: Westargentinien und Ostchile, Karte III, J—M 4—5.)

Auch *T. glomeratus* hat kleine, länglich-eiförmige Glieder, die an jeder oberen Areole einen langen, horizontal anliegenden gebogenen Dorn tragen, der meist hellbraun ist und eine dunklere Spitze besitzt. Auch *T. pentlandii* mit kürzerer, anliegender Bedornung und der fast ungehöckerte *T. dimorphus* mit dicken, gelben Areolen gehören hierher.

Alle Tephrocacteen müssen entsprechend der Höhenlage ihrer Herkunftsgebiete bei uns sehr hell, kühl und trocken überwintert werden. Auch im Sommer sollen sie soviel Licht wie nur möglich bekommen.

Längliche Kakteen – Cereus

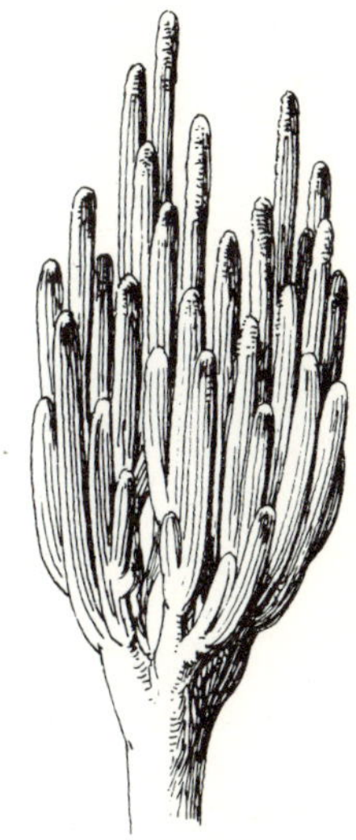

Ebensowenig wie die verzweigten Gestalten der Opuntien können wir die länglichen Kakteenformen zur Belebung einer Sammlung missen. Allerdings zeigen sie ihre wahrhaft imponierende Schönheit, die Wucht ihrer Formen und Farben erst in ihrer Heimat, wo die himmelanstrebenden Säulen einiger Arten 15 bis 18 m Höhe erreichen, wo uns mit Blüten überhäufte Strauchformen im Dickicht den Weg versperren, wo in der Tropennacht die an Felsen und Bäumen hochklimmenden, dünntriebigen Nachtblüher mit betäubendem Duft ihre Riesenblüten erschließen. Es ist uns klar, daß nur wenige dieser Wildformen bei uns in der Zimmersammlung zur Blüte kommen können. Und doch ist ihre ornamentale Bedornung, die Silhouette ihrer vielfältigen Formen schon bei den Zimmerpflanzen so anziehend, daß man kaum eine bedeutende Kakteensammlung ohne diese länglichen Kakteen findet. Dazu kommt, daß sie durchaus nicht schwierig zu pflegen sind, man kann sie mit wenigen Ausnahmen als leicht wachsend bezeichnen. Fast alle lieben sie eine sandige Lehmerde, in der Hauptwachstumszeit einen sonnigen, warmen Stand und reichlich Wassergaben, doch eine trockene, kühle Überwinterung. Die dünntriebigen Klimmer wollen etwas wärmer stehen und reichlicher gespritzt und gegossen werden. Torfmullbeigabe zur Erdmischung fördert sichtlich ihr Wachstum. Im Winter halten wir sie ebenso wie weißhaarige Kakteen bei mindestens 10 °C in trockener Luft.

Ihre Anzucht aus Samen ist unschwer und immer lohnend, man sieht bei ihnen die Wachstumsfortschritte deutlicher als an den Kugelformen, auch ist ihre Wurzelbildung im allgemeinen gut. Für die Zimmersammlung zu lang gewordene Stücke lassen sich leicht durch Kopfstecklinge verjüngen, Seitentriebe der Mutterpflanzen geben außerdem reichlich Vermehrung. Die frühere Großgattung *Cereus*, die heute in nahezu einhundert zum Teil sehr verschiedene Gattungen aufgeteilt ist, enthielt aufrecht wachsende, hängende, kriechende und kletternde, baum- oder strauchförmige, tag- oder nachtblühende Pflanzen, ganz verschieden in Blütenbau und -farbe, in Rippenform und -zahl. Naheliegend und für mich am einfachsten wäre gewesen, die länglichen Kakteen hier in der Reihenfolge eines botanischen Systems aufzuzählen. Diese Systeme – deren es leider mehrere nebeneinander gibt – unterteilen die Pflanzen nach dem Blütenbau, wobei auch ihre geographische Verbreitung eine wichtige Rolle spielt. Wenn wir aber einen Säulenkaktus vor uns sehen und – um ihn richtig pflegen zu können – wissen wollen, zu welcher Gattung er gehört, so sind uns fast immer seine Blüte und sein Heimatland unbekannt. Ich bin deshalb hier einen eigenen Weg gegangen und habe nach äußerlich sichtbaren Merkmalen eingeteilt, die sich jederzeit leicht erkennen lassen. Ich habe mich dabei nach dem Aussehen junger Pflanzen gerichtet, wie wir sie in der Sammlung vor uns haben, nicht nach ihrer Wuchsform in der Heimat. Natürlich gibt es auch Gattungen, die wir in diese oder jene Gruppe eingliedern könnten, Übergänge, über deren Zugehörigkeit man im Zweifel sein kann. Alle Gattungen, die nur selten in europäischen Sammlungen vorkomen, weil sie schwer wachsen oder nicht verbreitet sind, habe ich ganz fortgelassen. Fast immer passen Pflanzen von gleichartigem Aussehen auch in der Zimmerpflege zueinander, auf die wenigen Ausnahmen weise ich besonders hin.

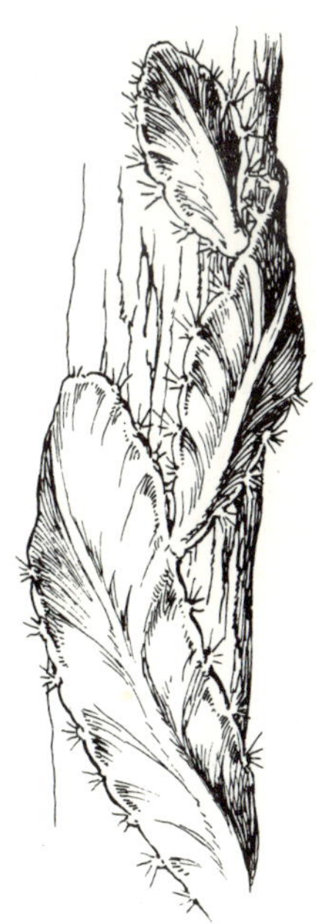

Bei der Reihenfolge der länglichen Kakteen bin ich von dem Durchmesser ausgegangen, den sie als junge Pflanzen in unseren Sammlungen meist haben, nicht von dem Umfang riesiger Stämme und Büsche in der Wildnis. Ich teile auf in Pflanzen von

1. 1 bis 3 cm Durchmesser (*Aporocactus flag.* bis *Chamaecereus silvestrii*)
2. 4 bis 8 cm Durchmesser
   a) 4 bis 8 Rippen (*Cereus aethiops* bis *Roseocereus tephracanthus*)
   b) vielen Rippen (*Cleistocactus baumanii* bis *Bergerocactus emoryi*)
3. 8 bis 15 cm Durchmesser mit
   a) 4 bis 8 Rippen (*Marginatocereus marginatus* bis *Stetsonia coryne*)
   b) vielen Rippen (*Pachycereus pringlei* bis *Oreocereus trollii*)

Aporocactus flagelliformis (1),

der »Peitschenkaktus«, wächst in seiner Heimat von Felsen oder Bäumen herabhängend und ist schon seit Jahrhunderten eine beliebte Zimmer- und Ampelpflanze geworden. Die kurz und dicht braun bedornten, kaum über 5 bis 10 mm starken Triebe sind 8- bis 12rippig und tragen oft schon im März eine Fülle roter bis karmesinroter Blüten von 7 bis 9 cm Länge. Wegen ihrer frühen Blütezeit ist ein heller Winterstand erwünscht, der kühl, aber nicht ganz trocken sein soll. Da diese Art leicht von »Roter Milbe« befallen wird, ist häufiges Spritzen oder Nebeln als Vorbeugung zu empfehlen. (Heimat: Mexiko, Karte II.)

A. flagriformis hat etwas dickere Triebe und scharlachrote Blütenblätter mit violetten Rändern. Die Triebe von *A. martianus* werden bis 2 cm dick, haben nur 8 Rippen und fast rundsymmetrische, rote Blüten. Es gibt auch noch Hybriden zum Teil mit *Heliocereus speciosus.* Um den hängenden Wuchs der Aporocacteen besser zur Geltung zu bringen, werden sie häufig auf Selenicereen gepfropft.

Selenicereus pteranthus (1),

die beliebteste Art der »Königin der Nacht«-Kakteen, früher auch als *Cereus nycticalus* oder »Prinzessin der Nacht« weit verbreitet, hat je nach Alter mehrere Zentimeter dicke Triebe, die blaugrün und meist stark gerötet sind und 4 bis 6 Rippen zeigen. Wie die meisten dieser Seleni-(Mond-)cereen hat auch diese Art nur kleine Dornen an entfernt stehenden Areolen und bildet viel Luftwurzeln. Ihre prächtigen Blüten, die sich in der Abenddämmerung nur für eine Nacht öffnen, sind bis 30 cm lang, reinweiß, umgeben von einem goldenen Kranz schmaler Hüllblätter, die an der Außenseite bräunlichrot sind. (Heimat: Mexiko, Karte II.)

S. grandiflorus, die von Haiti stammende echte »Königin der Nacht« ist heute nur noch selten artrein zu finden, zumal sie viel empfindlicher als andere Arten ist. Wir erkennen sie an den mattgrünen, 5- bis 8rippigen Trieben, die an der Spitze ein kleines, bräunliches Borstenbüschel tragen. Auch die Areolen haben außer den Dornen braune Borstenhaare. Die herrlichen Blüten duften besonders stark nach Vanille.

Selenicereus macdonaldiae (1),

»Königin d. Nacht« aus Argentinien, hat lange, dunkelgrüne Triebe mit gehöckerten Rippen und bringt bis 35 cm lange Blüten. Ihm ähnelt *S. hamatus,* deren 4 Rippen bis zu 1 cm lange »Nasen« tragen, die ihm beim Klimmen als Halter dienen. Er hat die größten Blüten, leider erscheinen sie nur sehr selten. *S. pringlei (jalapensis)* hat dickere Triebe mit 6 bis 7 Rippen, die mit etwa 1 cm langen, gelblichen Dornen und weißen Borsten ziemlich dicht besetzt sind. Blüten 20 cm lang. Sehr ähnlich dieser Art ist *S. hallensis* mit helleren Dornen. Weitere schöne Arten sind: *S. brevispinus, boeckmannii, coniflorus, kunthiannus, radicans, spinulosus, urbanianus* und *vaupelianus* sowie eine Anzahl Kreuzungen verschiedener Arten untereinander.

Hylocereus purpusii (1)

hat drei- bis vierkantige Triebe mit etwas größerem Durchmesser, ist aber auch ein richtiger »Baumklimmer«. Die dunkelgrünen Triebe sind bläulich bereift mit leicht wellig gekerbten, hornigen Kanten und wenigen kurzen Dornen. Blüten sind 25 cm lang, außen bräunlichkarmin, mittlere Blütenblätter goldgelb, die breiten inneren weiß mit goldgelben Spitzen. Der dicke hellgelbe Griffel hat 30 dunkelgelbe Narben. Eine ganz prächtige Blüte! Wächst gut in feuchtwarmer Luft. (Heimat: Westmexiko, Karte II.)

Weitere bekannte Hylocereen mit gleichfalls hornigen Kanten sind *H. ocamponis* und *undatus.* Bei *H. trigonus, triangularis* und *polyrhizus* sind die Kanten nicht hornig. Etwas Ähnlichkeit hat auch die eigenartige *Deamia testudo* (testudo = Schildkröte) mit dickeren und kürzeren Trieben, die am besten in Orchideen-Pflanzgut kultiviert wird. Der seltene *Hylocereus schomburgkii* aus Guayana ist kleiner, dreikantig, schwach bedornt, Areolen bis 5 cm voneinander entfernt und weißblühend.

Echinocereus fendleri var.

1 Echinocereus procumbens
2 Echinocereus palmeri
3 Echinocereus brandegeei
4 Echinocereus papillosus
5 Echinocereus blanckii var. poselgerianus

Rechte Seite:
1 Echinocereus coccineus
2 Echinocereus scopulorum

1 Echinocereus viridiflorus var.

2 Echinocereus floresii

3 Echinocereus baileyi var. albispinus

4 Echinocereus knippelianus

1 Mammillaria louisae
2 Mammillaria hamata
3 Mamillopsis senilis
4 Mammillaria aureilanata
5 Mammillaria scheidweileriana

1 Mammillaria theresae

2 Mammillaria matudae

3 Mammillaria goldii

1 Mammillaria sheldonii
2 Mammillaria marnieriana
3 Mammillaria boolii
4 Mammillaria patonii
5 Mammillaria goodrichii

Kakteenland Mexiko

1 Ferocactus

2 Pachycereen

3 Mammillarien

Heliocereus speciosus (1),

den »prächtigen Sonnen-Cereus« (also einen Tagblüher), kann man bei flüchtiger Betrachtung für ein stark bedorntes Epiphyllum halten. Er bildet reichverzweigte Sträucher mit aufrechten oder hängenden vierkantigen Ästen, die in Areolenabständen von 3 cm gekerbt und gelb oder bräunlich bedornt sind. Es sind je Areole 5 bis 8 Dornen von etwa 1 cm Länge. Die Blüten sind groß, 12 bis 17 cm lang, prächtig karmin, stahlblau schillernd, am Grunde grün, Staubfäden purpurrot, unten grün. Als Steppen- und Felsbewohner muß diese Pflanze mäßig warm, aber hell und trocken überwintert werden. Im Sommer soll sie sonnig warm und in nahrhafter Erde stehen und während des Triebes reichlich gegossen werden. (Heimat: Mittelmexiko, Karte II, G–L 6–12.) Eine reinweißblühende Abart ist die Varietät *amecamensis*, vermutlich eine in Mexiko entstandene Mutation. Weitere, rotblühende Heliocereen sind *H. cinnabarinus*, *elegantissimus* und *schrankii*. *Mediocactus coccineus* ähnelt dieser Gruppe.

Eriocereus bonplandii (1)

wächst kriechend, anlehnend oder klimmend und hat als junge Pflanze in den Sammlungen etwa 2 bis 4 cm Durchmesser. Die Pflanze bildet 4 bis 6 flache Rippen, die fast gerade verlaufen. Die kreisrunden, 2 bis 3 cm entfernten Areolen tragen etwa 8 kurze Dornen, nur die nach oben gerichteten sind 2 bis 3 cm lang, im Neutrieb rubinrot, später vergrauend. Die 25 cm langen Blüten sind außen grünlichbraun und innen reinweiß. Sie öffnen sich nachmittags und schließen sich bei Sonnenaufgang. Die Art wächst und blüht leicht und eignet sich auch als Unterlage. (Heimat: Brasilien bis Argentinien, Karte III, G–M 4–11.)

Ähnlich in Wuchs und Blüte, aber vielrippig sind *E. tortuosus* und *pomanensis*; *E. martinii* ist an dem langen Mitteldorn auf gehöckerten Rippen zu erkennen.

Eriocereus jusbertii (1)

ist wegen seiner Blühwilligkeit sehr beliebt und wird als gut wachsende Veredelungsunterlage geschätzt, zumal er seine Leichtblühigkeit auf das Edelreis überträgt. Wir kennen ihn in den Sammlungen als 4- bis 6kantige Säule von 2 bis 3 cm Durchmesser, die als junger Sämling häufig kriechend wächst, später aber, besonders nach Stecklingsvermehrung, einen geraden Wuchs bekommt. Die Furchen zwischen den Rippen sind wenig vertieft und dunkelgrün. An den 1 bis 2 cm entfernten, hellgraufilzigen Areolen sitzen millimeterkurze, im Neutrieb rote, später schwärzliche Dornen. Die schönen weißen, außen grünlichen Blüten sind etwa 18 cm lang. Die Pflanze ist eine schon seit langer Zeit bekannte Hybride. Zur Samenerzeugung bestäubt man die Blüten am besten mit einer Echinopsis, um wieder reine *E. jusbertii* zu bekommen. Ähnlich sind *E. adscendens* und *guelichii*.

Eriocereus martinii (1)

gehört auch zu den Arten, die man ihres guten Wachstums wegen als Veredlungsunterlagen schätzt. Er wächst verzweigend, mit 2 bis $2^1/_2$ cm dicken grünen Ästen, die ziemlich stielrund, aber stark gehöckert sind. Auf den in 4 bis 5 Rippen angeordneten Höckern sitzen graufilzige Areolen mit wenigen Dornen und einem langen Mitteldorn. Blüten 20 cm lang, weiß, äußere Hüllblätter hellgrün, rötlich gespitzt. (Heimat Argentinien, in den Wäldern des Chaco, Karte III, K 5.)

Ähnlich ist der noch schöner blühende *E. regelii*. Die Eriocereen gedeihen und blühen gut in einer kräftigen Erdmischung bei viel Sonne und Wärme im Sommer und kühlem Winterstand. Die ihnen sehr nahe stehenden *Harrisia*-Arten sollen auch im Winter etwas wärmer stehen. Die Heimat aller Eriocereen ist das südamerikanische Festland, während die Harrisia-Arten von den Westindischen Inseln stammen. *Harrisia eriophora* und *H. gracilis* haben unbedornte, gelbe, nichtgehöckerte Früchte.

Monvillea haageana (1)

ist ein schlanker, aufrecht oder klimmend wachsender, schön blau gefärbter Säulenkaktus von nur 2 bis 3 cm Durchmesser, besonders im Gewächshaus ausgepflanzt ein prächtiger Massenblüher mit meterlangen Jahrestrieben. Der 4- bis 6rippige, nur schwach gehöckerte Pflanzenkörper trägt an 3 cm entfernten Areolen ganz kurze, graue Dornen. Die Blüten, die sich nachts öffnen, sind bis 20 cm lang, elfenbeinweiß und außen bläulichgrün. (Heimat: Argentinien, Karte II, J–M 5–6.)

Noch schlanker, nur bis 2 cm dick, ist *Monvillea spegazzinii*, leicht erkennbar an ihrer weißen Marmorierung, die ihr zeitweise den Namen *Cereus marmoratus* eintrug. *M. anisitsii* ist nicht marmoriert und ähnelt mehr der *M. haageana*. *Monvillea*-Arten wachsen ebensogut wie Eriocereen, wenn sie im Sommer warm und sonnig stehen, im Winter aber nicht zu kalt.

Peniocereus greggii (1)

ist eine kaum 1 bis 2 cm dicke, nachtblühende Art, die in ihrer Heimat schwere, rübenartige Wurzelknollen als Wasserspeicher entwickelt. An den dünnen, 3- bis 5kantigen Trieben tragen sie auf kurzen Höckern dichtstehende, filzige Areolen mit ganz kurzen Dornen. Die reinweißen Blüten erscheinen seitlich, nach oben gerichtet, wie bei *Nyctocereus serpentinus*, dessen Blüten sie auch sonst ähneln. Sie sind 15 bis 20 cm lang, duften stark und öffnen sich erst spät am Abend. Röhre und Fruchtknoten sind mit Schuppen und Borsten besetzt. (Heimat: Arizona und Nordmexiko, Karte II, A–D 4–10.)

Wurzelechte Pflanzen dieser Art müssen sehr vorsichtig bewässert werden. Um ein flotteres Wachstum zu erzielen, muß man die Pflanze veredeln.

Nyctocereus serpentinus (1),

der »schlangenartige Nachtcereus«, hat als junge Pflanze 2 bis 3 cm Durchmesser und wächst zunächst aufrecht, später anlehnend oder niederbiegend und kriechend. Der Pflanzenkörper ist hellgrün, hat 10 bis 12 flache, gerundete Rippen mit etwa 12 hellen Dornen auf dichtstehenden, etwas filzigen Areolen. Die Dornen sind ungefähr 1 cm lang, weißlich, in der Jugend leicht rosa, haben später zuweilen auch bräunliche Spitzen. Blüten erscheinen in der Nähe des Triebendes, mitunter auch endständig, nach oben gerichtet, 20 cm lang und 15 cm breit mit abstehenden Hüllblättern. Wie die meisten Nachtblüher sind sie wohlriechend, reinweiß mit grün und bräunlichrot gefärbten äußeren Hüllblättern. (Heimat: Mexiko, Karte II.) Dort auch als Nutzpflanze wegen ihrer rotfleischigen, eßbaren Früchte viel angebaut und verbreitet. Diese wüchsige Art ist im Sommer recht warm und im Winter kühl, hell und trocken zu halten.

Wilcoxia schmollii (1)

hat den dünntriebig-aufrechten Wuchs und die dahlienartige Wurzelknolle wie einige vorstehende Cereusarten sowie den verzweigten Wuchs, die Weichfleischigkeit und manche Blütenmerkmale (grüne Narben!) der Echinocereen. Die Triebe sind bis 25 cm lang, haben höchstens $1^1/_2$ cm Durchmesser und 9 bis 10 etwas gehöckerte Rippen, auf denen die filzigen Areolen mit weißlichen Haardornen sitzen, die stellenweise in schwarz variieren.

Frühzeitig im Jahr erscheinen willig die duftenden, purpurrosa Blüten von 3 bis 4 cm Länge und Durchmesser mit dem behaarten Fruchtknoten und den grünen Narben, öffnen sich am Nachmittag und schließen sich am Abend. Sie dauern 5 bis 9 Tage. (Heimat: Mexiko, Karte II.)

Wilcoxia poselgeri (Ec. tuberosus) wird nur 7 bis 10 mm dick, hat 8 Rippen, keine Haardornen, sondern kurze, fast anliegende, meist schwarzgespitzte Dornen. Stärkere Glieder und reichlichere Bedornung hat *W. tamaulipensis*.

Alle Wilcoxia-Arten sind an der Wurzel nässeempfindlich, werden deshalb am besten auf *Eriocereus martinii* oder wüchsige Opuntia gepfropft.

Seti-Echinopsis mirabilis (1) oder **Arthrocereus mirabilis** (1),

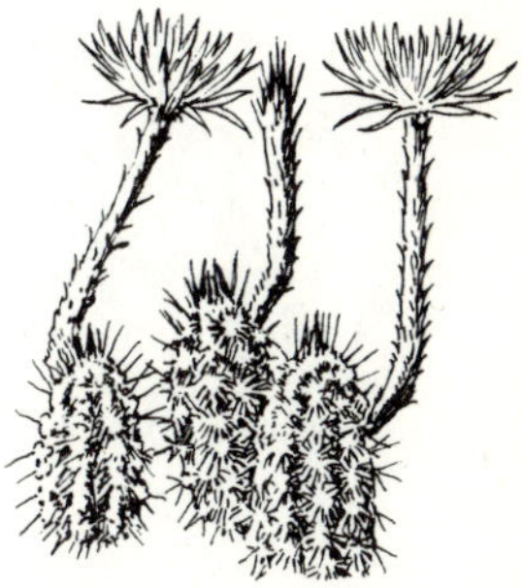

der wundersame »Borsten-Igelkaktus«, der in seiner argentinischen Heimat »Flor de la oration« (Blume der Anbetung) genannt wird, mag in der botanischen Systematik an einen ganz anderen Platz gehören, aber nach seiner dünnen Säulenform wird ihn der Laie an dieser Stelle suchen. Die reizende kleine Pflanze von nur 1 bis 2 cm Durchmesser wird nur selten mehr als 10 cm hoch, hat etwa 11 flache Rippen und eine dichte, weißliche und schwarze Bedornung. Die Knospen erscheinen in der Nähe des Scheitels, haben 6 bis 10 cm Länge und öffnen sich eines Tages bei Sonnenuntergang zu duftenden, schmalpetaligen, weißen Blüten von etwa 6 cm Durchmesser. Schon im Laufe der Nacht schließen sich die Blüten wieder. Die Bestäubung erfolgt mit eigenem Blütenstaub. Die Frucht platzt nach der Reife seitlich auf und streut die Samen aus. (Heimat: Argentinien, Provinz Santiago del Estero, Karte III, L 6.)

Schon im 2. Jahr nach der Aussaat erscheinen meist die ersten Blüten, von denen eine gesunde Pflanze mehrere im gleichen Jahr bringt. Es muß lediglich beachtet werden, daß sie sich nicht »totblüht«, daß sie also auch in der Zeit des Samenansatzes noch genügend Nahrung und Feuchtigkeit aufnimmt.

Chamaecereus silvestrii (1)

ist noch kleiner und zierlicher als die vorstehende kurzsäulige Art. Er bildet durch Sprossung am Grunde ganze Gruppen kaum fingerlanger Kurzglieder von 5 bis 12 mm Durchmesser, die leicht abbrechen, aber dann erneut anwurzeln. Die Glieder haben ungefähr 8 Rippen und sind an 1 bis 2 mm entfernten Areolen schwach und kurz beborstet. Er ist Tagblüher, die 5 bis 7 cm langen, leuchtendroten Trichterblüten mit gelblichgrünem Griffel erscheinen willig im zeitigen Frühjahr. (Heimat: Westargentinien, bei Tucuman und Salta, Karte III, K–L 5.) C. *silvestrii* braucht viel Licht und Frischluft und soll während des Winters kühl und trotzdem nicht ganz trocken stehen. Trocken unter Glas gehalten, wird er leicht von Roter Milbe befallen. Es gibt eine Anzahl guter Kreuzungen, hauptsächlich mit *Lobivia famatimensis*, die sich gegenüber der Stammart durch noch größere Blüten und nicht so leicht abbrechende Glieder auszeichnen.

Cereus aethiops (2a)

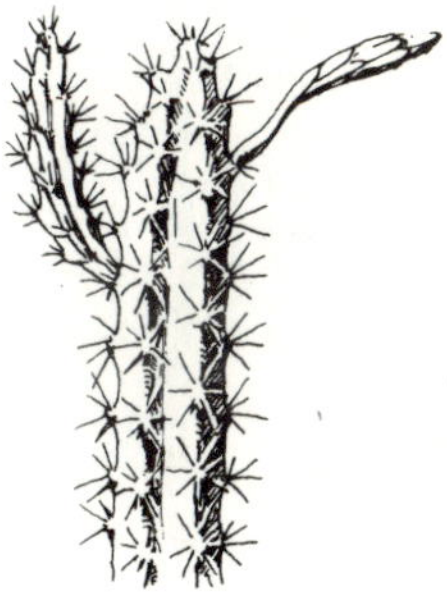

ist wesentlich kräftiger gebaut als die vorigen Arten, er wird 3 bis 4 cm stark, hat 8 Rippen und verzweigt sich als ältere Pflanze. Nach der schönen blauen Färbung der jungen Triebe führte er auch den Namen *Cereus coerulescens*, der »himmelblaue Säulenkaktus«. Auf den 10 bis 15 mm entfernt stehenden, weißfilzigen Areolen trägt er 10 bis 15 kräftige schwarze Dornen. Ältere Pflanzen bringen mitunter bis 20 cm lange rosarote oder weiße Blüten, deren Röhre mit rotgespitzten dreieckigen Schuppen besetzt ist. (Heimat: Nord- und Mittelargentinien, Karte II, J–M 5–6.)

Ähnlich ist C. *azureus* mit nur 6 bis 7 mehr gehöckerten Rippen und kürzeren Dornen. Diese blauen Cereen sollen im Sommer recht sonnig und heiß stehen, im Winter dagegen vertragen sie bei geringer Feuchtigkeit auch einen kühlen und sogar dunklen Stand.

Isolatocereus dumortieri (2a)

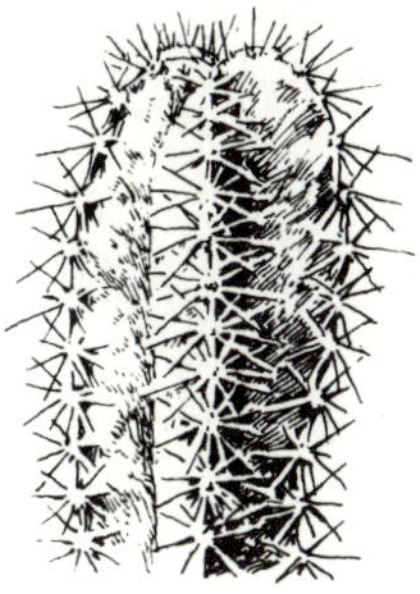

ist eine schöne, hellgrüne Art mit nur 5 bis 6 Rippen, die in der Heimat sehr hoch wird und sich kandelaberartig verzweigt. Junge Pflanzen haben meist 4 bis 6 cm Durchmesser, zuweilen schraubenartig gedrehte Rippen, die auf 5 bis 6 mm entfernten gelbfilzigen Areolen mit nadelförmigen, gelblichweißen Dornen besetzt sind. Die erst an älteren Pflanzen seitlich erscheinenden weißen Blüten sind 5 cm lang und 2,5 cm breit, äußere Hüllblätter braunrot. (Heimat: Mittelmexiko, Hidalgo, Karte II, L–M 12.)

Die Art liebt viel Wärme im Sommer, muß aber auch im Winter etwas wärmer und ziemlich trocken gehalten werden. *Lemaireocereus chende* und *chichipe* erinnern durch ihre frischgrüne Körperfarbe an diese Art.

Myrtillocactus geometrizans (2a),

der »regelmäßige Heidelbeerkaktus« genannt, wegen seiner an Heidelbeeren erinnernden bläulichroten Früchte, die an mexikanischen Märkten verkauft und wie Rosinen verwendet werden. Regelmäßig sind die 2 bis 4 cm starken, scharfkantigen 5 bis 6 Rippen der prächtig hellblau bereiften Säulenkaktusart, die sich oft schon in 80 cm Höhe verzweigt. Die Dornen sind in europäischer Kultur meist nur schwach ausgebildet, sie stehen auf mehreren Zentimeter entfernten Areolen, sind oft abgeflacht, und nur der nach unten gebogene Mitteldorn tritt mehr hervor. Die duftenden Blüten kommen zu mehreren aus einer Areole, sind 3 cm lang, mit weißen Blütenblättern, wenigen Staubgefäßen. (Heimat: Mittel- und Südmexiko. Guatemala, Karte II, N–P, 11–21.)

Ähnliche Arten, aber mit grünen Trieben, sind *M. cochal* (6- bis 8rippig) und *M. schenkii* (6- bis 8rippig und stärker bedornt).

Myrtillocactus-Arten wachsen gut in sandiger Lehmerde bei warmem Stand.

Lophocereus schottii (2a)

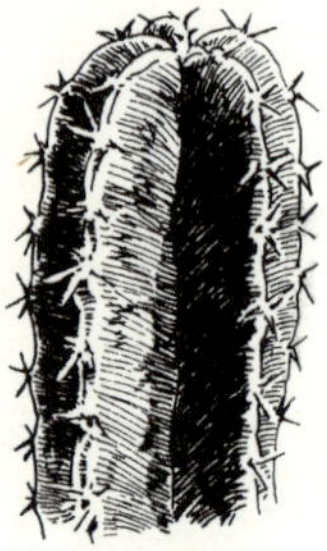

erkennen wir an seiner eigenartigen gelbgrünen Hautfärbung und dem schwach spitzbogenartig gezeichneten Neutrieb. Junge Pflanzen haben $2^1/_2$ bis 4 cm Durchmesser und 5 bis 7 Rippen mit gewölbten Flanken. Die unscheinbaren Areolen tragen wenige, kurze, graue Dornen. Blüten an älteren Pflanzen zu mehreren an einer Areole, weiß, 3 bis 4 cm lang, nur nachts erblühend. (Heimat: Arizona, Niederkalifornien und Sonora, Mexiko, Karte II, A–G, 1–7.)

Die monströse Form von *L. schottii* ist die fälchlich als *Cereus mickleyi* bekannte Seltenheit. Etwas Ähnlichkeit hat der allerdings 8rippige, kräftige grüne *Lemaireocereus euphorbioides.* Auch *Lophocereus schottii* liebt einen warmen, vollsonnigen Standort.

Roseocereus tephracanthus (2a),

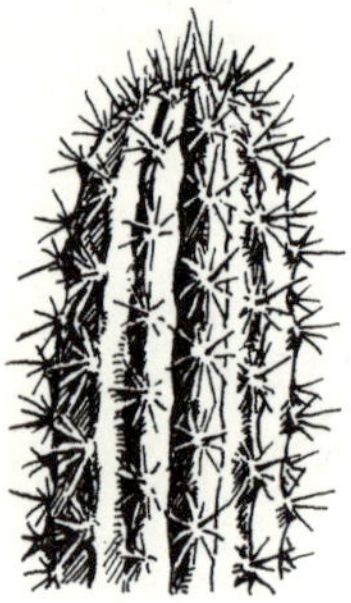

der »aschgraudornige R.«, bildet 8rippige, robuste Säulen, die als junge Pflanzen 3 bis 4 cm Durchmesser haben. Laubgrün, später graugrün, die Rippen sind nur flach. Auf eingesenkten, weißfilzigen Areolen sitzen wenige weißliche, braungespitzte Dornen, die bei älteren Pflanzen bald vergrauen. Blüten an älteren Pflanzen, trichterförmig, etwa 20 cm lang, innen weiß, Hüllblätter zart rosa, an den Außenseiten grün mit bräunlichem Rand und rötlichen, weißbehaarten Schuppen. (Heimat: Bolivien. Karte III, G–J, 4–6.)

Die Art ist robust im Wuchs und ziemlich unempfindlich. Sämlinge mit langen Wollhaaren und dichtfilzig weißen Areolen haben *Eulychnia saintpieana* und *ritteri.*

Cleistocactus baumannii (2b)

bildet schlanke, anlehnende, vielrippige Stämme, die als junge Pflanzen 2 bis 3 cm Durchmesser haben. Die Areolen stehen so dicht, daß der grüne Körper meist ganz von gelben oder bräunlichen Dornen verhüllt ist, besonders die nach oben gerichteten haben 2 bis 4 cm Länge. Ein gutes Erkennungsmerkmal für Cleistocactus-Arten ist übrigens die nach oben stark verjüngte Spitze der Triebe. Blüten wenig geöffnet und eigenartig S-förmig gebogen, 6 bis 7 cm lang, orange- bis scharlachrot, bei etwa 1 m hohen Pflanzen willig und in großer Anzahl gleichzeitig und auch nacheinander erscheinend, prächtig auf dem gelben Dornenkleid. Staubfäden ungleich lang, Griffel mit grüner Narbe. (Heimat: Uruguay, Paraguay und West-Argentinien, Karte III, K–M, 6–8.)

Ähnlich: *Cl. areolatus* mit gelber Bedornung, *Cl. flavispinus* mit gelben Dornen und karminroter, oben goldgelber Blüte, *Cl. bruneispinus* mit braunen Dornen, *Cl. smaragdiflorus*, zierlicher, mit smaragdgrün gesäumter, fast gerader Blüte, *Cl. anguineus* mit orangegelber, etwas einseitiger Blüte und schwächerem Wuchs. Alle Cleistocactusarten wachsen und blühen willig.

Cleistocactus strausii (2b)

bildet etwas stärkere Säulen von 3 bis 6 cm Durchmesser, die 25 Rippen haben und dicht von nadelförmigen, weißen Dornenborsten umhüllt sind, so daß das Blattgrün des Pflanzenkörpers kaum sichtbar wird. Dazwischen stehen noch abwärts gerichtete, hellgelbe, 2 cm lange Dornen. Die Blüten erscheinen seitlich am oberen Stammteil und sind dunkelkarmin mit violettem Anflug. Sie öffnen sich noch weniger als die anderen Cleistocactusblüten, sind 8 bis 9 cm lang und gerade. Die grünen Narben ragen bei ihrer Reife aus der Blüte hervor. Die Staubfäden sind weißlichrot. (Heimat: Bolivien, in hohen Gebirgslagen, Karte III, H–J 4–5.)

Ähnliche Arten sind: *Cl. jujuyensis*, dicht glasigweiß oder gelblichweiß bedornt mit 3 cm langen gelblichbraunen Mitteldornen, *Cl. tupizensis* mit weißlich-fuchsroten Mitteldornen und schwach gebogenen, weinroten Blüten, *Cl. hyalacanthus* mit glashellen Dornen und nur 3,5 cm langen, hellroten, etwas gekrümmten Blüten.

Cleistocactus flavescens (2b),

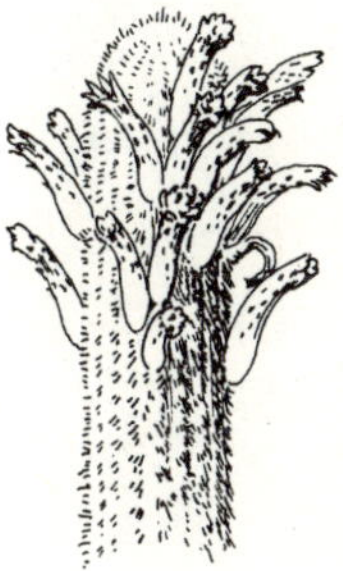

der »gelbliche Cl.«, hat einen geringeren Durchmesser von nur 2 bis 4 cm, kürzere, aber gleichfalls dichte, gelbliche Borsten und eine besonders eigenartig geformte, gelb und rot gefärbte Blüte. Schon Pflanzen von 20 bis 30 cm Höhe bringen Blüten und bei älteren und größeren Stücken ist der Blütenreichtum dieser Seltenheit außerordentlich groß. Ich zählte zuweilen bis 20 gleichzeitig offene Blüten an einer Pflanze. Der kurze Fruchtknoten steht waagerecht seitlich am Pflanzenkörper, dann biegt der Blütenkelch scharf rechtwinkelig nach oben und verläuft in elegantem halbmondförmigem Bogen bis zur Spitze, wo aus der Öffnung die hellvioletten Staubbeutel und die hellgrünen Narben hervorleuchten. (Heimat: Westargentinien, Karte III, L–M 5.)

Cleistocactus wendlandiorum ist ein neuer Name für diese bereits 1852 von Otto beschriebene Art.

Seticereus icosagonus (2b),

der »zwanzigrippige Borsten-Cereus«, bildet niedrige Säulengruppen mit bis zu 60 cm langen Trieben von 3 bis 6 cm Durchmesser. Die Rippenzahl beträgt an jungen Pflanzen auch weniger als zwanzig. Die Rippen sind flach und durch Querfurchen in eckige Felder zerlegt. Ihre Areolen sind nur 6 bis 7 mm voneinander entfernt und tragen zahlreiche gelbe, kaum 1 cm lange, nadelförmige Dornen. Die Blüten sind 7 bis 8 cm lang, rot bis orangefarben. (Heimat: Ecuador und Nordperu, Karte III, D–F 1–3.)

S. aurivillus hat einen flacheren, mehr abgerundeten Scheitel und dichtere, goldgelbe Dornen. Es handelt sich hier um die Pflanzen, die im vorigen Jahrhundert durch den Botaniker Roezl an Kakteen-Haage, Erfurt, kamen. Hierher gehört auch *S. roezlii* mit graugrünem Körper, gekerbten Rippen und kurzen, viel weniger dichten Dornen, sowie der sehr dicht kastanienbraun bedornte *S. humboldtii (syn. plagiostoma). Bolivicereus samaipatanus* blüht jung schon sehr reich.

Loxanthocereus acanthurus (2b),

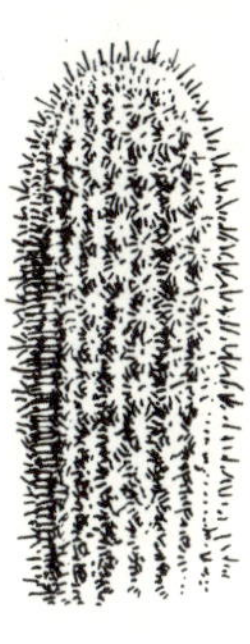

der »stachelschwänzige L.«, wächst meist niederliegend und wird bis 30 cm lang. Er hat 15 bis 19 niedrige, gehöckerte Rippen mit sehr dicht stehenden, filzigen Areolen. Die gelblichen, zahlreichen Dornen sind kurz, dünn und borstenförmig, nur einzelne in der Mitte werden bis 1,5 cm lang. Blüten 4,5 cm lang, scharlachrot, engröhrig. (Heimat: Peru, bei Matucana in 2500 m Höhe, Karte III, G 3.)

Eine robuste Art, die man nicht verweichlichen soll. Zur gleichen Gattung gehören die schönen *L. gracilis* und *splendens.* Der peruanische *Azureocereus hertlingianus* ist prächtig blau bereift und stark bedornt.

Haageocereus versicolor (2b),

der »wechselfarbige H.«, hat seinen Namen nach den verschieden gefärbten Zonen der Bedornung. Schlanke Säulen mit 16 oder mehr Rippen, dunkelgrün, mit strahligen rotbraunen oder helleren Rand- und schräg nach oben und unten stehenden Mitteldornen. Blüten weiß. (Heimat: Nordperu, Karte III, E–F 2.) Die Gattung Haageocereus – ausschließlich in Peru beheimatet – umfaßt bis 1,50 m hohe, besonders schön-farbig bedornte Arten, die in den Sammlungen einen farbenprächtigen Dauer-Schmuck bilden. Die Gattung ist sehr variabel, die Unterscheidung der Arten ist erschwert durch verschieden starke Bedornung importierter und kultivierter Pflanzen. Weitere feindornige Haageocereen sind: *H. setosus* (bräunlich bedornt), *chosicensis, comosus, laredensis, pacalaensis, marksianus, zehnderi* (alle gelblich bedornt) sowie viele andere schöne Arten.

Haageocereus acranthus (2b),

der »spitzblumige H.«, vertritt hier die Gruppe der kräftiger bedornten Haageocereen. Er hat bis 8 cm Durchmesser bei 12 bis 14 Rippen, trägt auf gelbfilzigen, dichtstehenden Areolen 20 bis 30 gelbe Randdornen von 1 cm Länge und einen meist nach unten gerichteten bis 4 cm langen Mitteldorn und grünlich-weiße Blüten. (Heimat: Peru, bei Santa Clara, Karte III, G 3.) Ähnliche (in der Heimat) kräftig bedornte Arten mit vorwiegend gelblichen Dornen sind: *H. acanthocladus, aureispinus, divaricatispinus, elegans, pachystele, horrens, turbidus.* Heller, fast weiß bedornt sind *H. seticeps* und *pseudomelanostele*, braunviolett bedornt ist *H. olovinskyanus.* Alle Haageocereen haben nachts ihre volle Blütenentwicklung. Ihre Pflege ist nicht schwierig, sie wachsen sehr gut. Zu den im Jahr 1930 von Backeberg gefundenen und beschriebenen Arten kommen heute noch die vielen Neuentdeckungen der Expeditionen 1954 und 1956 von Professor Dr. W. Rauh, Heidelberg.

Gymnocereus microspermus (2b),

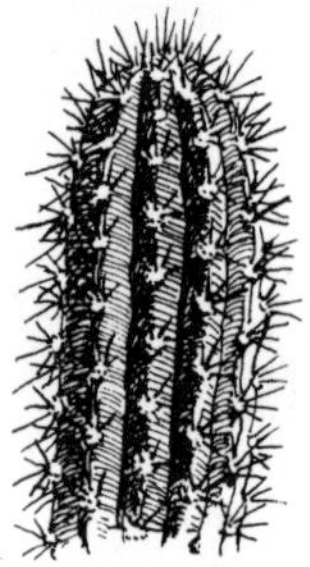

der »kleinsamige, glattstämmige Säulenkaktus«, der in der Heimat 4 bis 6 m hohe Kandelaber bildet, ist als junge Pflanze in unseren Sammlungen nicht glattstämmig oder kahl wie die alten Stücke. Seine zunächst nur 10 bis 15 Rippen tragen in etwa 5 mm Abstand auf weißlichen, runden Areolen etwa 12 bis 20 verschieden lange, braungelbe Nadeldornen. Der dunkelgrüne Körper ist dicht feingrubig punktiert. An älteren Trieben verflachen die Rippen; die Dornen vergrauen und werden später abgestoßen, wodurch die »nackten Säulen« (gymno – cereus) entstehen. Diese seltene Art blüht weiß, nachts geöffnet. (Heimat: Nordperu, vermutlich auch südlicher noch verbreitet, Karte III, E–F 2.)

Trichocereus candicans (2b),

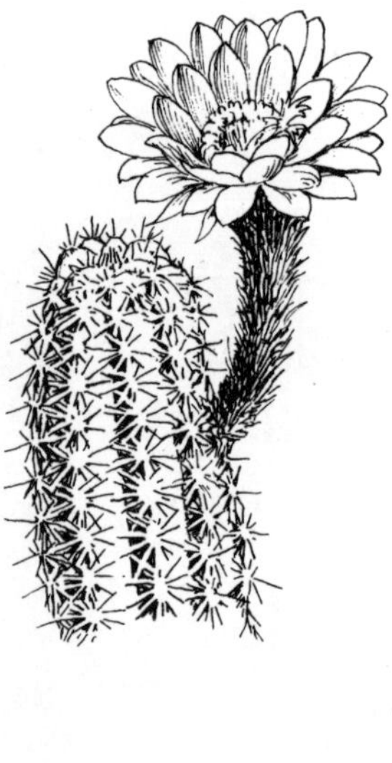

der »glänzend weißblühende Säulenkaktus mit behaartem Fruchtknoten und Blütenkelch« ist schon als mehrjährige Pflanze 6 bis 12 cm dick. Der Körper mit den 9 bis 11 Rippen ist glänzend grün, die in 1 bis 2 cm Abstand stehenden weißfilzigen Areolen sind groß, rund und mit 1 bis 6 cm langen, spreizenden, honiggelben, an der Basis rotbraunen Dornen besetzt. In ihren kräftigen Farben eine besonders schöne Art! Sie neigt zu mehrtriebigem Wuchs durch Sprossung am Fuße. Blüten sehr groß, bis 25 cm lang, glänzend weiß, außen schwarz behaart, kräftig nach Lilien duftend. (Heimat: Nordwestargentinien, Karte III, J–K 5–6.)

Es gibt verschiedene Abarten in Form und Bedornung. Ähnlichen Wuchs und annähernd gleiche Rippenzahl haben der heller bedornte *T. lamprochlorus*, der dickdornige *T. chilensis* mit dunkelgrünem Körper, *T. schickendantzii* mit sehr dichtstehenden Areolen und kurzen gelben Dornen, auffallend weichfleischig, der kurz gelbdornige *T. spachianus* und der vielrippige, aber schlankere *T. strigosus.* Wesentlich dicker im Wuchs (10 bis 20 cm Durchmesser) sind *T. terscheckii* und die im Alter riesig groß werdenden *T. pasacana* und *Browningia candelaris.*

Trichocereus thelegonus (2b),

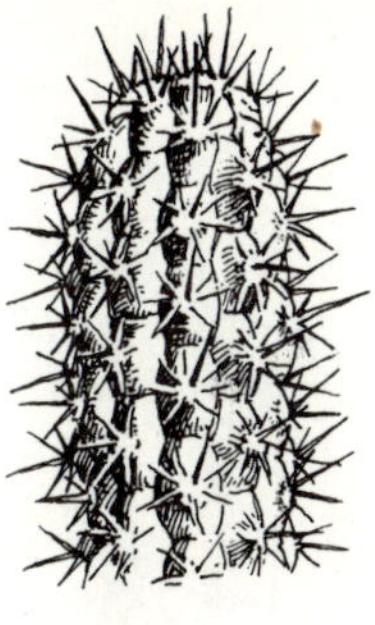

der »warzenrippige T.«, ist mit 4 bis 7,5 cm Durchmesser schlanker als alle oben genannten Trichocereen. Seine etwa 12 Rippen sind durch Querfurchen in sechseckige Höcker zerlegt, woran er leicht zu erkennen ist. Dornen auf 8 bis 10 mm entfernten, runden Areolen honiggelb mit brauner Spitze, später vergrauend, Mitteldornen länger als die Randdornen. 20 cm lange, weit geöffnete weiße Blüten. (Heimat: Catamarca, Westargentinien, Karte III, K–L 5.) Ähnliche schlanke, aber nur 4- bis 8rippige Arten sind die schön blau bereiften *T. bridgesii* mit honiggelben, langen Dornen, *T. macrogonus*, die beliebte Veredlungsunterlage, ferner die grünen Arten. *T. cuzcoensis* und *pachanoi*, letzterer wieder eine vorzüglich wachsende Unterlage.

Thrixanthocereus blossfeldiorum (2b)

ist ein besonders schöner, meist unverzweigter Säulenkaktus mit hellen, nadelförmigen Randdornen und einem schwarzbraunen, schwarzgespitzten Mitteldorn. In seiner Heimat wird er bis 3 m hoch und hat dann 10 bis 15 cm Dicke und bis 25 Rippen. Aus Samen gezogen in unseren Sammlungen hat er bei etwa 10 cm Höhe etwa 14 Rippen und 35 mm Durchmesser. Mit etwa 1 m Höhe bildet die Pflanze an ihrer südwestlichen Seite vom Scheitel ausgehend ein 4 cm breites und 50 bis 80 cm langes Borstencephalium, aus dem zu gleicher Zeit eine größere Anzahl bis 6,5 cm langer, außen grünlichweißer und innen cremefarbiger Blüten hervorbrechen, die sich erst nach Sonnenuntergang bis zum nächsten Vormittag öffnen. (Heimat: Huancabamba-Tal, Nordperu, Karte III, E 2.)

Wächst gut in lockerem Humusboden mit Lehmzusatz, im Sommer nicht zu trocken. Pfropfung verträgt diese Art anscheinend nicht gut. Im System wurde sie auch zu der ostbrasilianischen Gattung Facheiroa gestellt, doch hat der Name Thrixanthocereus mehr Berechtigung. *T. senilis* ist feiner, reinweiß bedornt, mit fuchsrotem Cephalium und purpurroten Blüten.

Morawetzia doelziana (2b)

ist ein gut wachsender, schlanker Haar-Säulenkaktus, der bis 1 m hoch wird und durch Verzweigung vom Grunde her Gruppen bildet. Die Triebe werden dann bis 8 cm dick, haben 8 bis 10 flache Rippen, die zwischen den etwa 12 mm entfernten Areolen etwas eingesenkt sind. Von dem frischgrünen Körper heben sich die großen, runden, gelbfilzigen Areolen gut ab, die bis 20 gelbbräunliche, gerade Dornen tragen, die im Neutrieb mit lockeren weißen Haaren umgeben sind. Die blühfähigen Triebe verbreitern sich keulenartig und bilden am Scheitel ein Cephalium aus langen, weißen Wollhaaren mit Borstendornen, aus dem 7 cm lange, etwas ungleichseitige (zygomorphe) karminrote Blüten erscheinen. (Heimat: Mantaro-Tal, südliches Zentralperu. Karte III, G 3.) Morawetzia stellt keinerlei besondere Ansprüche an die Pflege. Durch ihre Blütenbildung steht sie dem Oreocereus nahe.

Espostoa lanata (2b),

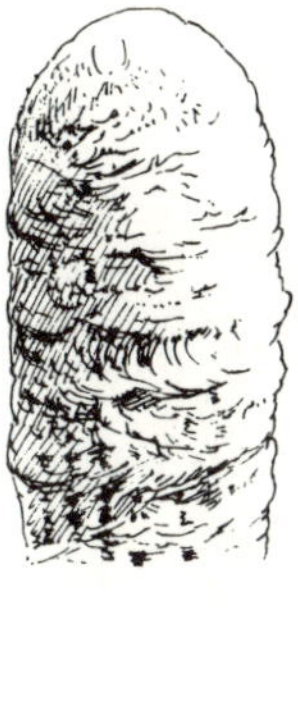

der »wollige Humboldt-Kaktus«, wie er nach seinem Entdecker Alexander von Humboldt genannt wird, ist zweifelsohne der schönste weißhaarige Säulenkaktus. Die je nach Alter 5 bis 12 cm dicken Säulen, die sich später kandelaberartig verzweigen, haben 20 bis 25 flache Rippen, die von langen weißen Haaren dicht umsponnen sind und auch die nadelförmigen, zahlreichen Dornen verdecken. Mehrere Meter hohe Pflanzen bilden ein seitliches Cephalium aus dichten Borsten und Haaren, aus dem die weißen, außen rötlichen Blüten von 3 bis 5 cm Länge hervorbrechen und sich beim Einbruch der Dunkelheit öffnen. Die Art war früher allgemein unter dem Namen *Pilocereus dautwitzii* verbreitet. (Heimat: Nord- und Zentralperu, Karte III, E–F 3.)

Die Varietät *sericata* unterscheidet sich vom Typus durch dickere Triebe, schwächere Bedornung und dichtere weiße, oben leicht gelbliche Haarhaube. Außerdem wird noch eine *Espostoa melanostele* unterschieden, die strauchig verzweigend, nicht stammbildend wächst.

Pilosocereus palmeri (2b),

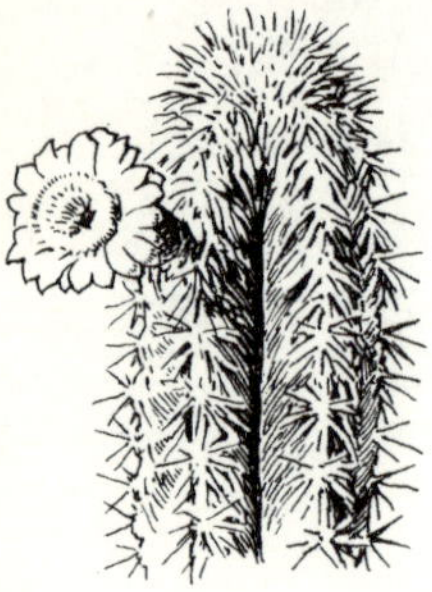

meist noch unter seinem früheren Namen »*Cephalocereus palmeri*« bekannt, bildet kräftige, blaubereifte Säulen, die sich später kandelaberartig verzweigen und hauptsächlich an den Endtrieben die Rippen entlang mit langen, flockig zusammengeballten weißen Haaren besetzt sind. Die 7 bis 9 tiefen Rippen tragen in 10 mm Abstand auf weißfilzigen Areolen etwa 10 Randdornen und einen längeren Mitteldorn, bei Sämlingen und an jungen Trieben gelb, später vergrauend. Aus besonders dichten Haarbüscheln in der Nähe des Scheitels brechen die nur 6 cm langen, herrlichen roten Blüten hervor und bleiben mehrere Tage geöffnet. (Heimat: Ostmexiko, in der Nähe von Viktoria, Karte II, J 12.)

Der Name *Cereus victoriensis*, der auf diesen Fundort hinweist, ist ein Synonym. Sehr ähnlich sind *Cephalocereus sartorianus, houlletii* und *leucocephalus.* Mit etwa 12 Rippen und schönen gelben Dornen ist *Cephalocereus chrysacanthus* leicht zu unterscheiden, während *Cephalocereus arrabidae (Pilocereus exerens)* nur 6 Rippen und schwache Behaarung hat.

Bergerocactus emoryi (2b)

bildet als erwachsene Pflanze reichverzweigte Büsche mit 3 bis 6 cm dicken Trieben. Auf 20 bis 25 niedrigen Rippen sitzen in geringer Entfernung runde, gelbfilzige Areolen mit je 10 bis 30 gelben oder gelblichbraunen Dornen, die den hellgrünen Körper fast ganz verdecken. Die schöne Pflanze entwickelt kurzröhrige, gelbe Blüten von etwa 2 cm Länge und Breite. (Heimat: Südkalifornien und nördliches Niederkalifornien, einschließlich der benachbarten Inseln, Karte II, A 2–E 3.)

Diese schöne, gelbdornige Art ist keineswegs schwierig in der Pflege, soll nach Alwin Berger, dem zu Ehren der Gattungsname gewählt ist, luftig und kühl gehalten werden. Auf Grund ihrer Herkunft und langjähriger Pflege-Erfahrung möchte ich jedoch für einen nicht zu kühlen Winterstandort plädieren. *Emoryi* ist die einzige Art des Genus *Bergerocactus.*

Marginatocereus marginatus (3a),

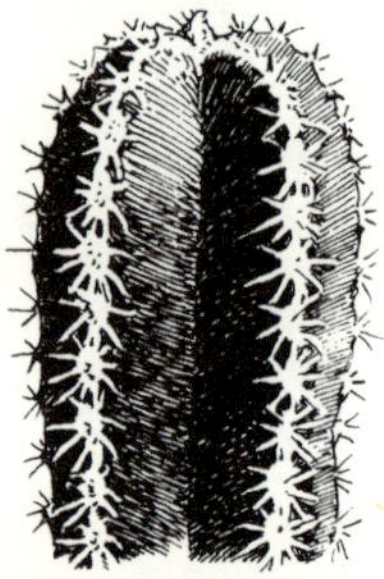

der »Perlbandkaktus«, nach seinen zusammenfließenden Areolen benannt, hat nur 5 bis 6 Rippen und kann bis 7 m hoch und 15 cm dick werden. Eine etwa dreijährige Pflanze von 15 cm Höhe hat 35 mm Durchmesser. Die Körperfarbe ist dunkelgrün, und die Rippen entlang ziehen sich die meist zusammenfließenden Areolen wie ein silbergraues Band. Die dicken Dornen sind kaum 2 mm lang und im Neutrieb rot. Die weißen Blüten sind außen rot oder braun. (Heimat: Mittel- und Südmexiko, Karte II.)

Der Perlbandkaktus wächst leicht und ist nicht empfindlich, nur wenn er im Winter zu kalt steht, bekommt er mitunter schwarze Flecke. Temperaturen unter 8 °C sind ihm nicht zuträglich.

Lemaireocereus pruinosus (3a),

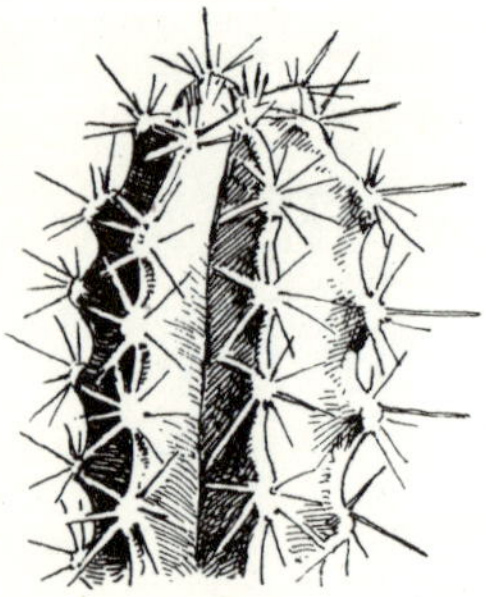

der »weißbereifte L.«, ist ein baumartiger Säulenkaktus, der 5 bis 6 Rippen hat und bis 15 cm dick wird. Die Rippen sind durch scharfe Furchen getrennt, die nur wenige Zentimeter entfernten Areolen sind mit braungelblichen, später dunkleren Dornen besetzt. Das auffallendste ist der weiße Reif besonders am Scheitel, wo er sich durch den Neutrieb in Spitzbogenlinien abzeichnet. Die trichterförmigen, weißen Blüten sind 9 cm lang. (Heimat: Südliches Zentralmexiko, Karte II, M–P, 8–12.)

Ähnliche Arten sind: *L. eburneus* und *deficiens*, zwei 7- bis 8rippige Südamerikaner sowie der ganz mehlig-weiße *L. beneckeï*. Die Bereifung ist am schönsten, wenn man diese Arten nicht von oben gießt. Allzuviel Nässe lieben sie sowieso nicht.

Stetsonia coryne (3a),

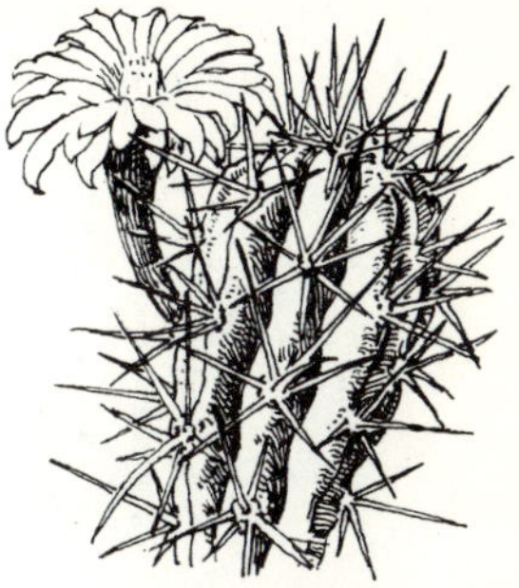

die »Keule«, ist nach der Form ihrer Triebe benannt. 8- bis 9rippiger Säulenkaktus, der sich stark verzweigt und schon als Jungpflanze ziemlich dick wird. Der Körper ist blaßgrün mit V-förmigen Kerben über den kurzfilzigen, 1 bis 2 cm entfernten Areolen. Die 7 bis 10 Dornen sind kräftig und ziemlich lang. Die weißen Blüten erscheinen seitlich an den Stämmen älterer Pflanzen und werden 15 cm lang. Sie öffnen sich nur nachts. (Heimat: Nordwestargentinien, im Chaco, Karte III, K–L 6.) Viel schwächer bedornt, aber ähnlich im Wuchs und in ihren Ausmaßen ist die mexikanische *Escontria chiotilla.*

Cereus peruvianus (3a)

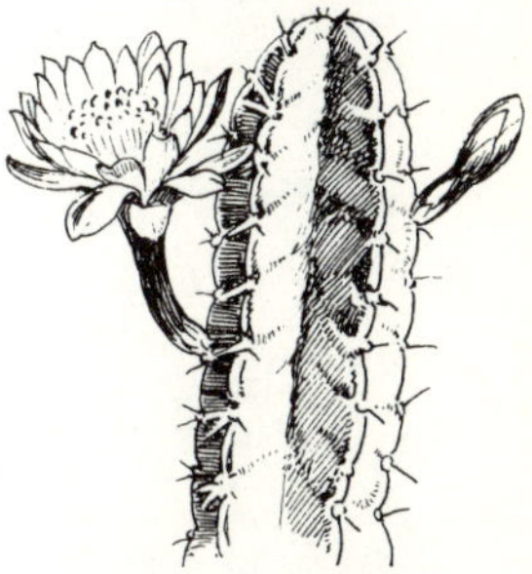

erhielt schon im Jahre 1623 seinen Namen, stammt aber nicht aus Peru. Er bildet in Südamerika stattliche, vielverzweigte Bäume, die bis 10 m hoch werden. Er hat tief eingesenkte Furchen zwischen 5 bis 8 Rippen, auf deren Areolen je etwa 8 gerade, anfangs braune Dornen sitzen. An alten Pflanzen erscheinen willig die großen weißen, außen bräunlichen Blüten von 15 bis 18 cm Länge. Besonders beliebt in unseren Sammlungen ist die *forma monstrosa* unter dem Namen »Felsenkaktus«. (Heimat: Südöstliche Küstengebiete von Südamerika, Karte III.)

Ähnliche Arten sind: *C. jamacaru, stenogonus, xanthocarpus* (gelbfrüchtig), *dayamii* (oft unbedornt), *caesius* (schön blau bereift), *obtusus* und *argentinensis.* Alles starkwüchsige Arten, auch gute Unterlagen.

Cereus pitahaya monstrosus (3a)

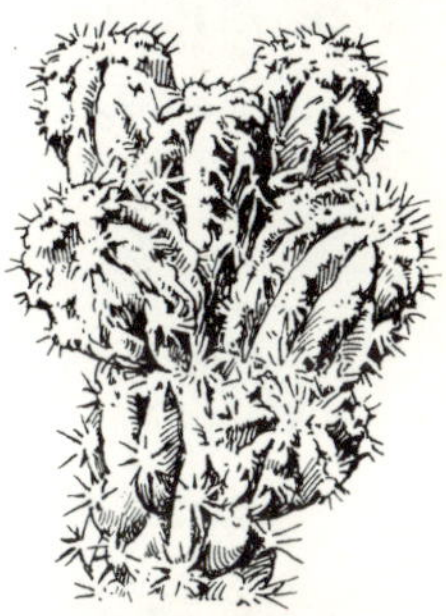

ist auch eine Form des beliebten »Felsenkaktus«. Alte, große Stücke dieser eigenartigen Form können wirklich einem wild zerklüfteten Felsen ähneln. Diese korallenähnlichen Gebilde sind ganz unberechenbar in ihrem Wuchs, es entstehen oft bizarre Formen, die sich bei den Kakteenfreunden großer Beliebtheit erfreuen. Man muß sie besonders sorgfältig vor tierischem Ungeziefer bewahren, dem – wenn es einmal eine solche Pflanze befallen hat – besonders schwer beizukommen ist, weil es sich zwischen den einzelnen Armen besser verstecken kann als an glatten Pflanzen. (Heimat: Brasilien und Uruguay, Karte III, K–M 7–9.)

Pachycereus pringlei (3b)

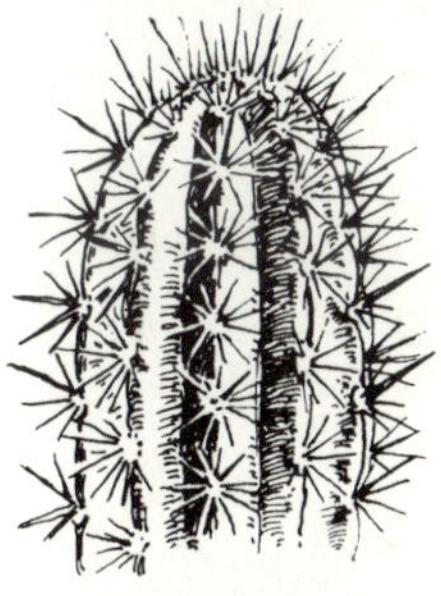

bildet im Alter bis 11 m hohe, mehrarmige Bäume. In unseren Sammlungen ist er eine schön bedornte, sehr harte und robuste Pflanze mit 10 bis 11 hohen Rippen und einem Durchmesser von mehr als $^1/_3$ der Höhe. Der grau bereifte Körper ist mit großen, dichtstehenden Areolen besetzt, die fast zusammenlaufen und eine Anzahl kräftiger, schwarz gespitzter Dornen tragen. 8 cm lange, weiße Trichterblüten erscheinen an alten Pflanzen. (Heimat: Mexiko. Sonora und Niederkalifornien, Karte II, A–G 2–6.)

Ähnliche Arten sind: *P. pecten aboriginum* (»Kamm der Eingeborenen«, gemeint ist die dornige Frucht, die als Kamm benutzt wird), *P. columna trajani* (»Säule des Trajan«) und *Backebergia militaris* mit schöner grauer Bedornung. Ähnlichen Wuchs hat auch die riesige, bis 18 m hohe *Carnegiea gigantea,* die in Arizona, Südostkalifornien und Sonora vorkommt.

Neobuxbaumia polylopha (3b),

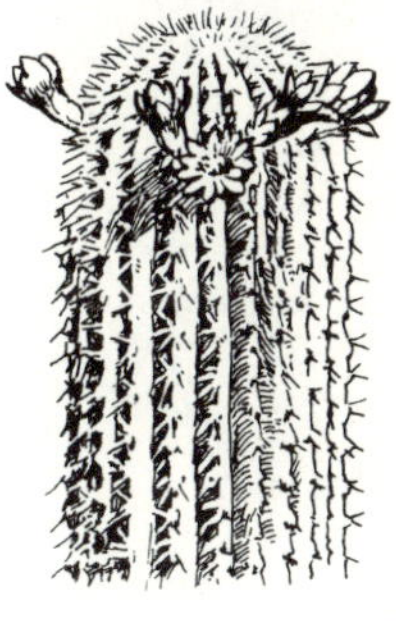

die »vielrippige N.«, ist auch solch eine Riesenpflanze, die 10 m hoch wird und bis 30 Rippen bildet. Junge Pflanzen in der Sammlung sind hellgrün und haben bei 15 cm Höhe und etwa 7 cm Dicke erst 12 bis 15 Rippen mit gelblichen, filzigen Areolen in etwa 8 bis 10 mm Abstand, die mit 7 bis 8 braunen oder gelben Dornen besetzt sind. Die Blüten – meist zu mehreren erscheinend – sind ziemlich klein, etwa 4 cm lang, dunkelrot. (Heimat: Ostmexiko, Karte II, G–L 11–13.)

Ähnliche Arten sind *N. tetetzo* und die schwarzdornige *N. euphorbioides,* letztere ähnelt auch in der Blütenform und -farbe. Neobuxbaumia-Arten dürfen nicht zu kalt überwintert werden.

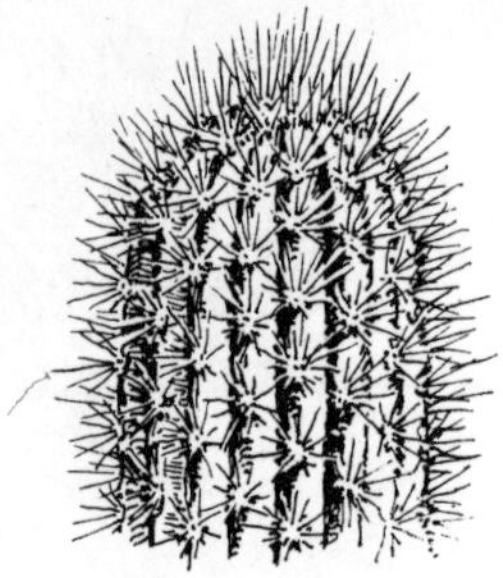

Vatricania guentheri (3b)

ist ein besonders schöner, dickstämmiger Säulenkaktus mit prächtiger, goldgelber Bedornung. Bis 2 m hoch werdend, am Grunde verzweigend, erreicht er einen Durchmesser von etwa 10 cm mit bis zu 27 flachen, etwas gehöckerten Rippen. Auf 1 cm entfernten, gelblich-weißfilzigen Areolen stehen etwa 15 borstenförmige, dunkelgelbe Dornen und ein brauner Mitteldorn. Cremefarbige, außen rosa angehauchte, etwa 8 cm lange Blüten kommen nachts aus seitlichem Borstencephalium an alten Pflanzen. (Heimat: Bolivien, im Rio-Grande-Tal, in etwa 800 bis 1100 m Meereshöhe, Karte III, H–J 5.)

In Zimmerpflege wächst diese Art gut, wenn auch nicht sehr schnell. Sie wird immer zu den Seltenheiten zählen.

Cephalocereus senilis (3b),

das bekannte »Greisenhaupt«, der »Old-man-cactus« der Amerikaner bildet bis 15 m hohe, vielrippige Säulen, die mit grauen Dornen und langen, weißen Haaren dicht besetzt sind. Erst mit etwa 6 m Höhe wird die Pflanze blühfähig und bildet seitlich unterhalb des Scheitels ein Cephalium, das wie ein dichtes, wolliges Fell aussieht, aus dem dann die 5 cm langen, rosafarbenen, sich nachts öffnenden Blüten hervorkommen. Das Greisenhaupt ist empfindlich gegen Nässe am Wurzelhals und soll bei 10 bis 15 °C überwintert werden. Am besten wachsen niedrig auf *Trichocereus pachanoi* gepfropfte Exemplare. In der Heimat kommt die Art zum Teil auf Schieferboden vor. (Heimat: Mexiko, Hidalgo, Puebla und Guanajuato, Karte II, K–N 11–13.)

Die dem *C. senilis* nahestehende *Haseltonia hoppenstedtii* hat keine Behaarung, nur lange Dornen und etwas Wollfilz.

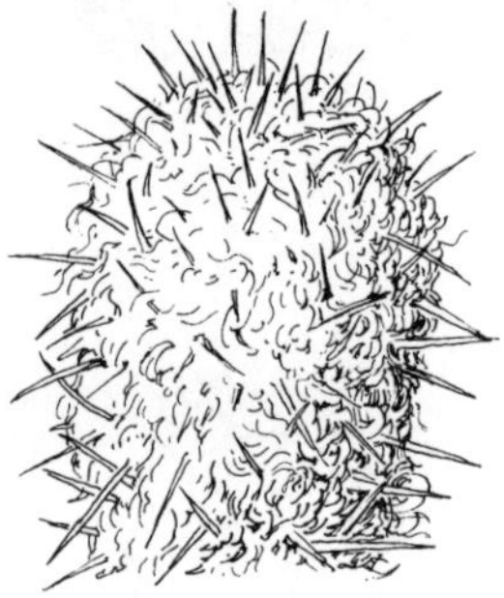

Oreocereus trollii (3b)

ist ein kurz-säulenförmiger, am Grunde sprossender Haar-Säulenkaktus, in jungen Pflanzen nahezu kugelig und schwer als Cereus zu erkennen. Die 15 bis 25 flachen, stark gehöckerten Rippen sind durch die bis 7 cm langen weißen Haare ganz verhüllt. Außer borstenförmigen Randdornen zeigt die Pflanze einen prächtigen Schmuck von braunroten oder gelben Mitteldornen. Blüten rosarot, 4 cm lang. (Heimat: Südostbolivien, Karte III, H–J 6–7.)

Der in der Behaarung ähnliche O. *celsianus* (jetzt: O. *neocelsianus*) hat weniger Rippen, wird über meterhoch und hat verschiedene Abarten in Form und Bedornung, zum Teil auch unter dem Namen O. *fossulatus*. Als O. *maximus* wird eine Abart mit stark gehöckerten Rippen geführt. Ganz prächtig in Behaarung und Bedornung sind O. *hendriksenianus* und O. *ritteri*. Alle weiß behaarten Kakteen brauchen in der Sammlung Glasschutz gegen das Verschmutzen durch Ruß und Staub.

Weichfleischige, mehrtriebige Kakteen, Echinocereus

Kakteenblüten sind etwas Köstliches – aber leider schnell Vergängliches. Eine Ausnahme bilden in dieser Hinsicht die Blüten der Echinocereen, die sich bei luftigem Stand oft eine Woche und länger halten. Dabei sind es durchaus keine kleinen Blüten, sondern farbenprächtige Kelche mit einem Durchmesser bis zu 12 cm und mit 8 cm Blütenlänge. Ein weiterer, sogar stetiger Vorzug der Echinocereen sind ihre schönen Dornen, die hauptsächlich bei den Arten mit großem Körperdurchmesser die Rippen überdeckend sehr dicht den Körper einhüllen und uns durch ihr Farbspiel erfreuen. Wenn man ferner bedenkt, daß die Echinocereen keineswegs schwierig in der Pflege sind, kann man sich nur wundern, daß sie noch so wenig angeboten werden und in vielen Sammlungen fehlen, wo man den Echinocacteen und Mammillarien den Vorzug gibt.

Eine Bedingung muß allerdings bei der Pflege der Echinocereen erfüllt werden: Sie sollen kühl und möglichst hell überwintert werden. Die Erde der Echinocereen kann nahrhafter als bei anderen Kakteen sein, trotzdem ist zu etwa 30% Sandbeimischung erwünscht. Schon ab März werden sie, wenn möglich, in einem Frühbeet dicht unter Glas mit Schutz vor Verbrennungen in den ersten warmen Tagen untergebracht. Nach der Knospenbildung und dann den ganzen Sommer über werden sie reichlich gegossen, reichlicher jedenfalls als andere Kakteen. Auch Regengüsse sind ihnen sehr zuträglich. Dabei ist ein sehr warmer, sonniger Stand erwünscht und blütenfördernd, außerdem viel frische Luft für die Gesundheit der Pflanzen nötig. Vorbeugend gegen »Rote Milbe« hilft häufiges Nebeln und Spritzen.

Ungefähr ab Ende September halten wir trockener und geben Schutz gegen Regen. Die Pflanzen werden aber noch bis spät in den Herbst möglichst im Freien gelassen und als letzte ins Winterquartier eingeräumt. Obwohl sie in ihrer nordamerikanischen und mexikanischen Heimat Frost und Schnee vertragen, sind sie in europäischem Klima nicht winterhart, wegen der allzu hohen Luftfeuchtigkeit. Wenn sie während des Winters etwas einschrumpfen, so braucht uns das keine Sorge zu machen, sie füllen sich im nächsten Frühjahr in wenigen Wochen wieder.

Da die Echinocereen durch Sprossung am Grunde vielköpfige Gruppen bilden, pflanzen wir sie mit zunehmendem Alter in flache Schalen, wo sie ihre natürliche Form unbehindert entwickeln können. Es wäre Barbarei, die Seitentriebe immer wieder zu entfernen, denn erst als vielköpfige Gruppe erreicht die Pflanze ihre volle Schönheit und üppige Blütenfülle. Die Arten der pectinatus-Gruppe und noch einige sehr dicktriebige kennen wir meist nur als einköpfige, fast kugelartige Pflanzen. Die Leichtwüchsigkeit der vieltriebigen haben diese »dickeren Arten« leider nicht, man wird sogar gut daran tun, diese besonders schön bedornten, aber schlecht wurzelnden Arten zu pfropfen, und wählt dann solche Unterlagen, die nicht nur das Wachstum, sondern auch die Blühfreudigkeit fördern. Dafür bekannt ist der beliebte *Eriocereus jusbertii*, aber auch *Echinocereus salm-dyckianus* erfüllt diese Wünsche, obwohl er natürlich als Echinocereus immer wieder zur Sprossung am Grunde neigen wird. Ich habe deshalb mit bestem Erfolg dem Echinocereus-Zwischenstück noch einen Cereus-Fuß gegeben. Als Unterlage, die einen kranken Echinocereus oder einen noch kleinen Sämling nur ein paar Jahre »aufpäppeln« soll und dann wieder abgeschnitten wird, eignet sich gerade bei Echinocereen eine dickfleischige, wüchsige Opuntia. Dies mag durch ihre Weichfleischigkeit und den fast fehlenden Holzzylinder im Innern des Echinocereus-Körpers bedingt sein.

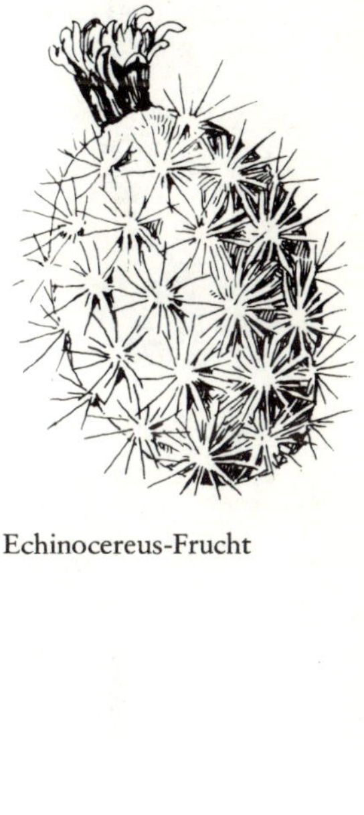

Echinocereus-Frucht

Besondere Merkmale der Echinocereen sind die grüne Narbe des Stempels in der Blüte und die stark bedornte Frucht.

Meine Aufzählung, nach äußerlich sichtbaren Merkmalen gruppiert, beginne ich bei den dünntriebigen Arten und beende sie bei den Arten mit größtem Durchmesser.

Echinocereus berlandieri

sproßt stark und wächst rasenartig mit dünnen Ästen von nur 1 bis 2 cm Durchmesser. Die etwa 5 Rippen sind fast ganz in kegelige Warzen aufgelöst, die die strahlig angeordneten hellbraunen und weißlichen Dornen auf wenig filzigen Areolen tragen. Dornen kurz, nur der Mitteldorn erreicht mitunter 2 cm Länge. Blüten 6 bis 8 cm lang, breit trichterig geöffnet, schön karminrosa mit roten Staubfäden. Zuverlässiger Blüher! (Heimat: Südtexas, Karte II, E–G, 12–13.)

Ganz ähnlich ist der nur wenig größere *E. procumbens* mit dunklerem Mitteldorn und karminvioletter, hellgrundiger Blüte. Kräftiger im Wuchs mit bis 15 cm langen Gliedern ist *E. pentalophus* mit 5 Rippen und karminroten bis violetten, am Grunde helleren, großen Blüten. Etwas Ähnlichkeit hat auch der länger bedornte, mehr aufrecht wachsende, 4rippige *E. diversispinus*.

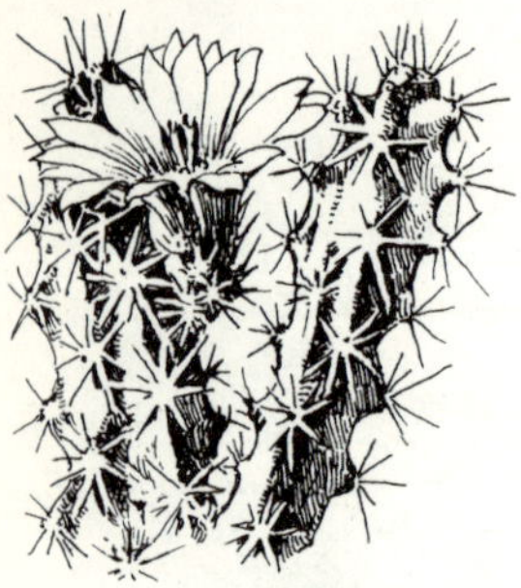

Echinocereus blanckii

hat mehr aufrecht stehende, 5- bis 6kantige dunkelgrüne Äste von $2^1/_2$ cm Dicke. Die Rippen sind stark gehöckert und mit braunen oder schwarzen Dornen besetzt. Die flattrigen Blütenblätter sind violett mit karminroten Staubfäden, doch erscheinen selten Blüten. (Heimat: Mexiko, Staat Tamaulipas, Karte II, G–K 11–12.)

E. poselgerianus ist noch kräftiger im Wuchs, wird 3 bis 5 cm dick, mattgrün, die Höcker dunkler, etwas gerötet, Rippen 6 bis 7, Dornen schön gefärbt, weiß mit gelblichen Spitzen, die obersten tiefrot. 1 bis 2 braun geringelte Mitteldornen werden bis 2 cm lang. Blüten karminviolett. Sicherer Blüher. *E. papillosus* hat bis 20 cm lange laubgrüne Äste mit 7 bis 8 stark gewarzten Rippen. Seine großen Blüten sind zitronengelb mit rotem Grund, eine bei Echinocereen sehr seltene Blütenfarbe.

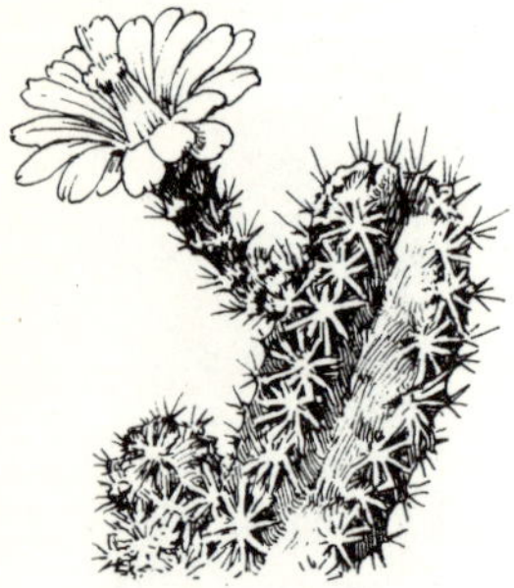

Echinocereus salm-dyckianus

bildet 2,5 cm dicke, aufsteigende dunkelgrüne Äste von 15 bis 20 cm Länge mit 7 bis 9 Rippen. Die 5 bis 8 mm entfernten Areolen tragen 9 bis 10 gelbliche, rötlichgespitzte Dornen bis zu 7 mm Länge, der mittlere bis doppelt so lang. Die willig und zahlreich erscheinenden Blüten sind bis 12 cm lang und 6 cm breit, möhrenrot, erst am Abend voll geöffnet. Die grünen Narben überragen die rosenroten Staubfäden und Blütenblätter. (Heimat: Mexiko, Chihuahua und Durango, Karte II, C–H 7–9.)

Etwas größer und breiter ist *E. viereckii* mit goldgelben Dornen und großen, violettrosa-farbenen Blüten, ein zuverlässiger Blüher. *E. scheerii* hat schlankere, aber längere, glänzend dunkelgrüne Äste und bringt regelmäßig seine rosenroten Blüten. Knospen und Seitentriebe brechen bei diesen Echinocereus-Arten eigenartig tief aus dem weichfleischigen Pflanzenkörper hervor.

Echinocereus enneacanthus,

der »neundornige E.«, hat 8 bis 10 deutlich ausgeprägte Rippen. Der frischgrüne Körper ist bis 5 cm dick und verjüngt sich etwas nach oben. Auf weißwolligen, 8 bis 12 mm entfernten Areolen sitzen meist 8 weiße Randdornen und ein etwas dunklerer Mitteldorn, der bis zu 4 cm Länge erreichen kann. Die roten Blüten öffnen sich zu über 7 cm Durchmesser und sind 5 bis 6 cm lang. Die wohlschmeckenden Früchte werden in Texas zu Marmelade eingekocht. (strawberry cactus = Erdbeerkaktus) (Heimat: Nordmexiko, Südtexas und Neumexiko, Karte II, A–F 4–12.)

Den ähnlichen *E. ehrenbergii* erkennen wir an seinen langen, besonders weißen Dornen. Er blüht violett. *E. cinerascens* wird gleichfalls 4 bis 5 cm dick, seine 6 bis 8 Rippen sind gehöckert, die Dornen gelblichweiß mit verdicktem rotem Grund. Blüten gleichfalls violett. Diese weichfleischigen, frischgrünen Pflanzenkörper müssen vor »Roter Milbe« geschützt werden.

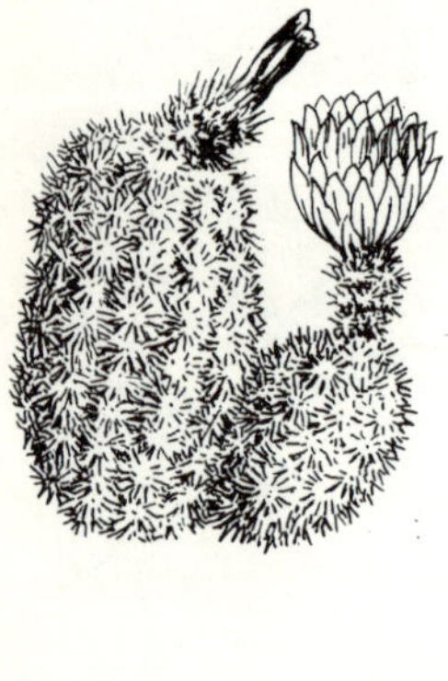

Echinocereus fitchii

gehört zu der pectinatus-Klasse, das sind kammartig beiderseits die Rippen mit Dornen verdeckende Arten. Er hat 4 bis 5 cm Durchmesser und wird bis 10 cm hoch, mit 10 bis 12 Rippen, wenig sprossend. Die etwa 25 in der Farbe wechselnden, meist bräunlichen Dornen je Areole verhüllen den dunkelgrünen Pflanzenkörper. Die großen, zartrosa Blüten mit dunkelweinrotem Schlund sind ganz prächtig. (Heimat: Texas, bei Laredo, Karte II, F 12.)

Bei *Echinocereus baileyi* stehen die leicht gebogenen, zuerst weißen, später bräunlichen oder gelblichen etwa 16 Dornen auf anfangs weißwolligen, dann verkahlenden Areolen. Sie sind dünner und nicht so dicht und kammartig gestellt wie bei *E. fitchii.* Die großen, schönen Blüten sind tiefrosa gefärbt. Auch *E. viridiflorus* wird bis 4,5 cm dick, wächst aber mehr kugelig und sproßt wenig. Auf 13 bis 14 niedrigen Rippen längliche Areolen, die in verschiedenfarbigen Zonen mit weißen oder braunen Dornen (bis 20) besetzt sind. Je 2 bis 3 Mitteldornen bis 2 cm lang. Blüten grün mit dunklerem Mittelstreif, klein, nur 2,5 cm lang.

Echinocereus engelmannii

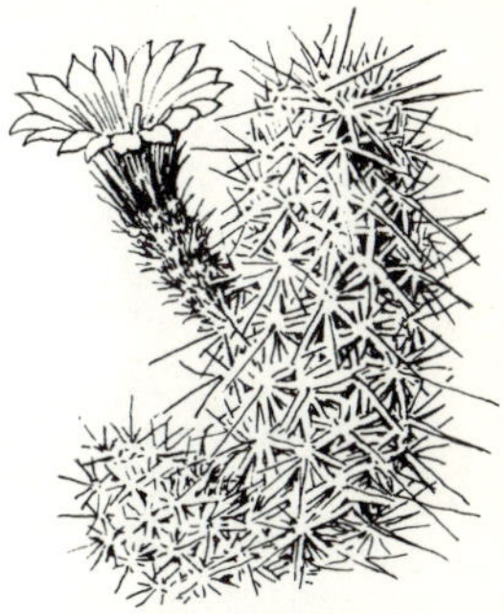

hat 11 bis 14 Rippen, wird bis 30 cm hoch, 5 bis 6 cm dick und ist hellgelb bis bräunlich, lang und dicht bedornt. Die geraden Mitteldornen stehen waagerecht oder nach unten gerichtet und werden bis 7 cm lang. Blüten erscheinen selten, sie sind purpurrot. (Heimat: USA: Utah, Nevada, Kalifornien, Arizona, Mexiko: Niederkalifornien und Sonora, Karte II, A–D 2–8.)

E. fendleri hat 9 bis 12 Rippen und den gleichen Durchmesser wie *E. engelmannii*, wird aber kaum über 15 cm hoch. Wir erkennen ihn leicht an dem spitz auslaufenden Scheitel, den gehöckerten Rippen und dem gebogenen Mitteldorn. Diese nördlichen Arten sind im Winter besonders kühl und trocken zu halten. Dichter, aber kürzer bedornt sind die niedrig bleibenden *E. subterraneus* (gelblichweiß) und *E. albatus* (schneeweiß) mit großen rosaroten Blüten.

Echinocereus coccineus,

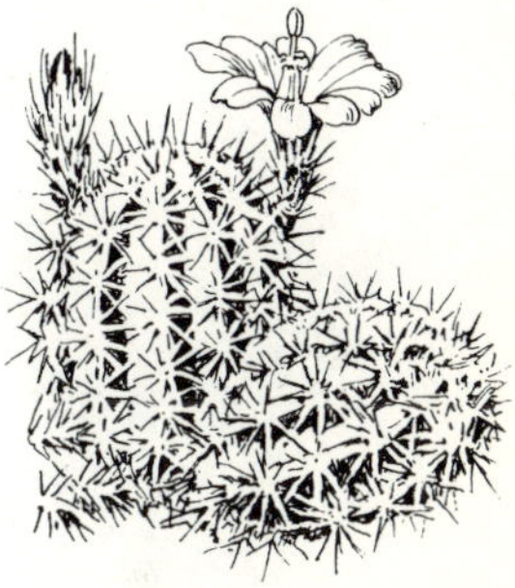

der »scharlachrotblühende E.«, bildet große Gruppen mit 5 bis 7 cm starken, 9- bis 11rippigen Trieben, die sich nach dem Scheitel zu verjüngen. Auf 1 bis 2 cm entfernten Areolen sitzen etwa 12 helle Dornen. Die scharlachroten Blüten sind geöffnet etwa 5 cm lang. Die Bedornung ist bei dieser Art verhältnismäßig schwach, so daß der grüne Körper mehr als bei anderen Arten zu sehen ist. Vorsicht vor Verbrennungen! (Heimat: USA, Utah, Colorado, Arizona, Neumexiko, Karte II, A–B 2–9.)

E. phoeniceus ist ein Synonym der vorgenannten Art. *E. polyacanthus* ist kräftiger und länger bedornt, auch *E. acifer* und der kürzer bedornte *E. rosei* haben Ähnlichkeit. *E. chloranthus* mit schöner, bunter Bedornung und gelblichgrünen Blüten blüht leider selten. Er ist im Wuchs größer und länger bedornt als *E. viridiflorus.*

In diese Verwandschaft gehört auch der meist nur 5rippige, 3stachelige *E. paucispinus*, auch *E. triglochidiatus* genannt.

Echinocereus pulchellus,

der »niedliche E.« genannt, wohl wegen seiner gefälligen kugeligen Form, wird 4 bis 6 cm dick und meist ebenso hoch, nur alte Stücke erreichen zuweilen 10 cm Höhe. Der 12- bis 13rippige Körper ist blaugrün, im Alter vergrauend. Auf kleinen, 5 bis 7 mm entfernten Areolen sitzen je 3 bis 4 nur wenige Millimeter lange gebogene, gelbliche Dornen. Die Blüten, die bei erwachsenen Pflanzen willig und oft zu mehreren erscheinen, haben 4 cm Länge und sind weißlich bis tiefrosa gefärbt. Um die Pflanze, die am Grund leicht verkorkt, in flottem Wachstum zu erhalten, ist es empfehlenswert, sie zu pfropfen. (Heimat: Mittelmexiko, Pachuca, Karte II, L–M 12.)

E. amoenus (meist auch *E. pulchellus var. amoenus*) unterscheidet sich von dem vorigen nur durch etwas stärkere Bedornung und tief purpurrote Blüten. Durch die fast fehlende Bedornung erinnert der hellrosa blühende *E. cucumis* (= Gurke), der richtig den älteren Namen *E. gentryi* trägt, an diese Arten. Er hat aber eine längliche Gurkenform bei nur 3 cm Durchmesser und 5 bis 6 Rippen.

Echinocereus knippelianus

fällt durch seine fast schwarzgrüne Körperfarbe und die wenigen (meist 5) Rippen sofort auf. Er ist kaum zu verwechseln. Der 5 cm dicke Körper hat einen samtigen Glanz und trägt auf kleinen, kurzfilzigen Areolen nur 1 bis 3 dünne, bis 15 mm lange Dornen. Bei jungen Stücken können sie oft ganz fehlen. Er blüht im zeitigen Frühjahr (April) willig und mitunter zahlreich. Die spitzpetaligen, 4 cm langen Blüten sind blaß karminviolett. (Heimat: Mittelmexiko, Karte II, K–M 8–12.)

Ähnlich, nur etwas größer und 5- bis 8rippig mit graublauer Körperfärbung ist *E. subinermis*, der kaum sichtbare Dornen hat und willig seine 7 cm langen, gelben Blüten bringt. Beide Arten müssen vor »Roter Milbe« behütet werden. Gepfropft wachsen und blühen sie wesentlich leichter als wurzelecht.

Echinocereus rigidissimus,

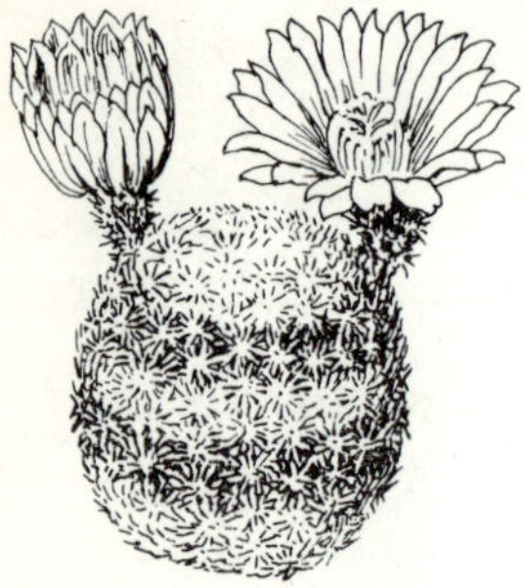

der »sehr steif bedornte E.«, nach seinen den Körper umhüllenden, bunten Kammdornen genannt, ist eine sehr beliebte, aber leider schwer blühende Art. Er hat bis 23 gerade Rippen, wird 4 bis 7 cm dick, 6 bis 12 cm hoch und sproßt selten. Auf jeder der länglichen Areolen stehen etwa 16 gelbe, rote oder bräunliche Kammdornen ohne einen Mitteldorn. Die Dornen sind in verschiedenfarbigen Zonen angeordnet, was der Art den Namen »Regenbogenkaktus« (Rainbow-cactus) einbrachte. Die Intensität der Farbzonen ist von der Stärke der Besonnung abhängig, in unserem gemäßigten Klima meist nicht so kräftig gefärbt wie in der Heimat. 7 cm lange, herrliche, tiefrosa Blüten mit grünlichem Schlund. (Heimat: USA: Südostarizona, Mexiko: Sonora, Karte II, A–B 5–6, C–D 4–5.)

Ganz ähnlich, aber schlanker geformt und ohne Rot der Dornen (mehr gelbe und braune Farbtöne) sind *E. pectinatus, caespitosus, adustus, reichenbachii, melanocentrus* und *perbellus.* Für alle diese Arten ist Pfropfung anzuraten.

Echinocereus dasyacanthus,

der »rauhbedornte E.«, gehört auch zu den kaum sprossenden »Pectinaten«, wird mit seinen 15 bis 21 Rippen aber 5 bis 8 cm dick und sogar bis 25 cm hoch. Typisch ist die Verjüngung des Körpers nach dem Scheitel zu. Die etwa 30 grauen bis rötlichbraunen Kammdornen verhüllen den graugrünen Körper fast ganz, sie sind auch dicker als die Dornen anderer Pectinaten. Blüten erscheinen leider selten; sie sind etwa 8 cm lang, seidig, gelb mit orangefarbenem Mittelstreifen, am Grunde grünlich und öffnen sich weit. Im Verblühen gehen sie mehr in Orange über. (Heimat: USA: Texas, Neumexiko, Mexiko: Nordchihuahua, Karte II, A–E 7–12.)

Der weiß mit grünem Schlund blühende *E. grandis* kommt in Wuchs und Bedornung der vorstehenden Art am nächsten. Fast goldgelb blüht der prächtige, neu entdeckte *E. stoloniferus,* dessen Körper ähnlich wie *E. dasyacanthus* in ein dichtes, anliegendes Dornenkleid gehüllt ist. Ebenso dicht bedornt und besonders leichtblühend ist *E. sciurus.*

Echinocereus stramineus,

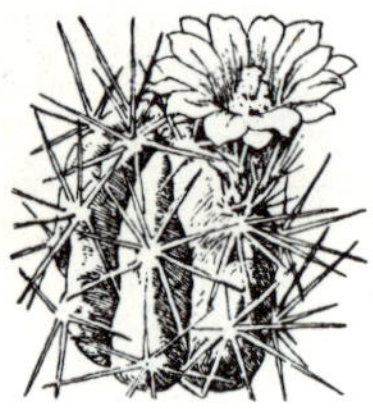

der »strohgelb bedornte E.«, hat 11 bis 13 Rippen, wird bis 7 cm dick und 10 bis 25 cm hoch. Er gehört zu den stark sprossenden, gruppenbildenden Arten mit frischgrünem Körper, der sich nach der Spitze stark verjüngt. Auffallend sind seine langen, zahlreichen Dornen, die im Neutrieb rosenrot, später strohfarben und zuletzt weiß sind. Die Blüten erscheinen leider nur sehr selten, sind aber bis 12 cm lang und schön purpurfarben. (Heimat: USA: Texas, Neumexiko; Mexiko: Nordchihuahua, Karte II, A–E 7–12.)

Ähnlich sind der seltene *E. uspenskii* mit 8 Rippen, langen gelblichen, am Fuße rötlichen Dornen, sowie *E. conglomeratus* mit weißen bis bräunlichen Dornen, *E. chlorophthalmus,* Dornen braun mit roter Basis, Blüten purpur mit grüner Mitte (chlor-ophthalmos = Grün-Auge). Der seltene *E. spinibarbis* mit den herrlichen gebogenen, langen weißen Dornen scheint auch in diese Gruppe zu gehören, obwohl er wesentlich kleiner bleibt.

Echinocereus delaetii,

bekannt als »Greisenhaar«, erkennen wir leicht an seinen langen weißen Haaren, die ähnlich wie bei Cephalocereus senilis den vielrippigen (20 bis 24) Körper umflechten. Er wird bis 30 cm hoch bei einem Durchmesser von 5 bis 7 cm, nach dem Scheitel zu sich verjüngend, und sproßt am Grunde. Verborgen unter den Borstenhaaren stehen dünne nadelförmige Randdornen und mehrere cm lange, am Grunde bräunlichrote Mitteldornen. Blüten erscheinen bei Kulturpflanzen nur sehr selten, sie sind hellkarminfarben und bis 6,5 cm lang und breit. Zur erfolgreichen Kultur ist viel Sonne und kalte Überwinterung nötig. (Heimat: Mexiko, Coahuila, nördlich von Parras in 2300 m Höhe, Karte II, E–F 8.)

Ähnlich ist der lang-weißbeborstete *E. longisetus,* eine sehr seltene Art.

Kugelkakteen – Echinopsis, Pseudolobivia, Lobivia, Mediolobivia, Aylostera, Rebutia

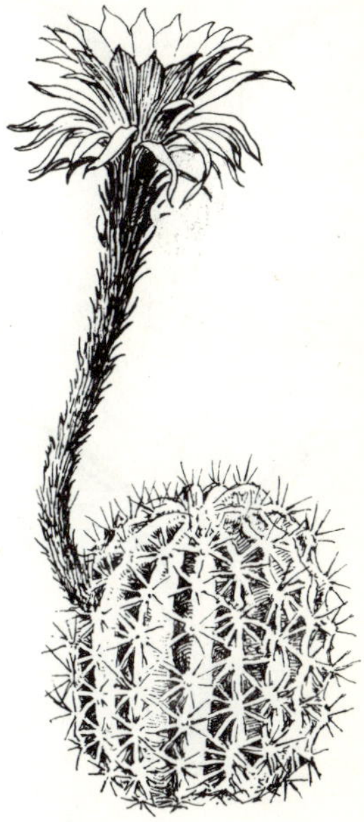

Die Bezeichnung »Kugelkakteen« darf man nicht allzu wörtlich nehmen, denn manche Arten ändern im Laufe der Entwicklung ihre äußeren Formen. Es gibt auch innerhalb einer kugeligen Gattung einzelne säulenförmig werdende Arten, die man aber wegen der Gleichheit der Pflege nicht aus ihrer Gattung herausnehmen kann. Die Natur in ihrer Vielgestalt läßt sich nun einmal nicht in ein von Menschen erfundenes Schema pressen.

Die Unterscheidung von *Echinopsis* und *Echinocactus* macht dem unerfahrenen Kakteenfreund immer besondere Schwierigkeiten, da er ja die Blüten nur selten sieht. Hier kann nur häufiges Betrachten der Pflanzen allmählich Sicherheit bringen, umständliche Erklärungen haben nicht viel Erfolg. Es sind nur wenige Echinopsis-Arten, die wir uns einprägen müssen und die wir uns leicht merken, wenn wir sie mehrere Male gesehen haben. Vieles, was früher zu *Echinopsis* gehörte, ist heute abgetrennt und gehört jetzt zu *Pseudolobivia, Lobivia, Aylostera* und *Rebutia.* Die eigentlichen Echinopsen, die heute leider meist nur noch als Bastarde zu finden sind, wurden ab 1830 beschrieben, waren aber schon viel früher in Europa weit verbreitet. Wenn sie heute auch beim Kenner als »Allerweltskaktus« nicht mehr viel Beachtung finden, weil sie kaum noch in botanisch reinen Arten vorhanden sind, so sollte doch der »kleine Sammler« nicht vergessen werden, der neben Clivia, Haemanthus und Zimmerlinde auch solch ein paar namenlose Echinopsen am Zimmerfenster pflegt und sich über ihr gutes Wachstum und die herrlichen Trichterblüten wohl ebenso herzlich freut, wie der Kakteenkenner über eine große Seltenheit. An den Lobivien schätzen wir die auffallende Bedornung und die leuchtenden, oft mehrfarbigen Blüten, an *Mediolobivia, Rebutia* und *Aylostera* die Leicht- und Vielblütigkeit.

Wie schon erwähnt, findet man Echinopsen häufig bei Pflanzenfreunden, die nicht gerade Kakteenpfleger sind, ein Zeichen dafür, daß Echinopsen gut die gleiche Pflege wie die einfachen Zimmerpflanzen vertragen, ohne daß sie besonders sonnig stehen müßten, eine spezielle Kakteenerde brauchten oder sonstwie Sonderansprüche an die Pflege stellten. Anders die Lobivien und Rebutien, die als Hochgebirgspflanzen hell, luftig und sonnig stehen müssen und im Winter Kühle brauchen, ohne die sie nur wenig blühen.

Echinopsen haben es gern, wenn man sie im Sommer ins Freie vor das Fenster stellt oder ihnen einen Platz im Garten in leichtem Baumschatten gibt. Ihre frischgrünen Körper neigen an den ersten heißen Frühlingstagen sonst leicht zu Verbrennungen. Eine längere Wachstumsruhe während des Winters bei einer Temperatur von nur 6 bis 10 °C fördert auch bei den Echinopsen den Knospenansatz. Ungefähr im 4. Jahr, von der Aussaat ab gerechnet, bringen sie ihre 10 bis 20 cm langen Trichterblüten, meist reinweiß oder zartlilarosa, die sich am späten Abend erstmalig öffnen. Die Blüten sind ziemlich zart und müssen vor Regen, Wind und Mittagshitze geschützt werden. Während der Blütenentwicklung muß man besonders auf eine gleichmäßige Bewässerung achten. Die Erde darf jetzt weder stark austrocknen noch längere Zeit übermäßig naß gehalten werden, sonst kann es vorkommen, daß bereits entwickelte Knospen sich noch in Triebe umformen. Bekannt ist bei den Echinopsen die starke »Kindel«-Bildung, die meist bewirkt, daß die Pflanze schwer blüht. Ihre Ursache ist die ständig gleichmäßige Bewässerung bei warmer Überwinterung und eine zuviel Stickstoff enthaltende Erde bei meist gleichzeitigem Phosphormangel. Der durch das pausenlose Wachstum und den Stickstoff-Überfluß entstehende »Säftedruck« braucht die Vergrößerung der Assimilationsfläche durch Kindelbildung geradezu als »Notventil«. Wohl können die Echinopsen eine kräftige Ernährung und ab und zu einen flüssigen Dungguß gut vertragen, aber die Düngung darf immer nur zu einer Zeit erfolgen, wo die Wurzeln sowieso etwas feucht sind und den Dünger auch verarbeiten können. Ein wiederholtes, längeres Austrocknen nach der Düngung führt leicht zu Wurzelverlusten.

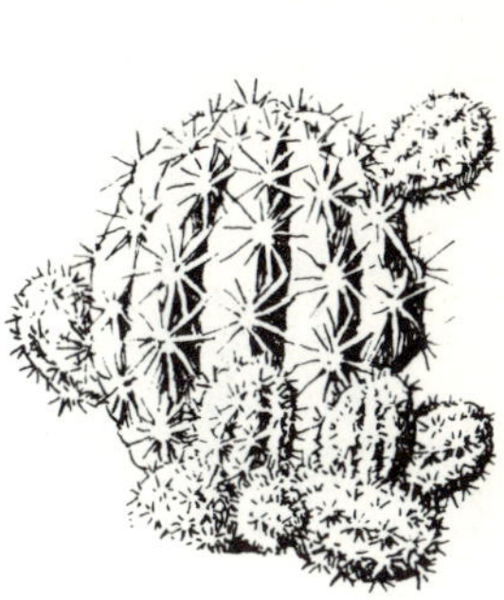

Lobivien, Aylostera und Rebutien sind im Gegensatz zu den Echinopsen Hochgebirgspflanzen, die eine kühle, aber helle Überwinterung sehr nötig brauchen, um

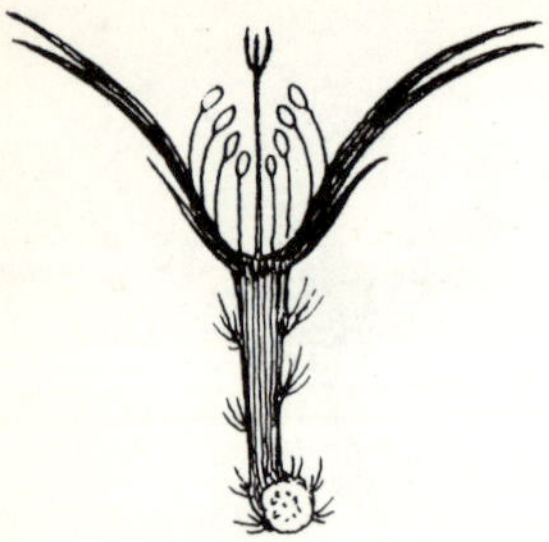

Aylostera

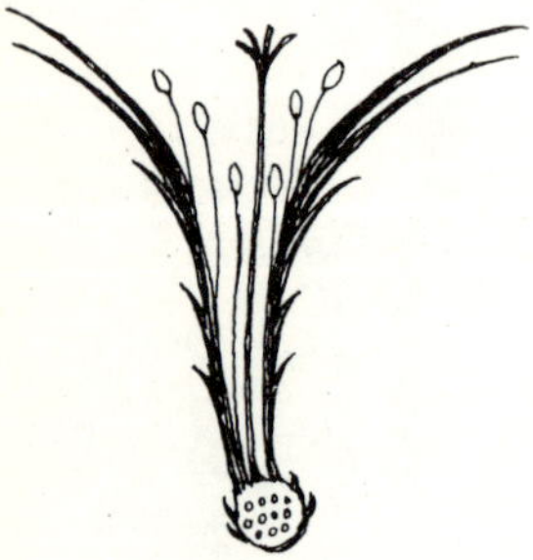

Rebutia

zu einer Blütenbildung zu kommen. Auch sie sollen im Sommer viel Licht und frische Luft haben, wobei die schwach bedornten hellgrünen Arten etwas schattiger als die dichtbedornten und dunkelgrünen oder graugrünen Arten gehalten werden müssen. Auch eine sandigere Erdmischung als bei den Echinopsen ist bei ihnen erwünscht. Veredeln ist nicht nötig, wenn es nicht vorübergehend zur Vermehrung einer seltenen Art angewandt werden muß, von der kein Samen vorhanden ist.

Zur leichteren Unterscheidung der Gattungen nenne ich einige markante Merkmale: Echinopsen bilden große, grüne Kugeln, deren scharfe Rippen nicht unterbrochen sind. Sie öffnen ihre oft wohlriechenden Blüten erstmalig am Abend. Pseudolobivien sind kleiner und flachkugelig und haben fast immer weiße Trichterblüten, die sich am Tage öffnen. Ihre Rippen sind meist in Höcker aufgelöst wie die der Lobivien. Es ist ungewiß, ob der Gattungsname *Pseudolobivia* beibehalten wird. Er ist aber sehr treffend, weil er diese Zwischenformen, die »Scheinlobivien«, gut kennzeichnet.

Die große Gattung *Lobivia* besteht aus mittelgroßen und kleinen Pflanzen mit gegliederten, oft stark gehöckerten Rippen mit meist nach oben gerichteter, sehr kräftiger Bedornung und zum Teil auch mit borstenartiger, den oft etwas zylindrischen Körper umhüllender Bedornung. Die Lobivien sind Tagblüher mit kurzen Blütenröhren in herrlichen roten und gelben Farbtönen, die weiße Farbe ist nur ganz selten vertreten. *Mediolobivia* (auch *Pygmaeolobivia*) gehören schon zu den Zwergkakteen. Die kleinen Kugelkörper haben nur 2 bis 4 cm Durchmesser, wachsen aber polsterbildend. Ihre roten oder gelben Blüten sind außen mit Wollhaaren und Borsten versehen, der nicht mit dem Kelch verwachsene Griffel ist grün oder gelbgrün. Auch Aylostera sind ebenso klein, etwas höher als dick und ihre Blüten haben Griffel, die in ihrem unteren Teil mit dem Blütenkelch verwachsen sind. Die Rebutien erkennen wir an ihrer flachkugeligen Form, den kleinen, dichtstehenden Warzen mit borstenartiger, mitunter sehr kleiner Bedornung. Blüten in Rot oder Gelb kommen seitlich aus der unteren Körperhälfte und haben eine kahle, nur etwas schuppige Röhre. Die Zahl der Staubblätter ist gering, der Griffel steht frei in der Blütenröhre.

Hier sind nur die am leichtesten bemerkbaren Unterschiede aufgezählt, damit ein guter Überblick entsteht.

Echinopsis bridgesii

und die nächsten zwei Arten sind botanisch artrein in den Sammlungen. *E. bridgesii* hat 10 bis 12 Rippen und wird nur 7 bis 8 cm dick, kann aber bis 30 cm Höhe erreichen. Die Dornen sind braun, später hellgrau, die Mitteldornen bis 2 cm lang. Langröhrige Blüten, weiß, außen mit grauen und schwarzen Haaren besetzt. (Heimat: Bolivien, Karte III, H 4–5.)

Echinopsis huottii wird gleichfalls sehr säulenförmig, hat nur 9 bis 11 Rippen und weiße oder hellrosa Blüten mit grünlichem Mittelstreif.

Echinopsis calochlora,

die »schön grünfarbige E.«, bildet kugelige, gelbgrüne, 13rippige Körper von etwa 6 bis 9 cm Durchmesser und wird erst als alte Pflanze säulenförmig. Die bis 1 cm langen Dornen sind bernsteinfarben, die Mitteldornen dunkler, mitunter braungespitzt. Die Art bringt schöne große Blüten, innen reinweiß, außen gelbgrün mit dunklerem Mittelstreif. (Heimat: Corumba, Brasilien, Karte III, H 7.)

Nicht so gelbgrün, mehr frischgrün und als junge Pflanze fast kugelrund ist *Echinopsis mamillosa* aus Bolivien mit gelblichen Dornen. Während *E. calochlora* leicht sproßt, bleibt *E. mamillosa* eintriebig. Letztere wurde häufig unter dem falschen Namen »*Echinopsis ritteri*« verbreitet. Junge Pflanzen der groß werdenden *Soehrensia korethroides* haben auch etwas Ähnlichkeit mit *E. mamillosa*, sind aber an den gelblich- bis schwarzbraunen, erheblich längeren Dornen leicht zu erkennen. Das gleiche gilt für *Soehrensia bruchii*, die ebenfalls bräunliche Dornen hat.

Echinopsis campylacantha,

die »krummdornige E.«, hat bis 5 cm lange, gebogene, braune Mitteldornen, 12 bis 14 scharfgefurchte gerade Rippen und wird ziemlich groß. Sie wurde früher *E. leucantha* genannt. Ihre großen, nach Veilchen duftenden Blüten sind innen reinweiß, außen braungrün mit braunen Wollhaaren an der Blütenröhre. (Heimat: West-Argentinien, Mendoza, Karte III, L–M 5.)

E. rhodotricha bleibt viel kleiner und kurzdorniger. Ihr leicht gehöckerter Fruchtknoten bildet an den Schuppen rötliche Haare, wonach die Art ihren Namen bekam. Die langen, gebogenen Dornen von *Pseudolobivia ferox* und *longispina* erinnern an diese schöne Art, zumal besonders die letztere nicht den üblichen breit-flachen Pseudolobivienwuchs hat, sondern dicksäulig wächst.

Echinopsis eyriesii (hybrida)

Obwohl im letzten Jahrzehnt wieder Wildformen der echten *Echinopsis eyriesii* nach Europa gekommen sind, finden sich unter diesem Namen in den Sammlungen fast nur Pflanzen, die von Hybriden abstammen und bestenfalls eine starke Ähnlichkeit mit der echten *Echinopsis eyriesii* aufweisen. Die Hybridisation der trichterblütigen Echinopsen in einem Zeitraum von mehr als 100 Jahren hat einen großen Wirrwarr von Sorten und Formen hervorgebracht. Die echte *Echinopsis eyriesii* hat 11 bis 18 scharfe Rippen und wird 12 bis 15 cm dick. An jungen Pflanzen sind die winzigen Dornen rotbraun, später dunkelbraun auf graufilzigen runden Areolen. Die großen weißen Blüten werden bis 25 cm lang. (Heimat: Südbrasilien, Uruguay und Teile von Argentinien, Karte III, K–M 6–7.)

Ähnlich, wenn auch etwas mehr bedornt, sind die leicht rosablühenden *E. oxygona* und *multiplex* und die weißblühende *E. gemmata.*

Echinopsis tubiflora (hybrida)

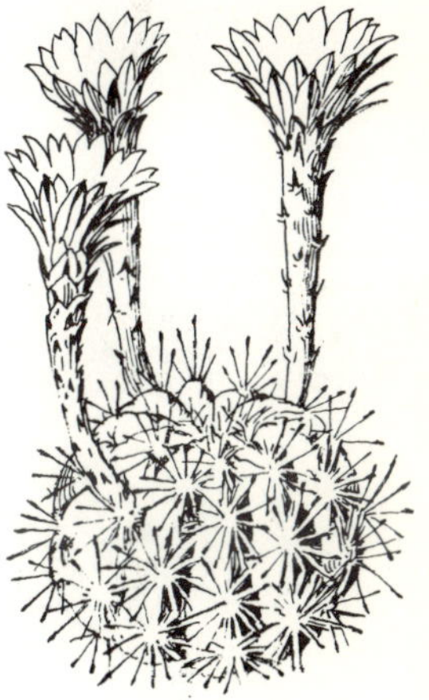

Die Bezeichnung »trompetenblütige Echinopsis« würde ebensogut auf die anderen Echinopsen passen. Im übrigen gilt bezüglich der Hybridisation das gleiche, was ich bei *Echinopsis eyriesii* sagte. Die von *E. tubiflora* abstammenden Hybriden haben zahlreiche gelbliche, dunkelgespitzte Dornen bis zu 3,5 cm Länge. Die bis 24 cm langen weißen Blüten haben außen einen grünlichen Mittelstreif. Für *E. tubiflora* wird auch häufig das Synonym *E. zuccariniana* angewandt. (Heimat: Südbrasilien und die argentinischen Provinzen Salta, Catamarca und Tucuman, Karte III, J–K 5–6, L 6–7.)

Die gleichfalls weißblühende *E. turbinata* duftet nach Jasmin. Ähnlich, aber mit geringer Dornenzahl ist *E. paraguayensis.* Von gerade-dornigen, Echinopsis ähnlichen Pflanzen nenne ich noch die schönen Soehrensia-Arten, die als junge Pflanzen manche Ähnlichkeit aufweisen. Die gelbblühende *Soehrensia formosa* hat weiße, bräunlich gespitzte, sehr lange Dornen und bildet als alte Pflanze dicke, hohe Säulen. Auch die wenig bekannte *E. silvestrii (E. tucumanensis)* muß hier erwähnt werden.

Denmoza rhodacantha,

die »rotdornige D.«, ist schon als junge, kugelige Pflanze ein farbenprächtiges Schmuckstück einer Sammlung. Später wird sie zylindrisch, und die eigenartigen, zygomorphen, roten Blüten am Scheitel widerlegen ihre frühere Zugehörigkeit zur Gattung Echinopsis. Trotzdem paßt sie in der Wuchsform gut zu den vorigen Arten. Die 9 bis 16 cm dicken Pflanzen haben 15 gerade Rippen, auf denen in 2,5 cm Abstand die dicken, graufilzigen Areolen mit je 9 bis 11 wenig gekrümmten, kräftigblutroten Dornen sitzen. Die 7 cm langen Blüten in Scheitelnähe sind kräftigrot, die Staubfäden, Beutel und Griffel karminrot. (Heimat: Argentinien, Mendoza, Karte III, M 5.)

D. erythrocephala ist der vorigen fast gleich, doch hat sie an älteren Stücken eine größere Anzahl dünnerer Dornen und außerdem weißlichere Haarborsten.

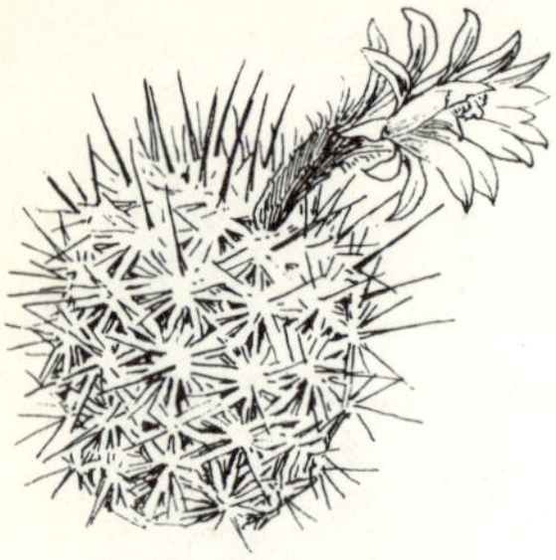

Arequipa rettigii

hat ganz ähnliche Blüten wie Denmoza, doch war man sich früher nicht im klaren, ob man sie zu Echinopsis oder Echinocactus rechnen sollte. Ihr graugrüner Körper ist anfangs kugelig, später zylindrisch, dabei kaum über 10 cm dick. Die bis 20 geraden Rippen sind ganz unter dem dichten Dornenkleid versteckt. Die Dornen sitzen auf dicken, hellgelbfilzigen Areolen. Die längsten werden bis 4,5 cm lang. Die zinnoberroten, oben karminroten Blüten werden 7,5 cm lang, die Staubfäden sind karminrot, die Griffel hellrot mit gelben Narben. (Heimat: Südperu, in 3000 m Höhe bei Arequipa, bis Nordchile, Karte III, G–J 3–4.)

Sehr ähnliche Arequipa-Arten sind *A. leucotricha*, *A. hempeliana* und *A. weingartiana.*

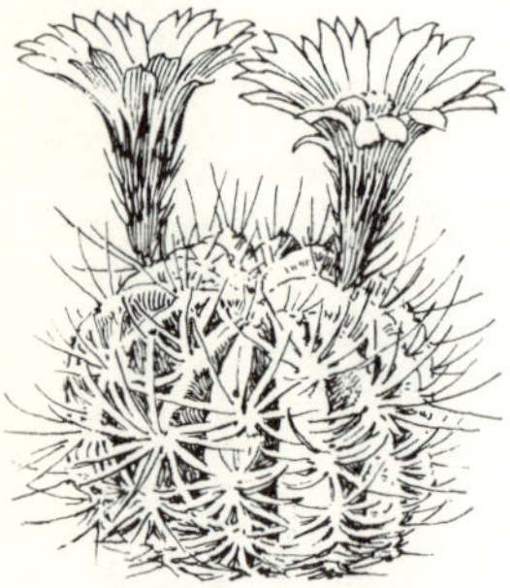

Acanthocalycium violaceum,

der »violette Dornenkelch«, hat einen hellgrünen, kugeligen Körper mit etwa 16 geraden Rippen, die auf weißlichen Areolen hellhornfarbene, bräunlichgespitzte, bis $2^1/_2$ cm lange Dornen tragen. Die aus Scheitelnähe kommenden, etwa 5 bis 6 cm langen Blüten sind violettrosa, mitunter auch heller. Der Blütenkelch ist – und das ist das Auffallende und Namengebende der Gattung – in seiner ganzen Länge von 3 cm mit dornigen, strohigen, braungespitzten Schuppen besetzt. (Heimat: Argentinien, Prov. Cordoba, in 1000 m Höhe ü. M., Karte III, L 6.)

In diese Gattung gehören auch die schwächer bedornten und weniger blühwilligen *A. spiniflorum* und *A. klimpelianum.*

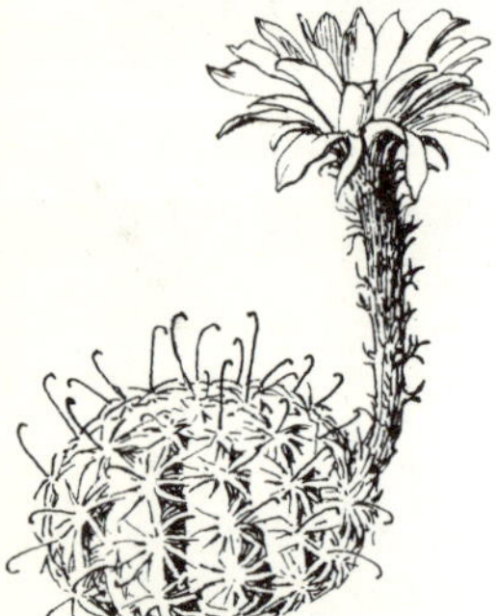

Pseudolobivia ancistrophora (Echinopsis),

die »hakentragende Scheinlobivia«, ist eine flachkugelige, zierliche Pflanze mit glänzend grünem Körper und bis 18 durch Querkerben unterbrochenen Rippen. Auf den etwas eingesenkten Areolen sitzen 7 Randdornen und ein angelhakig gebogener Mitteldorn. Die weiße Blüte ist bis 16 cm lang und geruchlos. (Heimat: Argentinien, in den Bergen der Provinz Salta und Tucuman, Karte III, K 5–6.)

Gleichfalls mit langen weißen Röhrenblüten blühen die dicker bedornten *P. obrepanda* und *fiebrigii*, *hamatacantha*, die vielhakige *P. polyancistra* und die rot überlaufene kurzröhrige *P. kratochviliana.*

Pseudolobivia mamillosa var. kermesina (Echinopsis),

die »karmesinrotblühende Scheinlobivia«, erinnert in Form und Färbung an die schon erwähnte *Echinopsis mamillosa.* Erst als ältere Pflanze wird sie breitkugelig und erreicht sogar einen Durchmesser von 12 cm und mehr. Der etwa 10rippige, glänzend grüne Körper ist mit gelbroten, dunkelbraungespitzten kurzen Dornen besetzt, die auf gelbwolligen, später graufilzigen Areolen stehen. Die bis 17,5 cm langen und 9 cm breiten Blüten aus Scheitelnähe sind prächtig dunkelkarminrosa und blühen 3 Tage und Nächte, erschließen sich aber unter Glas oft nicht ganz. Bei günstiger Witterung erreicht sie aber ihre volle Schönheit im Freien mit geöffneter Blüte. (Heimat: Argentinien, Karte III.)

Leuchtend karminrote, ziemlich kurze Blüten hat *P. carmineoflora*, die in Form und Bedornung der weißblühenden *P. obrepanda* ähnelt. *P. leucorhodantha* hat gelbe, dunkler gespitzte Bedornung und etwa 13 cm lange Blüten, die innen hellrosa und weiß und außen braunweiß sind und angenehm duften.

Die Pseudolobivien nehmen eine Zwischenstellung zwischen Echinopsis und Lobivien ein, die recht gut erkennbar ist. Es gibt darunter Arten, deren Blüten in Farbe und Form denen der Echinopsen gleichen, während die Körper mehr die gekerbten und verschobenen Rippen der Lobivien zeigen. Andere Arten wieder haben kurzröhrige Tagblüten in kräftigen Farben wie die Lobivien, aber ihre Körperform ähnelt mehr einer Echinopsis.

Lobivia aurea (Echinopsis aurea),

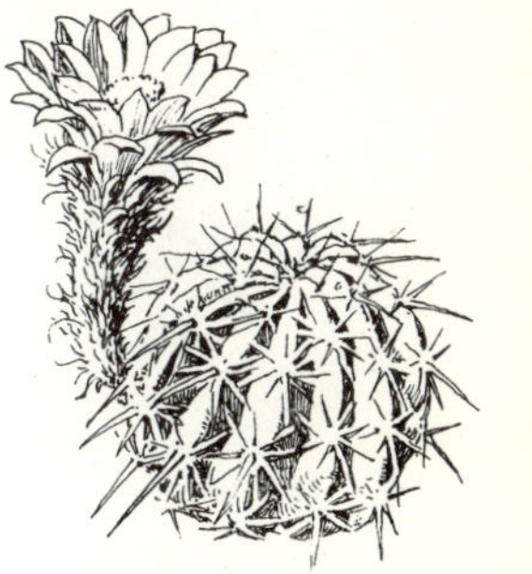

die »goldgelbe Echinopsis«, steht wegen ihrer langen Blütenröhren und der durchgehenden Rippen zwischen Echinopsis und Lobivia. Sie wächst fast kugelig, etwa 10 cm hoch und dick und ist matt hellgrün gefärbt. Auf etwa 17 geraden Rippen sitzen je Areole 6 bis 10 nicht sehr große Dornen, meist grau, dunkler gespitzt, auch am Grunde schwärzlich. Die Art variiert sehr in Bedornung und Wuchsform. Die schönen Blüten sind 8 bis 10 cm lang, innen goldgelb und außen mit silberigweißer Wolle besetzt. Die Art wächst und blüht willig, verhärtet jedoch leicht bei allzu lufttrockenem Stand. (Heimat: Argentinien, Prov. Cordoba, Karte III, L 6.)

Es gibt von *Lobivia aurea* eine Menge unterschiedlicher Standortsformen. Mehr zylindrisch im Wuchs sind *L. cylindrica* und *P. fallax*, auch bringen sie Abweichungen in der Form der Blütenblätter.

Will man sich einen Überblick über die Vielzahl der Lobivien verschaffen, so kann man sie nach Blütenmerkmalen (siehe Backeberg, »Die Cactaceae«, II. Band) in folgende 15 Reihen einteilen:

1. Pentlandinae	6. Shaferae	11. Famatinenses
2. Mistienses	7. Pseudocachenses	12. Wrightianae
3. Bolivienses	8. Pugionacanthae	13. Jajoianae
4. Hertrichianae	9. Breviflorae	14. Sanguiniflorae
5. Haageanae	10. (Caineanae)	15. Tiegelianae

Je eine oder zwei typische Arten nenne ich nachfolgend unter Beifügung der Reihenzahl.

Lobivia pentlandii (1.)

wurde als erste Art dieser Gattung im Jahre 1844 – damals noch als *Echinocactus pentlandii* – beschrieben und ist in einer großen Anzahl von Varietäten verbreitet. Die 12- bis 15rippige Pflanze wächst kugelig und später etwas zylindrisch. Die Rippen sind durch Querfurchen in beilförmige Höcker zerlegt und mit strahligen Rand- und gekrümmten, meist hornfarbenen oder bräunlichen Mitteldornen besetzt. Die seitlichen, kurzröhrigen Blüten sind fliederfarben, karminrot bis orangefarben, außen beschuppt und weiß behaart. (Heimat: Bolivien und Südperu, Karte III, G–J 4–5.)

L. maximiliana hat kleinere, anders geformte Blüten, innen salmrot, nach den Spitzen zu purpurkarmin. *L. pentlandii* v. *albiflora* hat lange, horngelbe Dornen und weiße, gelblich gefleckte Blüten.

Lobivia mistiensis (2.)

vom Vulkan Misti (Südperu) stammend, wächst kugelig bis flach mit Rübenwurzel. Ihre 25 bis 30 Rippen sind schräg gekerbt und tragen dicke Areolen mit weißen Filzpolstern. Etwa 9 Dornen bis 5 cm lang, braun-rot-schwärzlich, später vergrauend. Blüten spitzblättrig, schmalpetalig, gelblich-zinnober mit dunklerer Mitte, bis 8 cm lang. (Heimat: Südperu, Karte III, G 3–4.)

Ähnlich ist *L. pampana* mit reinroten Blüten, verwandt *L. caespitosa* mit hellhorngelben, dunkler gespitzten Dornen und gelbroten, schlanken Blüten sowie *L. hermanniana* und *L. lauramarca*.

Lobivia boliviensis (3.)

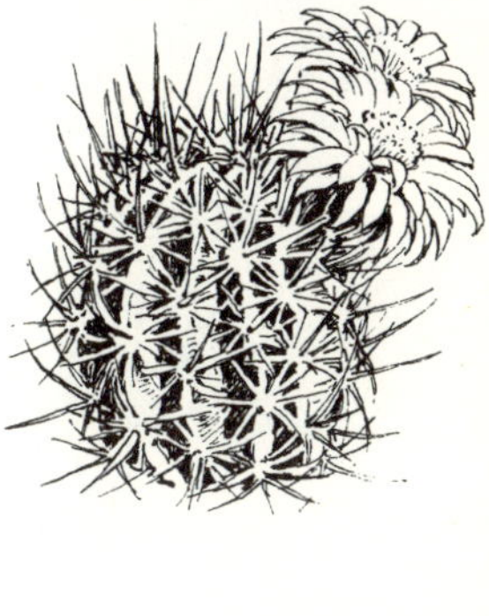

hat einen länglichen Körper und etwa 20 Rippen, die über den Areolen schräg gekerbt sind. Die hellgrauen Dornen sind wirr durcheinandergebogen und bis etwa 8 cm lang. Blüten trichterförmig, rosenrot mit hellerem Schlund, 4 bis 5 cm lang. (Heimat: Bolivien, nördlich vom Titicacasee bei Oruru, Karte III, G 4.)

Ähnlich lange Dornen haben die weinrot, innen gelblichblühende *L. higginsiana*, die fliederfarben blühende *L. wegheiana*, die rosalila mit heller Mitte blühende *L. leucoviolacea* sowie die rosarot blühende *L. hastifera*. Auch *L. varians* mit hell-orangeroten, hellschlundigen Blüten hat bis 10 cm lange Dornen. Ähnlich, aber kürzer bedornt sind *L. rossii*, *leucorhodon* und *carminantha* sowie die beigefarben blühende *L. schneideriana*, die man an ihrer matt-gelbgrünen Körperfärbung erkennt.

Lobivia hertrichiana (4.)

ist eine kleine Art, die schon sehr jung zuverlässig und häufig blüht. Sie ist frischgrün und hat etwa 6 bis 11 Rippen, die oberhalb der weißfilzigen Areolen scharf quergekerbt sind. Je Areole finden wir 7 gelbe Randdornen und einen längeren Mitteldorn. Blüten breit öffnend, feuerrot, in kurzer Folge häufig erscheinend. (Heimat: Südperu in 3500 m Höhe, Karte III, G–H 3–4.)

Hierher gehören die rotblühenden *L. allegraiana*, *incaica* und *planiceps* sowie die krapprosablühende *L. binghamiana.*

Lobivia chrysantha (5.),

die »goldblütige L.«, ist an ihrer breitkugeligen Form und dem fehlenden Mitteldorn leicht zu erkennen. Eine blühfähige Pflanze ist etwa 6 cm breit und 4 cm hoch, hat 13 Rippen und einen kahlen Scheitel. Die Körperfarbe ist matt graugrün mit feinen Punkten. Die Areolen stehen in 1,5 cm Abstand und tragen 5 bis 7 schwarze, am Grunde rötliche, später vergrauende, gerade Randdornen. Blüten aus Scheitelnähe etwa 5 cm lang, goldgelb, Schlund grünlich, am Grunde purpurrot. (Heimat: Argentinien, Prov. Salta, Los Andes, Karte III, K 5.)

Es gibt von *L. chrysantha* verschiedene Varietäten, wozu auch die zuerst als eigene Art beschriebene var. *janseniana* gehört. Die Varietäten sind in den Sammlungen stärker verbreitet als der Typus. Die Schönste von ihnen ist die ganz kurz schwarzbedornte var. *polaskiana* mit gelber Blüte, weißem Hymenring und kaffeebraunem Schlund. *L. hossei* mit geraden Dornen und 6 cm langer, gelborangefarbener, außen rötlicher Blüte ist eine schöne Seltenheit.

Die wegen der Blütengleichheit in diese Gruppe gestellte *L. marsoneri* ist bedeutend länger bedornt. Als *L. staffeni* verbreitete Pflanzen sind vermutlich eine Form von *L. chrysantha.*

Lobivia haageana (5.)

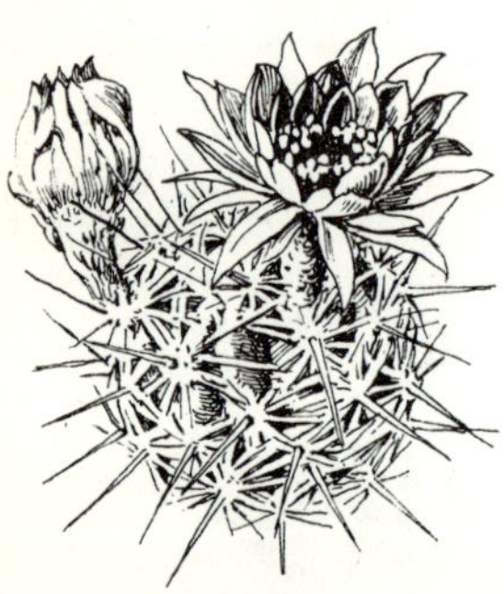

wächst eintriebig und wird bis 30 cm hoch bei 10 cm Durchmesser. Die oft spiralig verlaufenden 20 bis 22 Rippen tragen in $1^1/_2$ cm Abstand grauweißfilzige Areolen, 12 bis 15 seitwärts gespreizte, dünne, weißgraue Randdornen und 4 schwarze, später vergrauende, 4 und mehr cm lange Zentraldornen. Knospen grauwollig, Blüten 7 cm lang, glocken- bis trichterförmig, hellgelb mit grünem oder rotem Schlund. (Heimat: Bolivianisch-argentinische Grenze, 3800 m hoch, Karte III, J 5.)

Von dieser prächtigen Art gibt es eine Anzahl Varietäten in verschiedenen Blütenfarben. Man bezeichnet *L. haageana* als die schönste aller Lobivien, doch kommt der gleiche Titel auch der *L. rubescens* zu. Schon als Pflanze wirkt sie mit ihren langen, schwarzen Zentraldornen sehr auffallend und ihre dottergelben, rotschlundigen Blüten gehören zu den schönsten im ganzen Kakteenreich.

Lobivia shaferi (6.)

hat einen säuligen Wuchs und nur 3 bis 4 cm Durchmesser. Areolen auf 10 Rippen ziemlich dicht. Dornen weiß oder braun, Mitteldornen bis 3 cm lang. Blüten hellgelb mit stark behaarter Kelchröhre. (Heimat: Argentinien, Catamarca, Andalgala, Karte III, L 5.)

Durch ihren säuligen Wuchs ähneln der *L. shaferi*: *L. elongata*, bis 12 mm lang bedornt und *L. cylindrica* mit 11 Rippen, dickzylindrisch, Dornen bis 8 mm lang.

Lobivia pseudocachensis (7.)

wächst halbkugelig über langer Wurzelrübe einzeln oder mehrköpfig, frischgrün mit 12 bis 14 flachgehöckerten Rippen, auf denen je 10 dünne, anliegende, gelblichbraune Randdornen und ein schwarzbrauner, etwas längerer Mitteldorn sitzen. Die dunkelleuchtendroten Blüten sind etwa 45 mm lang und 40 mm im Durchmesser. Der Stempel ist meist grün. (Heimat: Nordargentinien, Prov. Salta in grasigen Schluchten bei 2500 m Höhe, Karte III, K 5.)

Ähnlich im Wuchs ist *L. nealeana*, die ungefähr 3 cm Durchmesser erreicht und 14 flache Rippen bildet. Ihre großen, leuchtendroten Blüten von 6 cm Durchmesser öffnen sich sehr breit radförmig. *L. rebutioides* wächst polsterbildend, die Einzelköpfe haben nur 1,5 cm Durchmesser, engstehende Areolen und glashelle Dornenborsten. Die 4 cm lange Blüte ist feuerrot, doch gibt es auch noch eine hellgelbblühende Abart.

Lobivia pugionacantha (8.),

die »dolchdornige L.«, ist eine seltene und langsam wachsende Pflanze. Auf dicker Wurzelrübe stehen meist mehrköpfige Gruppen mattgraugrüner Köpfe, der einzelne Kopf bis 4$^{1}/_{2}$ cm im Durchmesser. Die etwa 17 scharfen Rippen sind durch die 2 bis 3 mm langen, weißfilzigen Areolen unterbrochen. Die Areole rückt dabei etwas rechts neben das Höckerende. Auf den Areolen sitzen je 4 seitlich strahlende, etwa 8 bis 12 mm lange Randdornen und ein kürzerer, nach unten gerichteter. Er fehlt allerdings auch zuweilen. Blüten gelblich, außen grün mit Wollhaaren. (Heimat: Bolivien bei Villazon in 3400 m Höhe, Karte III, H 4.)

Lobivia cinnabarina (9.),

die »zinnoberrotblühende L.«, war bereits 1847 bekannt. Der flachkugelige, hellgrüne Körper bildet ungefähr 20 schräge Rippen, in scharfe Höcker geteilt, die 8 bis 10 gebogene Randdornen und 2 bis 3 gleichfalls gekrümmte Mitteldornen tragen. Die 4 cm breiten Blüten in Scheitelnähe sind scharlachrot, der Kelch außen bräunlich. (Heimat: Hochanden von Bolivien, Karte III, G–J 4–5.)

Ähnlich ist *L. breviflora* mit kleinen, hellblutroten Blüten, sehr kurzröhrig, Hüllblätter heller bis fast beige.

Lobivia famatimensis (11.)

wird sehr oft *Lobivia pectinifera* genannt. Es sind zylindrische, ein- oder durch Tierfraß auch mehrköpfige Pflanzen von etwa 30 mm Durchmesser und bis 40 mm Höhe, mit stumpfgrüner, rötlich überlaufener Farbe, 24 Rippen, die durch Querfalten in flache Höcker getrennt sind. Die 6 kammartig gestellten Dornen sind sehr kurz (1 bis 2 mm), weißlich und am Grunde bräunlich. Ein Unterscheidungsmerkmal zu anderen Arten ist die rötlich überlaufene Färbung des Körpers. Die verhältnismäßig großen (bis 60 mm!), trichterartig-glockenförmigen Blüten sind dottergelb mit grünem Schlund, äußere Hüllblätter purpur. (Heimat: Nordargentinien, Prov. La Rioja, in der Sierra Famatina in 2000 bis 3000 m Höhe, Karte III, K 4–5.)

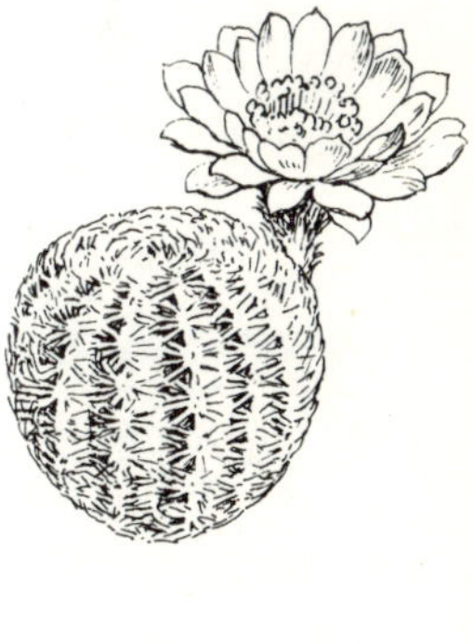

Von *Lobivia famatimensis* gibt es sehr viele Varietäten, es kommen alle Farbzusammenstellungen der Lobivien vor. Besonders auffallend ist die seltene *L. famatimensis* var. *albiflora* mit elfenbeinweißen, grün-schlundigen Blüten, einer bei Lobivien sehr seltenen Farbe. *L. chlorogona* mit ihren Varietäten ist grün, nicht rötlich überlaufen und hat 1 bis 2 dunkle Mitteldornen. Ihr ähnelt die blutrotblühende *L. sublimiflora* mit purpurrosa Schlund. Ebenso blüht die sehr ähnliche *L. wessneriana*, während *L. emmae* mit 12 braunen Randdornen und 2 längeren Mitteldornen karminfarben mit rotem Schlund blüht. Weiter sind hier noch *L. astranthema*, *L. kreuzingeri* und *L. drijveriana* als ähnlich zu erwähnen.

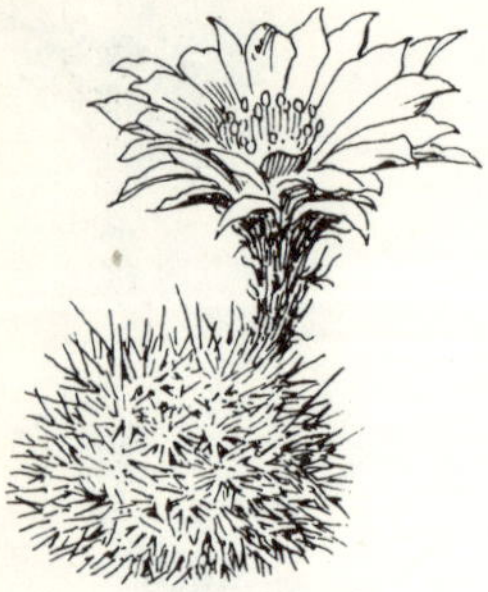

Lobivia densispina (11.) (L. famatimensis var. densispina),

die »dichtdornige L.«, läßt sich durch diese Eigenschaft sofort erkennen. Von dem bei 12 cm Höhe nur 5 bis 6 cm dicken, glänzend dunkelgrünen, 17rippigen Körper ist durch das dichte Dornenkleid kaum etwas zu sehen. Sogar der Scheitel ist gänzlich von 15 bis 22 dünnen, meist silbergrauen und 4 bis 7 braunen, dunkler gespitzten Dornen überragt. Die großen, 8,5 cm langen, seidig glänzenden, gelben, grünschlundigen Blüten mit gelben Staubfäden erscheinen an älteren Pflanzen im Sommer regelmäßig und mehrmals nacheinander. (Heimat: Nordargentinien und Südbolivien, Karte III, J 5.)

L. scoparia ähnelt in Wuchs und Bedornung einem *Notocactus scopa.* Da die weißen, borstenartigen Randdornen nur 8 mm lang sind, überdecken sie die 13 geraden Rippen der Pflanze nicht. Die orangegelben Blüten sind weißschlundig, am Grunde grün.

Lobivia leucomalla (11.) (L. famatimensis var. leucomalla),

die »weißwollige L.«, sieht aus wie mit einem silberweißen Borstenpelz bedeckt und hat Ähnlichkeit mit einem *Notocactus scopa.* Ihre Dornen stehen aber noch dichter. Von *L. densispina* unterscheidet sie sich außerdem durch die Blüten und die längliche Frucht. Ihre gelbe Blüte mit dem helleren Mittelstreif wirkt wie eine kleine *L. aurea*-Blüte. Auch ist ihr Schlund weiß, und die Staubfäden sind tiefkarminrot im Gegensatz zu dem grünen Schlund und den grünen bzw. gelblichen Staubfäden der *L. densispina,* mit der sie nichts zu tun hat. (Heimat: Argentinien, San Luis, Karte III, M 5.)

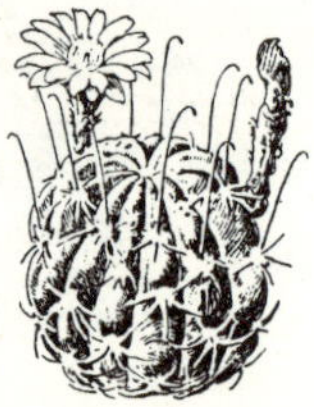

Lobivia wrightiana (12.)

ist eine auffallende Art von ganz besonderer Schönheit in Form, Bedornung und Blüten. Der nicht sehr große, kugelige Körper mit etwa 16 gehöckerten Rippen trägt auf kleinen Areolen je 10 anliegende, weiche, 5 bis 7 mm lange Randdornen. Nach mehreren Jahren bildet sich dann erst der bis 7 cm lange, meist senkrecht stehende kurzhakige Mitteldorn. Seitlich rings um den Körper entstehen die schlank-länglichen, blaßlilarosa Blüten. Diese Art soll während des Wachstums nicht allzu trocken gehalten werden. (Heimat: Zentralperu, Mantaro-Tal, Karte III, G 3.)

Diese schöne Art steht einzig in ihrer Gruppe. Wenn wir von den langen Angelhakendornen und den langröhrigen Blüten absehen, läßt sich eine Ähnlichkeit mit *L. pseudocachensis* feststellen. Auch eine Varietät von *L. backebergii* ähnelt in der Bedornung.

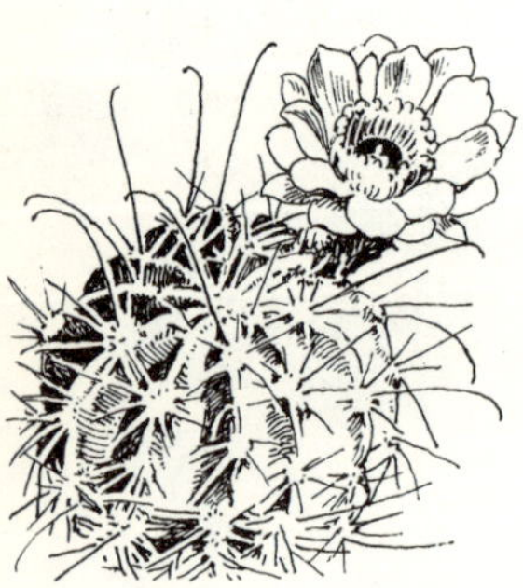

Lobivia jajoiana (13.)

wächst kugelig mit 6 bis 8 cm Durchmesser und glänzend grüner, oft nahezu dunkelvioletter Körperfärbung. Ihre 12 bis 15 scharfen Rippen sind durch schräge Querfurchen über den Areolen unterbrochen und in beilförmige, gegeneinander verschobene Höcker aufgelöst. Die graufilzigen Areolen tragen je 9 bis 11 schwarzbraune, später vergrauende, kurze Randdornen und 1 bis 3 längere Mitteldornen, von denen einer eine hakig gebogene Spitze hat und bis 5 cm lang wird. Die prächtigen tomatenroten, schwarzschlundigen Blüten – es gibt auch solche in dunkelweinrosa mit schwarzem Schlund – haben über 6 cm Durchmesser und Länge. Bewundernswert sind besonders die Anordnung der Staubfäden in 3 Kreisen, der dicke schwarze Hymenring und ihre der Schlundfarbe angepaßte Färbung. (Heimat: Nordargentinien, im Norden der Provinz Salta, in etwa 3000 m Höhe ü. M., Karte III, J 5.)

In diese Gruppe gehören noch verschiedene Abarten von *L. jajoiana* und auch die neue ockergelb mit violettem Hymen blühende *L. uitewaaleana,* von denen jedoch keine die Schönheit der *L. jajoiana* erreicht.

Lobivia schreiteri (14.)

hat kaum über 3 cm Durchmesser. Der graugrüne Körper mit 9 bis 14 Rippen ist beilartig gehöckert, die kurz weißwolligen, ovalen Areolen tragen 7 bis 9 graue, leicht einwärts gekrümmte Randdornen und einen geraden Mitteldorn, der an der Dornenwurzel rosa, darüber honiggelb und oben braun ist. Er fehlt aber auch häufig. Die sich weit öffnenden Blütenblätter der seitlich am Körper stehenden mittelgroßen Blüten sind hellrötlich, rot gestrichelt. Auffallend sind die tief purpurroten, ganz verschieden langen Staubfäden, an deren gekrümmtem oberem Ende die hellgelben Staubbeutel sitzen. Griffel gelblichgrün mit 6 gelben Narben. (Heimat: Nordargentinien, Prov. Tucuman, Karte III, K–L 5.)

Lobivia stilowiana (14.)

ähnelt etwas der bereits erwähnten L. mistiensis. Sie ist dunkelgrün, etwa 5 cm dick bei 6 cm Höhe und hat 23 scharfrückige Rippen. Auf den versetzten Höckern in 13 mm Abstand längliche Areolen mit 5 bis 7 anfangs rötlichen Randdornen und einem etwas längeren, schwärzlichen Mitteldorn, nach oben gerichtet. Die 4 cm langen, willig erscheinenden Blüten sind zinnober-karmin gefärbt mit weißlichem Schlund. Griffel und Narben grünlich, ebenso die trichterartige Blütenröhre. Die Knospen sind glänzend dunkelrot. (Heimat: Nordargentinien, Karte III, J–K 5–6.)

Etwas Ähnlichkeit hat *L. uitewaaleana* mit graugrünem Körper, dunklen Hakendornen, ockergelben Blüten mit violettbraunem Schlund.

Lobivia tiegeliana (15.)

ist eine schön violettrosa blühende Art. Der glänzend grüne Körper hat 18 durch Querfurchen unterbrochene Rippen. Die 8 bis 12 wie in Wellenlinien verlaufenden, hellgelben, rotbraungespitzten Randdornen sind bis 10 mm lang. 1 bis 3 übereinander stehende Mitteldornen sind glänzend schwarzbraun mit hellerem Fuß. Die $2^1/_2$ cm langen Blüten, die sich bis zu 42 mm Durchmesser öffnen, sind leuchtend violettrosa mit dunklerem Schlund. Auffallend ist die eigenartige, gedrehte Knospe. (Heimat: Fundort unbekannt.)

Die sehr ähnliche *L. peclardiana* ist dunkler grün und wird etwas größer. Der Mitteldorn hat eine hakig gebogene Spitze. Auch die Blüten sind größer, rosalila, hellila oder weiß.

Mediolobivia aureiflora,

die »goldgelbblühende M.«, bildet meist Gruppen von dunkelgrünen, rötlich überhauchten Kugeln. Die Rippen sind ganz in rundliche Höcker aufgelöst, die mit 15 bis 20 weißlichen oder bräunlichweißen Borsten besetzt sind. Blüten 4 cm breit, leuchtend apfelsinenfarben mit weißem Schlund. (Heimat: Nordargentinien, Prov. Salta in 2800 m Höhe, Karte III, K 5.)

Von dieser herrlichen, leicht- und vielblühenden Art gibt es zahlreiche Abarten, die in der Bedornung (teilweise bis 5 cm lange Borsten!) wie auch in Größe und Schattierung der Blüten stark voneinander abweichen. *M. boedeckeriana, M. duursmaiana* und *M. elegans* ähneln der vorgenannten Art.

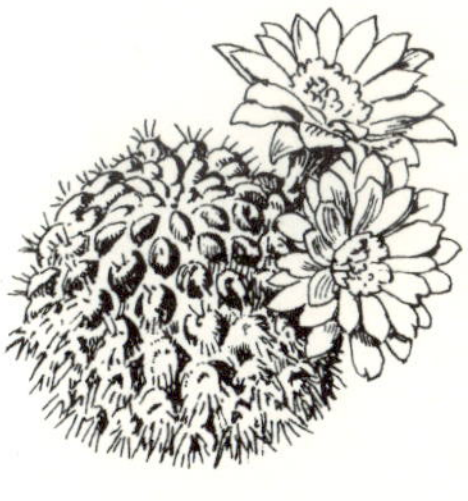

Mediolobivia kesselringiana (M. aureiflora var. rubriflora)

hat die gleiche Form und Größe wie *M. aureiflora*, blüht aber in einer ganz ausgefallenen Farbe: rosenrot! Auch bei dieser Art sind die 5 cm großen Kugelkörper violett überhaucht, außer im Neutrieb, die Rippen ganz in flache Warzen aufgelöst, die in 7 bis 8 mm Abstand die weißen oder schwach gelblichen Areolen tragen. 14 bis 18 Dornen, zum Teil glashell, zum Teil bräunlich, werden 5 mm, vereinzelt 1,5 cm lang. Die kräftig rosenroten Blüten aus der Körpermitte werden 4 cm lang und breit. (Heimat: Nordargentinien, Prov. Salta, Karte III, K 5.)

Von rotblühenden Arten gibt es noch: *M. blossfeldii, aureiflora var. rubelliflora* und die schön bedornte *var. sarothroides.*

Mediolobivia (Pygmaeolobivia) haagei (syn. M. neopygmaea)

schließt in der Wuchsform an die *Lobivia rebutioides* an. Auf dicken Rübenwurzeln sitzen kleine eiförmige Kugelkörper, hellbläulichgrün, einzeln oder gruppenbildend, der Kopf bei 2 cm Durchmesser etwa 3 cm hoch. Auf 10 bis 11 in kleine, flache Warzen aufgelösten Rippen sitzen in 4 mm Abstand auf bräunlichfilzigen Areolen etwa 10 bis 12 glasigweiße Dornen mit rötlichem Fuß, etwa 3 mm lang, dem Körper anliegend, ohne Mitteldorn. Die hellachsfarbenen oder auch dunkleren, etwas gestreiften Blüten öffnen sich weit und haben bis zu 4 cm Durchmesser. (Heimat: Nordargentinien, Prov. Salta und Jujuy, Karte III, J—K 5.)

Mediolobivia schmiedcheniana

hat zylindrischen Wuchs und wird bei etwa 2 bis 3 cm Durchmesser bis 8 cm hoch. Die Art sproßt reichlich, wächst aber sonst langsam. Auf in etwa 14 Rippen angeordneten kurzen Warzen sitzen dünne, graue Dornenborsten mit bräunlichem Fuß. Blüten tief goldgelb mit blasserem Schlund. (Heimat: nicht genau zu ermitteln, vermutlich Nordargentinien, Salta, Karte III, K 5.)

Gleichfalls zylindrischen Wuchs haben *M. conoidea* und *M. conoidea var. columnaris*. Beide blühen goldgelb mit einem Durchmesser von 24 bis 28 mm. Bei ersterer ist der Körper violettgrün, bei der Varietät dagegen mehr blaß graugrün. Auch *M. digitiformis* wächst zylindrisch.

Mediolobivia euanthema var. oculata

ist eine der schönsten dieser Gattung. Sie wächst gruppenbildend, hat etwa 10 gehöckerte Rippen, die Areolen mit ungleich langen, glasighellen, oft gewundenen, am Ansatz braunen Dornen besetzt. Mitteldorn fehlt. Die schönen Blüten erreichen bis 5 cm Durchmesser, sind leuchtend karminrot mit einer gelblich bis goldbronze getönten Mitte und weißlichem Schlund, aus dem die karminvioletten Staubfäden sich herausheben. Die Blütenröhre ist außen hellgrün beschuppt und stark weiß behaart. (Heimat: vermutlich Nordargentinien, Karte III, K—J 5.)

Auch die viel kürzer bedornte *M. pectinata* v. *neosteinmannii* hat zuweilen eine helle Mitte.

Mediolobivia costata

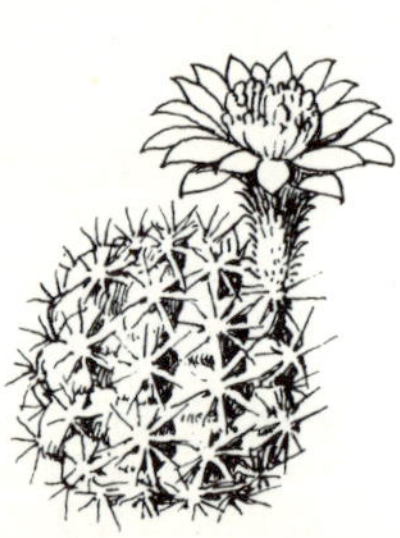

ist an ihren deutlich ausgeprägten 8 bis 9 Rippen, nach denen sie benannt ist, gut zu erkennen. Sie bleibt niedrig und wächst breit. Ihre hellen Dornen sind regelmäßiger und kürzer als bei *M. euanthema*. Aus schwarzgrünen Knospen entwickeln sich 3 bis 3,5 cm lange, spitze, orangerote Blüten. (Heimat: vermutlich Nordargentinien, Karte III, K—J 5.)

Ähnlich im Wuchs ist die stärker gerippte und dunkel gespitzt bedornte *M. ritteri*. Andere rotblühende Arten sind: *M. haefneriana* (Blüten sehr dunkel und leuchtend), *M. eucaliptana* (Körper hellgrün), *M. pectinata var. atrovirens* (Körper glänzend dunkelgrün) und *M. orurensis* (Körper glänzend violett).

Mediolobivia nigricans,

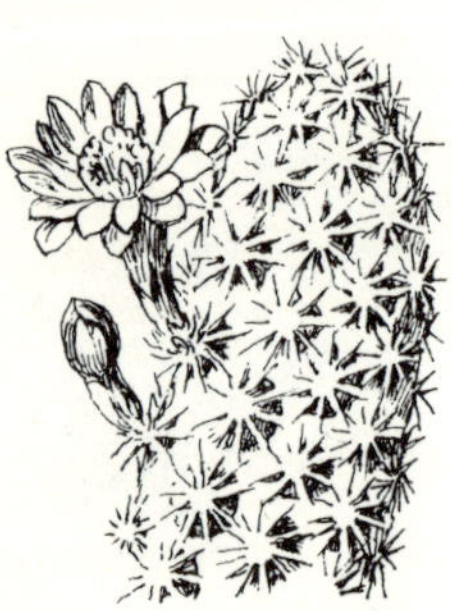

die »schwärzliche M.«, ist an der dunkelbraunen Körperfarbe mit matt-violettem Schimmer gut zu erkennen. Sie erreicht bis 2 cm Durchmesser und wächst kurzzylindrisch. Die 11 schräg verlaufenden Rippen sind in kleine Höcker aufgelöst, die auf braunfilzigen Areolen je 8 bis 12 seitlich spreizende, bronzefarbene, später graue Dornen tragen. Knospen erscheinen seitlich unten und sind glänzend dunkelrotbraun und etwas behaart. Die feuerroten Blüten mit den spateligen Petalenenden öffnen sich weit radförmig. (Heimat: Genauer Fundort unbekannt, vermutlich Argentinien/Bolivien, Karte III, G—K 5.)

Auch *M. auranitida* wächst etwas zylindrisch, hat 11 Rippen und ist matt dunkelgrün mit violettem Hauch, die Blüten sind jedoch trichterig und glänzend goldbronzefarben mit weißen Staubfäden.

Aylostera fiebrigii

wird in unseren Sammlungen etwa 8 cm hoch, 6 cm im Durchmesser und glänzend laubgrün. In der Heimat erreicht sie diese Größe kaum, sie bleibt kleiner und wird mit zunehmendem Alter vielköpfig. Ihr Scheitel ist etwas eingesenkt, aber nicht von Dornen überragt, die jungen Areolen sind fast kahl. Die 17 spiraligen Rippen sind in kegelförmige Höcker zerlegt. Die 8 mm entfernten, weißlichen Areolen tragen je 30 bis 40 borstenförmige, weiße Dornen, von denen einige bis 2 cm lang werden und hellbraun gespitzt sind. Blüten erscheinen zuverlässig zu mehreren rings um den Pflanzenkörper, sind 35 mm lang und leuchtendgelbrot. (Heimat: Bolivien, in 3600 m Höhe, Karte III, G–H 4–5.)

Ähnlich sind *A. pseudodeminuta* und var., *A. deminuta, A. pseudominuscula* (Körper glänzend dunkelgrün) und die mit 3,5 cm Durchmesser feurigorangerot blühende *A. kupperiana,* die helle Randdornen und schwarzbraun gespitzte Mitteldornen hat.

Aylostera spegazziniana

wächst zylindrisch etwa 8 cm hoch bei 5,5 cm Durchmesser und bildet Gruppen durch Sprossung am Grunde. Die etwa 15 bis 20 Rippen sind in spiralige Warzenreihen aufgelöst. Auf den 5 mm entfernten braunfilzigen Areolen sitzen je 12 bis 15 strahlenförmig gestellte Randdornen von etwa 5 mm Länge, glashell mit dunklerer Spitze, und 2 bis 3 dunkelbraune Mitteldornen. Blüten 4,5 cm lang und 4 cm breit, leuchtendrot mit weißen Staubfäden. (Heimat: Nordargentinien, Prov. Salta, auf felsigen Bergkuppen in 3500 m Höhe, Karte III, K 5.)

Aylostera spinosissima

ist eine weitere schöne Art. Ihr Körper ist etwas kleiner als der der vorigen, hellgrün, sehr dicht mit weißlichem Dornenborstenpelz umhüllt, einige hornfarbig, braungespitzt, Blüten hellrot mit gelbgrüner Röhre, 2 cm Durchmesser. (Heimat: Nordargentinien, Salta in 2500 m Höhe, Karte III, K 5.)

A. albiflora, eine kleinkugelige, weiß bedornte Zwergart blüht weiß, außen blaß rosa. Die orange blühende *A. muscula* ist dicht weiß beborstet. (Form von *A. fiebrigii* var. *densiseta?*)

Bei allen Aylostera-Arten ist die Blütenröhre mit dem unteren Teil des Griffels verwachsen. Auf Grund dieses Merkmals ist Aylostera von den Rebutien abgetrennt bzw. zur Untergattung erklärt worden.

Rebutia minuscula,

die »winzige R.«, der beliebte Zwergkaktus, ist 1895 beschrieben. Der flachkugelförmige, glänzendgrüne Körper erreicht bis 6 cm im Durchmesser bei 3 bis 4 cm Höhe. Seine Rippen sind ganz in flache, rundliche Warzen aufgelöst, auf denen die etwa 30 borstenförmigen, weißlichen, nur 4 bis 8 mm langen Dornen sitzen. Die roten Blüten erscheinen schon bei einjährigen Pflanzen aus den Areolen rings am Grunde des Körpers und werden bis 4 cm lang. Sie öffnen sich morgens und schließen sich am Abend, halten aber 3 bis 4 Tage. Bei kühler, heller Überwinterung kann jeder Anfänger diese reizende kleine Art zur Blüte bringen. (Heimat: Nordwestargentinien, Provinz Tucuman, Karte III, K 5.)

Der Name *R. minuscula* darf nicht mit dem der dicht weißfelligen *A. muscula* (= Mäuschen) verwechselt werden, die Mengen von orangefarbenen Blüten zeigt.

Rebutia xanthocarpa,

die »gelbfrüchtige R.«, ist kleiner als *R. minuscula,* laubgrün, gleichfalls sehr beliebt, besonders schön die lachsrot blühende *R. xanthocarpa var. salmonea.* (Heimat: Nordargentinien, Prov. Salta, Karte III, K 5.)

In neuerer Zeit ist die braungelb bedornte *R. knuthiana* hinzugekommen, eine Abart von *R. violaciflora.*

Rebutia krainziana

ist durch ihre weißfilzigen Areolen und die großen roten Blüten eine besonders beliebte Art. Der mattgrüne, anfangs flachkugelige Körper hat bei 3 bis 4 cm Durchmesser etwa $2^1/_2$ cm Höhe. Veredelte ältere Exemplare werden oft etwas säulig. Die Rippen verlaufen spiralig und sind durch Querkerben in Warzen aufgelöst, auf denen die weißwolligen, großen ovalen Areolen mit je 8 bis 12 kurzen weißen Dornen sitzen. Die 3 cm langen und 4 cm breiten, kräftigroten, in der Mitte etwas violett schimmernden und gelbschlundigen Blüten erscheinen ringsum am Grunde der Pflanze. (Heimat: Bolivien, Karte III, G–H 4–5.)

Rebutia senilis

wird bis 7 cm breit und hoch. Der gedrückt kugelige, hellgrüne Körper ist ganz von weißen glasartigen Borsten eingehüllt, die bis 3 cm Länge erreichen. Die Blüten vom Grunde der Pflanze sind hellkarminrot, bis 5 cm lang und 4 cm breit. (Heimat: Nordargentinien, Provinz Salta, Karte III, K 5.)

Von dieser schönen, leicht wachsenden Art gibt es verschiedene Abarten. Sehr beliebt sind die gelbblühenden *var. kesselringiana* und *var. sieperdaiana* sowie die rotblühende *var. breviseta*, die leicht mit *Rebutia krainziana* verwechselt wird. Sehr ähnlich, doch durch die Dornenstellung verschieden, ist *R. dasyphrissa* mit kleineren, blutroten Blüten und plumperen Warzen und die weit verbreitete *R. chrysacantha* mit goldgelben Dornen.

Rebutia marsoneri

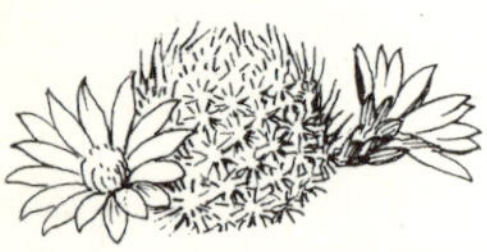

ist gelblich-bräunlich bedornt und blüht hell- bis goldgelb. (Heimat: Nordargentinien, Prov. Jujuy, Karte III, J–K 5.)

Auch die weiß bedornte *R. senilis var. sieperdaiana* blüht goldgelb.

Eine weitere gelbblühende Form ist die schön weiß bedornte *R. senilis var. kesselringiana*, die wir am besten an ihren grünen Knospen erkennen können.

Rebutia violaciflora

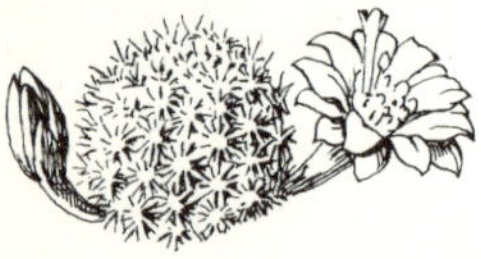

ähnelt äußerlich sehr der R. marsoneri, blüht aber überraschend in einem hellen Violettrosa, das etwas der Blütenfarbe der seltenen *Mediolobivia kesselringiana (M. aureiflora var. rubriflora)* ähnelt. Die braundornige *R. violaciflora v. knuthiana* dagegen blüht karminrot. (Heimat: Nordargentinien, Salta, Karte III, K 5.)

Sulcorebutien mit ihren pectinaten Dornen auf länglichen Areolen knospen wie Weingartien. Sie gedeihen und blühen leicht. *S. steinbachii* wächst gruppenbildend und blüht rot bis karminviolett. *S. kruegeri*, kugelig, heller bedornt, hat 2,5 cm große rötlichgelbe Blüten.

Rebutia wessneriana

wird mit 10 cm Durchmesser größer als alle anderen Rebutien. Trotz der langen weißen Dornen bleibt der tief eingesenkte Scheitel kahl. Er verträgt volle Sonne und färbt sich dann leicht violett. Die in Warzen zerlegten Rippen verlaufen spiralig, die Areolen sind 5 mm voneinander entfernt. Auf den Areolen befinden sich je etwa 25 starr aufrecht stehende, 2 cm lange, weiße Borstendornen, einige sind leicht bräunlich gespitzt. Die regelmäßig erscheinenden, großen leuchtend blutroten Blüten haben bis 55 mm Durchmesser. Die Spitzen der schmallanzettlichen Blütenblätter schimmern fast violett, der Griffel ist rosaorangefarben mit 6 weißlichen Narben. (Heimat: Nordargentinien, Karte III, J–K 5–6.)

Rebutia calliantha

Rebutia calliantha steht der vorgenannten am nächsten. Sie wird bei 6,5 cm Dicke bis 10 cm hoch, ist auch borstig weiß bedornt, jedoch nicht so lang wie *R. wessneriana*. Der Scheitel ist von Dornen überdeckt, nicht kahl. Die Blüten haben bis 4,5 cm Durchmesser und sind zinnoberrot, außen mit violetten Schuppen, im Schlund hellorange. (Heimat: Nordargentinien, Karte III, K 5.)

Igelkakteen – Echinocactus

Die Angehörigen dieser alten Sammelgattung, die Professor Link, Berlin, 1827 aufstellte, könnte man nach ihrer äußeren Form auch wie die Arten der vorigen Kapitel Kugelkakteen nennen. Sie sind aber doch in Gestalt, Bedornung und Blüten viel abwechslungsreicher als die Echinopsen und Lobivien. Ich glaube, daß sie zusammen mit den Mammillarien bei den Kennern weitaus am beliebtesten sind und mehr als andere Gattungen gesammelt werden. Das kommt wohl daher, daß sie – von Ausnahmen abgesehen – gut in unseren Sammlungen wachsen und meist leicht zur Blüte kommen, daß außerdem ihre vielgestaltige und oft farbenprächtige Bedornung schon allein des Sammelns wert ist. Wo aber anfangen, was wählen aus der Fülle der Arten? Es sind deren viele Hunderte, und die alte Großgattung Echinocactus ist heute in über 40 Gattungen aufgeteilt. Auch wenn wir davon nur eine Auswahl kennenlernen wollen, möchten wir sie doch irgendwie klassifizieren. Aber eine Einteilung nach äußeren Merkmalen – Körperformen, Rippenzahl, Bedornung usw. – wie ich sie in anderen Kapiteln dieses Buches anstrebte, läßt sich bei den Echinocacteen nicht durchführen, ohne daß dieses Kapitel unübersichtlich würde. Es gibt bald mehr Abweichungen als Regelmäßigkeiten. Ich finde da z. B. in einer botanisch-systematischen Einteilung: »A.: Rippen sehr hoch, oder wenn geringer hoch, dann mehr breit, ununterbrochen oder leicht gegliedert. Dornen gerade oder etwas gekrümmt, sehr selten fehlend. B.: Rippen hoch, mehr oder minder gegliedert, manchmal gehöckert … usw. C.: Rippen weniger hoch, stark gepreßt, kartonartig … usw.« Der Botaniker, der die betreffenden Pflanzen sowieso kennt, wird sich in dieser Einteilung zurechtfinden, aber nicht der Laie, der sie dadurch erst kennenlernen will. Ich verzichte also darauf, einzelne Gruppen zu konstruieren und in ein Schema zu pressen und gruppiere nur nach den neuen Gattungsnamen. Dadurch entsteht ein klares Bild, da man bei gleichem Gattungsnamen auch auf gleiche Pflege schließen kann. Ich verzichte im Interesse der Übersichtlichkeit auf Trennung nach mittelamerikanischer und südamerikanischer Herkunft, gebe aber die Heimatländer jeweils an, damit auch sie für die Pflege richtungsweisend sein können. Als Anordnung ist die alphabetische Folge der Gattungsnamen gewählt.

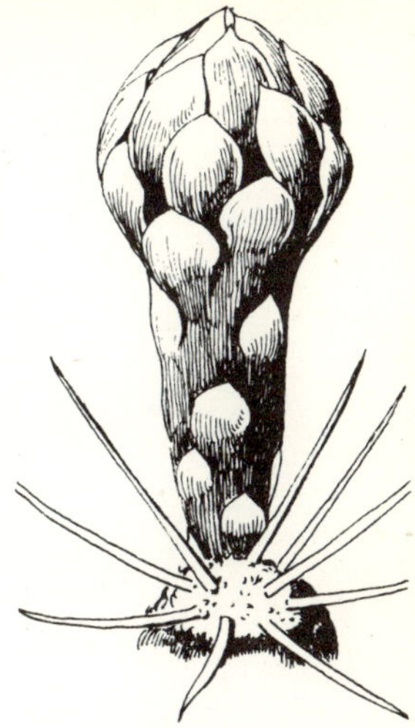

Knospe aus der Areole – Merkmal der Echinocacteen

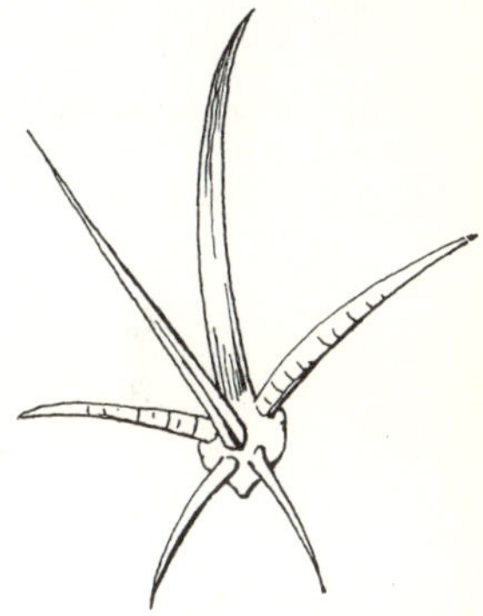

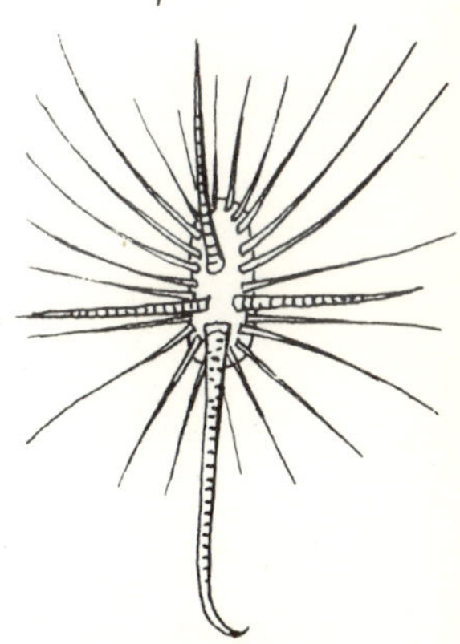

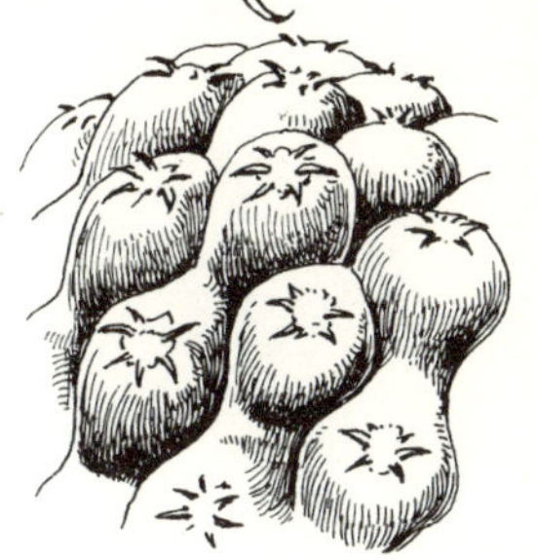

Besonders leichtwachsende und deshalb empfehlenswerte Gattungen sind die Notocacteen, Gymnocalycien, Eriocacteen, Brasilicacteen und Malacocarpen. Wer seinen Pflanzen viel Sonne und Wärme bieten kann, wird auch mit Thelocacteen und Ferocacteen gute Erfolge haben, während die Echinofossulocacteen und Hamatocacteen – obgleich sie aus Mexiko stammen – auch bei weniger sonnigem Stand willig wachsen. Mit den südamerikanischen Gattungen hat man am wenigsten Schwierigkeiten. Sie lieben eine nahrhafte, aber gut wasserdurchlässige Erde und werden etwas mehr gegossen als die mexikanischen Arten. Bei Gymnocalycien und Notocacteen ist Freiluftkultur im Sommer ebenso anzuraten wie bei Lobivien, Aylosteren und Rebutien. Malacocarpen dagegen brauchen mehr Wärme, man kann sie zwischen die mexikanischen Arten setzen, die doch meist unter Glas gehalten werden müssen, wo das Klima für diese Kinder heißer Zonen zu rauh ist. Auch bezüglich der Erde sind Mexiko-Arten anspruchsvoller, ihnen sind mineralische Bestandteile der Erdmischungen wichtiger als Humus, und die Wärme ist ihnen nötiger als viel Wasser. Echinofossulocacteen als Wiesenbewohner bilden hierbei eine Ausnahme, aber für mexikanische Gattungen wie Ferocactus, Homalocephala und ähnliche kann es gar nicht sonnig und heiß genug bei uns sein.

Außenseiter der Südamerikaner sind die chilenischen Arten, also vor allem die Gattungen *Neochilenia* und *Copiapoa*, deren Vegetationszeit in unserem Winter beginnt. Wir bemerken oft schon im Januar den Neutrieb, wenn sie etwas wärmer als die anderen Kakteen stehen. Dementsprechend müssen wir ihnen aber auch eine etwas frühere Ruhezeit gönnen, dann sind sie durchaus nicht so heikel, wie oft von ihnen behauptet wird. Die Notwendigkeit wärmerer Überwinterung wird von manchen erfahrenen Züchtern überhaupt abgelehnt. Die schön bedornten Parodien werden viel durch Veredlung vermehrt, obgleich sie auch wurzelecht gut wachsen und oft schon vom 2. Jahr ab reich blühen.

Brasilicactus haselbergii

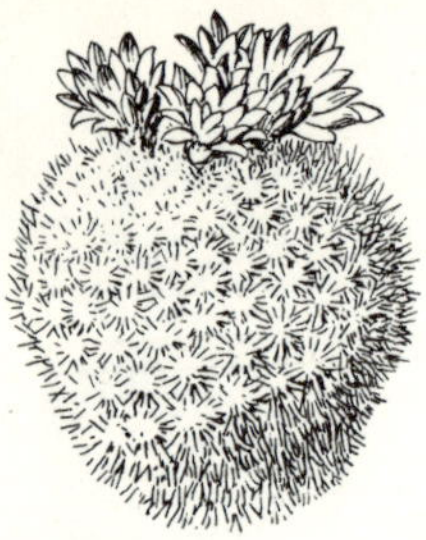

Der hellgrüne Kugelkörper ist ganz von dünnen weißen Dornen umhüllt, die kaum einen Zentimeter lang sind. Die 30 oder mehr Rippen sind in kleine Höcker aufgelöst. Schon im zeitigen Frühjahr werden in der Scheitelmitte die Knospen sichtbar, und bald öffnen sich die 1,5 cm großen feurig gelbroten Blüten, die auf der glashellen Bedornung einen prächtigen Anblick geben. (Heimat: Südbrasilien, Rio Grande do Sul. Karte III, L—M 8.)

Aus der gleichen Gegend kommt *B. grässneri*, der meist etwas flachkugelig wächst. Er ist goldgelb bedornt und blüht eigenartig grünlichgelb. Beide Pflanzen haben fast stets einen schiefen Scheitel infolge Wachstumshemmung an der Sonnenseite. Die neuentdeckten *Uebelmannia*-Arten stammen aus Ostbrasilien.

Copiapoa coquimbana

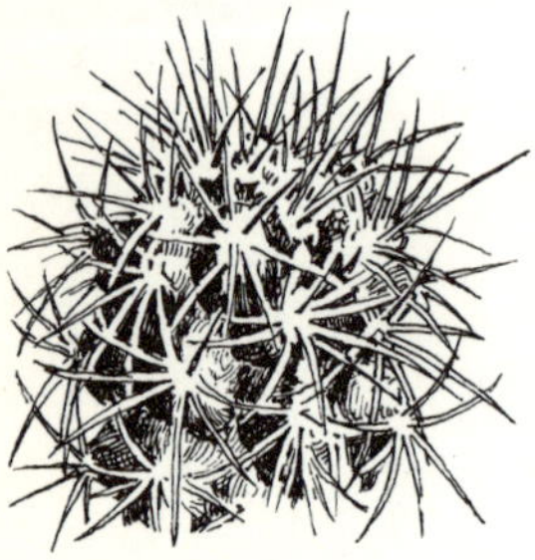

Diese schöne Art aus Coquimbo ist frischhellgrün, kugelig mit weißwolligem Scheitel, dunkel bedornt und wächst rasenbildend zu großen Gruppen heran. Die 3 cm großen, glockenförmigen gelben Blüten mit nacktem Fruchtknoten erscheinen aus der Scheitelwolle, doch nicht sehr häufig. (Heimat: Chile, Provinz Coquimbo, Karte III, L 4.)

Flacher und eintriebig im Wuchs ist die 13rippige, nasenartig gehöckerte *C. fiedleriana* mit kastanienbraunen Dornen, während *C. pepiniana* dunkelgelbe Dornen und fast weiße, außen rotgestreifte Blüten hat. *C. streptocaulon* ist mehr säulenförmig im Wuchs. Beliebt sind auch die schwarz bedornten, kalkig weiß bereiften *C. cinerea* und ihr nahestehende *C. lembckei. C. haseltoniana* hat gelbliche Dornen und bräunliche Epidermis. *C. humilis* hat grauolivgrünen Körper mit eingesenkten Areolen auf den warzenartigen Höckern. *C. krainziana* ist mit langen weißen Borsten besetzt die auffallendste Art. Copiapoa sind eigenartige, urwüchsige Pflanzen, deren Haut wie verwittert wirkt. Sie müssen trocken überwintert werden, sonst blühen sie nicht. Die seltene Gattung Jslaya wächst in dem extrem trockenen pazifischen Wüstengebiet Südperus und hat dichten Wollfilz im Scheitel. Sie braucht Mineralerde und sehr wenig Wasser, blüht gelb und wächst sehr langsam.

Echinocactus grusoni,

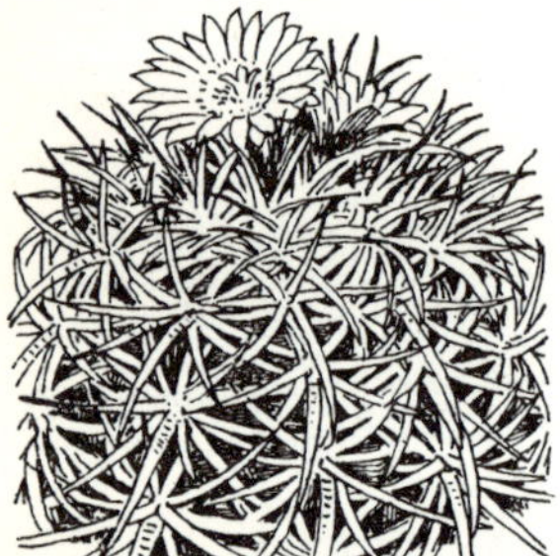

der beliebte »Goldkugelkaktus«, ist lebhaft grün gefärbt, vielrippig und dicht mit leicht gekrümmten Dornen besetzt, die im Neutrieb goldgelb sind, später verblassen und fast weiß werden. Es gibt übrigens auch einen ganz weißdornigen *E. grusonii* als besondere Seltenheit. In den ersten 3 bis 4 Jahren sind die Rippen der jungen Pflanzen noch in Höcker zerlegt. Die strohigen, gelben Blüten erscheinen aus der Scheitelwolle alter Pflanzen und öffnen sich nur bei voller Sonne. (Heimat: Mexiko, San Luis Potosi bis Hidalgo, Karte II, K 11.)

Zur Gattung Echinocactus (nicht identisch mit der alten Sammelgattung Echinocactus!) gehört noch der in jungen Exemplaren schön blau gestreifte *E. ingens* sowie der nicht für Zimmerpflege geeignete *E. horizontalonius.*

Echinofossulocactus coptonogonus,

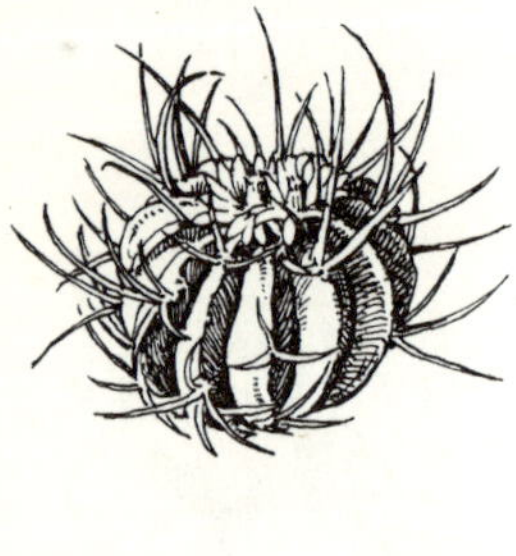

der »kerbrippige Lamellenkaktus«, ist eine Ausnahme in dieser Gattung mit dem ungefügigen Namen, der eigentlich »Stenocactus« lauten sollte. Als einzige Art dieser Gattung hat *coptonogonus* nur 10 bis 14 scharfe Rippen, einen graugrünen Kugelkörper und auf 2 bis 3 cm entfernten Areolen 3 bis 5 aufwärts gebogene kräftige Dornen. Blüten selten, weißlich mit karminrotem Mittelstreif. (Heimat: Mexiko, San Luis Potosi, Karte II, K 11.)

E. pentacanthus hat gleichfalls nur 5 kräftige Dornen, von denen der oberste stark verbreitert ist. Die Art hat jedoch wie ein echter »Lamellenkaktus« etwa 30 Rippen. Mit 6 bis 8 kurzen und einem breiten, nach oben gerichteten, bis 8 cm langen braunen Dorn versehen ist *E. phyllacanthus*, der weiß mit rotem Mittelstreif blüht. Wie bereits erwähnt, sind Echinofossulocacteen Wiesenbewohner, die im Sommer reichlicher gegossen werden müssen.

Echinofossulocactus gladiatus,

der »schwertartig bedornte Lamellenkaktus«, hat auch etwa 30 lamellenartige Rippen, 4 bis 6 weiße glasartige Randdornen und 4 längere Dornen, von denen der mittlere, nach oben gerichtete, flach gedrückt und etwa 3 cm lang ist. Die 4 langen Dornen sind hornfarben mit dunklerer Spitze. Die kleinen Blüten sind weiß bis schwefelgelb. (Heimat: Ostmexiko, Karte II.)

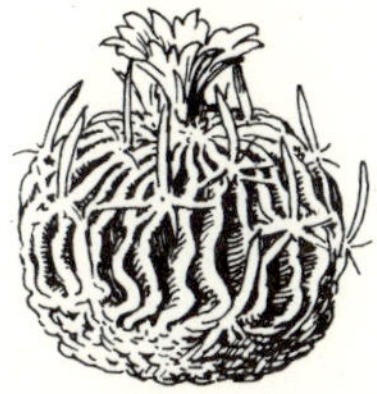

Sehr ähnlich ist der 30rippige *E. crispatus* mit 7 Randdornen, von denen die 4 nach oben gerichteten 2 bis 4 cm lang werden, und einem Mitteldorn. Der Mitteldorn ist am längsten und immer stielrund, hellhornfarben mit brauner Spitze. Blüten violett mit karminrotem Mittelstreif. Bei *E. violaciflorus* ist der nach oben gerichtete Dorn besonders breit, gekielt und geringelt, bis 3 cm lang. Blüten weiß mit violettem Mittelstreif. Auch *E. lamellosus* mit 6 weißen, bräunlich gespitzten Dornen und karminroten Blüten ist den vorigen sehr ähnlich.

Echinofossulocactus vaupelianus

ist mit seinen langen weißen Randdornen und schwarzen Mitteldornen ein Schmuckstück ersten Ranges. Der kugelige, grüne Körper ist von einem Geflecht strahlenförmiger, glasigweißer Randdornen umgeben, von denen sich die 1 bis 2 übereinanderstehenden schwarzbraunen, später rotbraunen Mitteldornen, die bis 7 cm Länge erreichen, stark abheben. Die dicken, watteähnlichen, schneeweißen Areolen verstärken noch den herrlichen Farbkontrast. Die willig erscheinenden Blüten sind cremefarben mit dunklem Rückenstreifen. (Heimat: Mexiko, Karte II.)

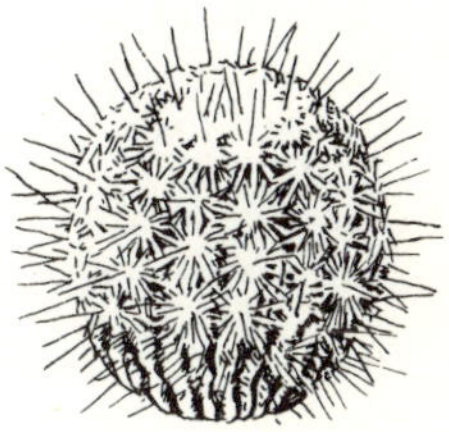

E. ochoterenaus steht dem vorigen nahe, doch sind die langen Mitteldornen strohgelb und flachgedrückt. Auch *E. tetraxiphus* hat 4 breitgedrückte, säbelförmige, gelbbraune Mitteldornen, während es bei *E. wippermannii* drei flachgedrückte, schwach geringelte Mitteldornen sind.

Echinofossulocactus multicostatus,

der »vielgerippte Lamellenkaktus«, erreicht mit etwa 100 die höchste Rippenzahl aller Kakteen. Die oft eng aneinander gepreßten Rippen sind auch noch vielfach gefaltet. Der kugelige Körper ist von fast vierkantigen Dornen überragt, die zu je 6 bis 7 auf weißfilzigen Areolen sitzen. Die 3 oberen sind bis 8 cm lang, dünn und braungelb. Die kleinen weißen Blüten erscheinen nur selten. (Heimat: Mexiko, bei Saltillo in 2000 m Höhe in Felsspalten, Karte II, H 11.)

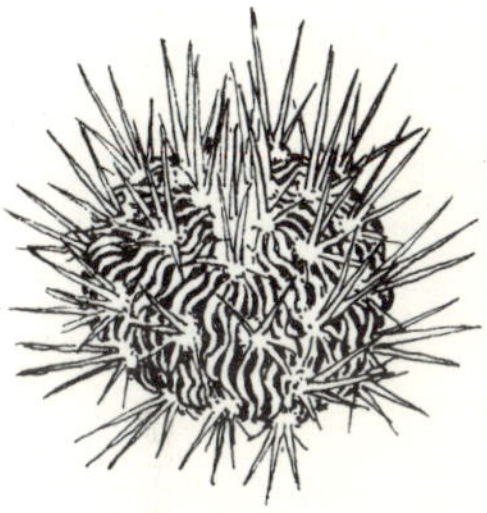

Gleichfalls sehr vielrippig ist *E. zacatecasensis*, dessen 3 bräunliche Mitteldornen von unterschiedlicher Länge und nicht geringelt sind, nur der mittlere ist abgeflacht. Auch diese schöne Art ist eine auffallende Erscheinung.

Eriocactus leninghausii

wird mancher Laie unter den Säulenkakteen suchen, und tatsächlich wurde er auch bei seiner Ersteinführung im Jahre 1895 als Pilocereus beschrieben. Erst als die Blüte bekannt wurde, klärte sich der Irrtum auf. Die etwa 30rippige Art ist wegen ihrer langen und dichten goldgelben Borstendornen allgemein besonders beliebt, schon als kleiner Sämling wirkt sie ganz reizend. Die seidenglänzend hellgelben, 5 cm großen Blüten erscheinen aus dem weißfilzigen, stets schiefen Scheitel willig bei Pflanzen von etwa 18 cm ab und bleiben mehrere Tage und Nächte geöffnet. (Heimat: Südbrasilien, Rio Grande do Sul, Karte III, L 8.)

Der an Gestalt ähnliche *E. schumannianus* hat nicht die feinen Borsten wie *E. leninghaussii*, sondern je Areole 4 bis 7 gelbbraune, bis 5 cm lange Dornen. *E. grossei* hat etwa 4 rotbraune Dornen, von denen einer bis 4 cm Länge erreicht. Gelbe, dünne Borsten trägt der neue *E. magnificus*, dessen Körper bei erwachsenen Pflanzen schön blau bereift ist.

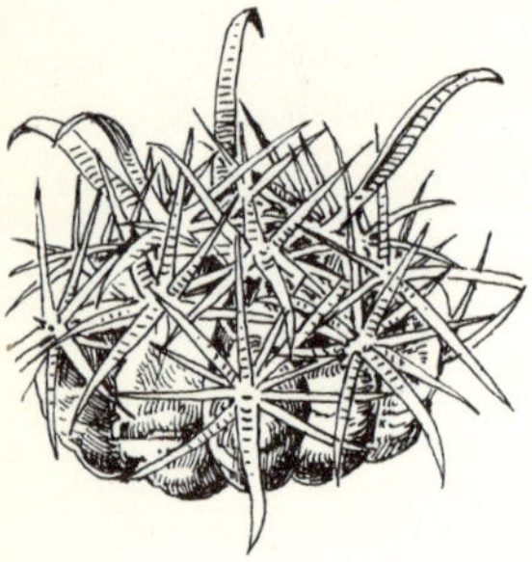

Ferocactus latispinus (E. corniger),

der »breitdornige F.«, wird wegen der gebogenen, roten Dornen »Teufelszunge« genannt. Der halbkugelige Körper hat etwa 20 scharfe Rippen, die mit sehr dicken Dornen besetzt sind. Der unterste der 4 Mitteldornen ist die erwähnte rote Zunge, er wird bis 3 cm lang und 7 mm breit, ist hakig gekrümmt und quer gerillt. Die Art zeigt in unserem europäischen Klima nur selten ihre Blüten, sie sind rötlich, eigenartig beschuppt und duften angenehm. (Heimat: Ost- und Mittelmexiko, bis in 3000 m Höhe, Karte II, G–M 10–12.)

Ferocactus macrodiscus ähnelt in Körperform und Rippenzahl dem *F. latispinus* und hat gekrümmte gelbe Dornen, die sich gut von dem blaugrünen Körper abheben. Gleichfalls flachkugelig und blaugrau bereift ist *Echinocactus horizontalonius* mit einwärtsgebogenen, hornfarbenen Dornen, die jedoch keine hakig gekrümmten Spitzen haben. Leider wächst diese Art schwer.

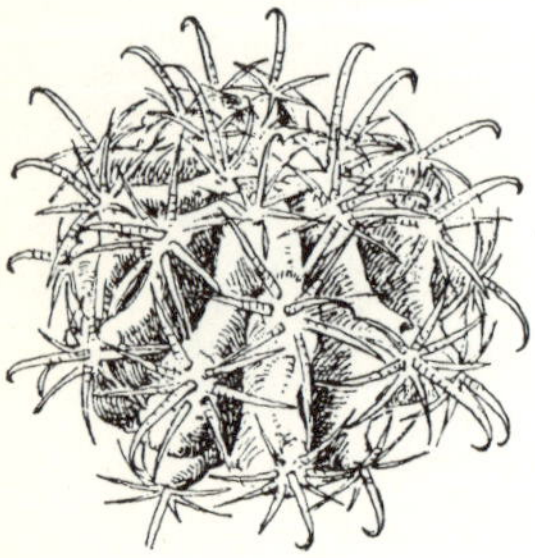

Ferocactus recurvus,

der »abwärtsgebogene F.«, unterscheidet sich von den obigen flachgedrückten Arten durch den kugeligen Wuchs des frischgrünen Körpers. Er hat etwa 13 Rippen und auf 3,5 cm voneinander entfernten graufilzigen Areolen je 8 gelbliche Dornen und einen flachen roten Mitteldorn, der 4 cm lang, 4 mm breit und mit hakig gekrümmter Spitze versehen ist. Die Blüten sind 5 cm lang, karminrosa mit dunklerem Mittelstreif und erscheinen nur selten. (Heimat: Nordmexiko, Karte II.)

F. emoryi hat die gleiche Anzahl stark gehöckerter Rippen und eine besonders im Neutrieb herrlich rote Bedornung. Seine Mitteldornen werden bis 13 cm lang. Er gehört schon zu den großen Ferocacteen, ebenso wie *F. lecontei*, *F. wislizenii* und *F. acanthodes (cylindraceus)*, der für seine lange rote Bedornung den volkstümlichen Namen »Teufels Nadelkissen« bekam.

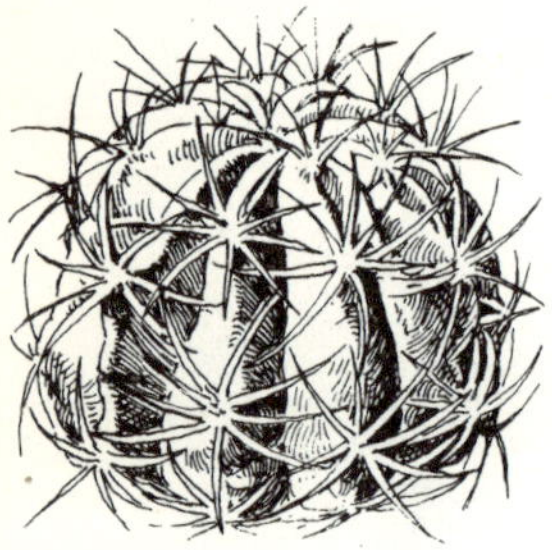

Ferocactus melocactiformis (F. histrix)

oder (fälschlich) *F. electracanthus*, wie er nach seinen bernsteinfarbenen Dornen genannt wird, hat einen mittelgroßen, kugeligen Körper und bis 25 scharfe Rippen. Auf 2 bis 4 cm voneinander entfernten Areolen sitzen etwa 9 spreizende, etwas zurückgekrümmte Dornen, gelb mit roter Dornenwurzel. Die 3 bis 4 mittleren Dornen sind 4 bis 6 cm lang. Die selten erscheinenden Blüten sind 3,5 cm lang, innen hellgelb, außen rötlich. (Heimat: Ostmexiko, Karte II.) Bei *Ferocactus glaucescens (E. pfeifferi)* sind die geraden Dornen reingelb, und der Körper ist blau bereift. Er hat etwa 14 Rippen, ebenso wie der hornfarben bedornte *E. echidne* und der blaßgrüne, rotbraun bedornte *F. flavovirens*. Schöne dunkelbraune Bedornung hat *F. robustus*, der leicht an seinen nur 8 Rippen zu erkennen ist.

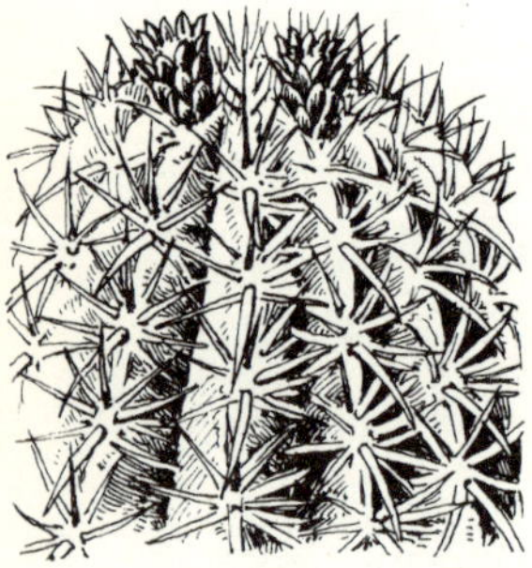

Ferocactus stainesii

(F. pilosus) wird sehr groß, im Alter säulenförmig und hat 15 bis 20 scharfkantige, tiefgebuchtete Rippen. Die graufilzigen, weißbeborsteten Dornenpolster tragen je 4 bis 6 starke, leicht gebogene, geringelte rote Randdornen und 4 noch kräftigere und längere rote Mitteldornen, die über Kreuz stehen. An alten Pflanzen erscheinen in Scheitelnähe die nur 4 cm langen, orangefarbenen Blüten. Die Art ist an den weißen, 2 bis 3 cm langen Borsten neben den oberen Randdornen leicht zu erkennen. Sie liebt wie *Echinocactus grusonii* Schieferboden. (Heimat: Mexiko, San Luis Potosi, Karte II, I–K 10–11.)

Alle Ferocacteen sind wegen ihrer starken bunten Dornen sehr beliebt. Als Sämlinge muten sie sehr bizarr an, weil bei ihnen die Dornen im Verhältnis zum Durchmesser viel größer wirken als bei alten Pflanzen.

Während des ganzen Sommers brauchen die Ferocacteen viel Sonne und Wärme und eine geringe, aber gleichmäßige Feuchtigkeit, ohne die die kleinen Faserwurzeln leicht vertrocknen. Das alljährliche Umpflanzen sollte man vermeiden oder die Sämlinge pfropfen, wodurch die Pflege erheblich erleichtert wird. Die Entwicklung der herrlichen bunten Dornen hängt vom Mineralgehalt der Erdmischung ab.

Frailea cataphracta,

der »gepanzerte Zwergkaktus«, bildet flache Kugeln bis zu 4 cm Durchmesser, deren in flache Höcker zerlegte Rippen mit winzigen gelblichen Randdornen ohne Mitteldorn locker besetzt sind. Unter jeder Areole befindet sich ein halbmondförmiger, violetter Fleck, wonach die Pflanze den Namen »Mondkaktus« erhielt. Der ganze untere Teil der Pflanze ist rot gefärbt. Die hellgelben Blüten sind kleistogam, öffnen sich nur bei starker Mittagssonne und bringen auch ohne Öffnen keimfähige Samen hervor. (Heimat: Paraguay, Karte III, J–K 6–7.)

Ebenso schwach bedornt ist die seltene rostbraune *Frailea asterioides* (syn. *F. castanea*) mit nur 2 mm langen Dornen. Die winzige, äußerst seltene *Blossfeldia liliputana* ist noch zwergiger.

Frailea pumila,

die »zwergige F.«, bildet etwa 14 flache Rippen, die in 6eckige Höckerchen aufgelöst sind. Auf kleinen, dicht sitzenden Areolen stehen gekrümmte, gelbbraune Dornen. Die 2 cm langen, gelben Blüten sind kleistogam. (Heimat: Paraguay, Argentinien, Karte III, J–M 6–7.)

Sehr ähnlich sind die gelb bedornten *F. colombiana* und *knippeliana* sowie die hellbraun bedornten *F. grahliana* und *pulcherrima*. Schwarzbraun und schwächer bedornt ist *F. schilinzkyana*, während *F. pygmaea* und die ihr ähnliche *F. dadackii* schwach weißlich bedornt sind. *F. gracillima* ist leicht an ihrem säuligen Wuchs zu erkennen.

Die Frailea lieben eine leicht saure, gut wasserdurchlässige Erde. Ein halbschattiger Platz ist ihnen zuträglicher als Prallsonne, die sie jedoch zur Blütenöffnung brauchen. Leicht aus Samen zu ziehen.

Gymnocactus saueri

wächst flachkugelig und ist bei 5 cm Breite nur etwa 3 cm hoch. Seine 13 Rippen sind ganz in flache Warzen aufgelöst, auf denen je etwa 16 strahlige, weiße, braun gespitzte Randdornen sitzen. 1 bis 2 Mitteldornen sind mehr nach oben gestellt und kräftiger dunkel gespitzt. Die 2,5 cm langen weißen Blüten ragen meist zu mehreren aus der Scheitelwolle und haben auf den äußeren Blumenblättern einen rötlichen breiten Mittelstreif. (Heimat: Tamaulipas, Mexiko, Karte II, J–G 11–12.)

G. beguinii wird höher und blüht 4 cm lang, hellrot. *G. roseanus* hat dünne gelbe Dornen und rötlichweiße Blüten.

Gymnocacteen sind empfindlich gegen Nässe und Humuserde. In ihrer Heimat wachsen sie auf Kalkboden.

Gymnocalycien, erkennbar an den spitzen Höckern im kahlen Scheitel, sind geordnet: a) 8 Arten mit anliegenden Dornen, b) 7 Arten mit abstehenden Dornen, jeweils mit den größten beginnend.

Gymnocalycium denudatum,

das »entblößte, kaum bedornte G.«, wird auch »Spinnenkaktus« genannt, weil die Areolen auf der erhöhten Rippe wie Spinnenkörper und die nach unten der Pflanze anliegenden 5 gelben Dornen wie Spinnenbeine wirken. Das echte *G. denudatum* soll nur 5 Rippen haben, die uns bekannten Exemplare besitzen aber häufig einige mehr. Der Pflanzenkörper ist glänzend dunkelgrün, wird 5 bis 10 cm hoch bei 15 cm Breite. Die regelmäßig erscheinenden weißen Blüten sind 5 bis 7 cm lang, durch die große Zahl der Blütenblätter fast gefüllt wirkend, außen mit grünlichem Mittelstreif. Die schöne Art muß im Frühjahr sorgfältig vor Verbrennungen geschützt werden. (Heimat: Südbrasilien, Uruguay, Paraguay und Nordargentinien, Karte III, K 7, L–M 6–8.)

Von *G. denudatum* gibt es Abarten und Bastarde, die eine größere Rippenzahl und kaum anliegende Dornen haben. Auch das schöne *G. fleischerianum* gehört dazu. Es hat unregelmäßig gebogene, borstenartige, seitwärts abstehende Dornen.

Gymnocalycium oenanthemum,

das »weinrotblühende G.«, gehört zu den schönsten Arten dieser auch im Zimmer gut wachsenden Steppenkakteen. Der mattgraugrüne, flache Körper hat etwa 12 Rippen, die durch Querfurchen in Höcker geteilt sind. Auf länglichen Areolen sitzen je etwa 6 dicke, nach unten gekrümmte, graue, dunkelbraun gespitzte Dornen ohne Mitteldorn. Die herrlich weinroten Blüten sind etwa 5 cm lang und 4 cm im Durchmesser. (Heimat: Argentinien, Mendoza, Karte III, M 5.)

Ähnliche Bedornung und Hautfärbung hat *G. spegazzinii*, das weiß mit rotem Schlund blüht. Ebenso blühen auch *G. mazanense* und *hybopleurum*. Die meisten Gymnocalycien brauchen eine nahrhafte, leicht saure und unbedingt wasserdurchlässige Erdmischung. Im Sommer sollen sie recht warm und nie ganz trocken stehen, dagegen im Winter kühl (6 bis 12 °C) und trocken.

Gymnocalycium quehlianum

ist leicht an seiner matten, bräunlich-dunkelgrünen Hautfärbung zu erkennen. Der flachkugelige Körper hat etwa 10 Rippen mit kinnartigen Höckern und Querfurchen. Auf filzigen Areolen stehen je 5 hornfarbene, abwärts und seitwärts gebogene Dornen, weit schwächer als die der vorher genannten Arten, und nur 5 bis 10 mm lang. Die etwa 7 cm langen Blüten sind außen weiß, grau gestreift, innen reinweiß mit rotem Schlund und erscheinen häufig schon an 3jährigen Pflanzen. (Heimat: Mittelargentinien, Karte III, K–M 5–6.)

Die gleiche Körperfarbe und -form haben *G. bodenbenderianum*, *G. stellatum* und *G. hossei*. Noch mehr bräunlich und mit rotbraunen Dornen besetzt ist *G. ochoterenai*, *G. platense* dagegen, das oft mit *G. quehlianum* in Verbindung gebracht wird, ist ein ganz anderer Typ, mehr kugelig im Wuchs, mit glänzender, blaugrüner Oberhaut und sehr langröhrigen weißen Blüten schon an jungen Pflanzen.

Gymnocalycium platense,

eine aus der Gegend des Rio Plata (Prov. Buenos Aires) stammende Art, die heute dort fast ausgestorben ist. Die mittelgroßen, kugeligen Pflanzen haben blaugrüne Körper, bei Trockenheit oft rötlich überlaufen, am Scheitel eingesenkt, bei 6 bis 10 cm Breite etwa 8 bis 10 cm Höhe. Die 10 bis 14 Rippen sind in stumpfe, am Grunde fünfseitige, flache Höcker aufgelöst, die über der nächsten Areole quergekerbt sind. Auf spärlich graufilzigen Areolen stehen meist 7 weißliche, am Grunde rötliche Randdornen, fast dem Körper anliegend, die oberen kürzer, der in der Mitte nach unten gerichtete bis 15 mm lang. Schon an jungen Pflanzen erscheinen die sehr langröhrigen, schlanken, blaugrünen Knospen, die Ränder der Schuppen sind weißlich eingefaßt. Sie öffnen sich glockig-trichterig zu schönen weißen, rotschlundigen Blüten. (Heimat: Argentinien, Prov. Buenos Aires, Karte III, L–M 6–7.)

Das in der Körperfärbung ähnliche *G. baldianum* läßt sich leicht an der geringeren Dornenzahl (5) erkennen, auch wenn es nicht mit seinen purpurroten Blüten besetzt ist.

Gymnocalycium baldianum,

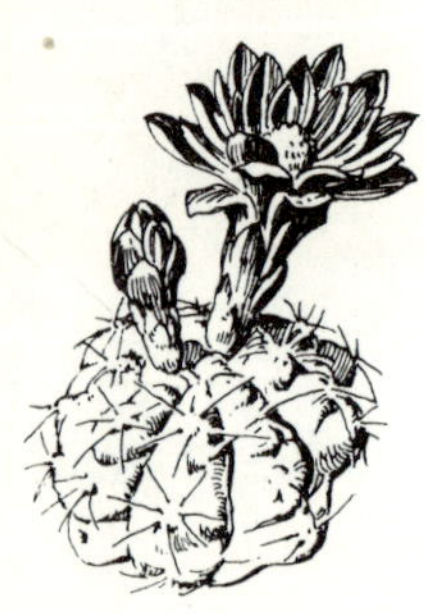

das auch einige Zeit unter dem Namen *G. venturianum* bekannt war, hat einen rundlichen Körper von etwa 8 cm Höhe und 7 cm Dicke und eine blaugraue Hautfärbung. Die etwa 11 flachen Rippen sind unter jeder Areole durch Querfurchen in Höcker aufgelöst, auf denen über einem etwas vorspringenden Kinn an weißfilzigen Areolen je etwa 7strahlig gestellte weißliche Randdornen sitzen, die am Grunde dunkler, meist bräunlich sind. Die herrlichen tief purpurfarbenen Blüten erscheinen willig schon an 3jährigen Pflanzen von wenigen Zentimetern Durchmesser. Sie sind bis 4,5 cm lang. (Heimat: Argentinien, Catamarca, Karte III, L 5.)

Das bei *G. quehlianum* schon erwähnte *G. platense* hat in Körperform, Körpergröße und Hautfärbung mehr Ähnlichkeit mit *G. baldianum*, seine Blüte ist aber außen blaugrün, innen weiß mit zart rotem Schlund.

strophytum asterias hybridum

1 Astrophytum capricorne
2 Astrophytum senile var. aureum
3 Astrophytum ornatum hybridum
4 Astrophytum capricorne var. crassispinum
5 Astrophytum myriostigma

1 Aztekium ritteri

2 Lophophora williamsii var. jourdaniana

3 Strombocactus disciformis

4 Epithelantha micromeris

5 Bloßfeldia liliputana

1 Turbinicarpus polaskii

2 Turbinicarpus klinkerianus

Linke Seite:

1 Ariocarpus trigonus

2 Roseocactus fissuratus

1 Ariocarpus furfuraceus

2 Turbinicarpus krainzianus (junge Veredlung)

3 Leuchtenbergia principis

1 Cochemiea poselgeri
2 Coryphantha scolymoides
3 Dolichothele sphaerica

1 Tal der »Greisenhäupter«, Hidalgo, Mexiko

2 Gymnocactus beguinii

3 Gymnocactus knuthianus

Gymnocalycium leeanum

ist die erstbeschriebene Art der hellzitronengelb blühenden Gymnocalycien. Die Pflanze ist klein, breitkugelig, dunkelgrün, die 14 Rippen sind in 6 kantige Höcker aufgelöst. Die etwas gebogenen, dem Körper anliegenden 11 Dornen werden bis 12 mm lang, mitunter ist auch ein gerader Mitteldorn vorhanden. Blüten verhältnismäßig groß, außen grünlich mit roter Spitze, innen hellgelb. (Heimat: Uruguay und Argentinien, Karte III, L—M 6—7.)

Die anderen gelbblühenden Arten sind von vorstehendem kaum zu unterscheiden. Bei *G. netrelianum* sind die Rippen stärker betont und die Zahl der bräunlichen Dornen ist geringer. *G. guerkeanum* hat nur 9 Rippen und 5 gelbliche Randdornen, bei *G. uruguayense* sind es meist nur 3 Dornen und fliederfarbene Blüten. All diese schönen Arten blühen schon als junge Pflanzen mit ungefähr 5 cm Durchmesser.

Gymnocalycium proliferum,

das »sprossende G.«, kann im Alter vielköpfige Gruppen bilden. Der einzelne, flache Körper hat nur 2 bis 6 cm Durchmesser, kräftig dunkel (blau-)grüne Färbung und bis 11 flache Rippen, die durch Querfurchen in rundliche Höcker geteilt sind. Die 9 weißlichen Dornen sind dem Körper angedrückt und bis 10 mm lang. Die schönen Blüten sind bis 5½ cm lang und wirken bei den kleinen Pflanzen besonders groß. Sie sind außen bläulich- bis olivgrün, Schuppen und äußere Blütenblätter weiß gerandet, innere Blütenblätter hellbräunlichweiß. (Heimat: Argentinien, Provinz Cordoba, Karte III, L 6.)

Dem obigen am ähnlichsten, aber nicht so stark sprossend und von hellerer Körperfarbe sind *G. leptanthum, hyptiacanthum* und *capillense*. Mit derberen, nicht sehr anliegenden, z. T. geraden Dornen und rotschlundigen weißen Blüten gibt es noch *G. sutterianum* (meist 5 Dornen), *G. sigelianum* (nur 3 Dornen) und *G. calochlorum* (bis 9 Dornen).

Gymnocalycium bruchii,

einige Zeit auch als *G. lafaldense* bekannt, sproßt reichlich und wächst rasenartig, wird nur 2 bis 3 cm hoch und breit, hat etwa 12 flache Rippen und je Areole 12 bis 14 dünne, borstenartige, weiße, gekrümmte Dornen. Die Blüten, die schon im zeitigen Frühjahr an oft noch sehr kleinen Pflanzen erscheinen, sind 3 cm lang, innen zartviolettrosa mit Mittelstreif, mitunter fast weiß. Die Art muß kühl überwintert werden, sie wächst in ihrer Heimat in 1000 m Höhe. Warm überwinterte Pflanzen blühen schwer. (Heimat: Argentinien, Provinz Cordoba, Karte III, L 6.)

G. albispinum hat längere, etwas abstehende, weiße Borstendornen und radförmige Blüten.

Die zweite Gruppe der *Gymnocalycien* hat abstehende Dornen, die wohl seitlich der Körperform in ihrer Krümmung folgen, aber nicht dem Körper anliegen. Bei manchen von ihnen sind ein oder mehrere Mitteldornen vorhanden, wenn sie auch oft an jungen Pflanzen noch fehlen. Ich beginne wieder mit den Arten, die den größten Durchmesser erreichen.

Gymnocalycium saglione

ist eine breitkugelige, große, blaugrüne Pflanze mit vielen Rippen, durch Querfurchen in 5- bis 6 kantige Höcker zerlegt. Die prächtigen, gebogenen, braunen bis schwarzen Dornen werden bis 4 cm lang und wirken besonders riesig bei jungen Pflanzen von nur 3 bis 4 cm Durchmesser. In der Sonne befeuchtet, glänzen sie herrlich rotbraun. Die hellrosa oder weißlichen Blüten haben nur eine kurze Röhre, so daß sie mit 3,5 cm Länge kaum über die Dornen herausragen. Sie erscheinen nur an großen, älteren Pflanzen im Ring um den Scheitel. Die Art ist besonders als junge Pflanze empfindlich gegen Prallsonne. Früchte werden schön rot. (Heimat: Nordwestliches Andengebiet Argentiniens, Karte III, L—J 4—5.)

Das aus Bolivien stammende, ähnliche *G. pflanzii* hat Höcker ohne Kinnvorsprung, etwas schwächere Bedornung und spitzere Knospen.

Gymnocalycium multiflorum,

das »vielblühende G.«, bildet breitkugelige, frischgrün gefärbte Pflanzen mit 10 bis 15 gehöckerten Rippen. Die länglichen, großen Areolen tragen je 10 kammartig abstehende, etwa 3 cm lange, gelbe Dornen, die am Grunde rot oder schwärzlich gefärbt sind. Die breit trichterigen, kurzröhrigen Blüten von etwa 4 cm Länge sind außen bräunlichgrün, innen weißlichrosa und erscheinen erst an faustgroßen Stücken. (Heimat: Argentinien, Cordoba bis San Luis, Karte III, L–M 5.)

Ähnlich gelb bedornt sind G. *monvillei*, G. *megalothelos*, G. *brachyanthum* und G. *ourselianum*.

Gymnocalycium schickendantzii

ist als junge Pflanze breitkugelig, als erwachsene Pflanze aber ebenso hoch wie breit. Der Körper ist auffallend dunkelolivgrün, die etwas gedreht herablaufenden 7 bis 12 Rippen sind in Höcker gegliedert. Die in der Jugend weißfilzigen Areolen tragen je etwa 5 rot- bis schwarzbraune, später graue Dornen mit dunklerer Spitze, die auffallend kantig zusammengedrückt und oft sogar oberseits mit einer Rinne versehen sind. Blüten rings um den Scheitel bis 5 cm lang. Fruchtknoten bläulicholivgrün mit blaßrosa gerandeten Schuppen. Äußere Hüllblätter olivgrün, innere weißlich. (Heimat: Argentinien, Tucuman und Catamarca, Karte III, K–L 4–5.)

G. *delaetii* ähnelt dem vorigen sehr, doch sind bei ihm die rundlichen Warzen noch deutlicher ausgeprägt.

Gymnocalycium mostii

bildet tiefgrüne, etwas abgeflachte Kugeln mit stumpfen Rippen, die durch tiefe Kerben in Höcker mit vorstehendem rundlichem Kinn aufgeteilt sind. Auf filzigen Areolen 7 rückwärts gebogene Randdornen von sehr unterschiedlicher Länge und ein gerader Mitteldorn. Kurzröhrige glockige Blüten von 7 bis 8 cm Durchmesser, zartrosa bis lachsrot. Blütenblätter ungleich lang. (Heimat: Argentinien, Provinz Cordoba, Karte III, L 6.)

Sehr ähnlich ist das hellgrüne, 10 bis 15 cm breite G. *kurtzianum* mit tieferen Querfurchen und großen, weißen, rotschlundigen Blüten. G. *stuckertii* ist dunkelgrün mit etwa 10 Rippen und kinnförmigen Höckern. Blüten außen grünlich, innen weiß bis schwachrosa. G. *horridispinum* ist dunkelgrün mit starken Dornen und violettrosa Blüten.

Gymnocalycium gibbosum,

das »gehöckerte G.«, ist leicht an seiner dunkelbläulichgrünen Färbung zu erkennen. Junge Pflanzen sind noch kugelig, später werden sie zylindrisch, bei 10 cm Durchmesser etwa 20 cm hoch. Die zahlreichen, geraden Rippen werden in kinnartige 6seitige, seitlich zusammengedrückte Höcker zerlegt. Die abstehenden, meist geraden Doren sind an der Areole zum Teil bräunlich, sonst grau und in feuchtem Zustande schwarz. Blüten bis 6 cm groß mit dichten weißen Blütenblättern, mitunter auch leicht rötlich. Beliebte Art, von der faustgroße Stücke willig und reich blühen. (Heimat: Südargentinien, Patagonien, Karte III, N–Q 4–5.)

Von G. *gibbosum* gibt es eine Menge Varietäten mit sehr verschiedenartiger Bedornung. Die schönste ist die var. *nobilis*. Dieses südlichste Gymnocalycium aus feuchtem und kühlem Klima darf bei uns nicht verweichlicht werden.

Gymnocalycium andreae

ist dunkelgrünblau wie G. *gibbosum* gefärbt, kugelig im Wuchs und leicht sprossend. Es bleibt aber mit 4$^1/_2$ cm Durchmesser weit hinter der Größe des G. *gibbosum* zurück. Die 8 flachen Rippen sind durch scharfe Querfurchen in rundliche Höcker zerlegt, auf deren Mitte die rundlichen Areolen mit je 7 spreizenden dünnen Randdornen stehen, bis 8 mm lang, weißlich, am Grunde bräunlich. Ein oder mehrere Mitteldornen sind nach oben gebogen und braunschwarz. Blüten bis 4$^1/_2$ cm im Durchmesser, außen grünlichgelb mit breitem, olivbraunem Rückenstreif, innen schwefelgelb. (Heimat: Argentinien, Sierra de Cordoba, bis 2000 m ü. M., Karte III, L 5.)

Andere gelbblühende Arten siehe vorige Seite bei G. *leeanum*.

Gymnocalycium mihanovichii

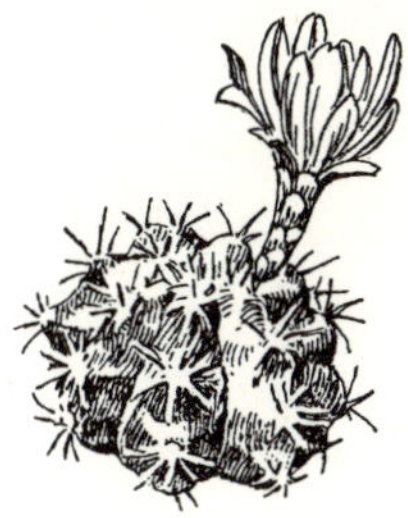

ist ein breitkugeliges, nur 3 bis 5 cm groß werdendes Pflänzchen, das häufig durch seine graugrüne, rötlich überlaufene Färbung auffällt. Beiderseits von den Areolen laufen heller gefärbte Querrippen nach der Furche. Die 8 scharfen Längsrippen sind zwischen den Höckern weniger gekerbt als bei anderen Gymnocalycien. Die kleinen gelblichen Randdornen sind kaum 8 bis 10 mm lang. Schon an 2jährigen Pflanzen erscheinen zuverlässig die verhältnismäßig großen, 4 bis 5 cm langen Blüten. Sie sind helloliv, bzw. innen gelblichgrün gefärbt. (Heimat: Paraguay, Karte III, K 7.)

G. mihanovichii var. friedrichiae hat schöne, sich weit öffnende rosa Blüten, auch gibt es eine weißblühende Abart. Das 10- oder mehrrippige *G. damsii* hat mit vorstehender Art etwas Ähnlichkeit. Bei ihm sind die Höcker unter Areole und Kinn wieder deutlicher ausgeprägt. Die *Var. torulosum* mit dunklen »Schwielen« ist besonders reichblühend. *G. anisitsii* blüht grünlichweiß, innen weiß. Die deutlich sichtbaren 8 bis 12 Rippen sind durch Querfurchen nur wenig in Höcker zerteilt. Jede Areole trägt 5 bis 7 ungleich lange, schräg abstehende mattweiße Dornen. Bei dem roten *G. mihanovichii »Hibotan«* ist vom Chlorophyll nur das Carotin funktionsfähig. Es muß veredelt werden.

Die kleinbleibenden Gymnocalycien brauchen eine sehr sandige, leicht saure Erdmischung und im Sommer Schutz vor Prallsonne und Austrocknen. In ihrer Heimat sind sie Wiesenpflanzen.

Hamatocactus setispinus,

der »borstendornige Hakendornenkaktus«, ist unser besonderer Liebling wegen seiner schönen Bedornung, seiner Wüchsigkeit und seiner herrlichen und willig erscheinenden Blüten. Er wächst kugelig und später etwas zylindrisch. Seine 13 bis 15 Rippen sind besonders bei jungen Pflanzen wellig gebogen und gehöckert. Die weißfilzigen Areolen tragen je etwa 12 braune oder weiße Randdornen von 4 cm Länge und 1 bis 3 kräftigere, hakig gekrümmte Mitteldornen. Blüten kurz aufeinanderfolgend vom Sommer bis Spätherbst, seidig glänzend, goldgelb mit leuchtend rotem Schlund, außen grünlichgelb mit roter Spitze, bis 7 cm lang. (Heimat: Nordmexiko und Südtexas, Karte II, C–G 7–12.)

Hamatocactus (Ferocactus) hamatacanthus (Echinocactus longihamatus),

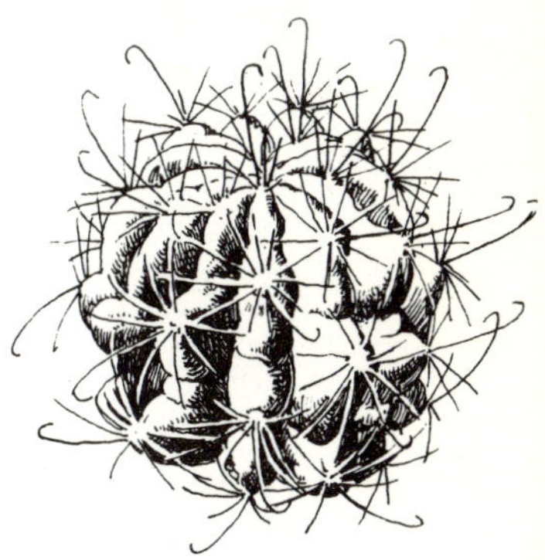

der »hakendornige F.«, hat einen dunkelgrünen, tiefgerippten Kugelkörper mit meist 13 gebuchteten Rippen und gelbweißfilzigen Areolen in 2 bis 3 cm Abstand. Die 8 bis 12 hellen, abstehenden Randdornen sind bis zu 7 cm lang, 4 Mitteldornen, davon 3 nach oben gerichtete gerade, der längste nach unten mit stark gekrümmter Hakenspitze. Blüten bis 7 cm Durchmesser, grünlichgelb, innen glänzendgelb mit rotem Schlund. (Heimat: Nordmexiko, Südtexas und Neumexiko, Karte II, B–F 7–12.)

Weitere hakig bedornte Kugelkakteen sind *Ancistrocactus scheerii* (Dornen unten braun, oben gelb) und *Hamatocactus uncinatus* (dicke Dornen, unten gelb und oben rot). Sonstige Arten mit Hakendornen sind die vorher bereits beschriebenen *Ferocactus recurvus, emoryi, lecontei, wislizenii, acanthodes, macrodiscus, Glandulicactus mathssonii* und eine Gruppe der Gattung *Parodia.* Letztere sind aber kleinbleibende, zierliche und dünndornige Pflanzen, die mit Hamatocactus nicht verwechselt werden können.

Homalocephala texensis

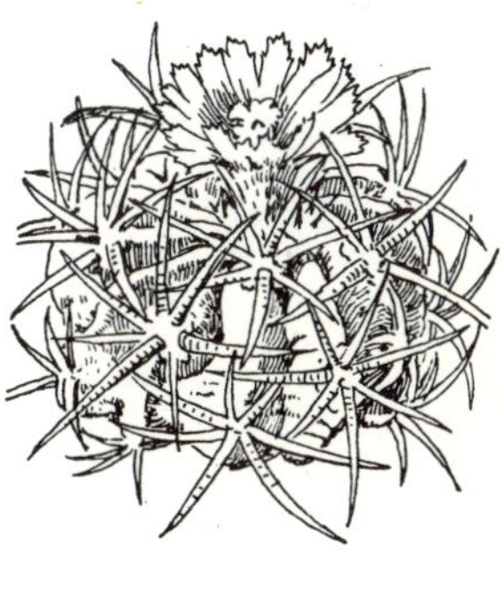

erinnert uns an Ferocactus, ist aber nicht kugelig, sondern sehr flach, kaum halb so hoch wie breit. Die Körperfärbung ist dunkelgrün. Auf zahlreichen scharfen Rippen tragen weißfilzige Areolen je 6 kräftige, rötliche Randdornen und einen 3 bis 6 cm langen Mitteldorn, der häufig abgeflacht und geringelt ist. Die selten erscheinenden, bis 6 cm langen, duftenden Blüten sind breitglockig und außen mit spitzen Schuppen besetzt. Die seidig rosa und gelblich, am Grunde rötlich gefärbten Blütenblätter sind an ihren Rändern auffallend geschlitzt. (Heimat: USA, Neumexiko, Texas und Nordmexiko, Karte II, A–E 7–12.)

Leider ist diese Art schwer zu kultivieren, sie erfordert einen sehr sonnigen, warmen Platz im Gewächshaus.

Malacocarpus (Wigginsia) sellowii (tephracanthus)

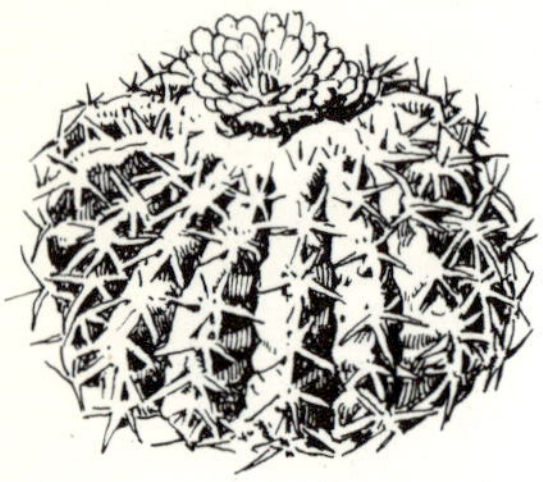

ist breitkugelig, graugrün, scharf gerippt und am Scheitel stark weißwollig, bis etwa 14 cm hoch und 17 cm breit. Die Rippenzahl beträgt 16 bis 18. Auf den filzigen Areolen stehen je 5 bis 7 hellhornfarbene gerade oder etwas abwärtsgebogene Dornen, die 3 unteren sind länger als die oberen. Die kanariengelben Blüten mit schöner roter Narbe erscheinen bei großen Pflanzen willig aus dem Wollschopf des Scheitels. (Heimat: Südbrasilien, Uruguay, Argentinien, Karte III, L—M 6—8.)

Von *M. sellowii* gibt es verschiedene etwas abweichende Varietäten. Unter den anderen Malacocarpen ist ihm *M. erinaceus* am ähnlichsten, er wächst aber mehr kugelig und hat kürzere, dunkelbraune Dornen. *M. corynodes* hat 13 bis 16 Rippen und wächst kugelig-zylindrisch. Ziemlich selten, aber besonders schön ist der dunkelgrüne *M. arechavaletai* mit schwarzen, am Grunde roten, geraden Dornen auf kreisrunden, weißfilzigen Areolen. Der seltene *M. vorwerkianus* stammt als einziger seiner Gattung aus weit nördlichem Gebiet, aus Kolumbien. Leider verkorken alle Malacocarpen von der Basis her stark, wenn sie als ältere Pflanzen nicht mehr in flottem Wachstum erhalten werden können. Es ist ein ganz natürlicher Vorgang, auch in ihrer Heimat zeigen ältere Pflanzen diese Verkorkungen. Vorbeugend achten wir auf regelmäßiges Gießen und gute Ernährung bei älteren Malacocarpen.

Matucana haynei

Der grüne, 8 bis 10 cm dicke Pflanzenkörper ist von weißen Dornen dicht umhüllt, deren Spitzen bräunlich bis schwärzlich schimmern. Die Pflanze wird später säulenförmig, bis etwa 30 cm hoch. Die ziemlich dichtstehenden Areolen sind mit gelblichem Filz besetzt und tragen je etwa 30 dünne, ineinander verflochtene Dornen. Die tiefroten bis orangeroten Blüten aus der Scheitelmitte werden 6 bis 8 cm lang und bestehen aus einer Röhre mit oben scharf abgewinkelten und z. T. gerollten Blütenblättern. Die Art wächst einzeln oder auch in polsterförmigen Gruppen zusammen. (Heimat: Zentralperu, an Felswänden in 2400 bis 3200 m Höhe oberhalb des Ortes Matucana, Karte III, G 3.)

Nachdem *M. haynei* seit 1850 als einzige Art bekannt war, wurde 1932 die nun als *M. herzogiana* beschriebene Art entdeckt, deren Rippen in Mammillen aufgelöst sind. Ihr folgten 1952 die silberweiß bedornte *M. blancii* und dann die Neuentdeckungen von Prof. Rauh und F. Ritter, darunter die zylindrisch wachsende *M. elongata*, die wild bedornte *M. hystrix*, die schönfarbig und glänzend bedornte *M. yanganucensis* und die an eine Oroya erinnernde *M. ritteri.*

Neochilenia fusca,

die »rotbraune N.«, nach ihrer Körperfarbe genannt, wird oft mit der laubgrünen *N. hankeana* verwechselt, und für beide wurde der Name *Echinocactus ebenacanthus* verwendet.

Die kugelige, später zylindrische Pflanze wird bis 10 cm dick und ist grün, rötlich überhaucht. Die etwa 12 Rippen sind unter den kinnartig vorgezogenen Höckern durch Querfurchen geteilt. Auf filzigen Areolen sitzen anfangs schwarze, später am Grund helle, aufwärts gebogene Dornen, einzelne bis 2,5 cm lang. Blüten bis 4 cm lang, außen grün und bräunlich, innen gelblich. (Heimat: Anden von Chile, Karte III, H—M 4.)

Ähnlich im Aussehen ist *N. jussieui* mit 13 bis 16 Rippen und anfangs weißen, später hornfarbenen Dornen und rosa Blüten mit dunklerem Mittelstreif. Ihre Körperfarbe ist gleichfalls rötlichbraun, *N. hankeana* dagegen ist laubgrün und hat weiße, außen bräunliche Blüten. *N. fobeana* mit 14 Rippen, schwarzgrünem Körper und schwarzen, bräunlich gespitzten Dornen blüht blaßgelb. Neochilenien haben breittrichterige, Neoporterien mehr röhrenartige Blüten, letztere hellrötlich. Auch *Eriosyce ceratites* hat dicke, schwarze, nach oben gekrümmte Dornen. Ihre Körperfarbe ist aber bläulich und ihre Warzen sind rundlich, nicht scharfkantig wie bei *Neochilenia fusca.*

Neochilenia napina,

die »rübenartige N.«, nach der Form ihrer Wurzel benannt. Eine mattgraugrün gefärbte Art, die nur 5 cm breit, aber bis 9 cm hoch wird. Die 14 Rippen sind ganz in rundliche Warzen aufgelöst, auf denen 3 bis 9 ganz kurze, schwarze, angedrückte Dornen sitzen. Blüten bis 3,5 cm lang, hellgelb mit rötlichen Narben. (Heimat: Chile, in Küstennähe bei Huasco, Karte III, L 4.)

N. napina ist eine besonders ansprechende Art, die willig im zeitigen Frühjahr eine Anzahl Blüten bringt. Manche *Neochilenia*-Arten wachsen nur langsam und sind nässeempfindlich.

Neochilenia esmeraldana hat einen dunklen Körper mit kurzen, auf runden Höckern stehenden Dornen und sproßt stark. Blüten cremeweiß, außen rötlich. *N. aerocarpa* ähnelt ihr, wird aber später zylindrisch. Sie blüht weißlich.

Neoporteria nidus,

das »Nest«, nach dem dichten Borstengeflecht benannt. Pflanze kugelig, später zylindrisch, etwa 5 bis 9 cm breit, dicht von weißen, dunkel gespitzten langen Borstendornen überragt und umflochten. 16 bis 18 tief gekerbte Rippen mit dichtstehenden Areolen. Der braunrote Pflanzenkörper hat 4 cm lange, rote, mit schmalen, sehr spitzen Blütenblättern versehene Blüten. Die Art wird auch mit *Echinocactus senilis* identifiziert. (Heimat: Chile, östl. von Ovalle, Karte III, L 4.)

Ähnlich ist *Matucana haynei*, doch sind deren Dornen nicht nach oben gerichtet, sondern umhüllen waagerecht den Körper.

Neochilenia reichii

wird neuerdings einem besonderen Genus zugeteilt und trägt dann den unförmigen Namen *Reicheocactus pseudoreicheanus*. Wir erkennen die beliebte Art an ihrem braunroten Körper und den winzigen, hellen Dornen, die kammartig den kleinen Höckern anliegen. Der Körper wird nur 5 bis 7 cm breit, erhält später eine zylindrische Form und verzweigt. Die flachen Rippen sind sehr zahlreich, 30 und mehr. Die selten erscheinenden Blüten sind gelb mit rotem Griffel und Narben, äußere Blumenblätter rot gestreift. Gepfropft ist die Art nicht schwierig zu pflegen. (Heimat: Chile, genauer Fundort unbekannt. Karte III.)

Neoporteria subgibbosa,

die »schwachhöckerige N.«, ist im Gegensatz zu den vorgenannten eine kräftig bedornte Art. Anfangs kugelig, später länglich, bis 10 cm dick, hellgrün, mit etwa 20 Rippen, die durch Querfurchen in Höcker mit kinnartigem Vorsprung geteilt sind. Die großen, weißwolligen Areolen tragen etwa 28 gerade Dornen, von 2 bis 3 cm Länge, bernsteinfarben, später dunkler. Blüten 4 bis 5 cm lang, spitz, rosa mit gelblicher Röhre und weißen Narben. (Heimat: Chile, an der Küste bei Valparaiso, Karte III, M 4.)

Neochilenia chilensis hat nur 1 cm lange Randdornen, glänzendgelb oder weißlich, Blüten rosakarmin mit dunklerem Mittelstreif. *N. exculpta* hat etwas kürzere und stärkere Dornen. Etwas Ähnlichkeit hat auch der chilenische *Horridocactus tuberisulcactus.*

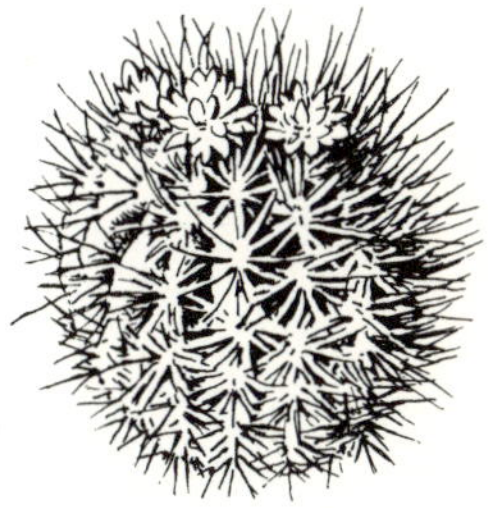

Neoporteria villosa,

die »zottige N.«, wird bei 4 bis 8 cm Breite bis zu 12 cm hoch und ist graugrün, dunkelviolett überhaucht. Ihre 13 bis 15, mitunter leicht gedrehten Rippen sind durch Querrinnen in rundliche Höcker mit abwärts gerichtetem Kinn geteilt. Die länglichen, weißfilzigen Areolen stehen im Scheitel ziemlich dicht, so daß dieser wollig wirkt. Das Schönste an dieser seltenen Pflanze sind aber die bis 3,5 cm langen, dunklen, geraden Borstenhaardornen, die sich prächtig von den gelblichen Areolen und den etwas kürzeren zahlreichen, gelblichen Randdornen abheben. Die Blüten weichen in ihrer Form erheblich von anderen Neoporteria-Blüten ab, sie sind sehr schlank, die Blütenblätter lanzettlich und spitz. Die Blüten sind weiß, oben rot gefärbt, die Röhre ist rötlich beschuppt. (Heimat: Chile, bei Huasco, Karte III, L 4.)

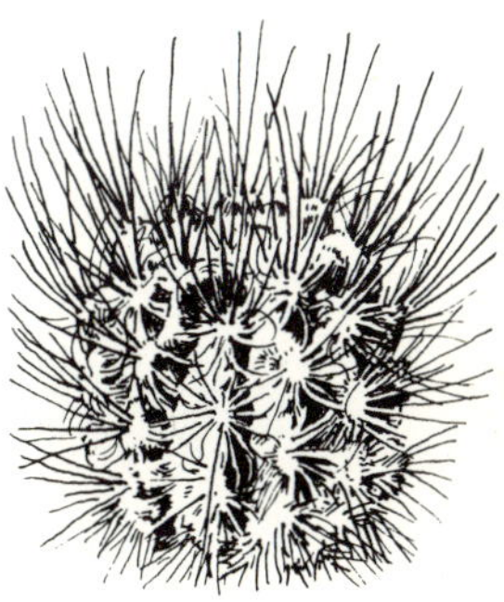

Notocactus concinnus,

der »zierliche N.« oder »reizende N.«, gehört mit Recht zu den beliebtesten Arten bei fast jedem Kakteenfreund. Die kleine, glänzendgrüne, flachrunde Art, die bei 6 cm Höhe etwa 10 cm Breite erreicht, blüht zuverlässig im Frühjahr schon als kleine Pflanze von kaum 4 bis 5 cm Durchmesser. Der warzig gehöckerte Scheitel ist unbedornt, 18 flache Rippen sind in flache Höcker zerlegt. Auf kleinen, weißfilzigen Areolen sitzen etwa 10 borstenförmige, hellgelbe Randdornen und 4 über Kreuz gestellte, gelbliche oder rotbraune, bis 17 mm lange Mitteldornen. Die großen 7 cm langen, seidig glänzenden, kanariengelben Blüten mit roten Narben sind außen karminrot mit dunklerem Mittelstreif. (Heimat: Südbrasilien, Uruguay, Karte III, L–M 7.)

Der ähnliche N. *apricus* ist ganz – auch am Scheitel – von rotgelben Dornen umhüllt, überhaupt stärker bedornt. Der gleichfalls ähnliche N. *floricomus* hat graue, am Grunde rote Dornen. Ähnlichkeit mit N. *concinnus* haben ferner der kurz bedornte und gelbblühende N. *mueller-melchersi* und der gleichfalls gelbblühende N. *mammulosus*, der gelbe Dornen mit rotbraunen Spitzen hat.

Alle Notocacteen wachsen wurzelecht in einer sandigen, leicht sauer reagierenden Erdmischung und blühen auch in Zimmersammlungen willig.

Notocactus ottonis

ist eine schöne, frischgrüne Art von 5 bis 11 cm Durchmesser, 10 bis 13 Rippen, dünnen, gelben Randdornen und 3 bis 4 rotbraunen Mitteldornen mit helleren Spitzen, 2,5 cm lang. Blüten 4 bis 6 cm lang, 3 bis 4 Tage geöffnet, tief glänzendgelb, außen braunwollig, äußere Blumenblätter leicht gerötet. Vielstrahlige Narbe dunkelrot. (Heimat: Südbrasilien, Uruguay, Paraguay, Argentinien, Karte III, K–M 7–8.)

Die weite Verbreitung dieser schönen Art ergibt mehrere, vom Typus stark abweichende Varietäten, die besonders in Bedornung und Blütengröße sehr verschieden sind. N. *ottonis* ist schon seit 1827 in die Sammlungen gekommen und besonders beliebt, da er ohne Pfropfung leicht wächst und schon als junge Pflanze während des ganzen Sommers schön blüht. Leichter Halbschatten im Sommer erwünscht.

Notocactus rutilans,

der »gelblichrote N.«, nach seiner Blütenfarbe benannt, kam erst 1936 nach der Schweiz und wurde 1948 beschrieben. Die kleine Pflanze ist kugelig bis länglich, mattblaugrün, ihre Rippen sind durch Längsfurchen getrennt und in Höcker aufgelöst. Areolen weißwollig, später kahl. Randdornen strahlig nach allen Seiten, 3 bis 5 mm lang, z. T. weiß, z. T. mit braunroten Spitzen, später gelblich. Die 2 Mitteldornen, von denen der untere mit 5 bis 7 mm am längsten ist, sind leuchtend braunrot. Blüten bis 6 cm breit, außen violettkarmin mit dunkleren Spitzen, innen dottergelb schillernd mit gelblichweißem Schlund und rosakarmingefärbten Spitzen. Narbe samtig purpur. (Heimat: Uruguay, an der brasilianischen Grenze, Karte III, L 7.)

Notocactus scopa,

der »Besen«, nach seiner dichten Bedornung benannt, ist eine besonders schöne Art dieser beliebten Gattung. Die Pflanze ist zunächst kugelig und wird später langzylindrisch bei nur 4 bis 7 cm Durchmesser. Die niedrigen Rippen sind quergefurcht, auf dicht stehenden, weißfilzigen Areolen sitzen je über 40 weiße, dünne Dornen, die den Körper ganz einhüllen. Einzelne Mitteldornen sind länger und dunkel gespitzt. Blüten 4 cm lang, in Scheitelnähe, nicht selten, hellkanariengelb mit roten Narben. (Heimat: Uruguay und Südbrasilien, Karte III, L–M 7.)

Es gibt verschiedene, in der Bedornung abweichende Varietäten, deren schönste die var. *ruberrima* mit dem leuchtend rubinroten Mitteldorn ist. Auch als Kammform ist diese schöne Art sehr beliebt und verbreitet.

Notocactus submammulosus,

der »schwachwarzige N.«, hat nur 13 Rippen, bei denen die warzenartigen Höcker weniger stark hervortreten. Er ist hellgrün und meist etwas breiter als hoch. Die filzigen Areolen tragen je 6 kräftige Randdornen und einen bis 2 cm langen Mitteldorn. Blüten kanariengelb, am Grunde dunkler, außen gelb mit rotem Mittelstreif. Narben purpurrot. (Heimat: Uruguay und angrenzende Gebiete Argentiniens, Karte III, L–M 6–8.)

N. pampeanus wächst in der gleichen Gegend, hat 7 bis 9 etwas schwächere Randdornen, während die beiden Mitteldornen größer und stark abgeflacht sind. Seine Blüten sind außen rötlich, innen weißlichgelb.

Notocactus tabularis,

der »tischförmige N.«, ist sehr flach mit wenig eingesenktem Scheitel, ältere Pflanzen haben bis 8 cm Durchmesser. Etwa 20 Rippen verlaufen sehr flach und häufig etwas schief gedreht. Auf weißfilzigen Areolen sitzen etwa 20 helle, nadelförmige, bis 1 cm lange Dornen mit braunen Spitzen, die Mitteldornen bis 12 mm lang, leicht gebogen, braunrot. Die willig erscheinenden Blüten sind glänzendgelb mit innen karminroter Röhre, außen braunborstig. Auch Staubfäden, Griffel und Narben sind karminrot. (Heimat: Uruguay, Karte III, L–M 7.)

N. muricatus hat ebenfalls braune Dornen und dunklere Mitteldornen. Bei *N. velenovskyi* sind die Dornen schön rot, aber kürzer und nicht gekrümmt.

Notocactus herteri

wird größer als alle Notocacteen und könnte nach seiner flachkugeligen Form für einen Malacocarpus gehalten werden. Zwischen den Warzenkuppen des Scheitels liegt bei den großen Pflanzen kurzer weißer Filz, als ob es zwischen die Warzen geschneit hätte. Wie bei einem Hahnenkamm schließen die steilen Rippenkanten nach oben mit einer Reihe von rundlichen Warzen ab, zwischen denen in den Vertiefungen die dickfilzigen Areolen mit je 12 bis 15 glashellen Rand- und 3 bis 4 rotbraunen Mitteldornen sitzen. Die alten Pflanzen haben bis 25 etwas gedrehte Rippen. Junge Pflanzen ähneln einem *N. concinnus*. Blüten erscheinen erst bei alten Pflanzen im Kranz um den Scheitel, sind innen karminviolett mit weißer Mitte und haben gelbe Staubbeutel und Narben. Verkorkt leicht von der Basis her wie die Malacocarpen. (Heimat: Uruguay, nach Dr. Herter 300 m ü. M.)

N. horstii ist ähnlich, blüht aber orangegelb. Weitere *Notocacteen* aus Südbrasilien harren noch ihrer Beschreibung.

Oroya peruviana

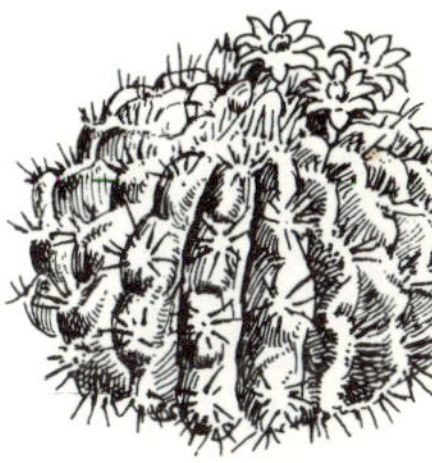

ist eine flachkugelige Art, die 10 bis 14 cm breit wird. Der Körper ist mattglänzend dunkelgrün, bildet bis 21 etwas spiralige Rippen, die durch Einkerbungen in 6 eckige Warzen geteilt sind, unter der Areole nur wenig kinnartig vorgezogen. Auf weißwolligen Areolen stehen etwa 20 braune bis schwarze Dornen, nach unten gerichtet mitunter einige weißliche, dünne Borsten. Blüten rings um den Scheitel, etwa 3 cm lang, innen rosenrot, außen leuchtend orangefarben. (Heimat: Peru, oberhalb der Bahn Lima–Oroya bis in 4000 m ü. M., Karte III, F 3–4.)

In neuerer Zeit wieder gesammelte Exemplare sollen abweichend rosa und innen gelb blühen, werden daher als O. *neoperuviana* geführt. Die 1932 von Dr. Borchers, Bremen, entdeckte O. *borchersii* wird nicht so groß und ist dicht von dünnen Randdornen und braungelben Mitteldornen umflochten. Weitere sehr schöne Oroya-Arten wurden in neuester Zeit von Prof. W. Rauh, Heidelberg, auf seinen Expeditionen entdeckt.

Die Oroya-Arten verlangen eine nahrhafte, kiesige Erdmischung. Sie sollen im Sommer sonnig und warm, im Winter kühl, hell und trocken stehen.

Parodia aureispina,

die »golddornige« Parodia, gehört zu der kleinbleibenden, mit Hakendornen versehenen Gruppe dieser Gattung. Der frischgrüne Körper ist annähernd kugelig und erreicht 7,5 cm Durchmesser. In spiralig verlaufenden Reihen stehen bis 5 mm hohe Warzen, auf denen die rundlichen, weißfilzigen Areolen je etwa 30 ungleich lange, weiße Randdornen und 7 goldgelbe, kräftigere, bis 1,5 cm lange Mitteldornen tragen, von denen einer oder mehrere kurz gehakt sind. Knospen aus Scheitelnähe, stark wollig, Blüten meist zu mehreren, glänzend goldgelb, erscheinen schon an jungen Pflanzen. (Heimat: Nordargentinien, Salta, in 2800 m Höhe im Schiefergestein, Karte III, K 5.)

Bei der ähnlichen *P. mutabilis* ist der Hakendorn rot bis hellorange. *P. catamarcensis* hat je Areole 4 krallenförmig gekrümmte, kürzere, dunkelrote Mitteldornen und weißgelbe Blüten.

Parodia chrysacanthion

hat zum Unterschied von der vorigen keine Hakendornen, ist aber auch dicht goldgelb bedornt. Sie hat bei einem Durchmesser von 10 cm etwa 6 bis 8 cm Höhe und etwa 20 Rippen, die in Warzenreihen aufgelöst sind, Scheitel von jungen Areolen weißwollig. Je Areole 30 bis 40 haarfeine, leicht abbrechende goldgelbe Dornen von 1 bis 2 cm Länge. Blüten goldgelb, aus der Scheitelwolle kommend, etwa 2 cm lang, Griffel gelblich mit helleren Narben. (Heimat: Nordargentinien, Provinz Jujuy und Salta, Karte III, J–K 5–6.)

Auch die reinweiß bedornte *P. nivosa* mit hellroten Blüten hat nur gerade, nicht gehakte Dornen, ebenso die seltene *P. faustiana* mit weißen Randborsten, 4 kräftigen braunen Mitteldornen und gelben, außen roten Blüten. Hierher gehören noch *P. ayopayana, comarapana, penicillata* und *saintpieana.*

Parodia maasii

ist von anderen Parodien sehr verschieden, viel kräftiger im Wuchs und größer werdend. Man zweifelt, ob diese Art bei Parodia überhaupt richtig klassifiziert ist. Der frischgrüne, kugelige, später zylindrische Körper von 7 bis 15 cm Durchmesser hat 13 bis 21 spiralig gedrehte Rippen, auf deren Höckern weißwollige Areolen je etwa 15 honiggelbe, später weißliche Dornen tragen. 4 davon sind kräftiger, abwärtsgebogen oder hakig gekrümmt, der längste etwa 3 cm lang. Aus der dichten Scheitelwolle kommen kupferrote, $1^1/_2$ cm breite Blüten. (Heimat: Höhenlagen von Nordargentinien bis Südbolivien, Karte III, J 5.)

Wie eine kleine *P. maassii* wirkt *P. schwebsiana* mit ihren dicken, hornfarbigen, gekrümmten Dornen und karminroten Blüten. Ähnlich wie bei *P. maassii* gedrehte, aber schwarze Hakendornen haben *P. culpinensis* und *subterranea.* Auch *P. stümeri* blüht kupferorange und hat bis 3 cm lange, dunkle Mitteldornen.

Parodia microsperma,

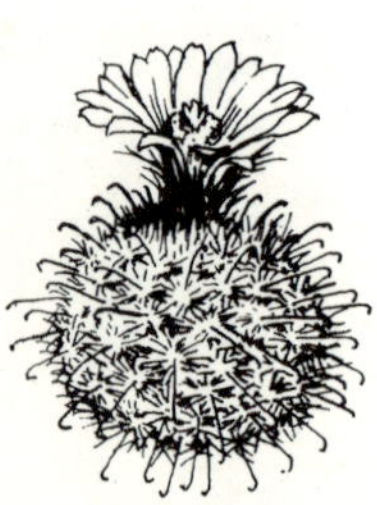

die »kleinsamige P.«, ist die am längsten bekannte Parodia. Sie wurde 1896 als *Echinocactus microspermus* beschrieben. Die Eigenschaft, besonders kleine Samen hervorzubringen, haben aber mehr oder weniger die anderen Parodien auch. *P. microsperma* hat bei etwa 2 cm Höhe annähernd den gleichen Durchmesser. Ihre Rippen sind ganz in spiralige Warzen aufgelöst, auf denen 10 bis 20 wasserhelle Randdornen stehen. Einer von ihnen ist hakig gekrümmt. Blüten aus dem Scheitel, goldgelb oder orange, außen rot. (Heimat: Nordargentinien, Karte III, L–J 5–6.)

Die kurzdornige, weißborstige *P. microthele* ist ähnlich; hat jedoch keine Hakendornen, während diese bei *P. macrancistra* besonders lang sind.

Alle Parodien brauchen eine sandige Lauberde, viel Sonne und frische Luft und reichlich Feuchtigkeit, wenn die Wurzeln in Ordnung sind. Im Winter werden sie kühl und trocken bei 5 bis 10 °C gehalten.

Parodia sanguiniflora,

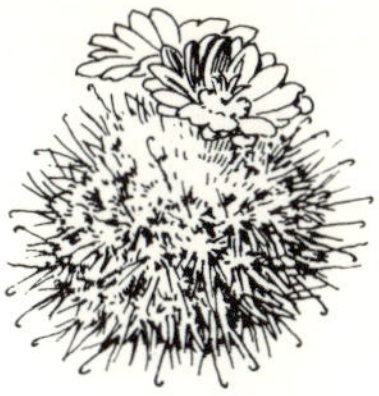

die »blutrot blühende P.«, ist eine der schönsten Parodien. Im Habitus wie *P. microsperma* fällt sie durch ihre weißen, dünnen, 6 bis 8 mm langen Randdornen auf, zu denen 4 meist braungefärbte Mitteldornen kommen, von denen der hakig gekrümmte bis 2 cm lang wird. Die großen Blüten von 4 cm Durchmesser sind leuchtendblutrot. (Heimat: Bolivien bei Cochabamba in 2600 m Höhe, Karte III, H 4–5.)

Parodia brevihamata (Notocactus),

die »kurzhakige P.«, ist eine Entdeckung der neueren Zeit. Die kleine, kugelige Pflanze ist olivgrün, erreicht nur bis zu 5 cm Durchmesser und hat bis 22 Rippen, die in niedrige, spiralig angeordnete Höcker aufgelöst sind. Die stark weißfilzigen Areolen stehen in nur 3 mm Abstand und tragen 16 gelbe oder weiße, gerade Randdornen und 4 bis 6 gelbliche Mitteldornen mit rotbraunen Spitzen. Einer davon ist ganz schwarzrot, kurzhakig und nach unten gerichtet. Die Blüten haben etwa 3 cm Durchmesser und sind goldgelb. (Heimat: Brasilien, Rio Grande do Sul, Karte III, L 7–8.)

Die Neufunde von L. Horst und A. F. H. Buining lassen sich hier einordnen.

Thelocactus bicolor,

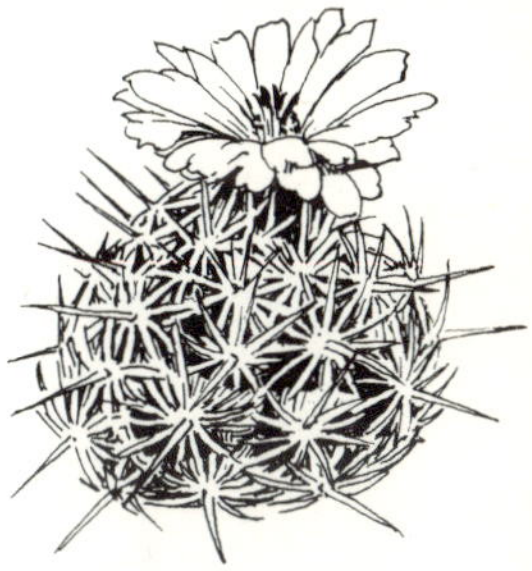

der »zweifarbige T.«, nach seiner schönfarbigen Bedornung genannt, ist im Wuchs kurzzylindrisch und 6 bis 10 cm dick. Er hat meist 8 Rippen, die leicht gedreht verlaufen und in $1^1/_2$ cm hohe Höcker zerlegt sind. Die zahlreichen Randdornen werden bis 3 cm lang. Die 1 bis 4 Mitteldornen sind besonders lebhaft gefärbt, weiß mit roter oder rot mit gelber Spitze. Blüten an etwa 8 cm hohen Exemplaren bei sehr sonnigem Stand, groß, 5 bis 6 cm lang und breit, glänzend karminviolett mit braunroten Narben. (Heimat: Mexiko bis Südtexas, Karte II, M–B 6–12.)

Die *var. tricolor* wächst schlanker und ist lebhaft rot und weiß gefärbt, *var. bolansis* hat nur weiße Dornen. *T. schwarzii* hat ca. 13 gehöckerte Rippen, etwas abgeplattete obere Randbedornung und keine Mitteldornen.
Blüten bis 8,5 cm groß, purpurn und weiß mit scharlachroter Mitte.

Thelocactus hexaedrophorus,

der »Sechseckträger«, ist eine blau- bis graugrüne, 15 cm hoch und breit werdende Pflanze mit wolligem Scheitel, deren Rippen ganz in große, sechseckige, plumpe Warzen aufgelöst sind. Auf diesen sitzen 6 bis 9 abstehende Randdornen und ein 2 bis 3 cm langer kräftiger Mitteldorn. Die etwa 6 cm großen Blüten sind weiß mit rotbraunem Mittelstreif und gelben Narben. (Heimat: Mittelmexiko, San Luis Potosi, Karte II, I–K 11.)

Die verschiedenen Arten der Gattung Thelocactus sind nicht schwierig in der Pflege und wachsen auch als Sämlinge sehr gut. Um eine schöne Bedornung zu erzielen, soll man ihnen einen recht sonnigen Platz geben und sie im Sommer nicht zu trocken halten. Gut wasserdurchlässige, mineralhaltige Erdmischung ist dabei Voraussetzung.

Thelocactus lophothele,

der »hügelwarzige T.« genannt, ist eine großwüchsige Art, die 25 cm hoch und breit wird und einen wolligen, eingesenkten Scheitel hat. Die 15 bis 20 schmalen Rippen sind an den Areolen zu Warzen verdickt. Die 3 bis 5 Randdornen sind schräg abstehend und meist etwas gekrümmt, bernsteingelb, unten rotbraun. Der Mitteldorn hat bis 4,5 cm Länge, manchmal fehlt er ganz. Die 5 cm breiten Blüten sind hellgelb mit rotem Mittelstreif, außen grün mit rotem Mittelstreif. (Heimat: Mexiko, Chihuahua, Karte II, C–F 7–9.)

T. rinconadensis wird nicht so groß und blüht weiß. *T. phymatothelos* wächst gedrückt kugelig, hat wolligen Scheitel und zart rosa Blüten.

Thelocactus nidulans,

der »nestartige T.«, wächst flachkugelig und wird bis 20 cm breit. Er ist blaugrau, am Scheitel wollig und sehr stark und eigenartig bedornt. Seine 20 Rippen sind in Warzen aufgelöst, die bis 2 cm hoch werden und schief gestutzt sind. Die länglichen Areolen tragen etwa 15 braune oder hornfarbene, sehr kräftige, 2 bis 6 cm lange Dornen, die im Alter grau werden und sich faserig auflösen. Die gelblichweißen Blüten sind 4 cm groß. (Heimat: Mexiko, Karte II.)

Der sehr ähnliche *T. phymatothelos* unterscheidet sich fast nur durch seine zartrosa Blüten.

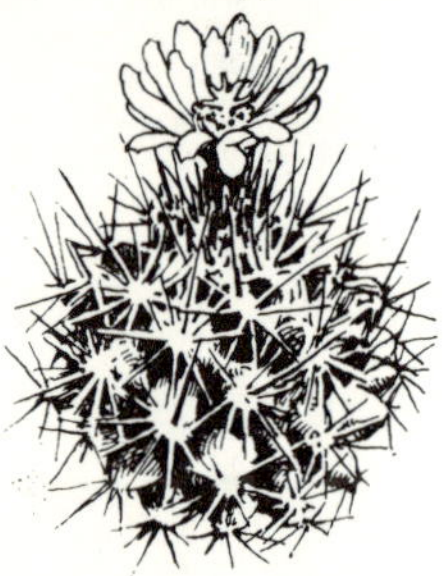

Thelocactus tulensis

steht mit seinen stark ausgeprägten Warzen morphologisch schon den Mammillarien sehr nahe. Er wächst kugelig bis kurzzylindrisch, ist graugrün gefärbt und wird bis 12 cm hoch. Die Rippen sind ganz in bis 2 cm hohe, schief gestutzte Warzen aufgelöst. Seine 6 bis 8 braunen Dornen haben 10 bis 15 mm Länge, Mitteldorn, wenn vorhanden, bis 3 cm lang. 2,5 cm lange, zartrosa Blüten aus den etwas verlängerten Areolen. Ältere Pflanzen sprossen auch an den Warzen. (Heimat: Mexiko, Tamaulipas, nahe dem Ort Tula, Karte II, K 12.)

Ähnlich ist *T. leucacanthus*, der auch zeitweise als *Echinocactus ehrenbergii* verbreitet wurde. Er ist hellgrün und hat die Areolen auf den Höckern. Die kurzen Randdornen sind hellgelb. Blüten fein gezähnelt, hellgelb.

Weingartia cumingii (Weingartia neocumingii)

ist frischgrün, kugelförmig, bis etwa 12 cm hoch mit vertieftem Scheitel, der locker von Dornen überdeckt ist. Rippen in Höcker aufgelöst, die mit dicken, ovalen, filzigen Areolen bedeckt sind. Die nur 1 cm langen, dichtstehenden Dornen sind weißlich-grau oder gelblich, die mittleren etwas bräunlich. Blüten 2,5 cm lang, im Kreis um den Scheitel, schön gelb oder orangefarben. *W. cumingii* ist ein sicherer Blüher und wächst gut, ungefähr wie die Gymnocalycien. (Heimat: Angeblich Anden von Peru, Karte III, F 2–G 3.)

Ähnliche Arten sind *W. pungens* und *W. chiqui-chuquensis*.

W. neumanniana hat viel längere, bis 2,2 cm lange, gelbe bis schwarze Randdornen und einen bis 4 cm langen Mitteldorn. Blüten orangegelb.

Warzenkakteen – Coryphantha, Mammillaria usw.

Knospe aus der Axille – Merkmal der Mammillarien

In keiner Kakteengattung gibt es so viel reich- und leichtblühende Arten wie bei den Mammillarien. Von den Rebutien mit ihrer viel kleineren Artenzahl abgesehen, sind auch die Mammillarien die am leichtesten und frühesten zur Blüte kommenden Kakteen. Außerordentlich vielgestaltig und meist prächtig bewehrt sind viele von ihnen, und doch haben sie einen durchweg geringen Körperumfang, sind also auf kleiner Fläche in großer Artenzahl unterzubringen. Gewiß, mit zunehmendem Alter können sich auch manche Mammillarien zu vielköpfigen Gruppen entwickeln und zeigen dann erst ihre volle Schönheit, aber es bleibt ihrem Pfleger überlassen, sie durch Ableger immer wieder zu verjüngen, um kleine Pflanzen zu behalten. Bedenken wir noch, daß fast alle Mammillarien sehr anspruchslos bezüglich der Pflege und Unterbringung sind, so verstehen wir, daß sie besonders beliebt sind.

Großblütig sind die niederkalifornischen Arten und Dolichothele, sonst sind die Blüten der Warzenkakteen relativ klein. Bei dem oft ganz geringen Durchmesser schon blühender Pflanzen wirken die Blüten aber doch verhältnismäßig groß und besonders, wenn sie in Kränzen um die Scheitel stehen, gewähren sie einen ganz reizenden Anblick. Wenn die Pflanzen dann auch noch die schönen roten Samenbeeren zwischen den Warzen hervorschieben, sind sie von neuem mit lange währenden farbigen Kränzen geschmückt. Wer etwas Sinn für kleinste Feinheiten der Natur und nur wenig Platz für eine Kakteensammlung hat, dem sollte man zu einer Spezialsammlung von Warzenkakteen raten. In der Pflege fällt eigentlich keine Warzenkaktus-Art aus dem Rahmen des Üblichen. Die meisten sind Flachwurzler und wachsen besser in flachen Schalen gemeinsam als einzeln in tiefen Töpfen. Die Erdmischung ist die gleiche wie für Kugelkakteen. Nimmt man sie für die kleinbleibenden Arten etwas sandig, so darf man im Sommer mit dem Gießen nicht sparen, denn während des Wachstums wollen sie nicht dürsten. Bei den weißbehaarten Arten wollen wir besonders darauf achten, daß kein Gießwasser des Nachts auf den Pflanzen stehenbleibt. Wir gießen oder spritzen deshalb in den Vormittagsstunden warmer Tage; noch besser bewässern wir von unten. Entsprechend ihrer Herkunft aus dem heißen, sonnigen Mexiko geben wir ihnen soviel Licht, wie in unserer gemäßigten Zone nur möglich ist. Ausgenommen davon sind die Gattung Dolichothele und einige frischgrüne Arten der anderen Gattungen, denen wir im Sommer leichten Halbschatten geben müssen. Im Winter bekommt den Warzenkakteen eine Temperatur von 6 bis 12 °C am besten, allerdings dürfen sie dann fast nicht gegossen werden. Wenn eine helle Überwinterung nicht möglich ist, kann man sie während der Wachstumsruhe auch an einem dunklen Ort unterbringen.

Die Vermehrung erfolgt bei den Warzenkakteen meist aus Samen, ist aber bei vielen Arten auch sehr gut durch Ableger, die sich leicht bewurzeln, möglich. Beim Abtrennen oder Abschneiden der Ableger achte man darauf, ob bei einer Gruppe von Arten ein weißer Milchsaft, der nicht giftig ist, aus der Wunde tritt. Solche Wunden müssen sehr vorsichtig behandelt werden. Wir pudern die Schnittwunde mit pulverisierter Holzkohle ein und lassen sie 10 Tage gut abtrocknen. Stecklinge von milchenden Mammillarien sollen nur während der Wachstumszeit geschnitten werden.

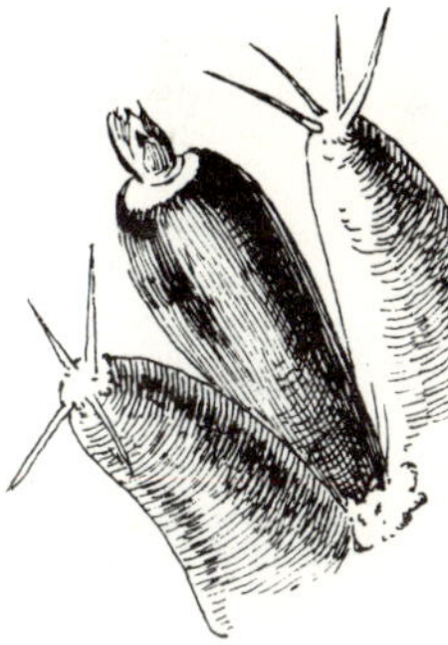

Wie schon erwähnt, stammen die Warzenkakteen fast ausschließlich aus Mexiko und den südlichen USA. Nur ganz wenige Arten gibt es auch im nördlichen Teil von Südamerika. Es ist aber interessant, daß sie auch hier vertreten sind, wo wir das Hauptverbreitungsgebiet der Kakteenfamilie in der Tertiärzeit vermuten. Entwicklungsmäßig können wir sie als einen der jüngsten Äste der weitverzweigten Kakteenfamilie ansehen.

In den botanischen Systemen sind die Warzenkakteen nach Form, Farben und Größe der Blüten, Dornen, Warzen usw. eingeteilt. Bei der kleinen Auslese von schönen und bewährten Arten, die ich aus der Fülle der bis jetzt beschriebenen Warzenkakteen hier aufzähle, möchte ich dem Leser das Hineindenken in ein umfangreiches System ersparen. Gerade bei den Warzenkakteen ist die botanische Einteilung noch zu unfertig, es werden noch Jahre vergehen, bis ein klares System geschaffen ist. Soweit einige neue Gattungsnamen schon gebräuchlich sind, benutze ich sie hier. Im übrigen werden die Randzeichnungen meinen Lesern einen leichteren Überblick über den Habitus der empfohlenen Arten geben. Die Reihenfolge habe ich alphabetisch nach den Artnamen gewählt, zumal die nicht abgebildeten, aber erwähnten Abarten, Synonyme und ähnlichen Arten immer leicht über das Sachregister auf der betreffenden Seite zu finden sind. Neolloydia, Coryphantha und Escobaria stelle ich gesondert an den Schluß, weil sie von den Mammillarien abweichen, viel trockener gehalten werden müssen und größer, aber seltener blühen.

Dolichothele baumii

wird bei 6 cm Durchmesser etwa 8 cm hoch und bildet durch Sprossung vielköpfige Gruppen. Die Warzen werden etwa 8 mm lang und sind glänzendgrün, auf weißwolligen Areolen mit etwa 30 weißen, sehr dünnen, bis 15 mm langen Randdornen besetzt, die den Scheitel einhüllen. Außerdem stehen noch 5 etwas kräftigere, gerade, am Grunde hellbräunliche Dornen dazwischen. Die schönen, seidig glänzenden, schwefelgelben, bis 25 mm langen Blüten erscheinen regelmäßig schon an jungen Pflanzen. Die Art wächst in Mexiko unter Gebüsch und braucht auch bei uns in den heißesten Sommermonaten leichte Schattierung gegen Prallsonne. (Heimat: Mexiko, Provinz Tamaulipas, Karte II, H 12.)

Die wenig bekannte *Dolichothele vetula* ist nicht so schön weiß bedornt, aber mit braunem Mitteldorn versehen.

Mammillaria bocasana

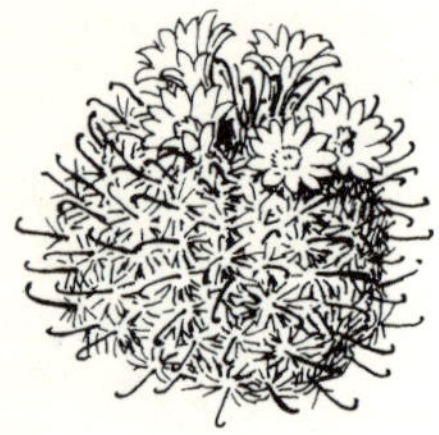

(von der Sierra de Bocas) gehört zu den beliebtesten Anfängerpflanzen infolge ihrer Blühwilligkeit, Wüchsigkeit und der schönen weißen Behaarung. Die 4 bis 7 cm großen, gruppenbildend wachsenden, runden Pflanzen sind dicht von weißen, haarfeinen Borstendornen eingehüllt, aus denen die hakig gekrümmten, rotbraunen oder gelben Mitteldornen herausragen. Die kleinen, gelblichweißen, etwas rötlich gestreiften Blüten erscheinen regelmäßig und fortlaufend im Kranz um den Scheitel. (Heimat: Nord- und Mittelmexiko, Karte II, F—M 8—11, C—E 6—10.)

Noch dichter und schöner behaart ist die seltene, rotblühende *M. guelzowiana*. Weniger dicht behaart sind *M. longicoma* und *M. erectohamata*. Diese kleinen, weichfleischigen Arten waren zeitweise in dem besonderen Genus *Chilita* vereint.

Mammillaria bombycina,

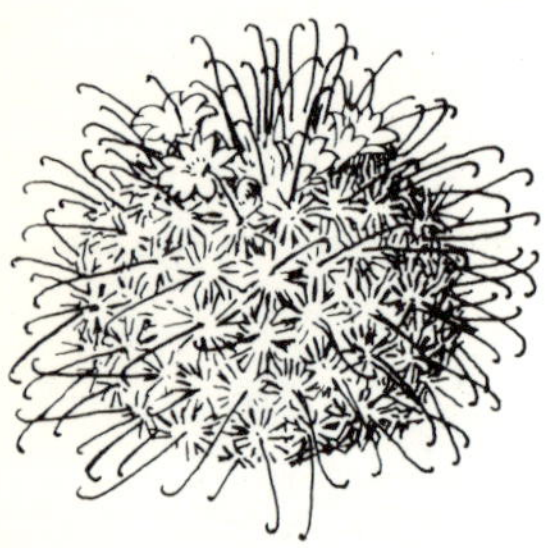

die »seidenwollige M.«, gehört in Bedornung und Blüte zum Schönsten, was es unter den Kakteen gibt. Die bis 6 cm breiten, zuerst kugeligen Pflanzen werden später zylindrisch und bilden durch Sprossung Gruppen. Auf kurzen Warzen zwischen den – besonders im Scheitel – dicht weißwolligen Axillen stehen 30 bis 40 strahlige, seidig weißglänzende, bis 1 cm lange, dünne Randdornen. Im Farbkontrast hierzu 4 rotbraune oder gelbe Mitteldornen bis 2 cm lang, der untere mit kurzhakig gekrümmtem Ende. Blüten im Kranz um den Scheitel, karminrot. (Heimat: Mexiko, Provinz Coahuila, Karte II, E—F 9.)

Die wenig bekannte *M. moelleriana* weicht in der Bedornung etwas ab, vor allem hat sie 4 Hakendornen, aber hellere Blüten. Die gleichfalls hakig bedornte *M. grahamii* und *M. dioica* haben mehr zylindrischen Wuchs. Die seltenen *M. mainae* und *M. sinistrohamata* haben seitlich gerichtete gelbe Hakendornen, bei letzterer immer nach links gedreht. Während *M. bombycina* gut wächst und auch volle Sonne verträgt, sind die anderen genannten Arten empfindlicher. Sie werden bei Nässe leicht wurzelkrank und brauchen einen warmen, im Sommer halbschattigen Stand in sandiger Lehmerde.

Mammillaria calacantha,

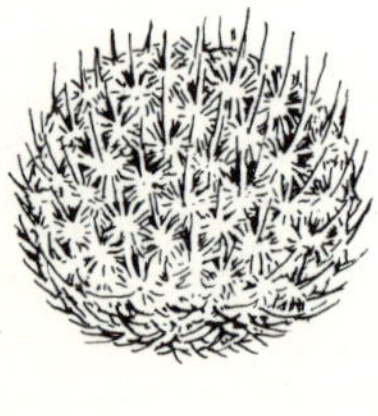

die »schöndornige M.«, verdient diesen Namen. Die kugelige, ein wenig zylindrische Pflanze hat etwa 6 bis 8 cm Durchmesser und ist mattglänzend laubgrün. Der etwas weißwollige Scheitel ist ganz von Dornen überdeckt. Die kegelförmigen Warzen tragen auf kurz weißfilzigen Areolen je etwa 25 strahlende, gelbliche Randdornen und meist 2 kräftigere Mitteldornen, von denen einer nach oben und einer nach unten steht, rotbräunlich mit dunklerer Spitze. Axillen etwas weißborstig. Blüten 14 mm lang, leuchtendkarminrot. (Heimat: Mexiko, im Staate Queretaro, Karte II, L 11.)

Ähnlich sind: *M. densispina* mit glasig weißen bis gelben Randdornen und fuchsroten Mitteldornen sowie *M. discolor* mit strahligen, dünnen, weißen Randdornen und heller oder dunkler gelben, kräftigeren Mitteldornen. Blüten rötlich.

Pseudomammillaria camptotricha,

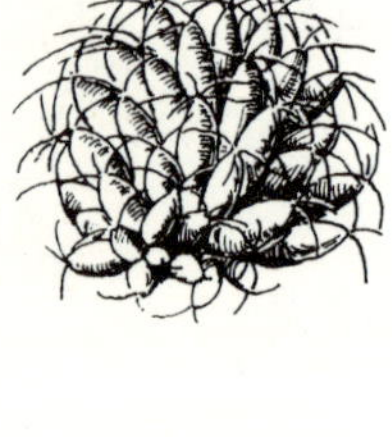

die »verwirrthaarige P.«, läßt sich an den langen verwirrten, gelben Borstenhaaren leicht erkennen. Die frischgrüne kleine Pflanze von nur 5 bis 7 cm Durchmesser des Einzelkopfes hat bis 2 cm lange, sehr schlanke Warzen, zwischen den Warzen nur wenige weiße Borsten, auf der Warzenspitze 4 oder mehr hellgelbe, bis 3 cm lange Borstenhaare, ziemlich steif. Weiße, duftende Blüten von 13 mm Länge. (Heimat: Queretaro, Mexiko, Karte II, L 11.)

Viel kürzer bedornt, mit 7 bis 9 weißen Randdornen und einem geraden, dunklen Mitteldorn versehen ist die graugrüne *P. decipiens*. Es gibt aber auch von *P. camptotricha* eine weißborstige Abart. Beide Pseudomammillarien wachsen gut und blühen leicht und viel. Sie bilden im Alter große Gruppen.

Mammilloydia candida,

die »schneeweiß bedornte M.«, wächst flachkugelig in dichten, weißen Gruppen. Der Einzelkörper hat 5 bis 7 cm Durchmesser und 10 mm lange Warzen, die auf weißfilzigen Areolen je über 50 borstenförmige, strahlige, weiße Dornen tragen, die den Körper ganz verhüllen. Vereinzelt findet man sie mit kurzen braunen Spitzen. Die rosa Blüten sind 2 cm lang, erscheinen aber leider nur selten. Die schöne Art ist gegen Nässe empfindlich. (Heimat: Mittelmexiko, San Luis Potosi, Karte II, J–K 10–11.)

Eine ähnliche Art, deren Dornen am Grunde gelblich sind, wurde um 1927 unter dem Namen *M. estanzuelensis* verbreitet.

Mammillaria celsiana

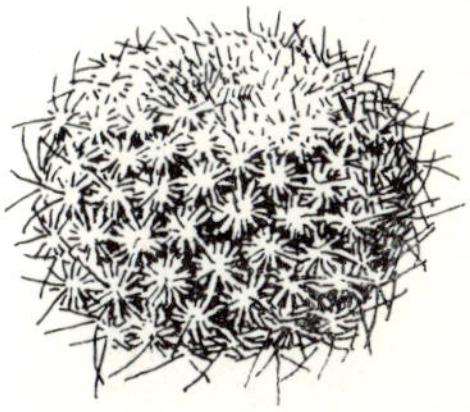

wächst kugelig und wird als alte Pflanze zylindrisch. Im Scheitel ist sie stark abgeflacht und etwas eingesenkt. Körperfärbung bläulich-lauchgrün, Höhe bis 12 cm bei 8 cm Breite. Die kurzen Warzen (6 bis 7 mm lang) sind kegelig und tragen kleine, wollige Areolen, auf denen etwa 25 feine, kurze, helle Randdornen sitzen. Außerdem tragen sie 4 oder mehr kräftig gelbe Mitteldornen, oft dunkler gespitzt. Blüten im Kranz, feurig karmin, klein. (Heimat: Mexiko, Staat San Luis Potosi, Karte II, J–K 10–11.) Eine ähnliche Art ist *M. umbrina.*

Mammillaria centricirrha,

die »mitteldornige M.«, ein Name, der auch für fast alle anderen Mammillarien passen könnte, aber eine weit verbreitete, bekannte Art bezeichnet. Bläulichgrüne, kugelige bis flachkugelige Körper mit kräftigen, kantigen, milchenden Warzen, wolligen Axillen und starker, sehr verschiedenartiger Bedornung. Blüten karminrot im Kranz. *M. centricirrha* ist eine sehr gut wachsende und leichtblühende Art. (Heimat: Mittelmexiko, Karte II, L–M 8–12.)

Meistens wird *M. centricirrha* mit *M. magnimamma* verwechselt, die sehr ähnlich, aber gelblich bedornt ist und gelblich mit leichtem rotem Mittelstreif blüht. Von *M. centricirrha* gibt es viele, hauptsächlich in der Bedornung voneinander abweichende Varietäten. *M. macracantha* hat nur 2 bräunliche Dornen, einen nach oben, den anderen nach unten gerichtet, und blüht dunkelrot. Bei *M. seitziana* sind es 4 gerade, fleischfarbene Dornen mit schwarzen Spitzen, Blüten weiß mit rotem Mittelstreif. Die gleiche Blütenfarbe hat *M. roseoalba,* deren Dornen weiß, am Grunde rosa sind. *M. zahniana* hat schwefelgelbe Blüten und 4 gerade Dornen, weiß mit schwarzer Spitze. *M. neumanniana* wächst gut und blüht besonders früh.

Mammillaria compressa

heißt zwar die »zusammengedrückte M.«, wächst aber kugelig-keulig, also länglicher als *M. centricirrha,* von der sie sich auch durch die graugrüne Körperfarbe unterscheidet. Unter dem 2 Jahre jüngeren Namen *M. angularis* ist sie ebenfalls bekannt. Während bei *M. centricirrha* die Warzen eckig und kantig sind, hat *M. compressa* kurze, dicke, rundliche milchende Warzen, wolligen Scheitel und Axillen und 4 oder mehr weißliche Dornen mit bräunlichen Spitzen, von denen ein nach unten gerichteter gebogen und bis 7 cm lang ist. Kurze Blüten, schön rosenrot mit dunkler Mitte. Die Art wächst sehr leicht und entwickelt sich durch Sprossung am Grunde zu großen Gruppen. (Heimat: Mittelmexiko, Karte II, J–N 8–12.)

Die ähnliche *M. karwinskiana* erkennen wir an den weißen Dornenborsten, die außer der weißen Wolle in den Axillen stehen, und an den geraden, dunkel gespitzten Dornen. *M. praelii* und *M. sartori* haben wieder 4kantige Warzen, und auch bei *M. mystax* sind sie 4kantig und scharf gekielt. Die Warzen sind kürzer und stehen dichter, und der Scheitel ist ganz von langen durcheinandergeflochtenen Dornen verhüllt.

Pseudomammillaria decipiens

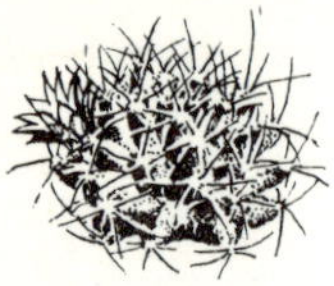

bekam ihren Namen »die täuschende P.«, weil sie sich in Mexiko so täuschend ihrer Umgebung anpaßt, daß sie kaum zu finden ist. Auf kegeligen Warzen trägt das graugrüne, gruppenbildende Pflänzchen strahlige, nadelförmige, weiße und braune Dornen, die zum Teil 12 bis 18 mm lang werden. Die Blüten erscheinen im Herbst bis in den Winter, sind 15 bis 20 mm lang und weiß mit dunklerem Mittelstreifen. Die Art wächst besonders gut und blüht leicht. (Heimat: Mexiko, Provinz San Luis Potosi, Karte II, J—K 10—11.)

Leptocladodia elongata (Leptocladia),

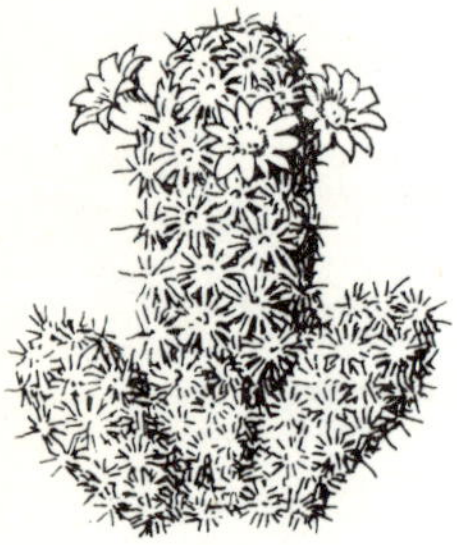

die »längliche L.«, weist schon durch ihren Namen auf die bei Mammillarien außergewöhnliche Form hin. Die schlank-zylindrischen Glieder von 7 bis 10 cm Länge und nur 1 bis 3 cm Dicke sind frischgrün, mit kurzen kegeligen Warzen, die ganz von strahlig abstehenden, etwas gekrümmten gelben Dornen umhüllt sind. Die Art wächst stark vom Grunde aus sprossend und bildet große Gruppen. Die langen Mittelglieder legen sich zuweilen auch seitlich um. Es gibt verschiedene, in der Bedornung stark voneinander abweichende Varietäten mit und ohne Mitteldornen. Die Blüten erscheinen etwas unterhalb des Scheitels und sind weiß oder gelblich, haben vereinzelt auch einen roten Mittelstreif. (Heimat: Mexiko, Provinz Hidalgo, Karte II, L 12.)

Bei der Varietät *rufocrocea* sind die Dornen am Grunde gelb, dann weißlich und rotbraun gespitzt, *var. stella aurata* hat goldgelbe Randdornen und einen Mitteldorn. Bei der reizenden *L. microhelia* bilden die runden Areolen mit den Randdornen je eine »kleine Sonne« mit Strahlenkranz. Danach erhielt die Pflanze ihren Namen. Sie hat gelbliche Blüten. *L. microheliopsis* erkennen wir an den roten Blüten. Die neuentdeckte, bedeutend kleinere *Mammillaria yaquensis* wirkt wie eine *L. elongata* mit Hakendornen. *L. echinaria* wird dicker und kräftiger, Bedornung blaßgelb, Mitteldorn 1 cm lang. Die frischgrüne, gelb bedornte *M. eriacantha* wird dicker und bis 15 cm hoch, *M. guerreronis* ist dicht weißlich und im Scheitel rötlich bedornt.

Mammillaria esseriana

wächst kugelig, später keulenförmig mit seitlicher Sprossung, mattblaugrün mit rundlichen, kurzen Warzen, die stark milchen und an der Unterseite gekielt sind. Axillen und Areolen stark weißwollig, besonders bei älteren Pflanzen in Scheitelnähe. Etwa 10 kurze, borstenförmige, weiße Randdornen und 6 Mitteldornen, kräftiger, bernsteingelb mit rotbrauner Spitze, der unterste bis 15 mm lang. Blüten 12 mm breit, feurig karminfarben mit dunklerem Mittelstreif. (Heimat: Südmexiko, Karte II, M—O 9—13.)

Diese noch wenig verbreitete Art wächst gut und blüht leicht. Bei der ähnlichen *M. eichlamii* ist die Axillenwolle gelblich, Areolen haben nur im Scheitel Wolle, Blüten gelblich. *M. tenampensis* hat nur in blühenden Axillen gelbe Wolle und Borsten, auf jungen Areolen gelben Filz. Ihre Blüten sind purpurrot. Stark weißwollige Axillen hat die dunkelgrün-rötliche *M. woburnensis* aus Guatemala, die bis 20 cm Höhe bei nur 8 cm ∅ erreicht.

Mammillaria geminispina,

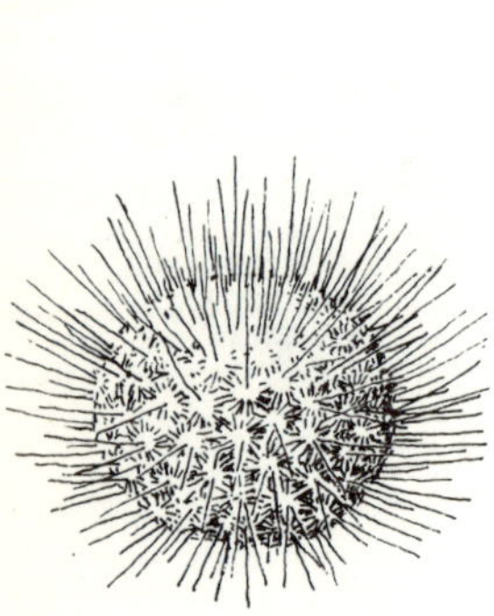

die »doppeldornige M.«, genannt nach den 2 sehr langen, untereinander stehenden Mitteldornen. Ein bekannterer Name ist *M. bicolor*. Die zylindrischen, graugrünen Körper werden 4 bis 8 cm breit und bilden durch Sprossung große Gruppen. Der Körper ist ganz von weißen, dunkel gespitzten Dornen umhüllt, die auf weißfilzigen Areolen sitzen. Die schon erwähnten, schräg nach oben und unten gerichteten bis 4 cm langen Mitteldornen geben der Pflanze ein prächtiges Aussehen. Nicht allzuoft erscheinen die karminrot gestreiften Blüten. (Heimat: Mittelmexiko, Provinz Hidalgo, Karte II, K—L 11—12.)

Bei der Varietät *nivea* sind die Dornen fast ganz weiß.

Mammillaria glochidiata,

die »hakendornige M.«, hat einen hellgrünen, runden Körper von nur 2 bis 3 cm Durchmesser und wächst vielköpfig, gruppenbildend. Auf den locker gestellten Warzen sitzen kleine Areolen mit strahligen, weißen Randdornen und 3 bis 4 gelblichen bis braunen Mitteldornen. Die zartrosa Blüten im Kranz um den Scheitel wirken hier besonders schmückend. (Heimat: Mittelmexiko, Provinz Hidalgo, in Höhenlagen bis 2500 m, Karte II, K–L 11–12.)

Die ähnliche *M. schelhasei* ist dunkelgrün und blüht gelblichweiß, mit rötlichem Mittelstreifen. *M. kunzeana* hat einen braunen Hakendorn und rosa Blüten. *M. hirsuta* glasigweiße Randdornen und 3 bis 4 Mitteldornen, 2 bis 3 weiß mit braunen Spitzen, einer dunkelbraun und gehakt. Blüten hellgelb mit rosa Hauch und grünlichem Schlund. Ihr ähnelt die hellgelbblühende *M. seideliana*. *M. mollishamata* hat dunkelgrüne Warzen, helle Randdornen und einen bis 12 mm langen, gelben Hakendorn.

Mammillaria gracilis,

die »schlanke M.«, ist ein unverwüstlicher, kleiner Geselle, zylindrisch, nur wenige cm dick, mit weißen, borstenförmigen Randdornen und braunen oder braungespitzten Mitteldornen. Das zierliche Pflänzchen bringt schon als junge Pflanze zahlreiche kleine Kugelsprossen, nicht wie andere Mammillarien am Fuß, sondern rings um den Kopf. Diese Sprossen fallen sehr leicht ab und bewurzeln sich ohne Schwierigkeiten, überhaupt wächst *M. gracilis* unter den verschiedensten Lebensbedingungen gleichmäßig gut. Die Blüten sind unscheinbar, gelblichweiß. (Heimat: Mittelmexiko, Provinz Hidalgo, in 1300 bis 1600 m Höhe. Karte II, K–L 11–12.)

Die anderen schlank-säulig wachsenden Mammillarien sind größer und dicker. *M. leona* ist auch weiß bedornt, die Mitteldornen sind bei ihr grau oder violett gespitzt.

Mammillaria guelzowiana

wirkt wie eine stark behaarte *M. bocasana* mit ebensolchen Hakendornen. Überraschend ist aber ihre herrliche purpurrote Blüte mit bis 6 cm Durchmesser. (Heimat: Mexiko, Durango, Karte II, G–H 8.)

Ähnliche hakendornige Arten sind *M. balsasensis* mit glänzenden, sich rotfärbenden Warzen, weißen Randdornen und 4 braunen Mitteldornen, *M. weingartiana* mit nur 1 cm langen, blaßgrünlichgelben Blüten mit bräunlichrosa Mittelstreif, *M. zephyranthoides* mit sehr schlanken Warzen, weißen Randdornen, 1- bis 2hakigen, braunen Mitteldornen und 4 cm großen, weißen Blüten mit rotem Mittelstreif. Die stark sprossende *M. multiformis* hat Axillenhaare, gelbliche Rand- und einen 4hakigen Mitteldorn sowie purpurrote kleinere Blüten.

Eigenartig ist *M. pennispinosa*, deren helle Randdornen und rote, gehakte Mitteldornen so stark graufiedrig behaart sind, daß man es schon ohne Lupe gut erkennen kann.

Mammillaria haageana

wächst anfangs kugelig, später zylindrisch mit 3 bis 5 cm Durchmesser. Die kleinen graugrünen Warzen stehen sehr dicht und tragen 20 feine, nur 3 mm lange, strahlige, weiße Randdornen und 2 längere schwarze oder schwarzgespitzte Mitteldornen. Blüten im Kranz um den Scheitel karminfarben. (Heimat: Mexiko, im Staate Vera Cruz, Karte II, K–N 12–13.)

Bei *M. elegans var. nigra* sind die 2 Mitteldornen braun gespitzt, Blüten karminrot. *M. schmollii* hat honiggelbe Mitteldornen und Blüten, auch die etwas breiter wachsende *M. fuauxiana* mit weißen Dornen und *M. morganiana* mit weißen Rand- und dunklen Mitteldornen haben mit dieser Gruppe etwas Ähnlichkeit.

Mammillaria hahniana

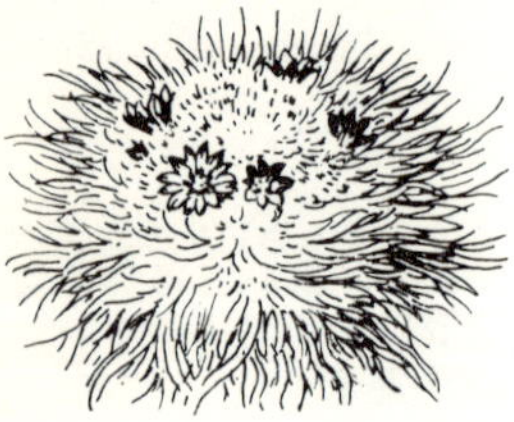

ist leicht an ihrer langen Behaarung zu erkennen. Sie wächst kugelig, später zylindrisch und durch Sprossung Gruppen bildend. Die bei Verletzung stark milchenden, kleinen, frischgrünen Warzen tragen 20 bis 30 kammförmig strahlende, haarfeine, weiße, biegsame Randdornen, die bis 15 mm lang werden, und meist nur einen weißen, rötlichbraun gespitzten Mitteldorn von 4 mm Länge. Auch die Axillen haben weiße Wolle und etwa 20 4 cm lange weiße Borsten. Blüten im Kranz um den Scheitel, glänzend weinrot. (Heimat: Mexiko, Provinz Querétaro bis in Höhen von 2000 m, Karte II, L 11.)

Während die *var. giselana* nur schwach behaart ist, sind bei der *var. werdermanniana* die Haare der Axillen bis 25 mm lang. Auch *M. saetigera* hat lange, borstige, weiße Axillenhaare.

Mammillaria herrerae

ist eine kleinbleibende, fast kugelige Art, deren Körper mit seinen dichtgestellten Warzen ganz von den sehr dichtstehenden und miteinander verflochtenen weißen Randdornen verdeckt ist. Blüten mit 2 bis 2,5 cm Länge verhältnismäßig groß, rosa mit dunklerem Mittelstreif. (Heimat: Mexiko, Provinz Querétaro, Karte II, L 11.)

M. herrerae var. albiflora ist von geringerem Durchmesser, hat aber größere, weiße Blüten. Eine ähnliche, ganz von weißen Dornen umhüllte Art ist *M. denudata* mit weißen, hellrotgestreiften Blüten. Ebenso blüht *M. lasiacantha.* Sie hat kurze, nur 2 mm lange Warzen. Alle diese dicht weiß bedornten Arten müssen sehr vorsichtig behandelt werden und brauchen einen warmen Platz dicht unter Glas in sandiger, etwas lehmhaltiger Erde.

Mammillaria hidalgensis

hat zylindrischen Wuchs und erreicht bei 10 cm Höhe etwa 6 bis 8 cm Durchmesser. Der Körper ist mattglänzend dunkelgrün. Scheitel und junge Axillen weißwollig. Locker gestellte Warzen etwa 1 cm lang. Graue oder bräunliche, schwarzgespitzte Dornen, 2 übereinander oder 4 über Kreuz gestellt, 1 cm lang, leicht nach oben und unten gebogen. Blüten karminrot, am Grunde heller. *M. hidalgensis* ist eine wüchsige und leicht blühende Art, die nur, da sie nicht von Dornen verhüllt ist, etwas Schutz vor Prallsonne braucht. (Heimat: Mexiko, Provinz Hidalgo, Karte II, L 10–11.)

M. dolichocentra (nicht *M. tetracantha*) hat eine ähnliche Form, aber längere gebogene Dornen. Bei *M. polythele* treten zu den 4 gebogenen Mitteldornen noch einige 5 mm lange, borstenartige Randdornen und die weiße Axillenwolle. Bei der groß werdenden *M. ingens* sind die 2 bis 4 gekrümmten, gelbbraunen Dornen etwa 3 bis 4 cm lang. *M. carnea* gehört trotz einiger Ähnlichkeit in eine andere Gruppe, sie hat auch milchenden Saft. Bei ihr sind die Axillen wollig und die 4 schwärzlichen bis rötlichen Dornen meist gerade.

Mammillaria lanata,

die »wollige M.«, wächst anfangs kugelig, später etwas zylindrisch. Die Warzen sind winzig klein, die Axillen stark weißwollig. Die dünnen, weißen, leicht braungespitzten Dornen sind so miteinander verflochten, daß der grüne Körper nicht zu sehen ist. Blüten aus dichtbehaarten Axillen, dunkelrosa, im Kranz um den Scheitel. (Heimat: Mexiko, Provinz Tamaulipas, Karte II, G–H 11–12.)

Es gibt auch eine Art unter dem Namen *M. klissingiana*, die außer den dichten weißen Randdornen noch 2 bis 4 weiße, rotgespitzte Mitteldornen von 2 bis 4 mm Länge hat.

Viel weniger dicht bedornt ist die violettrotblühende *M. brauneana*, während *M. chionocephala* durch die weiße Axillenwolle fast alles Grün verdeckt. Bei *M. dealbata* sind die Mitteldornen bis 1 cm lang und gelblichweiß mit dunkler Spitze.

Mammillaria longiflora,

nach ihren langen und großen Blüten benannt, war einige Zeit Leitart der besonderen Gattung Krainzia. Ihrer Samenform nach kann man sie aber zu Phellosperma rechnen. Sie ist dunkelgrün, wächst kugelig mit einem Durchmesser von etwa 3 bis 5 cm, hat bis 10 mm lange Warzen und kahle Axillen. Die je etwa 30strahligen Randdornen sind weiß und 1 cm lang, die 4 Mitteldornen sind am Grunde gelblich und dunkelrotbraun, der mittlere an der Spitze hakig. Die schönen hellrosa Blüten haben 3 bis 4 cm Durchmesser. (Heimat: Mexiko, Provinz Durango, Karte II, G–H 8.)

Die neuentdeckten *M. goldii, saboae* und *theresae* mit gleichfalls langen Blüten an kleinen Pflanzen gehören vermutlich in diese Verwandtschaft.

M. jaliscana ist ähnlich wie *M. bombycina* von dichten weißen Randdornen verhüllt. Von den 4 rotbraun gespitzten Mitteldornen ist der unterste bis 12 mm lang und gehakt. Die 1 cm großen Blüten sind blaß- bis dunkelrosa. Alle diese »Hakenstachler« sind etwas nässeempfindlich.

Dolichothele longimamma,

die »langgewarzte D.«, wird 8 bis 15 cm hoch und breit. Ihre bis 5 cm langen Warzen sind weichfleischig und meist glänzendgrün. Die Axillen sind kaum behaart. Auf den etwas weißfilzigen Areolen stehen 3 bis 12 gelbliche, mitunter dunkler gespitzte Randdornen von 5 bis 20 mm Länge und ein meist etwas kürzerer Mitteldorn. Die kanariengelben Blüten sind 5 bis 6 cm lang und breit und erscheinen bei erwachsenen Pflanzen (ab 3. Jahr) regelmäßig. (Heimat: Mittelmexiko, Karte II, H–N 7–13.)

Abarten: *var. gigantothele* mit 5 bis 7 cm langen, schlanken Warzen, *var. uberiformis* mit dicken, dunkelgrünen Warzen ohne Mitteldorn, *var. ludwigii* mit hellgrünen, dünnen Warzen und sehr langen biegsamen Dornen. Bei *D. sphaerica* ist der Mitteldorn am Grunde rötlich. *D. melaleuca* hat braune Dornen. Alle diese Arten wachsen gut in etwas lehmiger Erde und brauchen im Sommer Schutz vor Prallsonne.

Mammillaria marksiana

wächst breitkugelig, ohne zu sprossen. Bei 4 bis 5 cm Höhe ist sie etwa 8 cm breit. Die kurzen, 4kantigen Warzen werden etwa 6 bis 7 mm hoch und sind mit goldgelben, später vergrauenden geraden Dornen besetzt, die nach allen Richtungen abstehen. Die seitlichen Dornen und der einzelne Mitteldorn sind bis 8 mm lang, die oberen und unteren nur etwa 5 mm. Die Areolenwolle im Scheitel ist gelblich, auch die etwa 15 mm großen Blüten sind grünlichgelb. Die etwas langsam wachsende Art ist nicht empfindlich. (Heimat: Mexiko, Provinz Sinaloa, Karte II, F–G 6–7.)

M. xanthina blüht gleichfalls gelb und wächst kugelig, ist jedoch mit weißen Randdornen und 2 bräunlichen, kurzen Mitteldornen eine ganz andere Erscheinung. *M. celsiana* hat auch viele weiße Randdornen und 4 bis 7 honiggelbe, bis 18 mm lange Mitteldornen. Sie blüht feurigkarminrot.

Mammillaria mazatlanensis

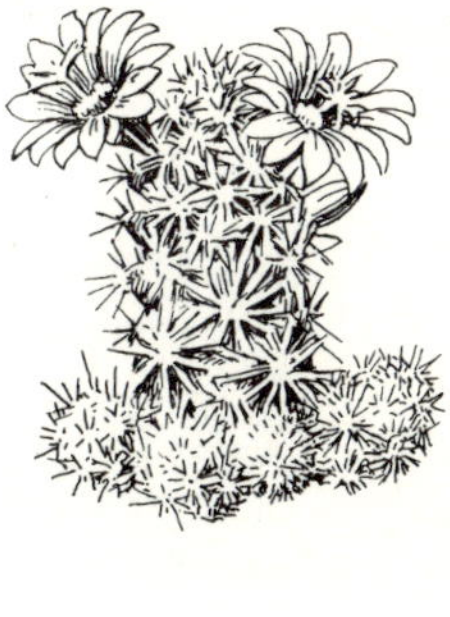

ist oberflächlich gesehen ein rotbraundorniges Pendant von *Leptocladodia elongata* var. *stella aurata*. Sie wächst wie diese dünn-zylindrisch und sproßt am Grunde stark. Die Warzen, die sich in der Sonne rot färben, sind kurzkegelig und tragen je 4 bis 6, bis 15 mm lange Mitteldornen, schön rotbraun gefärbt, mitunter einer kurzgehakt, die sich von den weißen Randdornen gut abheben. Die rings um den Körper erscheinenden Blüten sind bis 25 mm groß, sehr schön kräftig karminrosa mit grünen Narben. (Heimat: Mexiko, Provinz Sinaloa, Karte II, F–H 6–7.)

In der länglichen Wuchsform und der Blütengröße ähneln der obigen einige schöne Arten aus Niederkalifornien und Sonora: *M. fraileana, M. hutchisoniana* (weiß blühend), *M. marnieriana, M. microcarpa* (besonders großblütig), *M. sheldonii.*

Etwas kleiner blühen: *M. alamensis, M. armillata, M. blossfeldiana, M. dioica, M. insularis, M. neopalmeri, M. pseudoalamensis, M. shurliana.*

Epithelantha micromeris

sieht wie eine Mammillaria aus, bringt aber ihre blaßrosa Blüten aus dem oberen Teil der Areole durch einen dichten Borstenschopf hindurchbrechend. Die Art kann daher nicht zu Mammillaria gerechnet werden. Ihr Körper ist klein-kugelförmig und dicht mit weißgelblichen, ganz kurzen Dornen überzogen. Häufig wurden auch Kammformen dieser Art importiert. Bei *var. greggii* sind die Schopfdornen schwarz gespitzt. (Heimat: Nordmexiko und Südtexas, Karte II, F–H 11–13.)

Mammillaria nivosa,

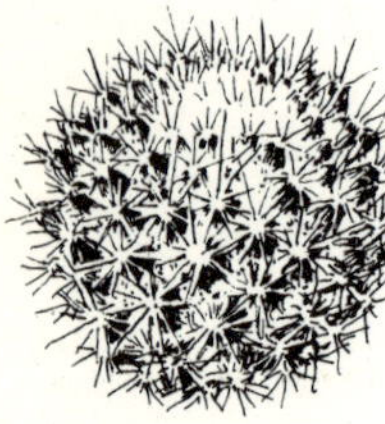

die »beschneite M.«, wächst kugelig, später durch Sprossung vielköpfig. Axillen und Areolen sind an älteren Pflanzen herrlich schneeweißwollig, der Körper ist meist etwas braunrot. Die kegeligen Warzen sind 1 cm lang. Auf den Areolen sitzen bis 14 hellgelbe, pfriemliche, bis $1^1/_2$ cm lange Dornen. Die zitronengelben Blüten sind gleichfalls $1^1/_2$ cm lang. (Heimat: Südliche Westindische Inseln.)

M. flavescens ist wenig von ihr verschieden.

M. simplex aus dem nördlichen Venezuela blüht gleichfalls hellgelb und ist bräunlich bedornt. Weitere südamerikanische Arten sind *M. columbiana*, *M. bogotensis* und *M. soehlemannii.* Diese wachsen jedoch kugelig bis keulenförmig und haben glasigweiße bis gelbliche, bräunlichgespitzte Dornen. Sie blühen karminrot.

Mammillaria parkinsonii

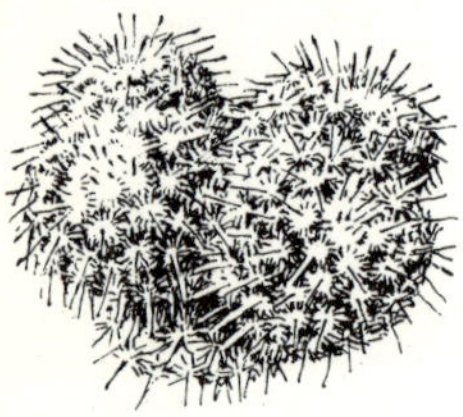

wächst anfangs kugelig, meist etwas länger als breit, teilt sich dann aber (zuweilen mehrmals) gabelig durch Bildung neuer Vegetationspunkte. Man nennt dies die dichotomische Teilung, die bei einzelnen Arten häufig auftritt. So entstehen oft vielköpfige Stücke ohne Sproßbildung. Die bis 7 mm langen, kegeligen Warzen sind blaugrün und milchen stark bei Verletzung. Die Areolen wie auch die borstentragenden Axillen sind stark weißfilzig, die zahlreichen borstenförmigen, strahlenden Randdornen schneeweiß, 2 weiße Mitteldornen sind schwarzbraun gespitzt, der untere ist bis 2 cm lang und abwärts gebogen. Blüten aus dichter Axillenwolle hellgelb, bis 2 cm im Durchmesser. (Heimat: Mexiko, Provinz Hidalgo, Karte II, L 12.)

Die etwas ähnliche, rotblühende *M. kunthii* hat kürzere Mitteldornen und vermehrt ihre Kopfzahl nicht durch dichotomische Teilung.

Mammillaria perbella,

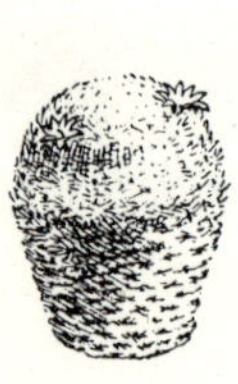

die »sehr fein geformte M.«, ist ein kugeliges, kurz weiß bedorntes Pflänzchen, das seine Kopfzahl auch durch dichotomische Teilung vermehrt und 5 bis 6 cm breite Einzelköpfe hat. Die Warzen sind kurz kegelig, die Axillen schwach wollig. Randdornen bis 3 mm lang, weiß mit kurzer schwarzer Spitze, 1 bis 2 derbere, weiße Mitteldornen, bis 6 mm lang. Blüten 8 mm groß, karminrot. (Heimat: Mexiko, Provinz Querétaro, Karte II, L 11.)

M. pseudoperbella teilt sich nicht dichotomisch und wächst mehr zylindrisch. Auf kleinen Warzen bis 30 kurze weiße Randdornen, 2 Mitteldornen mit schwarzen Spitzchen. Ähnlich auch *M. crucigera* mit 4 über Kreuz stehenden Mitteldornen. *M. microthele* hat auf dünnen Warzen weiße Randdornen und 2 weiße Mitteldornen und blüht 8 mm groß, rosa.

Cochemiea poselgeri

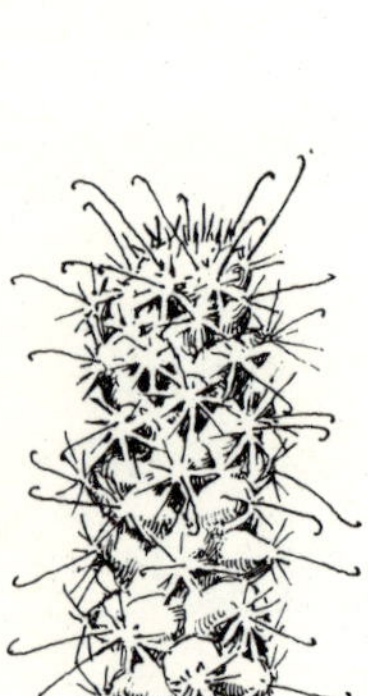

ist eine außergewöhnliche Erscheinung. Sie wächst lang-zylindrisch bei nur 3 bis 4 cm Durchmesser. Die aufrecht stehenden Warzen sind dunkelgrün, bei sonnigem Stand gerötet. Axillen weißwollig, weiße Randdornen, rötlichbraun gespitzt, bis 12 mm lang, strahlend, ein gehakter Mitteldorn in gleichen Farben, bis 2,2 cm lang. Blüten sehr schön scharlachrot, 3 cm lang. (Heimat: Mexiko, südliches Niederkalifornien, Karte II, F–H 3–4.)

C. setispina hat größeren Durchmesser und schwarz gespitzte Dornen. *C. halei* hat mehr und längere Randdornen und 4 gerade Mitteldornen. Wie alle niederkalifornischen Arten müssen auch die Cochemiea im Sommer recht warm und nicht zu feucht gehalten werden. Pfropfung ist zu empfehlen.

Mammillaria prolifera,

die »sprossende M.«, ist auch unter dem Namen *M. pusilla* in Hunderttausenden von Ablegern überall verbreitet und als gut wachsend und leicht blühend bekannt. Die Warzen sind dünn kegelförmig und bis 7 mm lang, Axillen langhaarig, Randdornen fast haarförmig, 5 bis 9 Mitteldornen, steif, blaßgelb, weiß oder rotbraun. Die gelb bedornte Art wird als *M. prolifera* (Typ), die weiß bedornte als *var. haitiensis* bezeichnet, während die rorbraun bedornte richtig *M. multiceps* heißen muß. Eine Abart von ihr ist die *var. perpusilla*, die sich von *M. multiceps* durch blaßweißliche, längere Dornen unterscheidet. Alle diese Arten blühen gelblich-weiß. Durch ihre Wüchsigkeit, Leichtblütigkeit und die später erscheinenden roten Samenbeeren überall beliebt. (Heimat: Mexiko, Texas, am Rio Grande und Haiti, Karte II, D 10, E 11, F 11–12.)

Mammillaria rhodantha,

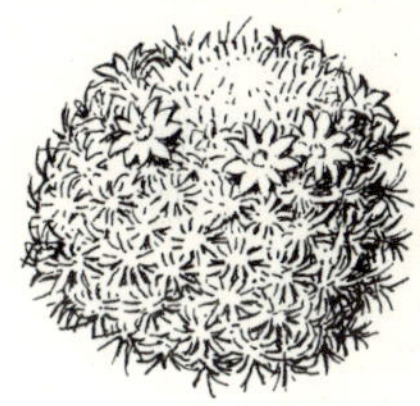

die »rosenrotblühende M.«, wächst zuerst kugelig und später zylindrisch mit mehrfacher dichotomischer Teilung wie bei *M. parkinsonii* beschrieben. Bei 10 bis 30 cm Höhe ist der eintriebige Kopf 7 bis 8 cm dick. Axillen wollig, Warzen kegelig, 6 bis 9 mm lang. Auf weißwolligen Areolen bis 20 weiße oder gelbe Randdornen und 4 bis 6 längere, gebogene, gelbe, rote oder braune Mitteldornen. Blüten bis 13 mm groß, feurigkarmin mit dunkelroten Narben. Eine sehr wüchsige und beliebte Art, die ohne Schwierigkeiten wächst, aber im Sommer etwas Schutz vor Prallsonne braucht. (Heimat: Mexiko, Provinz Mexiko und Hidalgo, Karte II, L–M 11–12.)

Die *var. pfeifferi* ist herrlich gelbdornig, die *var. rubra* schön rot bedornt. Etwas Ähnlichkeit mit *M. rhodantha var. pfeifferi* hat die dünner, dichter und länger gelb bedornte *M. pringlei*, auch die weiß und gelbbraun bedornte *M. amoena* und die hellgelb mit bernsteinfarben bedornte *M. fuscata. M. wiesingeri* hat glasigweiße und rotbraune, 5 bis 6 mm lange Dornen und rosa, dunkler gestreifte Blüten.

Mammillaria schiedeana

ist eine besonders schöne, 4 bis 5 cm große Art, die durch seitliche Sprossung vielköpfige Gruppen bildet. Der dünnwarzige Körper ist dunkelgrün und weichfleischig, die Axillen sind lang weißhaarig. Die Areolen tragen je bis 30 kurze, dünne, weiße Borsten und dazwischen zahlreiche weiße, am Grunde gelbe Haare. Diese gelben Punkte auf dem Dunkelgrün der Warzen geben der Pflanze ihr apartes Aussehen. Die Blüten sind 15 mm lang, weiß, spitz gezähnelt und erscheinen erst spät im Jahr. Bei wurzelechter Kultur muß sehr vorsichtig gegossen werden, auch darf nachts kein Wasser auf dem Pflanzenkörper stehenbleiben. Das gilt auch für die nächsten Arten. (Heimat: Mexiko, Provinz Hidalgo, Karte II, L 11–12.)

Bei *M. dumetorum* sind die äußeren Randdornen dünn pfriemlich, die inneren fast haarförmig, bis 6 mm lang. *M. albilanata*, auch als *M. cephalophora* bekannt, hat haarförmige, gewundene weiße bis goldgelbe Dornen ohne Mitteldorn. Besonders beliebt aber ist *M. plumosa* mit ihren weichen, weißen, zart befiederten Dornen; jedes Köpfchen sieht wie ein weißer Federball aus.

Bartschella schumannii

gehört zu den wenig bekannten Mammillarien und hat ziemlich große Blüten von 3 bis 4 cm Durchmesser. Die grauvioletten Körper werden etwas zylindrisch, sie sind bei 6 cm Dicke etwa 10 cm hoch. Scheitel und Axillen wollig, Warzen vierkantig-abgerundet tragen die anfangs wolligen Areolen mit etwa 10 derben, bis 1 cm langen Dornen. Die Mitteldornen sind weiß mit braunen Spitzen, ein unterer ist hakig gekrümmt und schwarz. Blüten karminrot mit blasseren Rändern. Leider ist die Art etwas empfindlich und wird leicht wurzelkrank. (Heimat: Mexiko, Sinaloa, bei Mazatlan, Karte II, H–J 7.)

Mammillaria sempervivi

erinnert wirklich an ein Sempervivum. Der dunkelgraugrüne, flachkugelige Körper ist am Scheitel etwas eingesenkt, die Warzen sind bis 1 cm lang und 4- oder mehrkantig. Die Axillen sind in Zonen wollig, auf winzigen Areolen sitzen kaum sichtbare weiße Randdornen und 2 derbe, schwach gekrümmte, 4 mm lange Mitteldornen. Spitze Blüte 1 cm lang, weißlich mit rotem Mittelstreifen. Langsam wachsende, aber nicht empfindliche Art. (Heimat: Mittelmexiko, Karte II.)

M. *bachmannii* wird in ihren Ausmaßen größer, dunkelgrün, 12 cm breit, mit 4 schwarzen Mitteldornen und hellrosa Blüten. M. *caput-medusae* hat schlankere, längere Warzen und 2 bis 4 kurze Dornen. M. *tenampensis* hat 5 bis 6 cm Durchmesser, blühende Axillen gelbwollig und gelb beborstet, auch junge Areolen gelbfilzig. 4 bis 6 bräunliche Dornen, dunkler gespitzt, Blüten purpurrot. M. *sartori* hat dichtstehende, milchende Warzen von 1 cm Länge, filzige Areolen und weißwollige Axillen, 4 sehr kurze Randdornen und meist keinen Mitteldorn, Blüten hellkarmin mit dunklerem Mittelstreifen.

Mammillopsis senilis,

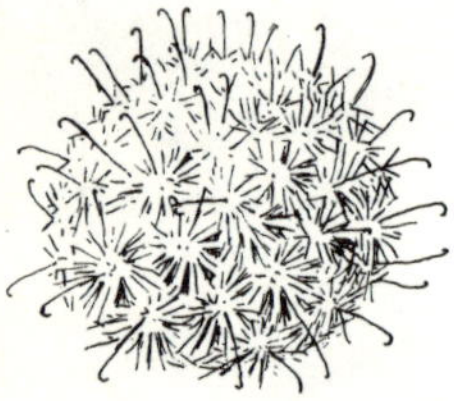

die »greisenhafte M.«, hat einen kugeligen, später zylindrischen Körper, der dicht von weichen, weißen Dornen umhüllt ist. Bei 6 cm Durchmesser haben die Körper 7 bis 10 cm Höhe. Auf frischgrünen, 8 mm langen Warzen und weißwolligen Areolen sitzen etwa 40 borstenartige, weiße Randdornen und 5 bis 6 Mitteldornen, deren unterster bis 20 mm lang, hellgelb und mit hakiger Spitze versehen is. Auch die Axillen sind weißwollig. Die etwa 6 cm langen, dunkelroten, leicht violetten Blüten mit dunklerer Mitte kommen aus scheitelnahen Axillen und haben 5 bis 6 blaßgrünliche Narben. Diese schöne Art braucht im Sommer viel Wärme und frische Luft. Im Winter soll sie sehr trocken und kühl stehen, sonst blüht sie nicht. Humuserde verträgt sie bei uns schlecht, die oberste Schicht der lehmhaltigen Erdmischung sollte Steinschotter oder Ziegelsplitt sein. (Heimat: Mexiko, in den Provinzen Durango und Chihuahua bis in 3000 m Höhe, Karte II, D—G 7—8.)

Mammillaria spinosissima,

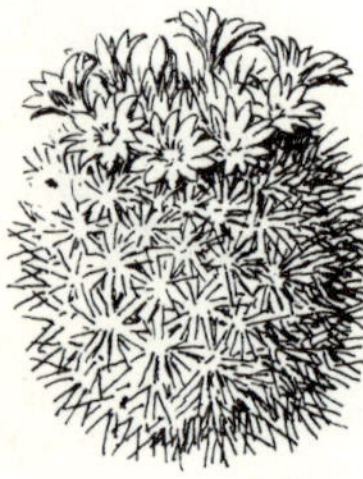

die »sehr dicht bedornte M.«, wächst ziemlich lang-zylindrisch bei einem Durchmesser von 4 bis 10 cm. Sie ist dunkelgrün mit wolligem Scheitel, wolligen und borstigen Axillen und 4 bis 5 mm langen Warzen, die auf rundlichen Areolen je 20 bis 30 spreizende, bis 10 mm lange Rand- und 7 bis 10 etwas stärkere Mitteldornen tragen. Letztere sind in ihrer Farbe sehr variabel, sie kommen von reinweiß bis dunkelrotbraun vor. 2 cm lange Blüten im Kranz um den Scheitel, feurigkarmin, fein gezähnelt, mit grünlichen Narben. (Heimat: Mittelmexiko, Karte II, L—N 10—12.)

Ähnlichkeit in Bedornung und Wuchs haben M. *bella* und M. *nunezii.* Bei letzterer sind die Mitteldornen bis 15 mm lang, braun mit schwarzer Spitze. M. *coronaria* hat kürzere Dornen, Randdornen weiß, Mitteldornen braun, später gelblich.

Dolichothele surculosa,

die »sprossenreiche D.«, wird oft auch als *Mammillaria saffordii* bezeichnet. Das einzelne Körperchen ist klein, kaum 20 mm im Durchmesser, bildet aber durch Sprossung große Gruppen. Warzen 8 mm lang, Axillen kahl, 15 dünne, weißliche Randdornen und 1 bis 2 cm langer, hakiger, gelblicher Mitteldorn, nach oben gerichtet. Die schwefelgelben, rötlich gespitzten Blüten wirken mit 2 cm Durchmesser auf den kleinen Pflanzen recht ansehnlich. Sie haben reingrüne Narben und erscheinen willig in großer Zahl. Diese schöne Art wächst gut in nahrhafter, lehmiger Erde und braucht Schutz vor Prallsonne. (Heimat: Mexiko, Provinz Tamaulipas, Karte II, H 11.)

Mammillaria viereckii

ist eine kleine, dunkelgrüne, weichfleischige Pflanze von nur 3 cm Durchmesser, mit locker gestellten, bis 10 cm langen, schlanken Warzen. Axillen nur mit weißen Borsten versehen, etwa 10 dünne, bernsteingelbe, 12 mm lange, abspreizende Dornen, Blüten 12 mm lang, rahmfarben mit grünlichem Schlund. (Heimat: Mexiko, Provinz Tamaulipas, Karte II, G–H 12.)

Ähnlich sind *M. pilispina* mit gelben Dornen, *M. picta* mit mehrfarbigen Dornen und *M. trichacantha* mit gelblichen Randdornen und 2 Mitteldornen, von denen der nach oben gerichtete kürzer und weiß mit brauner Spitze und der untere kastanienbraun, bis 12 mm lang und hakig gebogen ist.

Mammillaria wildii

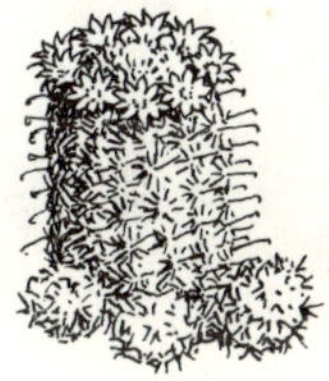

ist eine kleine, später zylindrisch werdende Pflanze von 4 bis 6 cm Durchmesser bei 8 bis 15 cm Höhe. Durch Sprossung vielköpfige Gruppen bildend, dunkelgrün, weichfleischig. Warzen bis 13 mm lang, weiße, borstenförmige Randdornen von 5 bis 7 mm Länge, 3 bis 4 stärkere Mitteldornen, honiggelb, einer davon vorstehend, hakig gebogen. Kleine 15 mm lange, weißliche, rötlich gestreifte Blüten erscheinen häufig in Kränzen. Die Art wächst leicht und blüht den ganzen Sommer bei etwas Schutz vor Prallsonne und nicht zu spärlichen Wassergaben. Von ihr ist auch eine rosa blühende Hybride durch Einkreuzen mit *M. glochidiata* gezüchtet worden. (Heimat: Mexiko, Provinz Hidalgo, Karte II, L 11–12.)

Ähnlich sind die nur 3 cm groß werdende, rahmfarben, aber größer blühende *M. pygmaea* und die blaßrosablühende *M. kunzeana* mit 4 roten bis braunroten Mitteldornen. Gleichfalls hakig bedornt ist die leichtwachsende, leuchtendrot und reich blühende *M. hamata* (auch *M. heeriana* genannt.)

Mammillaria woodsii

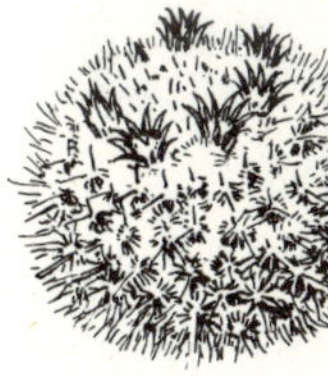

wächst breitkugelig und später zylindrisch, junge Pflanzen von 6 cm Höhe sind etwa 8 cm breit. Die Axillen sind auffallend stark mit weißer Wolle und weit über die Warzen hinausragenden weißen Borsten besetzt. Die 6 bis 7 mm langen, graugrünen, schwach 4kantigen Warzen milchen bei Verletzung. Die bis 30 etwa 4 bis 8 mm langen glasigweißen Randdornen sind borstig nach allen Seiten gerichtet. 2 gerade, schwarzgespitzte Mitteldornen, der nach oben gerichtete ist 4 bis 5 mm und der nach unten gerichtete 8 bis 16 mm lang. Blüten in Kränzen um den Scheitel, 2 cm lang, leuchtend karminrosa mit dunklerem Mittelstreif. Die schöne, nicht schwierige Art sollte wegen der dichten Axillenwolle im Sommer Schutz vor Dauerregen haben. Sie liebt Sonne, Wärme und eine helle, aber kühle Überwinterung. (Heimat: Mexiko, Provinz Guanajuato, Karte II, L 10.)

Mammillaria zeilmanniana

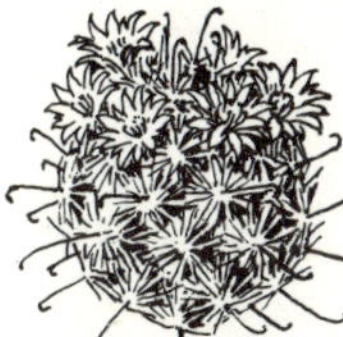

ähnelt den bei *M. wildii* genannten weichfleischigen, kleinen »Hakenstachlern«, ist aber gut an ihrer glänzendgrünen Körperfärbung zu erkennen. Sie wächst gut, und schon kleine Sämlinge mit kaum 2 cm Durchmesser beginnen zu blühen. Kein Wunder, daß diese reizende kleine Art so beliebt ist! Die Warzen stehen dicht, die Axillen sind fast kahl. Auf den Areolen sitzen bis 18 weiße Randdornen und 4 braune Mitteldornen, einer davon ist hakig. Blüten schon bei kleinsten Sämlingen, im Kranze, schön viollettrot mit hellerem Schlunde und gelben Narben. Sogar die wüchsige Kammform dieser schönen Art blüht willig. (Heimat: Mexiko, Provinz Guanajuato, Karte II, L 10.)

Ähnlich die kleine *M. rettigiana* mit Hakendornen und zartrosa gestreiften Blüten. Die gleichfalls hakendornige *M. knebeliana* wird größer und blüht gelb mit bräunlichem Streif. *M. hirsuta* hat sehr dünne, glasigweiße Randdornen und weiße, bräunlichgespitzte Mitteldornen. Ihre Blüten sind hellgelb mit rosa Hauch und grünlichem Schlund.

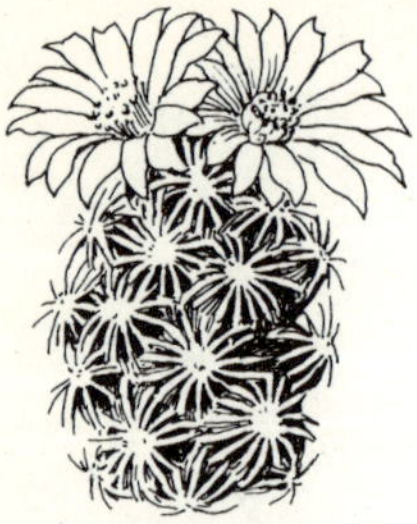

Neolloydia grandiflora

wächst bei wenigen cm Durchmesser zylindrisch bis zu 10 cm Höhe. Ihre Axillen und jungen Areolen sind stark weißwollig. Auf den kurzen Warzen sitzen bis 25 horizontal strahlende, weiße Randdornen und 11 bis 12 schwarze Mitteldornen, die mitunter auch fehlen. Die Blüten erscheinen aus den Furchen der Warzen und sind dem Namen entsprechend bis 6 cm groß, violettrosa. (Heimat: Mexiko, Provinz Tamaulipas, Karte II, H 12.)

N. ceratites hat 5 bis 6 bis 3 cm lange, schwarzgespitzte Mitteldornen. *N. conoidea* hat locker gestellte Warzen und 4 bis 5 schwarze Mitteldornen.

Coryphantha elephantidens,

die »elefantenzähnige C.«, wächst flachkugelig und ist bei 14 cm Höhe 18 bis 20 cm breit, dunkelgrün mit weißwolligen Axillen und Scheitel. Die Warzen, die Veranlassung zu dem Namen gaben, sind dick und plump, tief gefurcht und filzig wie auch die Areolen. Die 6 bis 8 kräftigen, gekrümmten, bis 2 cm langen Randdornen sind zuerst gelblich, dann bräunlich, dunkler gespitzt, der Mitteldorn fehlt. Die Blüten aus der Furche sind 8 bis 10 cm groß, rosarot bis karminrot, mit dunklerem Mittelstreifen. (Heimat: Mexiko, Provinz Michoacan, auf Wiesen wachsend, Karte II, M 9—10.)

Sehr ähnlich ist *C. bumamma* mit gelben Blüten. *C. compacta, retusa* und *pectinata* sind kleinere, gleichfalls gelbblühende Arten ohne Mitteldornen.

Coryphantha palmeri

wächst länglich-kugelig, ist blaßgrün und an jungen Areolen stark wollig. Bis 18 Randdornen, dünn, strahlig, gelblich mit schwarzen Spitzen. Ein kräftiger Mitteldorn ist braun mit hakiger Spitze, bis 2 cm lang. Blüten aus den Furchen junger Warzen, gelblichweiß mit breitem, bräunlichem Mittelstreif, innen reingelb. (Heimat: Mexiko, Provinzen Durango und Tamaulipas, Karte II, G—H 7—8, 11—12.)

Bei *C. cornuta* und *cornifera* sind die schwarzen Mitteldornen nach unten gekrümmt, bei *C. pycnacantha* sind es 4 bis 5 kreuzförmig gestellte schwärzliche Mitteldornen, die bis 22 mm lang werden und stark gebogen sind. Bei *C. andreae* sind die 5 bis 7 gekrümmten Mitteldornen gelblich bis bräunlich und bis $2^{1}/_{2}$ cm lang. Bei *C. werdermannii* stehen erst an erwachsenen Pflanzen die Mitteldornen über dem Scheitel, den sie ganz einhüllen.

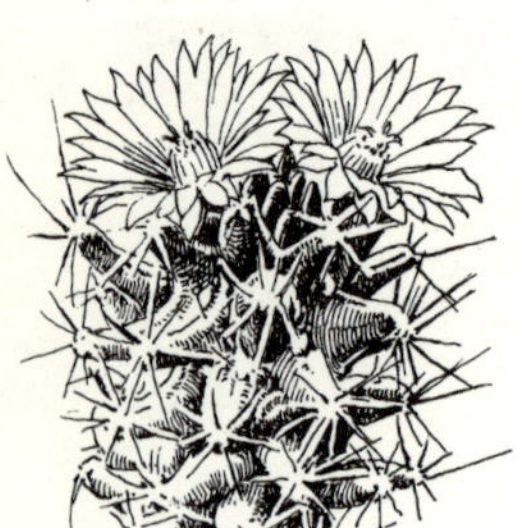

Coryphantha clava,

die »Keule«, wächst zylindrisch und erreicht bei 30 cm Höhe 9 bis 10 cm Breite. Sie ist bläulich graugrün, gelb und bräunlich bedornt und hat sehr locker stehende, hornförmige Warzen. Die etwa 10 gelben Randdornen sind bis 14 mm lang, die Mitteldornen 20 mm lang, anfangs bräunlich, später gelb. Axillen weißwollig mit 1 bis 2 roten oder gelben Drüsen, Blüten bis 8 cm breit, außen grünlich, rot gespitzt, innen glänzend gelb. (Heimat: Mexiko, Provinz Hidalgo, Karte II, K—L 11—12.)

Ähnlich sind *C. erecta* mit stumpf kegelförmigen Warzen, *C. macrothele* mit seitlich gedrückten Warzen, deren Spitze schwach abwärts gebogen ist; *C. raphidacantha* hat kleine Warzen und einen 2 cm langen, gehakten Mitteldorn. Bei allen diesen Arten reicht die Furche bis zur Axille und außerdem haben sie rote oder gelbliche Drüsen.

Escobaria sneedii

ist klein, kurz zylindrisch, stark sprossend, kurz weißbedornt. Auch die Blüten sind klein, weißlich. (Heimat: USA, Staat Texas, Karte II, B 8.)

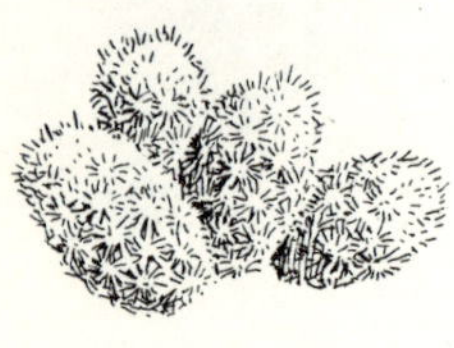

E. chihuahuensis hat schwarzgespitzte Mitteldornen und dunkelrote Blüten, bei *E. strobiliformis* sind die etwa 9 Mitteldornen oben bräunlich. *E. bella* ist weiß mit 3 bis 5 braunen Mitteldornen und rosa Blüten.

Neolloydia, Coryphantha und *Escobaria* brauchen eine sehr sandige, gut wasserdurchlassende Erdmischung mit Lehmbeigaben. Sie sollen im Sommer heiß und sonnig unter Glas stehen, ohne daß die Lüftung dabei fehlen darf. Im Winter ist ein heller Platz erwünscht, wenn auch nicht unerläßlich. Kühl stehen müssen sie dagegen unbedingt. Für Zimmerpflege nicht geeignet.

Seltene, kleine Gattungen

Unter »klein« ist hier nicht die äußere Gestalt gemeint, vielmehr handelt es sich um solche Gattungen, von denen es nur wenige Arten gibt bzw. nur wenige Arten bis jetzt entdeckt wurden. Es ist auch möglich, daß es sich dabei um sehr alte Gattungen handelt, von deren größerer Artenzahl heute nur noch wenige existieren, weil die anderen schon lange ausgestorben sind. Solche Vermutungen wurden verschiedentlich geäußert, sind jedoch immer nur Hypothesen. Gattungen, von denen wir nur eine einzige Art kennen, nennen wir monotypisch.

Einige dieser Besonderheiten zeigen eine graue oder braune Körperfarbe, fast kein Chlorophyll, assimilieren infolgedessen nur schwach und haben ein sehr langsames Wachstum. Solche Arten sind für den Zimmerpfleger wenig geeignet, sie brauchen einen vollsonnigen, sehr warmen Stand im Gewächshaus und eine lufttrockene Überwinterung. Sind sie jedoch auf eine grüne Unterlage veredelt, so ist ihre Pflege wesentlich einfacher.

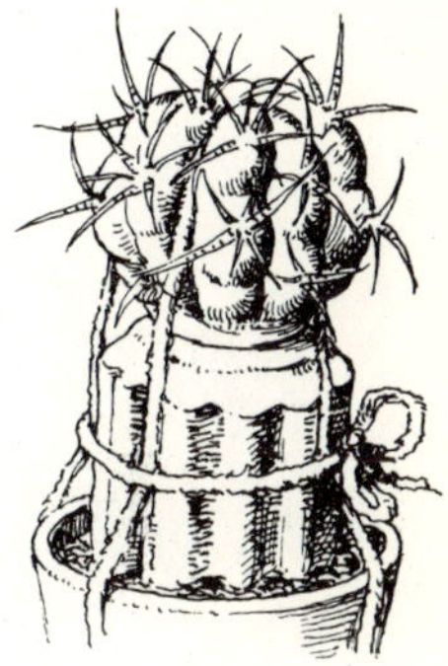

Für die Gattung Astrophytum trifft das Obige nicht zu. Ihre Pflege ist in trockener Zimmerluft keineswegs schwierig. Man braucht sie auch nicht zu pfropfen außer *A. asterias* in den ersten Sämlingsjahren. Im Sommer ein warmer, sonniger Stand und im Winter kühl und trocken ist das, was ihnen zusagt. Wenn dabei das Wachstum nur langsam vorwärts geht, braucht man das nicht als Fehler anzusehen, es entspricht ihrem natürlichen Rhythmus. Ich bringe in diesem Kapitel die Gattungen in alphabetischer Reihenfolge, wobei ich einige später abgetrennte, umbenannte Arten bei ihrer alten Gattung belasse und den jetzt gültigen Gattungsnamen in Klammern beisetze.

Ariocarpus lloydii (Roseocactus lloydii)

hat einen kurzen Körper mit kalksteinähnlich verkrusteten dicken Warzen und eine dicke Rübenwurzel mit nur wenigen Saugwurzeln. Die graubraunen, harthäutigen Warzen haben eine wollige Mittelfurche bis zur unbedornten Areole. Die purpurvioletten, kurzröhrigen Blüten erscheinen aus den wolligen Axillen am Scheitel und halten sich mehrere Tage. Auch die eichelähnliche Frucht ist dicht mit Wolle gepolstert, was Anlaß zu dem Gattungsnamen Ariocarpus = Wollfrucht gab. Die Arten mit wolliger Furche auf den Areolen sind übrigens mit dem neuen Gattungsnamen Roseocactus von Ariocarpus abgetrennt. (Heimat: Zentralmexiko, Karte II, K–N 8–13.)

Ariocarpus fissuratus (Roseocactus fissuratus) mit weniger gewölbten, dreieckigen Warzen und rosaroten, großen Blüten ähnelt dem vorigen am meisten, während bei *Ariocarpus retusus* die dreieckigen Warzen viel glatter und die Blüten fast weiß sind.

Ariocarpus trigonus,

der »dreikantige A.«, hat bräunlichgrüne, bis 5 cm lange, scharf dreikantige, spitze Warzen mit unbedornter Areole an der Spitze. Die gelben Blüten erscheinen aus der dichten Wolle rings um den Scheitel. (Heimat: Mexiko, Nuevo Leon und Tamaulipas, Karte II, G–J 11–12.)

Länglich-dreikantig und graugrün sind auch die Warzen des seltenen *Ariocarpus scapharostrus*, dessen untere Kielkante rundlich vorgezogen wie bei einem Boot zur Spitze verläuft (scapharostrus = kahnschnabelig.) Bei dem weißblühenden *Ariocarpus furfuraceus* ist die Oberfläche der kurz-dreieckigen Warzen schwielig und blasenartig gewölbt. Diese Art wird in Mexiko auf den Märkten als Heilpflanze verkauft. *A. agavoides* (auch *Neogomesia agavoides*), hat die Areole auf der Warzenfläche unterhalb der Spitze.

Die dicken Rübenwurzeln der Ariocarpen vertragen keine Humuserde, besser eignet sich für sie eine Mischung von lehmhaltiger Erde mit mineralhaltigem Kies oder Marmorschrott oder Tonscherben und zerstoßener Holzkohle. Die breiten Töpfe oder Schalen werden in normale Kakteenerde eingesenkt und nur von unten sparsam befeuchtet. Beim Gießen darf vor allem das Herz der Pflanze, die Wolle des Scheitels nicht angefeuchtet werden. Viel Wärme und volle Sonne ist Voraussetzung für ihr Gedeihen. Im Winter kühl und ganz trocken halten.

Ariocarpus kotschoubeyanus (Roseocactus kotschoubeyanus)

hat meist nur 4 bis 5 cm Durchmesser. Wegen des weißen Wollfilzes in der Furche der unbedornten Warzen wird er auch »Edelweißkaktus« genannt. Die karminroten, kurzröhrigen Blüten werden bis 3 cm groß und haben weiße Staubfäden, Griffel und Narben. (Heimat: Zentralmexiko, San Luis Potosi, Durango, Karte II, H 8, K 11.)

Es gibt auch eine weiß, schwachrosa blühende Abart sowie den größer werdenden neuen *Roseocactus intermedius*, der im Jahre 1959 erstmalig eingeführt wurde. *A. kotschoubeyanus* ist das Musterbeispiel dafür, daß ausnahmsweise der Einführer einer Neuheit einen guten Preis dafür bekam: Fürst Kotschoubey verkaufte eine der drei von v. Karwinsky gesammelten Pflanzen an Cels in Paris für den Preis von 200 Dollar. Dieser Betrag ist höher als das Gewicht der kleinen Pflanze mit Gold aufgewogen.

Ariocarpus strobiliformis (Encephalocarpus strobiliformis)

ähnelt in ihrer Kleinheit der vorigen Art, ist aber nicht flach, sondern rundlich wie eine Pelecyphora geformt. Die dem Körper dicht anliegenden, schuppenartigen graugrünen Warzen brachten der Pflanze den Namen »kiefernzapfenförmig« ein (= strobiliformis). Die aus den jungen Axillen des Scheitels entspringenden violettroten Blüten und Früchte verhalfen zu dem neuen Gattungsnamen Encephalocarpus (= im Kopf die Frucht). Auf den Spitzen junger Warzen sitzen auf kleiner Areole einige nach oben gerichtete Dornen, die bald abfallen. Die Blüten erscheinen meist zu mehreren, öffnen sich aber nur einen Tag gegen Mittag. Diese Art ist etwas wüchsiger in Kultur als die anderen Ariocarpen. (Heimat: Mexiko, Tamaulipas, Miquihuana, Karte II, F–K 11–12.)

Astrophytum myriostigma,

der »tausendpunktige Sternkaktus«, ist viel bekannter unter dem Namen »Bischofsmütze«, der auf die mitraähnliche Form der unbedornten, meist fünfkantigen Pflanze hinweist. Der ganze Pflanzenkörper ist dicht mit winzigen Wollflöckchen überdeckt, eine Eigenart, die wir nur bei dieser interessanten Gattung Astrophytum kennen. Es gibt auch eine unbeflockte Form, die diese Eigenschaft teilweise vererbt. Blüten in Scheitelnähe, seidigglänzend gelb, bei mehrjährigen Pflanzen willig erscheinend. Die Vierrippigkeit der jungen Pflanzen hält sich bei der Abart aus der Gegend von Jaumave besonders lange, doch gibt es keine eigene vierrippige Art. Aus Samen gezogen ist A. myriostigma durchaus wüchsig, man bekommt die Sämlinge durch Veredlung besonders schnell groß, muß sie aber im 4. Jahr wieder abnehmen und wurzelecht machen, dann wachsen sie weiter gut. (Heimat: Nordamerika, in Gebirgen bis zu 2500 m hoch, Karte II, H–K 9–11.)

Die entwicklungsgeschichtlich älteste »Bischofsmütze« ist *A. tulense* mit dünneren, mitunter leicht gedrehten Rippen und säulenförmigem Wuchs. *A. coahuilense* ist dichtfilzig beflockt, blüht mit großer, rotschlundiger Blüte und läßt sich nicht mit *A. myriostigma* kreuzen.

Astrophytum ornatum,

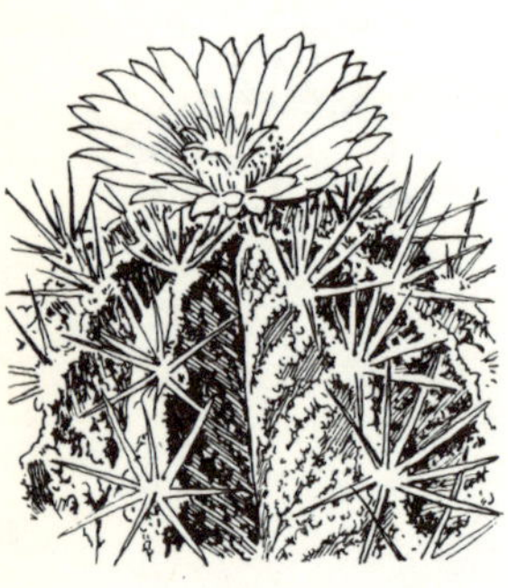

der »geschmückte Sternkaktus«, ist meist achtrippig, wird im Alter säulenförmig, ist in zonenartigen Bändern weniger dicht weißbeflockt und prächtig mit bis 5 cm langen, bernsteingelben oder braunen, geraden Dornen geziert. Die kanariengelben, seidig glänzenden Blüten erreichen bis zu 9 cm Durchmesser, erscheinen leider nur an alten Exemplaren bei sonnigem, warmem Stand. (Heimat: Mexiko, Hidalgo und Querétaro, so weit südlicher als die anderen Astrophyten nur auf felsigem Boden, Karte II, K–L 10–12.)

Es gibt von dieser schönen Art einige in Bedornung und Beflockung abweichende Formen, aber keine Art, die ihr sehr ähnlich wäre. Schon im vorigen Jahrhundert sind Kreuzungen mit *A. myriostigma* entstanden, die als »Beguinsche Hybriden« bekannt wurden. An Schönheit der Bedornung erreichten sie aber die Stammform nicht, obgleich sie wüchsiger waren und leichter zur Blüte kamen. Nur bei planmäßiger Züchtung durch mehrere Generationen lassen sich Verbesserungen erzielen und konstant erhalten.

Astrophytum capricorne,

der »Bockshornkaktus«, genannt nach den bis 7 cm langen, wie Hörner des Steinbocks gebogenen starken Borsten, die auf 2 bis 3 cm entfernten Areolen in Büscheln zu 5 bis 10 auf dem achtrippigen Körper sitzen, der laubgrün und mit weißen Wollflöckchen besetzt ist. Oft ist die Pflanze förmlich von den Dornenborsten umflochten, besonders bei den unten genannten ähnlichen Arten. Die herrlichen Blüten, die schon an jungen Pflanzen erscheinen, sind seidenglänzend gelb mit tiefrotem Schlund und haben bis 7 cm Durchmesser. (Heimat: Nordmexiko, Coahuila, Karte II, G 8–11.)

A. capricorne var. minor bleibt kleiner als voriges und blüht leichter. Die Borsten sind dünner, aber dichter und fallen nicht nach wenigen Jahren ab wie bei *A. capricorne*, *A. crassispinum* blüht rein gelb und hat dickere Borsten, ist ganz dicht weißbeflockt und breitborstig. *A. senile* ist ganz dicht mit langen schwarzgrauen Borsten umflochten.

Astrophytum asterias,

der »Seeigel«, ist das seltenste und schönste Astrophytum. Der flache, halbkugelige Körper erinnert wirklich an die Schale eines Seeigels, hat meist 8 flache Rippen und unbedornte, dickfilzige Areolen. Locker verstreut über den grünen Körper, zuweilen auch in Linien angeordnet, sitzen nicht sehr zahlreiche weiße Wollflöckchen, das Merkmal der Gattung Astrophytum. Die zahlreich schon an jungen Pflanzen im Scheitel erscheinenden Blüten sind seidenglänzend gelb mit rotem Schlund. (Heimat: Mexiko, Tamaulipas, in nur 200 m über Meereshöhe, Karte II, G–J 13.)

Diese seltene Art war im Jahre 1843 von W. v. Karwinsky in wenigen Exemplaren nach Europa geschickt worden und wurde erst nach 80 Jahren auf einer Expedition von Kakteen-Haage, Erfurt, durch den Sammler A. V. Frič wiedergefunden. Als Sämling ist sie bei uns sehr nässeempfindlich und hält sich am besten, wenn man sie schon wenige Wochen nach dem Aufgehen pfropft, im dritten Jahre aber wieder abschneidet und neu bewurzelt. Sonst wird sie wie die anderen Astrophyten behandelt, doch im Sommer nicht ganz so trocken gehalten.

Aztekium ritteri

ist eine merkwürdige Pflanze! Der flachkugelige, matthellgrüne Körper mit dem eingesenkten Scheitel und den 9 bis 11 Rippen ist eigenartig gefurcht und dicht gefaltet, erinnert an alte Skulpturen der Azteken. Die kleine Pflanze wird nur 5 cm breit und 3 cm hoch und wächst langsam. Im Scheitel kurze, derbe Dornen, die bald abfallen und kleine weiße, rot gezeichnete Blüten. Sämlinge ohne Keimblätter mit kreisförmiger Vertiefung, aus der erst im 4. Jahre die Warzen hervorkommen. Infolge ihres langsamen Wachstums für Anfänger nicht zu empfehlen. (Heimat: Mexiko, Nuevo Leon, an senkrechten Schieferfelswänden, Karte II, E–G 11–12.)

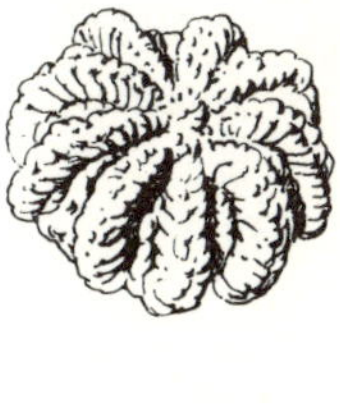

Leuchtenbergia principis,

der »Prismenkaktus«, ist eine eigentümliche, dickstämmige Pflanze, auf der in Spiralen angeordnete, scharf dreikantige, bis 12 cm lange, dünne blaugrüne Warzen stehen, an deren Enden die Areolen mit papierartigen, dünnen, biegsamen Dornen sitzen. Auch die 10 cm großen wohlriechenden Blüten kommen aus den Areolen der Warzenspitzen und sind außen rötlichbraun, innen gelb. Sie bleiben fast eine Woche lang geöffnet. Alte Pflanzen sind oft etwas unansehnlich, weil die äußeren Warzen vertrocknen und später abfallen, einen narbigen Strunk zurücklassend. Diese Art ist nicht so schwer zu kultivieren, wie man oft annimmt. Für die Rübenwurzeln ist sandige Lehmerde zu empfehlen. Sie soll im Sommer Sonne, Luftfeuchtigkeit und Wärme, im Winter einen kühlen und trockenen Standort haben. (Heimat: Mexiko, Hidalgo, Real del Monte, Karte II, L 12.)

Blossfeldia liliputana

gehört zu den winzigsten Gebilden des Kakteenreichs. Der rippen- und höckerlose, graugrüne Körper mit Rübenwurzel zeigt in Färbung und Form entfernte Ähnlichkeit mit Sämlingen von *Lophophora* und bildet mit zunehmendem Alter mehrköpfige Gruppen. Areolen spiralig angeordnet, im Scheitel dichtfilzig. Blüten weißlich, ohne Fremdbestäubung Samen bildend. (Heimat: Nord-Argentinien, Karte III, K 5.)

Weitere Arten sind *B. atroviridis* (dunkelgrün), *campaniflora* (Blüten rundpetalig), *fechseri* (glänzend grün) und *pedicellata* (Areolen dichter, Blüten größer).

Lophophora williamsii

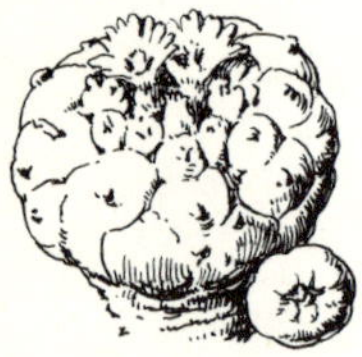

ist in Mexiko unter dem Namen »Peyotl« und in den Südstaaten von USA als »Mescal-buttons« bekannt. Der dornenlose Pflanzenkörper besteht aus einer dicken Rübenwurzel, und nur deren abgerundeter kopfartiger, blaugrauer Oberteil mit eingesenktem Scheitel von 5 bis 8 mm Durchmesser schaut in ihrer Heimat aus der Erde hervor. Je nach Alter hat die Pflanze 5 bis 13 flache Rippen, die durch Querfurchen in flache Warzen zerlegt sind. Auf den Warzen stehen die Areolen mit pinselförmigen Haarschöpfen. Die zartrosa, mitunter auch weißlichen Blüten kommen aus der Wolle des Scheitels und werden etwa 1 cm groß. Die Samenbeere ähnelt der einer Mammillaria. Die weichfleischige Pflanze schützt sich gegen Tierfraß durch mehrere Alkaloide, die als starke Rauschmittel bei den Eingeborenen schon seit Jahrtausenden bekannt sind und bei ihren religiösen Festen genossen werden. (Heimat: Mittelmexiko bis südliche USA: Texas, Karte II, D–K 10–13.)

Melocactus neryi,

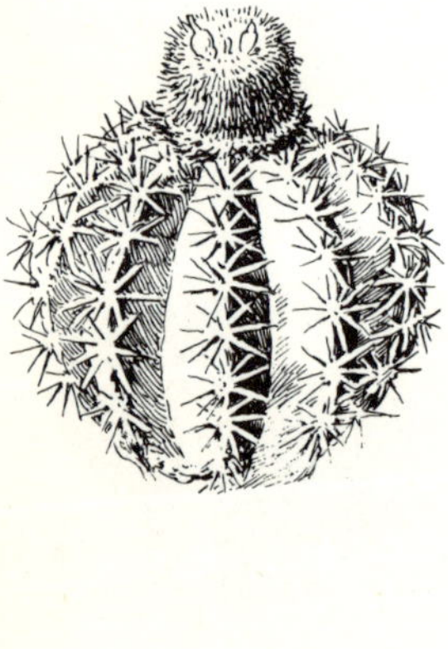

»Melonenkaktus« oder auch »Mönchskopf« genannt, ist der den Europäern zuerst bekannt gewordene Kaktus, denn er wächst in ganz ähnlichen Arten häufig an der Meeresküste und auf den von Kolumbus zuerst entdeckten Inseln. Er sieht aus wie ein normaler Kugelkaktus mit Rippen. Sobald er blühfähig wird, bildet er aber einen dichten Borstenschopf in der Mitte des Scheitels (Tonsur des Mönchskopfes), bei manchen Arten schön rot gefärbt, aus dem die kleinen Blüten heraustreiben und in dessen Innerem die Samenbeeren reifen. Sie werden durch die dichten Borsten nach der Reife förmlich herausgepreßt und fallen neben die Pflanze. *M. neryi* hat etwa 10 breite Rippen und je Areole 7 bis 9 gelblichbraune, bis 2,5 cm lange Dornen. (Heimat: Nordbrasilien, Rio Branco und an anderen Stellen, Karte II, D 6.)

Von den vielen, sich sehr ähnelnden Melocacteen sind besonders bekannt: *M. bahiensis, caesius, communis, intortus, maxonii, obtusipetalus, peruvianus* und *violaceus.* Während aus der Heimat eingeführte Pflanzen mit Blütenschopf besonders durch den Verlust ihrer meterlangen, dicht unter der Erdoberfläche verbreiteten Faserwurzeln meist nach kurzem oder etwas längerem Zeitraum eingehen, wachsen aus Samen gezogene Melokakteen recht gut in einer Kakteenerde, der zur Hälfte grober Sand und Lehm sowie zerstoßene Tonscherben beigemengt sind. Die Pflanzen müssen über Sommer unter Glas sehr hell und warm bei reichlicher Bewässerung stehen und im Winter hell und kühl bei schwachen Wassergaben, jedoch nicht ganz staubtrocken.

Neowerdermannia vorwerkii

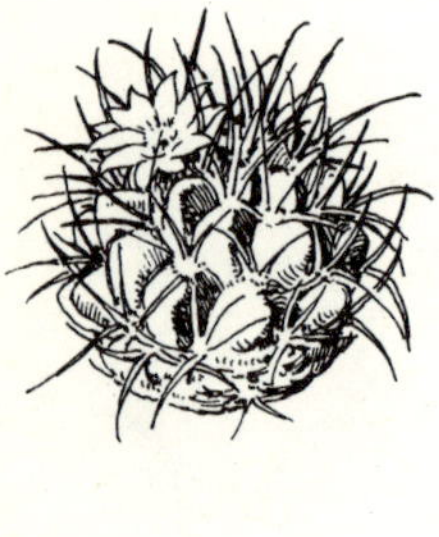

ist ein eigentümliches Gewächs, das der Laie wegen seiner Warzen für eine Mammillaria halten würde. Die glockig-trichterigen Blüten kommen jedoch aus den jungen Areolen in Scheitelnähe und sind etwa 18 mm lang, violettrosa mit bräunlichem Mittelstreif und weißlichem Schlund. Die Pflanze selbst ist grün, kugelig mit dicker Rübenwurzel und etwa 16 Rippen, die vollständig in dreikantige Höcker aufgelöst sind. Die etwa 10 gebogenen Dornen sind bis 2 cm lang, einer länger und mit hakig gebogener Spitze. Eigenartig an dieser Pflanze ist die tief zwischen die Höcker versenkte Areole. Die Pflanzen werden von den Indios in Bolivien geschält und gegessen, man nennt sie dort »Achacanas«. Pflege nicht anders als bei ähnlichen Arten mit Rübenwurzeln, z. B. Lobivien. (Heimat: Nordargentinien bis Nordbolivien, besonders verbreitet in der Gegend des Titicacasees und in Höhen bis 5000 m, Karte III, H 4.)

Obregonia denegrii

ähnelt einem sehr flachen Ariocarpus von 8 bis 12 cm Breite mit dicker Rübenwurzel. Die scharfkantigen, schuppenartig flachen Warzen sind graugrün, dreieckig und 1 bis 1,5 cm lang, am Rücken gekielt. An der Spitze haben sie Areolen mit schwachen, leicht gebogenen, kaum über 1 cm langen Dornen. Aus der dichtwolligen Mitte kommen ziemlich häufig weiße, schmalblättrige Blüten mit kahlem Fruchtknoten und kahler Röhre. Wurde im Jahre 1923 auf einer Expedition von Kakteen-Haage, Erfurt, durch den Sammler A. V. Frič entdeckt. Obregonia ist monotypisch. Bei sonnigem, hellem Sommerstand und nicht zuviel Feuchtigkeit wächst und blüht sie leicht. Man sollte sie allerdings nicht von oben in den Scheitel gießen. Sämlinge wachsen am besten gepfropft, sonst nur sehr langsam.

Porfiria coahuilensis, Mammillaria schwarzii

ist bekannter unter ihrem ersten Namen *Haagea schwarzii* und sieht aus wie ein Mittelding zwischen Mammillaria und Ariocarpus. Der Milchsaft führende Körper von kaum mehr als 4 cm Durchmesser ähnelt dem eines *Roseocactus kotschoubeyanus* mit seiner weichfleischigen Rübenwurzel, die nach oben in kurze bis 12 mm lange blaugrüne Warzen ausläuft. An der Spitze der Warzen sitzen auf kleinen, in der Jugend wolligen Areolen bis 16 dünne Randdornen und ein etwas derberer Mitteldorn mit bräunlicher Spitze. Axillen leicht wollig, Blüten in Scheitelnähe aus den Axillen hervorkommend und bis 6 Tage haltbar, etwa 2 cm Durchmesser, weißlich mit rosa Mittelstreif, bei einer Abart weiß mit grünlichem Mittelstreif. Die Art ist wenig verbreitet und selten. Ihre Pflege ist keineswegs schwierig. (Heimat: Mexiko, Coahuila, bei San Pedro, Karte II, G 9.)

Pelecyphora aselliformis,

»Beilkaktus« oder »Kellerasselkaktus« nach seinen eigenartigen, asselförmigen Areolen benannt, hat einen keulenförmigen Körper von 2 bis 5 cm Durchmesser und auffallende bräunlichgraugrüne Färbung. Seitlich gesehen, sitzt auf einer rübenartigen Wurzel ein kugelartiger Körper wie etwa bei *Encephalocarpus strobiliformis.* Die Warzen wirken wie seitlich zusammengedrückt und sind 3 bis 5 mm hoch. Sie tragen auf länglichen Areolen kammförmig gestellte Dornen, die wie Asseln aussehen. Die 3 cm breiten, karminvioletten Blüten kommen aus der Scheitelmitte und sind von Wolle umgeben, Staubfäden und Griffel sind weiß. Der Pflanzenkörper ist auffallend hart. Diese seltene Art muß im Sommer sehr sonnig und mäßig feucht und im Winter hell, kühl und trocken stehen. Sie wächst sehr langsam. (Heimat: Mexiko, San Luis Potosi, Karte II, H–K 9–11.)

Wegen der ähnlich auf beilartigen Höckern stehenden Kammdornen hat man *Solisia pectinata* früher zu *Pelecyphora* gestellt. *Pelecyphora pseudopectinata* ähnelt der vorigen sehr, wird aber größer, enthält keinen Milchsaft und blüht aus dem Scheitel. Die frühere *Pelecyphora valdeziana* mit den haarfein gefiederten weißen Dornen hat schöne violettrosa oder weiße Blüten, ist aber keine echte *Pelecyphora*, sie heißt jetzt *Normanbockea valdeziana.*

Pterocactus tuberosus

erhielt seinen Namen »knolliger Flügelkaktus« nach der sehr großen Wurzelknolle und den geflügelten, weißen Samenkörnern. Die dünnen, bräunlichgrünen Glieder, die meist 12 bis 20 cm lang sind, aber in der Heimat 40 cm Länge erreichen, sind stielrund und ziemlich dicht mit kleinen Areolen besetzt, die winzige weiße Dornen tragen. Die gelben Blüten haben 2 bis 3 cm Durchmesser. (Heimat: Südamerika, Westargentinien bis Patagonien.)

Pt. kuntzei ist ein späterer Name für die gleiche Art. *Pt. decipiens* wird größer und hat 7 mm lange, bräunliche Dornen. *Pt. hickenii* und *fischeri* sind seltener und für Zimmerkultur nicht geeignet. Pterocactus wächst im allgemeinen nicht schwer, er darf nicht verweichlicht werden und ist im Winter wie eine harte Opuntia zu halten. Da die Rübenwurzeln für Topfkultur ungeeignet sind, ist Pfropfung auf eine wüchsige Opuntia zu empfehlen.

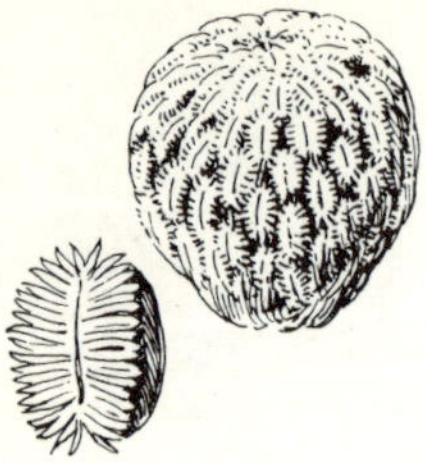

Solisia pectinata

rechnete man früher zu dem »Asselkaktus« *(Pelecyphora)*, dem sie durch die kammartig gestellten weißen Dornen ähnelt. Man kann sie auch für einen Warzenkaktus halten, zumal sie wie manche Arten dieser Gattung bei Verletzungen einen weißen, milchigen Saft ausscheidet. Die Pflanze wird nur 1 bis 3 cm im Durchmesser breit und ungefähr ebenso hoch und ist dicht mit weißen, anliegenden Dornen umgeben. Die weißlichen Blüten erscheinen seitlich zwischen den älteren Warzen. Es empfiehlt sich, diese schöne Art zu pfropfen, um sie auf die Dauer am Leben zu halten. (Heimat: Mexiko, Tehuacan, Karte II, N 13.)

Strombocactus disciformis,

der »diskusförmige Kreiselkaktus«, war lange Zeit unter dem Namen *Echinocactus turbiniformis* bekannt. Seine flache Diskusform und die spiralige Anordnung der dachziegelartig übereinandergreifenden Warzen ist auffallend. Wegen seiner graugrünen Färbung und der meist bald abfallenden Dornen wird man diese Seltenheit eher unter den Arten dieses Kapitels suchen als unter den Kugelkakteen. Auch in der Pflege paßt er besser zu Ariocarpus. Die Pflanze wird nur 6 cm im Durchmesser groß und wächst sehr langsam. Die etwa 3 cm langen, rotgespitzten elfenbeinweißen Blüten erscheinen aus den jüngsten Areolen des Scheitels. (Heimat: Mittelmexiko, Hidalgo, Karte II, L 11.)

Der im Namen an diese Art erinnernde *Discocactus* ist zwar auch ziemlich flach, aber ganz anders gefärbt und bedornt. Er wird bis 15 cm im Durchmesser groß.

Toumeya papyracantha

ist ein kleiner mattgrüner »Papierstachelkaktus« von kaum über 4 cm Länge und 1,5 cm Durchmesser. Auf rundlichen, etwa 5 mm hohen Warzen sitzen die jungen, weißwolligen, später verkahlenden Areolen mit den strahlenförmig sitzenden weißen Randdornen und 3 nach oben gerichteten Mitteldornen, die flach und papierartig biegsam und hell oder dunkler braun mit rötlicher Basis sind. Blüten aus jungen Areolen am Scheitel, geschlossen bis 2,9 cm lang, elfenbeinweiß mit braunem Mittelstreif. Das Genus *Toumeya* ist monotypisch. (Heimat: USA, Neumexiko, bei Santa Fé, Karte II, A 8.)

Turbinicarpus pseudomacrochele,

die »falsche großwarzige Kreiselfrucht«, ist ein winziges Pflänzchen mit rundlichem, graugrünem Körper von 3 bis 5 cm Durchmesser, das als ältere Pflanze länglich wird. Auf dicken Höckern sitzen kurz-weißfilzige Areolen mit je 8 grauen, steifen Borsten, im Scheitel zuerst gelblich und miteinander verflochten. Blüten aus Scheitelnähe sind etwa 3 cm lang, weiß mit breitem rosa oder violettem Mittelstreif. (Heimat: Mexiko, San Luis Potosi, Karte II, I–K 10–11.)

Bei *T. macrochele* finden wir statt der 8 Borsten nur 3 bis 4, doch sind sie länger und fast papierartig biegsam, im Neutrieb gelb, später dunkelgrün. Seine Blüte ist weiß, nur mitunter schwach rosa. Bei *T. lophophoroides* ist der graue Körper mit 4- bis 6eckigen Warzen bedeckt, auf denen braunspitzige Dornen sitzen. Blüten zartrosa. *T. schmiedickeanus* und *T. klinkerianus* haben statt der Borsten dicke, leicht gekrümmte Dornen, die bei *T. schmiedickeanus* den Scheitel überdecken. Zur gleichen Gattung gehören noch *T. schwarzii* und *T. polaskii.* Ein geschickter Pfleger wird diese seltenen Arten wurzelecht gut zum Blühen bringen, veredelt wachsen sie aber leichter.

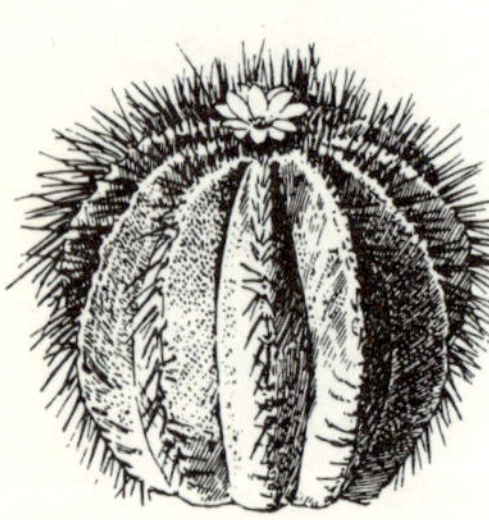

Uebelmannia

Von dieser neuentdeckten, sehr eigenartigen Gattung sind die Arten *pectinifera, gummifera, buiningii* und *meninensis* beschrieben. Entsprechend dem Klima ihrer tropischen Heimat, wo sie in weißem Quarzsand mit sehr niedrigem pH-Wert, z. T. in etwa 1000 m Höhe wachsen, sollte man sie warm bei hoher Luftfeuchtigkeit pflegen. (Heimat: Ostbrasilien, Minas Geraes, Karte III, H–I 8–11.)

Blütezeiten der Kakteen

(Nur annähernd, da Wetter und Standort Verschiebungen bringen!)

Gattung	Jan.	Feb.	März	April	Mai	Juni	Juli	Aug.	Sept.	Okt.	Nov.	Dez.
Acanthocalycium	–	–	–	–	▶	▶	▶	▶	–	–	–	–
Aporocactus	–	▶	▶	▶	▶	–	–	–	–	–	–	–
Arequipa	–	–	–	–	–	–	▶	▶	▶	▶	–	–
Ariocarpus	–	–	–	–	–	▶	▶	▶	▶	–	–	–
Astrophytum asterias, myriostigma	–	–	–	▶	▶	▶	▶	▶	▶	▶	–	–
Astrophytum capricorne, capr. var., ornatum	–	–	–	–	▶	▶	▶	▶	▶	–	–	–
Astrophytum coahuilense, crassisp., niveum	–	–	–	–	–	▶	▶	▶	▶	–	–	–
Aylostera	–	–	–	–	▶	▶	▶	–	–	–	–	–
Aztekium	–	–	–	–	–	–	▶	▶	–	–	–	–
Blossfeldia	–	–	–	–	▶	▶	▶	–	–	–	–	–
Brasilicactus	–	–	▶	▶	▶	–	–	–	–	–	–	–
Cephalocereus	–	–	–	–	▶	▶	▶	▶	–	–	–	–
Cereus, verschiedene	–	–	–	–	▶	▶	▶	▶	▶	▶	–	–
Chamaecereus silvestrii	–	–	–	–	▶	▶	–	–	–	–	–	–
Cleistocactus	–	–	–	▶	▶	▶	▶	▶	▶	▶	–	–
Cochemiea	–	–	–	–	–	–	–	▶	▶	–	–	–
Copiapoa	–	▶	▶	▶	–	–	–	–	–	▶	▶	–
Coryphantha	–	–	–	–	–	–	▶	▶	▶	–	–	–
Denmoza	–	–	–	–	–	▶	▶	▶	▶	–	–	–
Dolichothele	–	–	–	▶	▶	▶	▶	▶	–	–	–	–
Echinocactus grusonii	–	–	–	–	–	▶	▶	▶	–	–	–	–
Echinocereus	–	–	–	▶	▶	▶	▶	–	–	–	–	–
Echinofossulocactus	–	–	▶	▶	▶	▶	▶	–	–	–	–	–
Echinopsis	–	–	–	–	▶	▶	▶	▶	▶	▶	–	–
Eriocactus	–	–	–	–	–	▶	▶	–	–	–	–	–
Epiphyllum-Hybriden	–	–	–	–	–	–	▶	▶	▶	–	–	–
Epithelantha	–	–	–	–	–	▶	▶	▶	–	–	–	–
Escobaria	–	–	–	–	▶	▶	▶	▶	–	–	–	–
Ferocactus	–	–	–	–	–	▶	▶	▶	–	–	–	–
Frailea	–	–	–	–	–	–	▶	▶	▶	–	–	–
Gymnocactus	–	–	–	▶	▶	▶	▶	▶	▶	▶	–	–
Gymnocalycium	–	–	–	–	–	–	▶	▶	▶	▶	–	–
Hamatocactus	–	–	–	▶	▶	▶	▶	–	–	–	–	–
Horridocactus	–	–	–	▶	▶	▶	▶	▶	▶	–	–	–
Leptocladodia	–	–	–	–	–	–	▶	▶	▶	–	–	–
Leuchtenbergia	–	–	–	–	–	▶	▶	▶	▶	–	–	–
Lobivia	–	–	–	▶	▶	▶	▶	▶	▶	–	–	–
Lophophora	–	–	–	–	–	▶	▶	▶	▶	▶	–	–
Malacocarpus, Wigginsia	–	–	▶	▶	▶	▶	▶	▶	▶	▶	–	–
Mammillaria bocasana, wildii u. ähnl.	–	▶	▶	▶	–	–	–	–	–	–	–	–
Mammillaria longiflora, viereckii	–	▶	▶	▶	▶	▶	▶	▶	▶	▶	▶	–
Mammillaria prolifera und var.	▶	▶	▶	–	–	–	–	–	–	–	–	▶
Mammillaria plumosa, schiedeana	–	–	▶	▶	▶	▶	▶	▶	▶	▶	–	–
Mammillaria, andere Arten	–	–	–	–	–	▶	▶	▶	▶	–	–	–
Matucana	–	–	–	–	▶	▶	▶	▶	–	–	–	–
Mediolobivia	–	–	–	–	▶	▶	▶	▶	▶	–	–	–
Melocactus	–	–	–	–	–	▶	▶	▶	–	–	–	–
Morawetzia	–	–	–	–	▶	▶	▶	▶	▶	▶	–	–
Neochilenia	–	–	–	–	▶	▶	▶	▶	–	–	–	–
Neolloydia	–	▶	▶	▶	▶	–	–	–	–	▶	▶	▶
Neoporteria	–	–	▶	▶	▶	▶	–	–	–	–	–	–

Gattung	Jan.	Feb.	März	April	Mai	Juni	Juli	Aug.	Sept.	Okt.	Nov.	Dez.
Neowerdermannia	–	–	–	–	–	–	▶	▶	–	–	–	–
Notocactus	–	–	–	–	▶	▶	▶	–	–	–	–	–
Nyctocereus	–	–	–	–	–	▶	▶	–	–	–	–	–
Obregonia	–	–	–	–	▶	▶	▶	▶	–	–	–	–
Opuntia	–	–	–	▶	▶	▶	▶	▶	–	–	–	–
Oroya	–	–	–	–	–	–	▶	▶	▶	–	–	–
Parodia	–	–	▶	▶	▶	▶	▶	▶	–	–	–	–
Pelecyphora	–	–	–	–	–	▶	▶	▶	–	–	–	–
Phyllocactus (Epiphyllum)-Hybriden	–	–	▶	▶	▶	▶	–	–	–	–	–	–
Pseudolobivia	–	–	–	–	▶	▶	▶	▶	▶	–	–	–
Pseudomammillaria	▶	▶	▶	–	–	–	–	▶	▶	▶	▶	–
Pterocactus	–	–	–	▶	▶	▶	–	–	–	–	–	–
Rebutia	–	–	–	▶	▶	▶	▶	–	–	–	–	–
Rhipsalis	▶	▶	▶	–	–	–	–	–	–	▶	▶	▶
Rhipsalidopsis	–	–	▶	▶	–	–	–	–	–	–	–	–
Roseocactus	–	–	–	–	–	▶	▶	▶	–	–	–	–
Schlumbergera	▶	▶	–	–	–	–	–	–	–	–	–	▶
Selenicereus	–	–	–	–	–	▶	▶	▶	–	–	–	–
Soehrensia	–	–	–	–	–	–	▶	▶	▶	▶	–	–
Solisia	–	–	–	–	–	–	▶	▶	▶	–	–	–
Strombocactus	–	–	–	▶	▶	▶	▶	–	–	–	–	–
Thelocactus	–	–	–	–	–	▶	▶	▶	▶	–	–	–
Toumeya	–	–	–	–	–	–	–	▶	▶	▶	–	–
Turbinicarpus	–	–	–	▶	▶	▶	–	–	–	–	–	–
Weingartia	–	–	–	–	▶	▶	▶	▶	–	–	–	–
Wilcoxia	–	–	–	▶	▶	▶	–	–	–	–	–	–
Zygocactus	▶	▶	–	–	–	–	–	–	–	▶	▶	▶

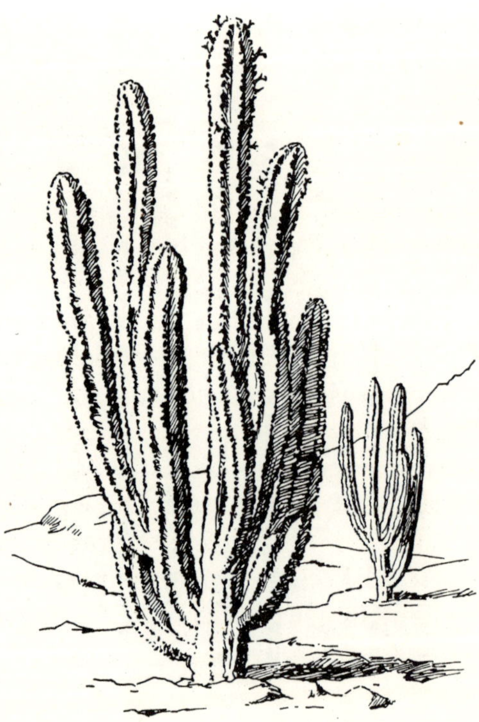

Harmonische Zusammenpflanzung

Trotz der Trennung ihrer Heimatländer durch Ozeane stellen Kakteen und andere sukkulente Pflanzen in den wesentlichen Punkten ganz gleichartige Anforderungen an Klima und Ernährung, so daß wir sie in unseren Sammlungen ohne weiteres zusammenstellen, sogar zusammenpflanzen können. Man darf hier schon von einer Pflanzen-Verträglichkeit sprechen, die nicht allein auf biologischem Gebiet vorhanden ist, sondern auch auf das ästhetische übergreift. Sie passen nicht nur gut zusammen, sondern ergänzen sich sogar und verstärken durch ihr Nebeneinandersein die Schönheit und Vielgestaltigkeit einer Sammlung. Von anderen Pflanzen kann man nicht immer sagen, daß sie neben Kakteen gut aussehen, irgendwie sind sie einander meist fremd. Das Zusammenbauen großer Freilandgruppen auf Ausstellungen macht in dieser Hinsicht oft Schwierigkeiten. Allenfalls einige Steppengräser nehmen sich gut zwischen den dicken Kugeln und hochragenden Säulen aus. Anders die sukkulenten Pflanzen: Aloe, Crassula, Kalanchoe und Stapelien zum Beispiel beleben und lockern die Gruppen außerordentlich auf. Eine Trennung nach Heimatländern, wie sie ein botanischer Garten anstreben muß, ist in solchem Falle sowieso nicht erwünscht, es würde sonst leicht ein eintöniges Bild entstehen. In ihrer Heimat wachsen die einzelnen Arten in so großen räumlichen Abständen, daß es schon das Landschaftsbild belebt, wenn außer den immer wiederkehrenden ein oder zwei Kugelformen und Opuntien auch noch eine Säulenkaktusart in der gleichen Gegend verbreitet ist. In den südamerikanischen Anden beherbergt sogar fast jede Bergschlucht andere Kakteenarten. Besonders die Westhänge haben eine ganz andere Vegetation als die Osthänge. Aber in dieser Weite ergeben sich sowieso ganz andere Maßstäbe. Künstliche Bepflanzungen dagegen wollen nie eine Imitation der Wildnis sein, denn man muß hier mit beschränktem Raum rechnen und wird die Pflanzen vor allem nach dem Gesichtspunkt der Schönheit zusammenstellen. Wie harmonisch steht neben dem kompakten Kugelkaktus und der bizarren Opuntia die zierliche Sukkulente mit zarten Blättern und langen, eleganten Blütenstengeln!

Erstaunlich gut halten sich trotz der wenigen Erde alle diese genügsamen Zimmerpflanzen in flachen Schalen. Durch ihre Schönheit und Haltbarkeit haben sie ständig neue Bewunderer und Freunde geworben. Wer von den vielen Ratschlägen dieses Buches wenigstens die wichtigsten einigermaßen richtig befolgt, wird von seinen Pflanzen nie enttäuscht werden.

Sachregister

Arten sind unter dem Artnamen zu finden, weil die Gattungsnamen durch Neukombinationen wechseln. Halbfette Ziffern bezeichnen die ausführlichste Beschreibung und Kursivziffern Farbbildseiten

Bildnachweis

Dr. P. R. O. Bally, Nairobi: S. 113 (1 bis 4)

Dr. P. Chalet, Therwil: S. 160 (1 bis 3)

W. Haage, Erfurt: S. 34 (5); 38 (1); 39 (1 bis 5); 116 (1 und 2); 235 (3)

M. Haude,. Jänkendorf: S. 35 (5); 77 (3 und 4); 80 (2); 114 (1, 2, 4 und 5); 116 (3 und 4); 118 (6); 196 (4); 233, 236 (1); 238 (3); 239 (1)

F. Krähenbühl, Arlesheim: S. 40 (2); 200 (1 bis 3)

M. Krönlein, Monaco: S. 120 (1 bis 3)

W. Niestradt, Potsdam-Babelsberg: S. 33; 34 (1 bis 4); 35 (1 bis 4); 36 (1 bis 6); 37 (1 bis 7); 38 (2 bis 5); 40 (1) Archiv; 73 (1 und 2); 74 (1 bis 3); 75 (1 bis 5); 76 (1 bis 5); 77 (1 und 2); 78 (1 bis 5); 79 (1 bis 5); 80 (1) Archiv; 114 (3); 115 (1 bis 5); 117 (1 bis 7); 118 (1 bis 5 und 7); 119 (1 bis 5); 153; 154 (1 bis 4); 155 (1 bis 5); 156 (1 bis 3); 157 (1 bis 4); 158 (1 bis 3); 159 (1 bis 5); 193; 194 (1 bis 5); 195 (1 und 2); 196 (1 bis 3); 197 (1 bis 5); 198 (1 bis 3); 199 (1 bis 5); 234 (1 bis 5); 235 (1, 2, 4 und 5); 236 (2); 237 (1 und 2); 238 (1 und 2); 239 (2 und 3); 240 (1) Archiv, (2 und 3); außerdem alle Motive des Schutzumschlages

San Diego
Tucson
El Paso
Ciudad Juarez
Pecos
Colorado
Rio Asuncion
Rio Sonora
Rio Yaqui
Rio Grande
Brazos
Guaymas
Chihuahua
S. Antonio
Rio Mayo
Allende
Rio Fuerte
Sierra Mojada
Parral
Comondu
Monclova
Laredo
Guerrero
Gamez
Matamoros
Monterrey
Saltillo
La Paz
Linares
Durango
Mazatlán
Victoria
Matehuala
Rosario
Valparaiso
Zacatecas
Aguascalientes
S. Luis Potosi
Tampico
Tepic
Guadalajara
Querétaro
Pachuca
Guzman
Mexico
Colima
Toluca
Rio de las Balsas
Puebla
Coyuca
Chilpancingo
Tlaxiaco
Ejutla